연암소설의 심층적 이해

박 기 석

집문당

책머리에

이 책은 조선 후기의 위대한 실학자이며 문장가인 연암 박지원의 소설 작품을 심층적으로 분석한 글이다.

연암 박지원에 대해 관심을 갖게 된 것은 1970년대 초 대학원에 적을 두고 있을 때 성산 장덕순 선생님의 〈호질〉 강의에서 시작되었다. 그 후 연암 박지원의 문학으로 석·박사학위논문을 썼고, 박사학위논문인 「박지원문학연구」(1984)는 단행본으로 출간하였다. 그리고 지금까지 「〈예덕선생전〉연구」(『국어교육』 제31집(1977))를 비롯한 연암 박지원과 그의 문학에 관한 글을 여러 학술지에 발표하였다. 이제 그 중에서 연암소설에 관련된 글들을 모아 보니 한 권의 책이 될 만하였다. 그래서 책의 체제에 맞게 제목과 목차를 다듬고, 내용을 수정·보완하여 한 권의 책으로 엮어 보았다. 따라서 이 책의 내용에는 아주 오래 전에 발표했던 글과 최근에 발표한 글이 섞여 있다. 그렇기 때문에 글의 내용 중에는 지금 보면 좀 진부한 느낌이 드는 것이 있다. 그러나 그것은 연암소설연구의 시대성을 반영하는 것으로서 나름대로의 의미가 없지 않다고 생각한다. 예를 들면 「연암 박지원의 생애와 연암소설의 형성」과 「연암소설의 소재와 설화」는 「박지원 한문단편 형성과정에 관한 고찰」(『우전 신호열 선생 고희기념논총』(1983))과 「연암 한문단편소설의 설화 수용에 관한 연구」(『의민 이두현 박사 회갑기념논문집』(1984))를 수정·보완한 글로, 당시로서는 연암의 생애와 연암소설의 소재에 관한 문제를 새롭게 고찰한 논문이었다. 반면에 최근의 새로운 학문적 동향을 반영한 글도 있다. 「연암소설과 문학치료」와 「〈민옹전〉의 서사구조와 문학치료적 성격」의 경우가 그렇다. 이 글은 『문학치료연구』 제1집(2003)과 『고전문학과 교육』 제6집(2003)에 실렸던 글을 수정·보완한 것으로 최근 인문학연구의 새로운 학문 분야로 자리 잡아 가고 있는 문학치료학적 연구를 시도한 것이다.

이 책의 내용은 대부분 연암소설의 저술배경과 작가의식, 그리고 작품의 주제에 관한 것들이다. 이 책은 크게 두 부분으로 되어 있다. 제1부에는 연암소설을 이해하는 데 도움이 될 만한 글, 이른바 작품의 배경이라고 할 수 있는 5편의 글을 실었다. 그 내용은 연암의 생애, 교우관, 문장론, 소재론, 연암소설의 문학치료적 고찰이다. 이 중 교우관과 문장론의 출처는 「박지원의 교우론」(『고전문학과 교육』 제10집(2005))과 「연암 박지원의 문학론」(『국어교육』 제110호(2003))이다. 제2부에는 「방경각외전」에 수록된 7편의 한문단편과 『열하일기』에 수록된 〈호질〉, 〈허생전〉, 『연암집』의 「연상각선본」에 수록된 〈열녀함양박씨전〉 등 지금까지 연암의 소설작품으로 거론되고 있는 총 10편의 작품론을 수록하였다. 원래 「방경각외전」에는 9편의 작품이 수록되어 있었지만, 〈역학대도전〉과 〈봉산학자전〉 두 편이 소실되었다. 따라서 7편의 소설만 다루었다. 이 작품론의 출처는 「〈마장전〉연구」(『인문논총』 제8집(2001)), 「〈예덕선생전〉과 정덕사상」(『고전문학과 교육』 제14집(2007)), 「〈양반전〉연구」(『국어교육』 제93호(1997)), 「〈광문자전〉연구」(『국어교육』 제96호(1998)), 「〈김신선전〉연구」(『고전문학과 교육』 제7집(2004)), 「〈우상전〉연구」(『고전문학과 교육』 제9집(2005)), 「열하일기를 통해 본 연암의 대청의식과 〈호질〉의 주제」(『국어교육』 제94호(1997)), 「〈옥갑야화〉연구」(『인문논총』 제1집(1995)), 「〈열녀함양박씨전〉연구」(『국어교육』 제111호(2003)) 등이다. 그리고 2부의 작품론 차례는 박영철본 『연암집』의 작품 내용 배열순서에 따랐다.

이 책에서 다룬 연암의 작품들은 '한문소설', '한문단편', '한문단편소설' 등으로도 지칭되고 있는 것들이다. 따라서 이 작품들은 모두 넓은 의미의 소설인 것이다. 그래서 책의 제목을 『연암소설의 심층적 이해』라고 했다. 또한 〈호질〉의 작자를 연암으로 보았고, 「옥갑야화」에서 〈허생전〉을 떼어 내어 독립된 작품으로 다루었다.

아무쪼록 이 책이 연암을 연구하는 동료 제학이나 후학들에게 조금이나마 도움이 될 수 있기를 바란다.

근래 출판계의 사정이 어렵다고 한다. 그럼에도 불구하고 이 책을 기꺼이 출간해 주신 임경환 사장님과 책이 나오기까지 수고해 준 집문당 편집부 여러분에게 감사드린다.

2007년 12월
박 기 석

차 례

1부

연암 박지원의 생애와 연암소설의 형성

1. 연암 박지원의 생애

연암(燕巖) 박지원(朴趾源, 1735－1805)과 그의 작품에 대해 체계적으로 기술한 최초의 근대적 저술은 김태준(金台俊)의 『조선소설사』다. 이 책에서 김태준은 연암의 생애와 저술에 대해 하나의 장(章)을 설정하여 기술할 정도로 깊은 관심을 보였다.[1] 그 후 이가원(李家源)의 『연암소설연구』에서 작품과 생애에 대해 본격적이고 체계적인 고찰이 이루어졌다. 그런데 두 저서에서 고찰한 연암의 생애는 대체로 『연암집(燕巖集)』에 의거한 것이어서 미흡한 감이 없지 않았다. 그러다가 1974년에 『과정록(過庭錄)』이 번역 소개됨으로써 그간 알려지지 않았던 많은 사실들을 알 수 있게 되었다.[2] 그리하여 그간에 학계에 통용되고 있었던 연암의 생애에 대한

---

1) 김태준의 『조선소설사』의 초판은 1933년 淸進書館에서 출간되었고, 개정증보판은 1939년 學藝社에서 출간되었다. 『조선소설사』에서 김태준은, '大文豪朴趾源[燕巖]과 그의 作品'이라고 하나의 章을 설정하고는, 제1절에 '偉人朴趾源의 出生과 生涯'에 대해 기술하였다. 또한 제3절에서는 '燕巖小說諸篇'이라고 하고는 〈허생전〉, 〈호질〉, 〈양반전〉과 '〈민옹전〉 기타'에서 나머지 「방경각외전」의 作品梗概를 약술하였다. 이후 이가원은 그의 저서 제목을 『연암소설연구』(을유문화사, 1965)라고 하고는 이 작품들을 모두 소설로 다루어 고찰하였다.

2) 『과정록』은 연암의 둘째 아들 宗采(1780－1835)에 의해 1826년(병술년 가을: 서울대 규장각본)에 완성된 것으로 알려지고 있다. 『과정록』이 처음 번역 소개된 것은 『문학사상(文

지식을 보완·수정할 수 있게 된 것이다. 이 글에서는 『과정록』을 중심으로 지금까지 잘못 알려져 왔던 사실, 그리고 새로운 사실을 보충하여 그의 생애를 살펴보기로 하겠다.

연암은 영조 13년(1737) 2월 5일 한성(漢城) 서편에 위치한 반송방(盤松坊) 야동(冶洞)에서 출생했다.[3] 16세(1752)에 처사(處士) 유안재(遺安齋) 이보천(李輔天, 1714-1777)의 집에 장가들면서 체계적으로 문장 공부를 하게 된다. 장인 이보천에게서 『맹자(孟子)』를 배웠고, 처숙(妻叔) 이양천(李亮天, 1716-1755)에게서 태사공(太史公)의 『사기(史記)』를 통해 문장 쓰는 법을 배웠다. 처숙인 학사공(學士公) 이양천은 역사서적을 매우 좋아했고 문장 솜씨가 매우 뛰어났던 인물이다. 연암의 문장력과 사고형성에 있어서 이 시기는 매우 중요했던 시기였다고 할 수 있다. 문장을 배우기 시작한 지 얼마 후 〈항우본기(項羽本紀)〉를 모방하여 〈이충무전(李忠武傳)〉을 지어 학사공 이양천에게 보였더니 공(公)이 이를 보고 반고(班固)와 사마천(司馬遷)의 경지에 도달했다고 감탄했다 한다.[4] 일반적으로 알려지기는 연암은 장가들기 전에는 전혀 글을 읽지 않은 것으로 되어 있다. 그러나 『과정록』에 연암이 어려서부터 재주가 뛰어났으며, 동네 아이들과 어울려 글공부를 하였다는 기록이 있는 것을 보면, 연암이 체계적인 문장공부를 시작한 때는 장가를 든 이후로 이해하는 것이 올바를 것 같다.[5]

20세 이후 연암은 김이소(金履素, 1735-1798), 황승원(黃昇源, 1732-1807) 등과 어울려 글공부를 했으며, 단릉(丹陵)의 처사(處士) 이윤영(李胤永, 1714-1759)에게서 『주역(周易)』을 공부했고, 당시 예학(禮學)과 고문

學思想)』 제20·21호(1974년 5월, 6월)에 송욱이 번역한 것이다. 그 후 『한국한문학연구』 제6집(1982. 12)에 『서울대본』이 영인 소개되었다.

3) 英廟十三年 二月五日 癸亥寅時 先君生於城西盤松坊冶洞第(『過庭錄』 卷1).

4) 年十六冠 就館於處士遺安齊李公之門 處士謹嚴淸高 以經禮律己 其弟學士公亮天 酷嗜書史 文章甚高 先君從處士受孟子 從學士受太史公書 已得其立言大致 嘗倣項羽本紀 作李忠武傳 學士大加歎賞 以爲有班馬地步(『過庭錄』 卷1).

5) 數歲 已嶷然夙就 效爲古人扇枕溫被等事 …(중략)… 里中兒童 從先君課業者十餘人(『過庭錄』 卷1).

(古文)에 뛰어났던 강한(江漢) 황경원(黃景源, 1708－1787: 당시 문형(文衡: 大提學)이었음)과 영조 때의 성리학의 대가 미호(渼湖) 김원행(金元行, 1702－1772)을 찾기도 하였는데, 이때 대단한 칭찬을 듣기도 했다고 한다.[6] 이후 30대 중반(1771), 과거시험 보는 것을 폐할 때까지가 그가 문장 공부에 주력했던 이른바 문장 수학기다. 그런데 그는 20세 전후 이른바 '우울증'이라고 할 수 있는 심적인 병으로 오랫동안 고생한 것 같다.[7] 이 시기에 연암은 병으로 인한 불면증을 견디기 위해 문하(門下)의 겸인(傔人)이나 민옹(閔翁)과 같은 문객(門客)들을 불러 그들에게서 시정(市井)에 떠돌던 기이한 이야기들을 채근하여 듣곤 했던 것 같다. 이것들은 나중 그의 한문단편의 소재가 되기도 했다.

연암의 나이 23세(1759) 때 모친 함평이씨(咸平李氏, 1701－1759)가 세상을 떠났고, 31세(1767)에 부친 박사유(朴師愈, 1703－1767)가 세상을 떠났다.[8] 이러한 기록을 볼 때, 연암이 조실부모(早失父母)했다는 주장은 잘못된 것이다. 마땅히 시정되어야 할 것이다. 그러나 그의 부모가 생존하였고, 조부 또한 중요한 관직에 있었음에도 불구하고 어렸을 적의 가정환경은 어린 연암이 공부하기에 만족스럽지 않았던 것만은 분명하다.[9] 『과정록』에 다음과 같은 기록이 있다.

---

6) 讀書山寺或江墅 從而攻業者 每十餘人 輩行如金相國履素 黃尙書昇源 皆年長於先君 而有疑輒質問 弱冠時 以所著文 就質于黃江漢景源 黃公 時爲文衡 大加驚歎曰 他日居吾此席者 其惟子乎 講易于丹陵李處士胤永之室 …(중략)… 嘗騎牛 謁渼湖金公元行(『過庭錄』 卷1).

7) 芝溪公嘗言 尊公 於二十歲前後 有無寐之疾 通晝宵 不能交睫者 或至三四日 見者頗危之 九傳之作 盖在其時 爲消寂耐病之資者云(『過庭錄』 卷1). 그가 이 시기에 병으로 시달렸다는 기록은 그의 한문단편 〈민옹전〉, 〈서광문전후〉, 〈김신선전〉 등에서, 그리고 『연암집』 권2, 「煙湘閣選本」의 〈賀三從姪宗岳拜相因論寺奴書〉 등에도 나타나 있다.

8) 己卯 遭王妣咸平李氏喪 …(중략)… 丁亥遭王考喪(『過庭錄』 卷1). 여기서 '王妣', '王考'라고 한 것은 『과정록』의 저자 종채에게는 조모와 조부이기 때문이다. 즉 연암의 모친과 부친이다.

9) 박지원의 조부 장간공(章簡公) 박필균(朴弼均, 1685－1760)은 박지원이 젊은 시절, 즉 5세부터 22세 사이에 경기도 관찰사, 사간원 대사간, 지돈령부사 등을 역임했다. 『연암집』 권9, 〈大考資憲大夫知敦寧府事 贈諡章簡公府君家狀〉.

우리 집안은 본래부터 청빈했으며, 증조부 장간공(章簡公)은 청렴결백하고 검약(儉約)하여 집안일에 마음을 쓰지 않았다. 가법(家法)이 또한 엄격하여 조부님 형제들은 하루 종일 한 방에 시립(侍立)하고 있었으므로, 선군(先君) 형제[연암의 형제]는 책을 펴놓고 공부할 장소가 없었다.[10]

이를 통해 볼 때, 연암은 매우 엄격하고 청빈한 가정환경 속에서 성장하였음을 알 수 있다. 또한 연암의 아버지 형제가 방을 차지하고 있었기 때문에 책을 펼칠 만한 장소가 없었다고 한 것을 미루어 볼 때, 어린 연암 형제들에 대해 부모의 세심한 관심이 미칠 수 없었던 분위기였음을 알 수 있다. 『과정록』에서의, "…백모(伯母)께서는 성품과 도량이 현숙하였다. 선군[燕巖]을 양육하셨기에 선비(先妣)께서는 더욱 백모와 우애가 돈독했다. 그러나 오랫동안 빈곤을 겪었고, 만년에는 천식과 울화병을 앓아서…"[11]와 같은 종채의 진술 또한 불우했던 연암의 성장과정을 엿볼 수 있다. 그래서 그런지 연암은 형과 형수에 대해 남다른 애정을 갖고 부모를 대하듯 했다고 한다. 이러한 사정은 연암이 그의 형을 애도한 시와 형수의 죽음을 슬퍼한 〈백수공인이씨묘지명(伯嫂恭人李氏墓誌銘)〉에서 엿볼 수 있다. 이와 같은 어렸을 적의 성장과정과 장인 이보천의 교육은 그의 성격형성에 지대한 영향을 미쳤을 것이다. 그의 초기작에서부터 나타나는 해학적인 사회비판적 자세는 그 원인을 이러한 면에서 찾아볼 수 있다. 20세 전후의 갈등기를 거쳐 30, 40대를 지내면서 연암은 뜻이 통하는 친구를 찾았고, 재능은 있으나 세상에 쓰이지 못하고 불우하게 살아가는 부류들과 교유(交遊)하면서 세상에 대한 불만을 해소했던 것 같다. 이렇게 형성된 의식세계는 그의 나이 35세(1771)에 결국 과거를 폐(廢)하기까지 이르렀던 것이다.[12]

---

10) 家素淸貧 而章簡公 廉潔儉約 不以家事經心 家法且嚴 王考群兄弟 侍立終日一室中 先君兄弟 無展卷肄業之所(『過庭錄』 卷1).

11) 伯母性度賢淑 養育先君 先妣友愛篤至 而久經貧困 晩來病在痰火(『過庭錄』 卷1).

12) 先君 自辛卯 遂不復應擧(『過庭錄』 卷1). 연암이 과거를 폐하게 된 원인에 대해, 『과정록』에서 종채는 연암이 부친의 葬地 문제로 鹿川 李濡(1645－1721) 집안의 증손인 李商芝,

과거를 폐한 후, 그의 나이 36, 37세(1772－1773)에 처자를 유안재(遺安齋) 옹이 거처하고 있는 석마(石馬) 시골의 처가로 보내고는 홀로 전의감동(典醫監洞)에서 지내면서 담헌(湛軒) 홍대용(洪大容, 1731－1783), 석치(石癡) 정철조(鄭喆祚, 1730－1781), 강산(薑山) 이서구(李書九, 1754－1825) 등과 수시로 왕래하였으며, 이덕무(李德懋, 1741－1793), 박제가(朴齊家, 1750－1805), 유득공(柳得恭, 1748－1807) 등과 늘 상종했다.[13] 이 당시 담헌(湛軒, 1731－1783) 또한 과거를 폐하고 조용히 지내고 있을 때였다.[14] 그들은 서로 만나면 항상 며칠씩 함께 묵으면서 고금의 치란(治亂)과 흥망(興亡)의 까닭, 옛 선인들의 세상에 나아가고 시골에 숨는 대절(大節), 제도의 연혁(沿革), 농공(農工)의 이익과 폐단, 조적(糶糴)에 의한 화식(貨殖), 산천(山川)과 국방(國防), 역상(歷象), 악률(樂律), 초목(草木), 조수(鳥獸), 육서(六書)와 산수(山水) 등을 논하였다.[15] 이렇게 세상을 등지고 한가롭게 실학에 몰두하고 있을 때, 그의 나이 42세(1778)에, 그를 좋지 않게 여기던 홍국영(洪國榮, 1748－1780)이 정권을 잡게 된다. 연암은 자신에게 화(禍)가 미칠 것을 염려하여 가족을 이끌고 연암(燕巖) 골짜기에 은둔하게 된다.[16] 이때 연암은 자신의 언론(言論)이 굳세고 정직하여 칼자루를 너무 노출시킨 것이 재앙을 부르게 된 것이라고 생각하고는 마침내 범속하게 행동하여 명예를 피하고 일체의 자취를 감출 뜻을 갖게 되었다고 한다. 그가 연암 골짜기에 은둔하고 있을 때, 그를 좇아 배움을 청

李商萊 등과 訟事를 한 후에 이상지가 廢逐된 사실을 알고는 더 이상 科場에 들어가지 않았다고 했다.

13) 壬辰癸巳間 送家眷 歸遺安翁石馬鄉廬 常獨處于典醫監洞寓舍與洪湛軒大容 鄭石癡喆祚 李薑山書九 時相往還 而李懋官德懋 朴在先齊家 柳惠風得恭 常從遊焉(『過庭錄』 卷1).

14) 홍대용은 1765년부터 이듬해에 걸쳐 북경을 다녀왔고, 1767년 부친상을 당하자 과거를 단념하였다. 3년간의 喪期를 마친 다음(1770)에 서울로 올라왔다. 박지원과의 교우는 이때쯤 이루어졌을 것이다. 홍대용의 생애는 연암과 방불한 점이 많다. 나이차가 좀 있었지만 서로의 의기가 통하였으므로 참다운 교우관계가 오래 지속됐던 것 같다.

15) 『過庭錄』 卷1 참조.

16) 戊戌 避世挈家 入燕巖峽(『過庭錄』 卷1).

한 선비들이 있었는데, 그 중 이현겸(李賢謙)이라는 인물의 말을 통해 연암이 지니고 있었던 학문자세를 짐작해 볼 수 있다.

> 현겸이 일찍이 말하길, "우리 고을이 무식하여 선비들이 경전(經傳)과 사서(史書)가 학문의 근본이 되는 줄 몰랐더니, 선생님의 교훈을 들은 뒤에야 비로소 과거공부 위에 문장이 있으며, 문장의 위에 학술이 있으며, 학술은 단지 구두(句讀)와 훈고(訓詁)만으로는 될 수 없다는 것을 알았습니다"라고 하였다. 또 말하길, "선생님이 일찍이 말씀하시길, 여러분이 독서에 부지런하지 않은 것은 아니지만, 문의(文義)와 이치에 깊숙이 파고들지 못하는 것은 다름이 아니라, 본래 과거공부를 하던 습관이 종이와 입을 떠나지 않아, 그 사이에 다시는 생각하지 않기 때문이다"라고 하였다.[17]

연암 골짜기에서 2년쯤 지내다가 44세 되는 해(1780) 홍국영이 정권에서 물러나자 가족을 이끌고 서울로 돌아와 평계(平谿)의 처남 지계(芝溪) 이재성(李在誠, 1751－1809)의 집에 머물게 된다. 그해 여름 별사(別使)로 북경(北京)으로 떠나는 삼종형(三從兄) 박명원(朴明源, 1725－1790)의 중국 사행(使行)을 따라 북경을 거쳐 열하(熱河)까지 여행하고 돌아왔다. 귀국 후에 그는 점점 더 세상을 피하여 때때로 홀로 연암 골짜기에 들어가 일 년, 혹은 반년 동안 머물며 『열하일기(熱河日記)』 25편을 저술했다.[18]

50세(1786) 되는 해 7월에 선공감 감역(繕工監監役)을 제수(除授)받았다. 이는 지우(知友) 유언호(兪彦鎬, 1730－1796)의 천거에 의한 것이었다. 이렇게 연암의 출사(出仕)는 시작되었다. 53세(1789)에 평시서 주부(平市署

---

17) 賢謙 嘗言 吾鄕貿貿 士不知經史之爲本 及聞先生敎誨 始知功令之外有文章 文章之上有學術 學術不可但以句讀訓詁爲也 又曰 先生嘗言 諸君所讀 非不勤也 於文義理致 不能透入者 無他 以素學功令之習 不離於紙上口頭 不復致思於其間故也(『過庭錄』 卷1).

18) 庚子 撤還京師 寓平谿 卽芝溪公宅也 時洪國榮敗 禍色始熄 …(중략)… 十月歸國 及歸尤徜徉無齟況 時獨入處燕峽 或經年 或半歲乃歸 著熱河日記凡二十五編(『過庭錄』 卷1).

主簿)에 승진되었고, 이후 의금부 도사(義禁府都事), 제릉 영(齊陵令)을 거쳐 55세(1791)에 한성부 판관(漢城府判官)으로 전임하였다. 그해 겨울 안의 현감(安義縣監)을 제수받아 60세(1796)에 경직(京職)으로 전임될 때까지 재임(在任)했다.[19] 안의 현감 재임 시에 정조(正祖)가 직각(直閣) 남공철(南公轍, 1760－1840)을 불러 『열하일기』의 문체를 비판하고, 속죄하는 뜻으로 순정(純正)한 글을 지어 바칠 것을 명하게 된다. 61세(1797)에 면천 군수(沔川郡守)로 부임하였다. 면천 군수로 재임하면서 1799년 3월에 「과농소초(課農小抄)」에 〈한민명전의(限民名田議)〉를 붙여 찬진(撰進)하였다.[20] 64세(1800) 가을, 양양 부사(襄陽府使)에 승진하였다. 이듬해 사임하고 서울로 돌아와 69세(1805)를 일기로 세상을 마쳤다.

이상의 고찰을 통해서 다음과 같이 연암의 생애를 구분해 볼 수 있다. 즉 제1기는 과거를 폐할 때(35세, 1771)까지의 문장 수학기(修學期), 제2기는 과거를 폐한 후 출사(出仕)(50세, 1786) 전까지, 즉 열하 여행 전후의 실학에 관심을 쏟았던 은둔기(隱遁期), 제3기는 출사 이후 환로기(宦路期)로 나누어 볼 수 있다. 제1기는 문장 공부에 힘을 쓰며 과거에 응하기도 했던 시기로 정신적으로는 갈등과 좌절에 휩싸였던 때이고, 제2기는 젊은 날의 갈등과 좌절에서 벗어나 과거를 폐하고 조용히 세속에서 물러나 실학에 몰두했던 시기다. 제3기는 과거의 반항적 생활에서 벗어나 세상과 타협하고 환로에 나서서, 자신의 정치적 이상을 실천에 옮겨 보며 풍류 있게 살아 보려 했던 시기로 구분해 볼 수 있겠다.

---

19) 丙午七月 除繕工監監役 兪忠文擧也(『過庭錄』 卷1).

己酉六月 陞平市署主簿 …(중략)… 遷司僕寺主簿 以交承親嫌不仕 移拜義禁府都事 …(중략)… 移司憲府監察 以府號 音同仲父 嫌名又不仕 遂移齊陵令 …(중략)… 辛亥 移漢城府判官 …(중략)… 辛亥冬 除安義縣監 翌年正月 到任所(『過庭錄』 卷2).

20) 이러한 일련의 사실이 『過庭錄』 卷2에 자세히 기록되어 있다.

2. 연암소설의 저술시기

「방경각외전」에 수록된 이른바 9전(九傳)은 그의 생애의 제1기, 즉 문장 수학기에 이루어진 것이다. 이러한 사실은 『과정록』과 「방경각외전」의 부기(附記) 및 작품내용에 잘 나타나 있다.[21] 그런데 여기서는 9전의 저술시기가 '弱冠時' 또는 '二十許歲時所作也', '二十歲前後' 등으로 기술되어 있으므로 이 기록만 보고는 각 작품의 저술시기를 자세히 알 수 없다. 또한 「방경각외전」에 수록된 9전 중에는 30세 초반에 이루어진 것으로 추정되는 작품이 있는 것을 볼 때, 이 기록을 그대로 받아들일 수는 없다. 따라서 각 작품의 저술시기를 구명해 볼 필요성이 생기게 된다. 이를 위해 먼저 작품 자체의 내용을 살펴보기로 하겠다.

〈민옹전〉의 말미에, "나는 그와 더불어 나누었던 은어(隱語), 골계, 풍자 등을 엮어 〈민옹전〉을 지었다. 때는 정축년(1757) 가을이다"[22]라고 〈민옹전〉의 저작 시기가 기술되어 있다. 〈김신선전〉에서도 "…그러나 나는 다시 동자(童子) 복(福, 연암의 하인)을 시켜 그를 찾게 했으나 끝내 만나지 못했다. 그때가 계미년(1763)이었다. 그 이듬해 가을 나는 관동지방을 유람했다"[23]라고 기술되어 있는데, 여기서 계미년(1763)의 이듬해 가을은 갑신년(1764)이므로 이 작품은 최소한 갑신년(1764) 겨울 이후, 즉 연암의 나이 28세 이후에 씌어졌다고 말할 수 있다. 그런데 『과정록』에 의하면 연암이 금강산을 비롯한 관동지방을 유람한 시기가 을유년(1765) 가을로 되어 있다. 또한 이덕무의 「이목구심서(耳目口心書)」(1766)에도 〈김신선전〉의 주인공 김홍기(金弘基)와 발음이 같은 김홍기(金洪器)라는 인물에 관한

---

21) 以上九傳 皆府君弱冠時作也(『燕巖集』 卷8, 「放璚閣外傳」 '附記').
　此皆先君二十許歲時所作也 …(중략)… 芝溪公嘗言 尊公 於二十歲前後 有無寐之疾 通晝宵 不能交睫者 或至三四日 見者頗危之 九傳之作 盖在其時 爲消寂耐病之資者云(『過庭錄』 卷1).

22) 遂著其與余爲隱俳詼 言談譏諷 爲閔翁傳 歲丁丑秋也(〈閔翁傳〉).

23) 然余又使童子福往求之 終不可得 歲癸未也 明年秋 余東遊海上(〈金神仙傳〉).

이야기가 있는데, 이 작품과 매우 유사하다.[24] 따라서 이 작품은 연암의 나이 29세(1766)경의 작품으로 보는 것이 옳을 것 같다. 그러나 적어도 〈우상전〉보다는 먼저 지어진 것이다. 〈우상전〉의 주인공 우상은 당시의 실존 인물이었던 이언진(李彦瑱, 1740－1766)의 자(字)이다. 그는 경신년(1740－1766)에 태어났으며, 계미년(1763) 일본 통신사의 한학압물통사(漢學押物通事)라는 역관(譯官)의 직분으로 일본에 다녀왔다. 병술년(1766) 3월에 요절하였다. 시와 서예에 능했던 인물이다.[25] 이와 같이 실존했던 인물을 추모한 글이므로, 그가 타계한 1766년 3월 29일 이후의 작품이다. 〈광문자전〉의 경우는 〈서광문전후(書廣文傳後)〉가 첨부되어 있어서 그 저술시기를 쉽게 단정할 수 없다. 그러나 〈서광문전후〉의 첫머리에 나오는 작자 자신의 진술에 의해 대략이나마 그 시기를 추정할 수 있다.

> 내가 18세에 병이 심했다. 밤이면 늘 문하의 옛 겸인을 불러 여염의 기이한 일들을 채근해 들었는데, 대개 광문에 대한 이야기였다. 나도 어렸을 때 그를 본 적이 있었는데 퍽 추하게 생겼었다. 내가 바야흐로 문장 공부에 힘을 쏟을 때, 이 전을 지어 여러 어른들에게 보여 드렸더니 하루아침에 고문(古文)으로 크게 칭찬받았었다. 당시 광문은 남으로 전라, 경상도의 여러 고을로 다니며 놀았는데 그가 가는 곳마다 소문이 높았다. 그 후 서울에 들르지 않은 것이 수십 년이었다.[26]

윗글로 미루어 〈광문자전〉의 저술시기는 그가 문장 공부에 힘을 기울이기 시작할 때인 20대 초반이었으며, 〈서광문전후〉는 전편을 지은 지 십

---

24) 『青莊館全書』 卷50, 「耳目口心書」 3, 『고전국역총서』, 191. 민족문화추진회, 131-132쪽.

25) 『海行總載』 4, 「三使一行錄」 476-483쪽. 또 『青莊館全書』의 「耳目口心書」 4에 李虞裳에 대해 언급하고 있다.

26) 余年十八時 嘗甚病 常夜召門下舊傔 徵問閭閻奇事 其言大抵廣文事 余亦幼時 見其貌極醜 余方力爲文章 作爲此傳 傳示諸公長者 一朝以古文辭 大見推詡 蓋文時已南遊湖嶺諸郡 所至有聲 不復至京師數十年(〈書廣文傳後〉).

수 년이 지난 후, 20대 후반 또는 30대 초에 지어진 것으로 추정된다.

이상에서 「방경각외전」에 실려 전하는 〈민옹전〉 등의 작품 저술시기를 살펴보았다. 이제 이 작품들의 저술시기를 근거로 9전(九傳)의 저술시기를 추정해 보기로 하겠다. 「방경각외전」에는 〈자서〉가 있다. 여기에 9전의 저술동기와 각 작품의 원전(原典)이 수록되어 있다.[27] 그런데 〈자서〉에서의 9전 저술동기와 작품 원전의 수록된 순서는 대부분 일치하는데, 일치하지 않는 작품이 있다. 〈광문자전〉 한 편이 그렇다. '광문'의 저술 동기가 〈자서〉에서는 〈김신선전〉과 〈우상전〉 사이에 기술되고 있는 데 반해, 〈광문자전〉의 원전 내용은 〈민옹전〉과 〈양반전〉 사이에 놓여 있다. 그런데 앞에서 살펴본 〈민옹전〉과 〈김신선전〉, 〈우상전〉의 순서가 저술시기에 따라 정확히 위치하고 있는 것을 보면, 〈자서〉에서의 저술동기나 작품 원전의 수록 순서는 저술시기를 고려한 것이 분명하다. 그렇다면 왜 〈광문자전〉의 경우는 그 순서가 서로 다른 것일까? 이것은 앞에서 살펴본 바와 같이 〈서광문전후〉의 저술시기로 말미암은 것 같다. 즉 처음 완성된 〈광문자전〉은 〈민옹전〉과 〈양반전〉 사이에 지어졌고, 〈서광문전후〉는 〈김신선전〉과 〈우상전〉이 저술되었을 즈음에 저술되었기 때문으로 추정해 볼 수 있다. 그러나 작품을 〈민옹전〉 앞에 수록한 것은 '광문'에 대한 전을 처음 썼던 시기를 고려한 것 같다. 〈서광문전후〉에서와 마찬가지로 〈민옹전〉과 『과정록』에서도 20세 전후에 연암은 병으로부터의 고통을 잊기 위해 문객, 겸인 등 이야기꾼으로부터 시정에 떠돌아다니는 많은 이야기들을 들었다고 하였는데, 이때 광문에 대한 다양한 이야기도 들었을 것이다. 이 시기에 '광문'의 '전(傳)'을 썼다면, 이것이 '광문'에 관한 첫 작품인 것이다.

이상의 고찰을 요약하면, 〈마장전〉과 〈예덕선생전〉은 〈민옹전〉(1757) 이

27) 「방경각외전」 〈자서(自序)〉에 기술된 저술동기의 차례는, ① 〈馬駔傳〉 ② 〈穢德先生傳〉 ③ 〈閔翁傳〉 ④ 〈兩班傳〉 ⑤ 〈金神仙傳〉 ⑥ 〈廣文者傳〉 ⑦ 〈虞裳傳〉 ⑧ 〈易學大盜傳〉 ⑨ 〈鳳山學者傳〉이고, 원전(原典)의 배열은 ① 〈馬駔傳〉 ② 〈穢德先生傳〉 ③ 〈閔翁傳〉 ④ 〈廣文者傳〉 ⑤ 〈兩班傳〉 ⑥ 〈金神仙傳〉 ⑦ 〈虞裳傳〉 ⑧ 〈易學大盜傳〉 ⑨ 〈鳳山學者傳〉 순으로 되어 있다. 『燕巖集』 朴榮喆本, 卷8, '別集,' 「放璚閣外傳」.

전의 작품이고, 〈양반전〉은 처음 지어진 '광문'의 전과 〈김신선전〉의 중간 시기, 즉 20대 중반의 작품으로 추정할 수 있다. 현재는 그 전모를 알 수 없는 〈역학대도전〉과 〈봉산학자전〉은 30세(1766)에 지어진 〈우상전〉의 다음 시기, 즉 30대 초반의 작품일 가능성이 짙다. 『열하일기』에 수록되어 있는 〈호질〉과 〈허생전〉은 40대 열하 여행(1780) 이후의 작품이며, 〈열녀함양박씨전〉은 그가 안의 고을에 재임할 당시 지어진 작품이다.[28)]

이상에서 고찰한 작품의 저술시기를 연암의 생애와 대비해 볼 때, 그가 20세 전후 문장 공부에 힘을 썼을 당시의 작품으로 〈마장전〉, 〈예덕선생전〉, 〈민옹전〉, 〈광문자전〉, 〈양반전〉 등을 들 수 있고, 30세 전후 불우한 신세를 달래며 시문을 주고받던 좌절, 방황기의 작품으로는 〈김신선전〉, 〈우상전〉, 〈역학대도전〉, 〈봉산학자전〉 그리고 〈서광문전후〉가 있다. 이 두 시기를 하나로 묶어 볼 때, 이 시기는 그가 과거를 폐하기(1771) 전까지의 문장 수학기로 이 시기가 '9전'의 저술시기이다. 다음은 과거를 폐하고 속세에서 물러나 담헌(湛軒) 등과 어울려 조용히 실학에 심취할 시기, 이른바 은둔기의 작품으로 『열하일기』에 수록되어 있는 〈호질〉과 〈허생전〉을 들 수 있다. 다음 시기는 연암의 환로기(1786년 이후)로 구분할 수 있는데, 이 시기는 연암이 그의 실학에 바탕을 둔 정치적 이상을 조금씩 실천에 옮겨 보던 시기로서 〈열녀함양박씨전〉을 저술한 시기였다.

3. 연암소설의 소재와 작품의 형성

조선 후기의 한문단편들은 당시 여항(閭巷)에서 배태된 일화들이 이야기에 재능이 있는 문객이나 겸인 등에 의해 구연되었던 것이 문자로 기록된 것이 대부분이다. 정도의 차이는 있을지라도 연암의 작품들도 그 소재

28) 〈열녀함양박씨전〉 내용에 "余視事安義之越 明年癸丑月日…"로 기록되어 있는바 여기서 계축년은 1793년(正祖 17년)이다.

가 대부분 여항의 일화를 소재로 한 것이다. 그러나 그의 작품들은 여타의 한문단편들과 비교해 볼 때, 문장표현이나 구성, 그리고 작품에 개입된 작가의식에 있어 다른 한문단편들과 차이가 있다. 이제 연암이 그의 한문단편들의 소재를 어디서 어떻게 얻어 작품으로 만들었는가에 대해 몇 작품을 통해 살펴보기로 하겠다.[29]

〈광문자전〉의 경우는 속편이라 할 수 있는 〈서광문전후〉의 서두 내용을 통해서 소재 취득 시기 및 저술시기를 알 수 있다. 또한 이것은 그의 20세 전후에 지어진 한문단편 형성과정을 아는 데 중요한 자료를 제공해 준다. 즉 그가 18세에 병이 심하여 밤의 적적함과 병으로 인한 괴로움을 견디기 위해 겸인 등 문객을 불러 여염의 기이한 이야기를 듣곤 했다는 것과, 그때 광문에 대한 많은 일화를 듣고 뒷날 문장 공부에 힘을 기울일 때, '광문'의 전(傳)을 지었다는 사실이다. 또한 〈서광문전후〉는 속편(續篇)으로 전편(前篇)을 지은 후 수십 년 후에 광문에 대한 일화를 더 듣고 전편의 내용을 보충하기 위해 지은 것이라는 것이다. 작가 자신이 어렸을 때 직접 광문을 본 적이 있었던 점으로 미루어 볼 때, 실제로 있었던 인물에 대한 일화가 이야기 좋아하는 사람들의 입을 거치는 동안 여러 유형을 낳게 되었고, 이러한 여러 유형의 일화를 연암이 흥미를 갖고 채취하여 그의 문장력을 바탕으로 하나의 작품으로 만든 것이다.

〈민옹전〉의 소재 또한 〈광문자전〉의 소재를 얻은 시기와 비슷하다. 그가 〈민옹전〉의 주인공인 민유신(閔有信)을 알게 된 것은 그가 17, 18세 때 병으로 시달릴 때였다. 그때 그와의 대화를 바탕으로 엮어 놓은 것이 이 작품이다. 민옹은 〈광문자전〉의 소재를 제공했던 겸인들과 마찬가지로 여염의 기사(奇事)에 대한 것을 많이 제공했을 것으로 추측할 수 있다. 또 연암이 문장 공부에 주력할 수 있었던 시기는 〈민옹전〉을 쓴 이후로 봄이 마땅할 것이다. 왜냐하면 그가 이 작품을 쓴 시기가 정축년(1757) 가을인

29) 조선 후기 한문단편의 형성과정에 대해서는 林熒澤, 「漢文短篇의 形成過程에서의 講談師」, 『韓國小說文學의 探究』(一潮閣, 1978)에서 고찰한 바 있다.

데, 이때에도 그는 병으로 몹시 시달리고 있었기 때문이다. 그러므로 〈광문자전〉의 경우는 앞에서 언급한 바와 같이 문장 공부에 주력한 시기의 작품이므로 〈민옹전〉 저술 이후, 즉 그의 나이 21세 이후의 작품임을 확인할 수 있다. 또 연암은 그가 병으로 시달릴 때 문객들에게서 들었던 일화 중에서 흥미 있었던 것을 나중에 작품으로 만들었음을 이를 통해서 알 수 있다. 이러한 사정은 〈김신선전〉의 경우에서도 드러나고 있다. 즉 작품의 소재가 되는 인물 김홍기에 대해 흥미를 느끼게 된 시기도 그가 '우울증'으로 고생할 20세 전후였음을 작품을 통해서 알 수 있다. 그가 김홍기를 만나보고 싶었던 근본 동기는 〈민옹전〉의 민옹을 만나게 된 것과 같다. 즉 그의 병을 치료하기 위해서였다. 그러나 민옹의 경우와는 달리 그를 만날 수 없었고, 그에 대한 계속된 관심이 결국은 이러한 작품을 쓰게 된 것이다. 이 작품의 소재도 20세 전후 그가 심적인 병으로 괴로움을 당하던 시기에 문객들에게 제보받은 것에서 비롯된 것이다. 이 작품과 내용이 흡사한 것이 이덕무의 〈이목구심서〉에도 나타나는데, 여기서는 김홍기라는 인물의 기이한 방술에 대해서만 간략히 소개되어 있을 뿐이다.[30] 그러나 연암의 경우에는 김홍기의 인물 됨됨이에만 집착하지 않고 그를 찾는 과정이 당시 한양 시정(市井)을 중심으로 엮어졌고, 더 나아가 갑신년(1764) 관동유람 중에 금강산의 한 암자에 기거하는 이승(異僧)이 김홍기가 아닌가 하여 찾았던 사건을 흥미 있게 서술하고 있다. 이 작품의 형성시기 또한 소재를 얻은 시기와의 거리가 십 년 정도가 된다.

〈허생전〉의 경우도 앞의 세 작품과 비슷한 시기, 즉 20세 겨울(1756) 봉원사에서 연암이 글을 읽고 있을 때 윤영이란 인물에 의해 제보받은 것이다. 그 후 18년이 지난 계사년(1773) 겨울 평안도 여행 중에 다시 윤영을 만났는데, 이때 연암은 그가 그때까지 늘 관심을 가지고 전을 쓰고자 했던 허생에 관한 이야기의 모순점을 묻게 된다. 그러나 이 작품이 완성된

30) 『靑莊館全書』 卷50, 「耳目口心書」 3, 앞의 책, 131-132쪽.

때는 그의 『열하일기』에 와서다. 이를 통해서 우리는 연암이 소재를 얻어서 하나의 작품을 만들기 위해 얼마나 많은 관심과 고심을 하였는가를 알 수 있다. 또 연암은 그가 얻은 소재를 그대로 작품으로 옮겨 놓은 것이 아니라 그 나름의 작가의식과 문장력을 통하여 작품화하였음도 알 수 있다. 이것은 앞의 〈민옹전〉, 〈서광문전후〉, 〈김신선전〉에서도 마찬가지다. 하나의 작품을 만들기 위해 작품의 소재와 관련된 자료를 끊임없이 모아 한 편의 작품으로 만든 것이다.

위의 작품들과는 달리 〈우상전〉과 〈열녀함양박씨전〉은 연암이 실제 경험한 것을 작품으로 만든 것이다. 〈우상전〉의 주인공 우상은 이언진(1740－1766)의 자(字)이며, 아호는 송목관(松穆館)이다. 영조 39년 계미년(1763)에 통신사를 따라 역관의 신분으로 일본에 다녀왔는데, 이용휴의 문인으로 시와 글씨에 능했다고 한다. 이덕무의 〈이목구심서〉에 이언진에 대하여 성대중과의 대화 속에 그의 시와 인물 됨됨이에 관해 자세히 서술되어 있다.[31] 이덕무를 찾아와서 우상의 병이 위독함을 말했던 성대중이란 인물은 우상과 함께 일본에 통신사를 따라갔다 온 인물이다.[32] 일본에서의 이언진의 행적은 아마도 성대중에 의해 연암 일계(一系)에 전해졌을지도 모른다. 〈우상전〉에서 "…나는 늘 우상을 한번 만나 보지 못했음을 한스럽게 여겼다. 또한 그의 문학작품은 이미 불태워져 남은 것이 없으니, 세상에서는 더욱 그를 아는 자가 없다. 이에 상자에 간직했던 것을 털어 내어 그가 전에 나에게 보여 준 몇 편을 발견해 이것을 모두 적어 그의 전을 쓴다"[33]라는 구절로 미루어 볼 때, 연암은 직접 그를 본 적은 없었으나 그에 대한 일화를 듣고 전을 지은 것이다. 〈열녀함양박씨전〉의 소재는

---

31) 위의 책, 156-195쪽.

32) 『海行總載』 4, 「三使一行綠」에 의하면, 영조 39년 癸未(1763)에 일본에 갔던 통신사 일행 명단에 보면, 成大中은 書記의 직책으로 따라갔는데, 그의 字는 士執, 壬子(1932)생이다.

33) 余旣不見虞裳 每恨之 且旣焚其文章 無留者 世益無知者 及發篋中舊藏 得其前所示纔數篇 於是悉著之 以爲之傳(「虞裳傳」).

그가 안의(安義) 현감으로 있을 때, 안의 고을 아전이었던 박상일의 딸이 남편을 따라 자살한 비극적 사건으로, 연암은 이를 통해 그가 늘 생각해 온 당시 사회규범의 불합리성을 병서(幷序)의 형식을 빌어서 피력한 글이다. 조선사회의 '열녀불경이부'라는 도덕률에 의해 강요되는 개가 금지와 서얼에 대한 차별로 초래되는 사회적 병폐, 그리고 여성의 인간성 해방을 동시에 다루고 있다. 위에서 언급한 두 작품은 작가가 실제 경험한 사건을 소재로 작품화한 것으로 볼 수 있다.

이와는 달리 〈호질〉의 경우는 연암의 기술을 전적으로 믿을 때, 남의 작품을 바탕으로 개작한 작품이다. 중국 여행 도중 옥전현(玉田縣) 심유붕(沈由朋)의 점포에서 우연히 본 기문(奇文)이 그 소재가 된다.

이상 7편의 형성 과정을 살펴보았다. 이제 남은 작품은 실전(失傳)된 〈역학대도전〉과 〈봉산학자전〉을 제외하고 〈마장전〉, 〈예덕선생전〉, 〈양반전〉이 있다. 『과정록』과 「방경각외전」의 '부기(附記)'에 '9전'은 모두 같은 시기에 써진 것으로 기술하고 있다. 그런데 앞에서 저술시기를 추정할 때 〈마장전〉, 〈예덕선생전〉, 〈양반전〉은 20대 전후 작품이고, 〈역학대도전〉, 〈봉산학자전〉은 30대 초반 작품으로 추정했다. 앞에서 〈민옹전〉, 〈광문자전〉, 〈김신선전〉의 소재와 작품화 과정을 살펴본 바에 의하면 이들 3편은 20세 전, 그가 병으로 고생할 때 기분을 전환시키고 병을 견디기 위해 겸인이나 민옹 같은 문객을 불러들여 여염(閭閻) 기사(奇事)를 듣는 과정에서 얻은 소재를 바탕으로 만든 것임을 확인했다. 이 중에서 〈민옹전〉, 〈김신선전〉의 경우는 작자가 직접 경험한 사실에 큰 비중을 두고 있다. 연암은 그가 얻은 소재를 위해 좀 더 많은 자료를 얻을 수 있는 가능성이 있거나, 실존했던 사람일 경우에는 완전한 작품을 만들기 위해 많은 시간을 두고 추적했던 것 같다. 그래서 〈서광문전후〉를 썼고, 〈김신선전〉의 주인공 김홍기를 추적해 보았고, 윤영을 만나 허생에 대한 모순점을 물은 것이다. 이렇게 소재를 얻은 후에도 계속 관심을 가져 만든 작품은 자연히 소재를 얻은 시기와 작품의 형성시기와의 시간적 거리가 있게 되었고, 작품 속에 그러한 작품 형성과 관련한 사항을 작가가 직접 개입하여 기술하거나, 또는 후지를 써서 밝히게 된 것이다. 20세초에 쓴 〈광문자전〉과 그 뒤 수십 년 후에 쓴 〈서광문전후〉의 기술 방법에서 우리는 연암의 창작 수법의 변화를 감지할 수 있다. 즉 광문에 관한 일화를 작품화하는 데 있어서, 20세 초의 〈광문자전〉은 흥미 있는 몇 편의 삽화로 구성되어 있고, 또 그 소재원이나 저작 시기 및 형성 과정에 대한 언급이 없는 데 비해, 30세 전후의 〈김신선전〉, 〈우상전〉과 동시대에 이루어진 것으로 추정되는 〈서광문전후〉는 이 시기에 이루어진 다른 작품과 마찬가지로 작품 내용에 실존했던 인물들이 등장하고, 작가 자신이 작품 속에 개입하여 작품과 관련한 여러 사항을 기술하고 있다. 이렇게 동일한 인물인 광문에 얽힌 일화가 다르게 작품화된 원인은 작자의 창작 수법이 20대 전후와 30대 전후가 달랐음을 알게 한다. 작품의 소재나 저술시기를 알 수 있는 작품에 의거해서, 〈마장전〉, 〈예덕선생전〉, 〈양반전〉에 소재원(素材源)이나 작품화 과정이 기술되지 않은 이유를 유추해 보면, 첫째, 20세 전후의 작가 수법에 기인하였기 때문에, 둘째, 그 소재원을 밝히기 어렵거나 밝힐 필요가 없기 때문에, 셋째, 소재(素材)가 된 일화가 단순하여 작가의 창작력을 통해서 작품화한 것이기 때문이 아닌가 한다.

이상에서 고찰한 것을 요약해 보면, 「방경각외전」에 수록되어 전하는 한문단편의 소재(素材)는 대체로 그의 나이 20세 전후에 겸인·문객 등에 의해 제보받은 것이 대부분임을 알 수 있다. 확실한 것으로는 〈광문자전〉, 〈김신선전〉의 작품 소재가 이렇게 취해진 것이다. 〈마장전〉, 〈예덕선생전〉, 〈양반전〉의 경우도 이 시기에 이루어진 작품이며, 시정(市井)에 떠돌던 일화를 소재로 삼아 자신의 생각을 많이 투영한 작품이다. 이 시기에 시정에 떠도는 소재를 연암에게 많이 제공했을 것으로 추정되는 민옹이라는 이야기꾼과의 교유(交遊)에서 파생된 일화를 소재로 작품화한 것으로 〈민옹전〉이 있다. 『열하일기』에 수록되어 있는 〈허생전〉의 소재를 처음 들은 것도 연암의 20대 초반이다. 또한 소재를 제보받은 것에 그치지 않고,

오랫동안 관심을 기울여 유사한 일화들을 다각도로 수집하여 작품화한 것으로 〈광문자전〉, 〈허생전〉이 있다. 〈김신선전〉의 경우는 작품의 주인공을 추적하는 과정에서 얻은 일화를 가지고 만든 작품이다. 또한 연암과 직접, 또는 간접적으로 알았던 실존 인물에 관한 일화와 사건을 소재로 작품화한 것이 있다. 〈우상전〉과 〈열녀함양박씨전〉이 그것이다.

연암 박지원의 교우관

1. 머리말

연암 박지원(1737－1805)은 18세기 영정시대 조선의 실학자며 문인이다. 지금까지 그에 관한 연구는 실학, 그 중에서도 '이용후생(利用厚生)'의 관점에서 그의 한문단편과 『열하일기(熱河日記)』를 고찰하는 것이 일반적이었다. 근래에는 관심의 폭이 확대되어 그의 문집인 『연암집(燕巖集)』에 실려 있는 글들을 통해 그의 문학론 등 문학세계를 탐색하는 작업이 활발하게 이루어지고 있다. 그러나 그와 같은 연구도 실학자로서의 박지원의 의식세계를 크게 벗어난 것은 아니다.

어떤 사상가나 작가의 사상과 작품을 이해하기 위해서는 그의 삶에 대한 고찰이 중요하다. 한 인간의 사상이나 작품은 그들의 삶과 무관하게 형성된 것은 아니기 때문이다. 박지원의 경우에도 그의 삶이 그의 사상과 작품 저술에 지대한 영향을 끼쳤음은 물론이다. 박지원의 삶의 모습은 『연암집』과 그의 아들 종채(宗采)가 저술한 『과정록(過庭錄)』을 통하여 그 대강을 살필 수 있다.

이 글에서는 박지원의 교우관(交友觀)을 살펴보고자 한다. 여기서 다루고자 하는 '교우(交友)'의 의미는 지취(志趣)가 같은 사람들끼리 모여 담소하며 노니는 사교로서의 폭넓은 '교유(交遊)'와, 이른바 '지기(知己)' 또는 '주선인(周旋人)', '제2의 나'와 같은 참된 벗으로서의 사귐 모두를 포함한다. 『과정록』과 『연암집』에는 연암과 교유(交遊)한 인물들이 많이 등장한다. 연암은 그들과 학문과 예술을 비롯하여 정치, 경제, 역사, 농공, 초목, 조수(鳥獸), 천문, 지리, 산수(算數), 고동(古董) 등 온갖 지식을 논하였다. 교유한 인물들은 선배, 동학, 제자를 비롯하여 다양한 인물들이며, 그것은 신분과 나이를 초월한 폭넓은 것이었다. 교우문제는 연암의 삶의 중심에 있었다고 해도 과언이 아니다. 연암의 실학사상은 이와 같은 폭넓은 교유를 통해 배태 형성된 것이다.

일반적으로 연암은 실학 중에서도 이용후생(利用厚生)에 관심을 가졌던 학자로 구분되고 있다. 그런데 연암이 이용후생에 본격적으로 관심을 가진 것은 30대 이후이고, 그의 이용후생은 정덕(正德)을 지향하고 있었다.[1] 따라서 20세 전후에서 30대 초반에 지어진 것으로 추정되는 한문단편에 나타난 연암의 세계인식은 아직 이용후생의 실학사상이 형성되기 이전의 모습이라고 할 수 있다. 어쩌면 이미 이 시기에 이용후생의 궁극적 목표인 윤리도덕성 회복이라는 정덕의 문제에 관심을 갖기 시작했다고도 할 수 있다. 당시 그는 무엇보다도 양반사회에서 일반화되어 있는 부도덕한 교우, 즉 권세와 이익을 따라 염량취산(炎凉聚散)하는 신의(信義) 없는 교우(交友)에 크게 실망하고 있었기 때문이다.

이 장에서는 젊었을 적부터 노년에 이르기까지 연암의 삶에 중요한 영향을 미친 교우관(交友觀)에 대해 살피고자 한다.[2]

---

1) 『열하일기』 6월 27일자 일기에서, 연암은 중국의 변경인 책문(柵門) 안으로 들어선다. 책문은 인가(人家)가 불과 이삼십 호에 지나지 않는 변경 마을인데도 불구하고, 그들의 질서 있게 사는 모습을 보고는, "아 이러한 연후에야 비로소 모든 물건을 이롭게 쓸 수 있고, 생활을 윤택하게 해야만 덕을 바르게 할 수 있을 것이다. 물건을 이롭게 쓰지 못하고서는 능히 생활을 윤택하게 하기는 어려울 것이니, 생활이 윤택하지 않고서야 어찌 또한 능히 그 덕을 바르게 할 수 있을 것인가?(嗟乎 如此然後 始可謂之利用矣 利用然後 可以厚生 厚生然後 正其德矣 不能利其用 而能厚其生 鮮矣 生既不足以自厚 則亦惡能正其德乎)"라고 했다.

2) 그간 이와 같은 논의가 없었던 것은 아니다. 대표적 논문으로는 임형택, 「朴燕巖의 友情

2. 세명리(勢名利)의 교우

연암은 젊었을 적에 당시 사람들의 사귐이 오로지 세리(勢利)에 따라 이루어지는 것에 대해 매우 비판적 자세를 지녔던 것 같다. 『과정록』에 의하면, “연암은 젊었을 적부터 당시의 교우가 오로지 권세와 이익을 보고 몰려들었다가 흩어지는 정태(情態)를 보고는 이를 몹시 미워해서 일찍이 아홉 편의 전(傳)을 지어 기롱(譏弄)하였고, 때때로 익살과 웃음으로 드러내기도 하였다”[3]고 했다. 또한 9전(九傳)의 저술은 20세 전후, 며칠씩 잠을 못 이루는 병으로 고생하고 있을 때에 저술한 것이라고도 했다.[4]

권세와 이익에 따라 이루어지는 교우에 대한 남다른 비판적 자세는 중년에 이르러서도 크게 달라진 것 같지 않다. 연암 생전에 아주 가깝게 지낸 벗으로 담헌 홍대용(洪大容, 1731－1783)이 있다. 연암은 중년에는 사람들과의 교유(交遊)가 적었으나, 오직 홍대용과는 시종 변치 않았다. 둘의 교우관계는 세상의 통상적인 교우를 초월한 것으로서, 서로의 마음을 허락하는 사이였다고 한다. 연암이 홍국영(洪國榮, 1748－1780)을 피해 황해도 송경 근처의 연암 골짜기에 은거할 때인 40대 초반에, 홍대용에게 답한 편지 몇 편이 『연암집』에 실려 있다.[5] 그 중에 〈답홍덕보서 제2(答

論과 倫理意識의 方向」, 『한국한문학연구』 제1집, 1976년을 들 수 있다. 이 논문에서 ‘연암에 있어서의 우정은 인간의 주체성의 자각에 바탕을 두어 현실성을 갖는 것’으로 파악하고, 이러한 우정의 모색은 ‘창조적 생활의 추구’를 통하여, 소극적으로는 ‘동인적 결합’에 의한 새로운 문예활동으로 나타났고, 적극적으로는 ‘동지적 결속’에 의해서 역사창조의 행동을 선도할 수 있었다고 했다. 그리고 〈마장전〉과 〈예덕선생전〉을 분석하여 ‘양반들의 세속화된 교제에 대한 풍자’, ‘참다운 친구가 서민 속에 숨어 있음을 묘사’하였다고 했다.

3) 先君自少時 嫉世之交友 專視勢利 炎凉聚散 情態可見 嘗作九傳以譏之 往往以諧笑發之(『過庭錄』 卷1).

4) 芝溪公嘗言 尊公 於二十歲前後 有無寐之疾 通晝宵 不能交睫者 或至三四日 見者頗危之 九傳之作 盖在其時 爲消寂耐病之資者云(『過庭錄』 卷1).

5) 연암은 무술년(1778, 42세)에 당시 권세가 막강했던 홍국영(1748－1780)의 화를 피해 가족을 이끌고 송경(松京) 근처 연암협(燕巖峽)으로 들어갔다가, 홍국영이 패퇴하자 경자년(1780, 44세)에 서울로 돌아온다. 연암이 연암 골짜기에 은거하고 있을 때, 담헌은 당시 경북 영천 군수로 있었는데, 연암에게 소 두 마리, 농기구 다섯 가지, 줄친 공책 20권, 돈

洪德保書 弟二)〉에 교우(交友)에 대한 자기 고백적 견해가 잘 피력되어 있다. 이곳에 홍국영의 화(禍)를 피해 서울을 떠나 연암 골짜기에 은둔하고 있는 자신의 초라한 모습을 되돌아보면서, 참된 교우를 그리워하는 심경이 잘 담겨 있다.

> 저는 평생 교유(交遊)가 넓지 않은 것은 아니어서, 덕망과 처지를 헤아려서 모두 다 벗으로 허락했습니다. 그러나 교유했던 사람들은 명예를 좇고 세력에 빌붙은 것 같은 혐의가 없지 않았으니, 눈에 벗은 보이지 않고 보는 것은 오직 명예와 이익과 권세였습니다. 지금 저는 스스로 쑥과 명아주가 뒤덮인 풀숲 속에 숨어 살고 있습니다. 머리 깎지 않은 비구요, 아내 가진 탁발승이라 일컬을 수 있을 것입니다. 산 높고 물 깊은 이곳에서 명예는 어디에다 쓰겠습니까? 옛 사람이 이르길 움직이면 비방은 얻지만 명예 또한 따른다고 하였는데, 아마 그 역시 헛소리인 것 같습니다. 겨우 한 치의 명예를 얻었는가 싶으면, 이미 한 자만큼 비방을 불러들입니다. 명예를 좋아하는 사람은 늙어서야 알게 될 것입니다.
>
> 젊어서는 과연 헛된 명성을 그리워해서 옛 사람들의 훌륭한 문장을 베끼고 꾸며 이름을 얻었습니다. 그러나 얻은 이름은 겨우 송곳 끄트머리 같은데 쌓인 비방은 산과 같았습니다. 한밤중 스스로를 되돌아볼 때마다 이빨에 신물이 나서 그 명실(名實) 사이에서 이름을 깎아 내 없앨 겨를도 없는데, 하물며 감히 다시 가까이하려 하겠습니까? 명예를 위한 벗은 이미 내 눈에서 사라진 지 오랩니다. 이른바 이익과 권세라고 하는 것에도 일찍이 다가가 보았으나, 대개는 사람들이 모두 남의 것을 취해 자기 것으로 만들려고 생각할 뿐이지, 자기 것을 덜어 남에게 도움을 주는 것을 일찍이 보지 못했습니다. 명예란 본래 빈 것인지라, 사람들은 값을 치르지 않는다 해서 혹 쉽게 서로 줍니다. 그러나 실제의 이익이나 세력인 경우에 어찌 기꺼이 자기 것을 끌어내어 남에게 주겠습니까? …(중략)… 이미 이 세 가지 벗을 버리고 비로소 밝은 눈으로 찾아보았더니 이른바 벗이란 한 사람도 없었습니다.

200민(緡)을 보냈다(『過庭錄』 卷1).

> 우도(友道)를 다하고자 한다는 것은 진실로 어려운 일이겠으나, 어찌 진정한 사람도 없겠습니까? 일을 당했을 때 올바르게 충고해 주면 비록 돼지 치는 노복도 진실로 나의 좋은 벗일 것이고, 옳은 것을 보고 충고해 주면 비록 나무하는 하인 또한 나의 좋은 친구일 것입니다. 이렇게 생각한다면 나는 과연 붕우(朋友)가 없는 것은 아닐 것입니다. 그러나 돼지 치는 노복과는 시서(詩書)를 논하는 자리에 함께 참여하기 어렵고, 나무하는 하인과는 읍양(揖讓)의 예를 갖추어야 하는 곳에 함께 자리할 수 없으니, 고금을 우러르고 굽어보면 어찌 마음이 답답하지 않겠습니까? 산골에 들어온 이후에는 이런 마음조차도 끊어 버렸습니다.6)

이 글은 연암이 홍국영의 화를 피해 연암 골짜기에 은거하면서 담헌에게 보낸 편지다. 이 글에서 연암은 지난 시절 자신의 교우에 대해 솔직한 심정으로 고백하고 있다. 그는 덕망과 처지를 따져 어지간하면 모두 벗으로 사귀었는데, 지금 돌이켜보면 그들은 참다운 우정보다는 권세와 이익을 통해 명예를 얻으려고 했던 사람들이었다는 것이다. 지금 화를 피해 깊은 산골에 숨어 살다 보니 명예란 참으로 헛된 것임을 알게 되었고, 자신도 젊어서는 남들처럼 명성을 추구하기도 하였으며, 권세와 이익에 가까이 한 적이 있었는데, 그 모든 것이 지금 생각하면 참으로 허망한 것이었다는 것이다.

---

6) 弟之平生交遊 不爲不廣 挈德量地 皆許以友 然其所與者 不無馳名涉勢之嫌 則目不見友所見者 唯名利勢也 今吾 自逃於蓬藋之間 可謂不剃之比邱 有妻之頭陀 山高水深 安用名爲 古人所謂 動輒得謗 名亦隨之 殆亦虛語 纔得寸名 已招尺謗 好名者 老當自知 年少果慕浮名 剽飾詞華 借藉奬譽 所得名字 僅如錐末 而積謗如山 每中夜自檢 齒出酸次 名實之際 自削之不暇 况敢復近耶 名之友已去吾目中 久矣 所謂利與勢 亦嘗涉此塗 蓋人皆思取諸人而歸諸己 未嘗見損諸己而益於人 名兮本虛 人不費價 或易以相予 至於實利實勢 豈肯推以與人 …(中略)… 旣去此三友 始乃明目求見 所謂友者 蓋無一人焉 欲盡其道友 固難矣 亦豈眞果無一人耶 當事善規 則雖牧猪之奴 固我之良朋 見義忠告 則雖采薪之僮 亦吾之勝友 以此思之 吾果不乏友朋於世矣 然而牧猪之朋 難與參詩書之席 而采薪之僮 非可寘揖讓之列 則俛仰今古 安得不鬱鬱於心耶 入山以來 亦絶此念(『燕巖集』 卷3, 「答洪德保書」〈第2〉).

연암도 어렸을 때에 옛 사람들의 훌륭한 문장을 가져다가 글을 꾸며 명성을 얻기도 하였지만, 얻은 명성에 비해 비방이 컸음을 그는 경험했던 것이다. 명예란 빈 것이고 값을 치르지 않는 것이기 때문에 쉽게 남에게 주지만, 실질적인 이익과 권세의 경우는 그렇지 않은 것이다. 따라서 권세나 이익은 다가간다고 해서 쉽게 얻을 수 있는 것이 아니다. 결국 명예와 세리(勢利)를 얻기 위한 교유(交遊)에는 참다운 벗이 있을 수 없다. 그래서 명・세・리(名勢利)와 거리가 먼 곳에서 벗을 찾아보았다. 그랬더니 돼지 치는 노복과 나무하는 하인들에게서 진실한 벗을 발견할 수 있었다. 그런데 그들은 일을 당했을 때 올바른 길을 알려 주기도 하고, 의리를 가지고 충고도 해 주겠지만, 그들과는 시서(詩書)를 함께 논할 수 없고, 읍양(揖讓)의 예를 갖추어야 하는 자리에 함께 할 수도 없다. 그러니 이 어찌 마음이 답답하지 않겠는가?

연암은 신분을 초월한 참다운 교우(交友)의 가능성과 실천을 말하면서도, 그러한 교우가 그가 생각하는 완전한 벗, 이상적인 벗이 될 수 없음을 말하고 있다. 돼지 치는 노복이나 나무하는 하인들은 올바르고 충직한 인간성을 지니기는 하였지만, 무식하기 때문에 함께 문학과 예술을 논할 수 없고, 읍양(揖讓)하는 자리에 함께 할 수 없다. 그러므로 참된 교우가 이루어질 수 없다. 연암이 생각하는 참된 교우는 세명리(勢名利)에 초연하고 학문과 예술을 함께 논할 수 있는 인물이어야 한다는 것이다. 그러나 이와 같은 벗은 쉽게 찾아지지 않았던 것이다.

비슷한 시기 연암의 교유가 전 시기에 비해 매우 한산한 모습을 낙서(洛瑞) 이서구(李書九, 1754-1825)의 〈하야방연암장인기(夏夜訪燕巖丈人記)〉와 연암의 〈수소완정하야방우기(酬素玩亭夏夜訪友記)〉를 통해 알 수 있다. 〈하야방연암장인기〉에는 어느 여름날 밤에 연암의 거처를 불쑥 방문한 이서구의 눈에 비친 꾸밈없는 연암의 삶의 모습이 잘 드러나 있다.

6월 그믐에 동쪽 이웃에서 걸어서 연암 어른을 방문하였다. 그때 희미한 구름이 하늘에 끼어 있었고, 수풀 위 달은 푸르스름한 빛을 띠고 있었다. 종소리가 처음 울렸는데, 처음에는 은은하더니 나중에는 둥실둥실 물 위를 떠가는 듯, 마치 물거품이 사방으로 흩어지는 것 같았다. 연암 어른이 안 계시면 어쩌지 생각하며 골목으로 접어들었다. 먼저 들창을 살폈다. 등불이 비치고 있었다. 그 집 문으로 들어가 보니, 어른은 사흘 아침 끼니를 거르셨다고 했다. 마침 버선도 신지 않고 두건을 풀어헤치고 방 창턱에 다리를 걸치고 행랑어멈과 이야기를 주고받는 중이었다. 내가 오는 것을 보시고는 마침내 의관을 갖추시고 앉아 고금치란(古今治亂)과 그 시대의 문장명론(文章名論)과 파별동이(派別同異)에 대해 아주 자세하게 말씀하셨다. 내 듣고 보니 매우 기이하였다.[7]

이서구가 연암을 방문하였을 때는 연암이 광릉(廣陵: 경기도 광주(廣州)의 석마(石馬: 오늘날 성남시 분당))에 가족을 두고 홀로 서울 집에 올라와 있을 때였다. 사흘씩이나 끼니를 거를 정도로 사는 것이 구차스러웠던 것 같다. 이 글에서 우리는 연암의 솔직하고 개방적인 자세를 엿볼 수 있다. 행랑어멈과 같은 천한 노비와 맨발에 망건도 풀어 버리고 흐트러진 자세로 허물없이 이야기를 주고받을 정도로 소탈했다. 양반으로서의 근엄한 자세는 전혀 볼 수 없다. 그러나 이서구에 대해서는 달랐다. 비록 그가 나이 어린 제자였지만 의관을 갖추어 정좌하고, 근엄한 모습으로 역사와 문장에 대해 논한 것이다. 연암은 신분, 남녀노소를 구별하지 않고 활달하게 담소를 즐겼지만, 상대가 누구냐에 따라 적절하게 처신하였음을 알 수 있다. 또한 연암은 마음에 마땅치 않은 사람이 자리에 섞여 있으면 비록 종일 마주 앉아 있어도 한마디 대꾸도 하지 않았다고 한다. 악을 미워하는 성질이 천부적이어서 사람들이 구차하게 서로 거짓을 꾸미는 모습을 용납하지 못했기 때문이다. 그의 일생이 순탄치 않은 것은 바로 이와 같은 성

7) 季夏之弦 步自東隣 訪燕巖丈人 時微雲在天 林月蒼翳 鍾聲初起 其始也殷殷 其終也泛泛若水漚之方散 意以爲丈人在家否 入其巷 先覘其牖 燈照焉 入其門 丈人不食三朝矣 方跣足解巾 加股房櫳 與廊曲賤隷相問答 見余至 遂整衣坐 劇談古今治亂及當世文章名論之派別同異 余聞而甚奇之也(〈夏夜訪燕巖丈人記〉).

품 때문이라고 했다.[8)]

낙서 이서구의 〈하야방연암장인기〉을 읽고, 연암은 〈수소완정하야방우기〉를 썼다. 이 글에 당시 정황이 아주 자세히 나타나 있다.

> 6월(음력) 어느 날, 낙서(洛瑞, 李書九(1754-1825)의 아호)가 밤에 나를 찾아왔다가 돌아가 글 한 편을 지었다. 글 가운데는 이런 말이 있었다. "내가 연암 어른을 찾아가니 어른은 끼니를 거른 지 벌써 사흘째였다. 망건 벗은 맨머리에 버선도 벗고 방 창문턱에 발을 걸치고 누워서 행랑어멈과 말을 서로 주고받고 있었다." …(중략)… 그때 내가 과연 사흘 아침을 굶고 있었는데, 행랑어멈이 남의 지붕을 이어 주고 품삯을 받아다가 비로소 밤에야 저녁밥을 지었다. 어린 것이 밥투정하며 울며 밥을 잘 먹지 않으니, 행랑어멈은 화가 나서 밥그릇을 엎어 개에게 주면서 죽으라고 악담을 하였다. 그때 나는 막 저녁을 먹고 곤해서 드러누워 있다가, 장괴애(張乖崖)가 촉(蜀)의 지방관으로 있을 때에 어린애를 목 베어 죽인 일을 들어서 비유하여 깨우쳐 주고, 또 평소 가르치지는 않고 도리어 꾸짖기만 하면 자라서 더욱 은혜를 모르게 될 것이라고 말하면서 고개를 쳐들어 하늘을 보니, 은하수는 지붕 위에 드리웠고, 별똥별이 서쪽으로 흘러가면서 공중에 흰 금을 남기고 있었다. 내 말이 미처 끝나지 않았을 때에 낙서가 와서는, "어르신, 혼자 누워서 누구와 이야기하십니까?"

---

8) 선군은 사람을 대해 담소할 때에는 활달하게 속을 툭 터놓지 않은 적이 없었다. 그러나 마음에 마땅치 않은 사람이 자리에 섞여 있으면 이야기를 하자마자 곧 시들하니 뜻이 사그라지고는, 비록 종일 서로 마주하고 앉았더라도 다시는 한마디 말도 대꾸하지 않으셨다. 이를 아는 사람들은 다들 병으로 여겼다. 대개 선군의 악을 미워하는 성질은 천부적이어서, 사람들이 덩달아 구차하게 아첨하고 서로 거짓 꾸미는 모습을 억지로 용납할 수 없으셨다. 그래서 한결같이 향원(鄕愿)과 비부(鄙夫)로 단정을 하셨으니, 비록 억지로 너그럽고 완곡하게 대하려 해도 마음과 입이 따라주지 않으셨다. 항상 스스로 말씀하시기를, "이는 내 타고난 기질의 병이니, 바로잡고자 한 지 오래이다마는 끝내 고칠 수가 없었다. 일생 동안 험한 꼴을 갖추어 겪은 것이 일찍이 이에서 말미암지 않음이 없었다(先君 對人談笑 未嘗不淋漓傾倒 而若有不可意人錯席 傀說便索然敗意 雖竟日相對 更不能酬接一語 知者多病之 蓋先君疾惡之性根於天得 凡於人之雷同苟悅 回互矯飾之態 不能黽勉容假 一以鄕愿鄙夫斷之 則雖欲强爲款曲 心口不應也 常自言 此吾氣質之病 矯揉之久 終莫能改 一生備經險巇 未嘗不由於此云)(『過庭錄』 卷3).

하고 물었다. 이른바 행랑어멈과 문답하였다는 것은 바로 이를 말한 것이다.[9)]

이서구가 방문했던 당시 연암은 밥지어 줄 사람이 없어서 행랑채 어멈에게 밥을 부쳐 먹고 있을 때였다. 원래는 계집종이 집을 지키고 있었는데 눈병이 나서 나가 버렸기 때문이다. 그래서 행랑채 아낙에게 밥을 부쳐 먹다 보니 자연 가깝게 지내게 되었고, 노비(奴婢)처럼 시키는 것을 꺼리지 않고 잘 해 주었다. 당시 연암은 경조사도 모두 끊고, 여러 날 세수도 하지 않고, 열흘씩이나 두건도 하지 않기도 하였다. 혹 땔나무 장수나 참외 장수가 지나가면 불러다가 효제충신(孝悌忠信)과 예의염치(禮義廉恥)를 이야기해 주며 말을 나누기도 하였고, 다리 다친 새끼 까치와도 친해져 장난으로 말을 걸기도 하며 무료하게 지내고 있을 때였다. 자다가 깨면 책을 보고, 책을 보다가 잠을 잤다. 깨우는 이도 없어 어떤 때는 하루 종일 잠을 자기도 했다. 간혹 글을 짓다가 피로하면 갓 배운 양금(洋琴)을 두어 곡조 치기도 했다. 이서구가 연암을 방문했을 때, 마침 연암은 사흘을 굶었다가 저녁 식사를 마치고 곤해서 누워 있을 때였다. 연암은 낙서의 글에서, 옛날 어느 눈 오던 날에 낙서가 찾아와 함께 떡 구워 먹었던 일을 적어놓은 것을 보고는, 당시에는 빈객(賓客)들이 많이 찾아왔었고, 세상에 대해 의욕도 많았을 때였음을 회상하였다. 아직 마흔이 채 안 되었는데 머리는 백발이 되었고, 몸은 병들고 기백이 쇠락하여 세상에 뜻이 없어져, 그때로 돌아갈 수 없음을 슬퍼하였다. 40대 전후 당시 정조의 등극과 홍국영 일파의 득세로 세상과 어긋나면서 삶에 의욕을 잃은 연암의 모습을 엿볼 수 있는 글이다.[10)]

---

9) 六月某日 洛瑞 夜訪不佞 歸而有記云 余訪燕巖丈人 丈人不食三朝 脫巾跣足 加股房櫳而臥 與廊曲賤隷相問答 …(中略)… 時余果不食三朝 廊隷爲人蓋屋 得雇直 始夜炊 小兒妬飯啼不肯食 廊隷怒覆盂與狗 惡言詈死 時不佞纔飯 旣困臥 爲擧張乖崖守蜀時斬小兒事 以譬曉之 且曰 不素教反罵 爲長益賊恩 而仰視天河垂屋 飛星西流 委白痕空 語未卒 而洛瑞至問丈人獨臥誰語也 所謂與廊曲問答者此也(『燕巖集』 卷3, 〈酬素玩亭夏夜訪友記〉).

10) 洛瑞又記雪天燒餠時事 時不佞舊居與洛瑞對門 自其童子時見 不佞賓客日盛 有意當世 而

40세 이후 연암이 더 이상 출세할 가능성이 보이지 않자, 사람들은 연암 주위에서 점점 멀어져 갔던 것 같다. 이 시기의 연암의 교유에 대해 『과정록』에 다음과 같이 기술되어 있다.

> 선군(先君: 『과정록』의 저자 종채가 아버지 박지원을 가리킴)이 세상과 어긋나자 사람들 또한 떨어져 나가 관계를 끊었다. 그러나 선군은 또한 상심하지 않으셨다. 그러나 무관, 재선, 혜풍 세 검서(檢書)만은 지난날의 문하생으로서 흠모하는 마음이 시들지 않아서 검서와 교정의 일에 여가가 나면 문득 찾아와 머물곤 하였다. 세 사람은 모두 지극한 성품과 지혜로운 지식이 있었으며, 세태를 따라 태도를 바꾸지 않았다. 또 선군 역시 항상 한 가지 저술에 뜻을 두고 계셨는데, 이들의 해박한 지식으로 고증하고 변증할 수 있었으므로 늘 사랑하고 아끼셨다. 그들의 벗들로 문묵(文墨)을 즐겨한 자로 서상수, 이희경, 이희명, 이공무, 정수, 김용행 등 여러 인물들이 있어 다투어 선군을 찾아왔는데, 사람들은 또 벗을 사귐에 사람을 가리지 않는다고 비방하고 헐뜯었다."[11]

이 글은 중년기 연암의 교유(交遊) 모습을 기술한 글이다. 이 시기에 연암의 교유는 매우 한산했던 것 같다. 그를 찾아 교유하던 많은 인물들이 발길을 끊었기 때문이다. 젊은 시절부터 연암의 문학적 능력이나 학식을 접하기 위해, 또는 관직에 발탁될 수 있는 가능성이 있다고 보고 주위에 모여들었던 사람들이 이제는 더 이상 연암과 교유하여 얻을 것이 없다 생각하고 떨어져 나간 것 같다. 40대 초 연암의 교유가 한산했던 결정적 원인은 정조(正祖)의 등극에 이어 연암을 미워하던 홍국영이 세력을 잡았기

今年未四十 已白頭 頗爲道其感慨 然不佞已病困 氣魄衰落 泊然無意 不復向時也 玆爲之記以酬(『燕巖集』 卷3, 〈酬素玩亭夏夜訪友記〉).

11) 先君 旣與世齟齬 人亦從以阻絶 先君 亦以爲無傷也 獨懋官 在先 惠風 三檢書 以舊時門生 愛慕不替 檢校有暇 輒來留連 三人者 皆有至性慧識 不以炎凉變態 且先君 常留意於一部文獻 而諸人之該洽博聞 可以掌故辨證 故常愛好不已 其朋儕之以文墨自娛者 如徐常修 李喜經 喜明 李功懋 鄭璲 金龍行諸人 爭來叅謁 於是 人又以交不擇人 謗毀焉(『過庭錄』 卷1).

때문이다. 이와 같은 세태를 연암은 이미 20대 젊은 시절부터 익히 보아 온 것이었지만, 정작 자신의 주위에서 그러한 모습을 보면서 내심 씁쓸하지 않을 수 없었을 것이다. 그나마 위안이 되었던 것은 마음을 변치 않고 틈을 내어 찾아와 머물면서 해박한 지식으로 사물을 고증하고 변증했던 이덕무(李德懋, 1741－1793), 박제가(朴齊家, 1750－1805), 유득공(柳得恭, 1748－1807)과 같은 문인들이 있었기 때문이다. 또한 이들의 벗으로 문묵(文墨)을 즐겼던 인물들, 당시 뛰어난 고동(古董) 감식가(鑑識家)이며 수장가로서, 음악과 서화에도 정통하였던 서상수(徐常修, 1735－1793), 서화에 뛰어난 김용행(金用行, 1753－1778)을 비롯하여 이희경(李喜經, 1745－?), 이희명(李喜明, 1749－?), 이공무(李功懋, 1745－1825), 정수(鄭璲, 1742－?) 등 당시 문인 서화가들이 다투어 찾아와 노닐었다. 이들은 모두 재능이 뛰어난 선비들로서 연암의 학식과 문장을 흠모하여 따라 놀던 젊은이들이었다.

3. 지기(知己)의 교우

권세와 명예를 얻기 위해 이루어지는 교우에 대해 환멸을 느낀 연암은 참다운 벗, 즉 '지기(知己)'를 찾았다. 그러나 주변에서 지기를 찾는 것은 쉬운 일이 아니었다. 연암은 〈회성원집발(繪聲園集跋)〉이라는 글에서 지기에 대한 자신의 생각을 피력하고 있다. 이 글은 홍대용이 중국에 갔을 때 잠시 사귀었던 등사민(鄧師閔)이라는 사람에게서 선물로 받은 곽집환(郭執桓)의 시집 〈회성원집〉에 연암이 쓴 발문이다. 이 글에서 연암은 참다운 벗(朋友)이란 '제2의 나(第二吾)', 나를 위해 온갖 궂은일을 마다하지 않고 나서서 힘써주는 '주선인(周旋人)'이라고 하면서, 그러한 벗을 현실에서 찾을 수 없다고 해서 책 속에서 천 년 전 옛 사람을 찾아 벗으로 삼고, 천 년 후의 인물을 기다린다는 것이 얼마나 웃기는 일인가? 반문하고 있다. 그리고 지기(知己)는 모름지기 현실에서 찾아야지 얼굴도 모르고 만날 수도 없는 사람하고는 참다운 우정을 나눌 수 없음을 말하고 있다.

> 옛날 '벗[朋友]'을 말할 때, 혹자는 벗을 '제2의 나'라고 일컫기도 하고, 혹 자신의 일처럼 돌봐 주는 사람이란 뜻에서 주선인이라 일컫기도 했다. 이런 까닭으로 글자를 만든 사람이 깃[羽]이라는 글자를 빌려서 '朋'이라는 글자를 만들었고, '手'와 '又'라는 글자를 가지고 '友'라는 글자를 만들었다. 말하자면 새가 양 날개가 있고, 사람에게는 두 손이 있는 것과 같은 것이다. 그러나 말하는 자는 천고를 벗 삼는다고 한다. 이 말이 어찌 답답하지 않은가. 천고의 사람은 이미 나부끼는 먼지, 싸늘한 바람이 되었으니, 장차 누가 나를 위해 제2의 나가 되며, 누가 나를 위해 주선한단 말인가? …(중략)… 이로 말미암아 보건대 벗이란 반드시 현재의 당시 세상에서 구해야 하는 것이 분명하다.[12)]

연암이 안의 현감으로 있을 때 쓴 〈여인(與人)〉이라는 편지글이 있다. 이 글은 아마도 서울에 있는 벗에게 보낸 것 같다. 편지 내용에 등장하는 인물은 성음 이희명, 존중 이재성, 백선, 성위 이희경, 재선 박제가, 무관 이덕무 등이다. 연암의 처남 이재성을 비롯하여 박제가, 이덕무, 이희경 이희명 등은, 남들은 연암과 교유하여 득될 것이 없다 하고 그의 곁을 떠날 때, 변치 않고 틈만 나면 연암을 찾아왔던 인물들이다. 편지 내용으로 보아 이덕무가 세상을 뜬 해인 계축년(1793) 여름 서울에 있는 어떤 벗에게 보낸 편지로 추정된다. 당시 박제가는 조강지처를 잃은 데 더하여 절친한 벗인 이덕무마저 잃고 외롭고 쓸쓸하게 지내고 있었던 모양이다. 더구나 당시 박제가는 부여 현감을 그만두고 서울에 올라와 있을 때였다. 이 글은 연암이 제자인 박제가가 아내와 지기였던 이덕무마저 잃고 외롭고

---

12) 古之言朋友者 或稱第二吾 或稱周旋人 是故造字者 羽借爲朋 手又爲友 言若鳥之兩羽 而人之有兩手也 然而說者曰 尙友千古 鬱陶哉是言也 千古之人 已化爲飄塵冷風 則其將誰爲吾第二 誰爲吾周旋耶 …(中略)… 由是觀之 友之必求於現在之當世也 明矣(『燕巖集』 卷3, 〈繪聲園集跋〉).

쓸쓸해할 모습을 상상하면서, 제자이면서 벗이기도 했던 이덕무를 잃은 자신의 괴로운 심경을 곁들여 드러낸 글이다. 여기서 박제가, 이덕무에 대한 연암의 깊은 사랑을 엿볼 수 있다. 그런데 이 글에서 연암은 지기(知己)를 잃은 슬픔은 아내를 잃은 슬픔에 비길 것이 아니라고 했다. 아내는 다시 얻으면 되지만 지기는 다시 얻을 수 없기 때문이다. 지기를 잃은 것은 새가 한 쪽 날개를 잃은 것이요, 한 손을 잃은 것이요, '또 다른 나'를 잃은 것이다. 지기(知己)가 없는 세상의 삶은 아무 즐거움도 없다고도 했다. 자기의 거문고 소리를 듣고 자기가 무엇을 생각하고 연주했는가를 알 정도로 자기의 음악을 잘 이해했던 종자기(鍾子期)가 죽자, 종자기의 죽음을 슬퍼하며 자신의 거문고 줄을 끊고는 다시는 연주하지 않았다는 백아(伯牙)의 고사를 인용하여 연암은 지기(知己) 이덕무를 잃은 자신의 슬픈 심경을 토로하였다. 이덕무(1741－1793)는 연암보다 네 살 연하로 연암을 스승처럼, 친구처럼 절친하게 지냈던 인물이다.

> 아아 슬프다. 지기를 잃은 슬픔이 아내를 잃은 슬픔보다 심하다고 논한 적이 있었지. 아내를 잃은 자는 오히려 두 번 세 번 장가라도 들 수 있고, 서너 차례 첩을 들여도 안 될 것이 없네. 마치 옷이 터지고 찢어지면 꿰매고 덧대는 것과 같고, 그릇 따위 집기가 깨지거나 흠이 가면 새것으로 다시 바꾸는 것과 같지. 혹은 후처가 전처보다 나을 수도 있고, 혹은 나는 비록 머리가 허연 늙은이나 후처는 나이가 적으니 그 즐거움은 초혼과 재혼에 차이가 없을 수도 있지. 그러나 지기를 잃은 쓰라림에 이르러서는 그렇지 않다네. 내가 다행히 눈은 있지만 누구와 더불어 볼 것이며, 내가 다행히 귀는 지녔지만 누구와 더불어 들을 것이며, 내 다행히 입이 있지만 누구와 함께 맛을 볼 것이며, 내 다행히 코가 있으나 누구와 함께 냄새를 맡을 것이며, 내 다행히 마음을 지니고 있으나 장차 누구와 더불어 나의 지혜와 깨달음을 함께 한단 말인가? 종자기가 죽자, 백아라 하는 자가 이 석자 마른 오동나무(거문고)를 안고 장차 누구를 향해 연주할 것이며, 장차 누구로 하여금 이 소리를 듣게 할 것인가? 하고 생각했을 것이다.[13)]

당시 조선사회의 교우가 오로지 권세와 명예와 이익에 집착함으로써 참다운 교우가 이루어질 수 없는 현실을 빗대어서 쓴 연암의 글에 〈회우록서(會友錄序)〉가 있다. 홍대용(洪大容)이 중국에 갔다가 잠시 머물면서 사귄 세 중국 선비와 이야기한 내용인 〈회우록〉에 쓴 서문(序文)이다. 이 글에서 연암은 당시 악착스럽기까지 한 조선의 양반 지식인 사회의 교우를 비판하고 있다.

> 아아! 우리나라에서 항주까지는 거의 만리(萬里)나 된다. 홍군이 세 선비를 다시는 만날 수 없을 것이다. 그런데 전에 자기 나라에 있을 적에는 같은 동리에 살면서도 서로를 알려 하지 않다가, 지금은 만 리나 떨어진 곳의 사람을 사귀고, 전에 자기 나라에 있을 때는 같은 종족 간에도 서로 교유하지 않았는데, 지금은 두 번 다시 볼 수 없는 사람을 벗으로 삼고, 전에 자기 나라에 있을 때에는 언어나 의복이 같았는데도 서로 벗하지 않다가, 이제 갑자기 말도 통하지 않고 복식도 다른 사람을 서로 벗으로 허락한 것은 어쩐 일인가? 홍군은 한동안 언짢은 기색을 하더니 말했다. "내가 감히 우리나라 안에는 그럴 만한 사람이 없어서 벗을 삼지 못한다는 것은 아니다. 실로 환경의 제약과 습관에 구애되어 마음속에 답답한 점이 없지 않았다. …(중략)… 저 세 사람이 나를 볼 적에 또한 어찌 화이(華夷)의 구별, 겉모습과 신분의 차등에 대한 꺼리는 바가 어찌 없었겠는가? 그러나 복잡한 인사치레도 집어치우고, 까다로운 예의 절차도 떨어 버리고, 심정에 있는 그대로를 드러내 간담을 털어놓았으니, 그 규모의 광대함이 명성과 세력과 이익에 악착스럽게 덤비는 하찮은 자들과는 다르지 않은가?" 그리고는 세 선비와 이야기한 내용을 세 권의 책으로 만들어 나에게 보이면서, "자네가 서문을 쓰게" 하였다. 내가 한번 죽 읽고 탄식

13) 嗚呼痛哉 吾嘗論 絶絃之悲 甚於叩盆 叩盆者 猶得再娶三娶 卜姓數四 無所不可 如衣裳之綻裂而補綴 如器什之破缺而更換 或後妻勝於前配 或吾雖皤 而彼則艾 其宴爾之樂 無間於新舊 至若絶絃之痛 我幸而有目焉 誰與同吾視也 我幸而有耳焉 誰與同吾聽也 我幸而有口焉 誰與同吾味也 我幸而有鼻焉 誰與同吾嗅也 我幸而有心焉 將誰與同吾智慧靈覺哉. 鍾子期死矣 爲伯牙者 抱此三尺枯梧 將向何人鼓之 將使何人聽之哉(『燕巖集』 卷10, 〈與人－安義時〉).

하여 말했다. “툭 트였구나. 홍군이 벗을 사귀는 것이야말로. 나도 이제 벗 사귀는 도를 알았다. 그 벗으로 삼는 바를 보고, 벗이 되는 바를 보고, 또한 벗으로 삼지 않는 것, 이것이 나의 벗 사귀는 바이다.”[14]

이 글에서 연암은 담헌의 말을 빌려 당시 우리나라의 여건상 진실한 교우관계를 맺을 수 없는 벽이 있음을 말하고 있다. 즉 우리나라가 지리적으로 좁고, 관습의 제약으로 말미암아 마음을 터놓고 사람을 사귈 수 없는 환경임을 비판적 시각에서 바라본 것이다. 지역적으로 좁기 때문에 서로의 신분을 잘 알 수 있으며, 신분과 파당이 다르면 서로 벽을 쌓고 교유하지 않는 폐쇄적인 사회적 관습으로 말미암아 참다운 벗을 사귈 수 없는 답답한 현실을 비판한 것이다. 신분과 파당이 인간의 교우를 제약하지 않는 사회, 즉 모든 사람이 어떠한 제약도 받지 않고 마음을 툭 터놓고 교유할 수 있는 사회를 연암은 꿈꾸었던 것이다.

이상에서 우리는 연암이 젊은 시절부터 중년 이후까지 당시의 교우가 세리와 명예를 구하기 위해 이루어지는 것에 대해 몹시 미워했음을 알 수 있다. 그는 ‘지기’야말로 이상적인 교우라 했다. 그는 명예, 권세와 이익에 따라 이루어지는 당시 교우세태에 대해 비판적 태도를 지니면서, 한편으로는 모든 사람이 마음을 툭 터놓고 벗을 사귈 수 있는 사회를 꿈꾸었다. 그러나 그와 같은 바람은 그가 살고 있는 역사적 현실에서는 이루어질 수 없는 꿈이었던 것이다. 비록 신분을 떠나 사귄다 하더라도 그것은 참된 벗이 될 수 없음을 그는 알았다. 신분적 제약과 파당, 그리고 지식과 교양의

14) 嗟呼 吾東之去吳幾萬里矣 洪君之於三士也 不可以復見矣 然而向也居其國 則同其里閈而不相知 今也交之於萬里之遠 向也居其國 則同其族類而不相交 今也友之於不可復見之人 向也居其國 則言語衣冠之與同而不相友也 迺今猝然相許於殊音異服之俗者 何也 洪君湫然爲間 曰吾非敢謂域中之無其人 而不可與相友也 誠局於地而拘於俗 不能無鬱然於心矣 …(中略)… 彼三人者之視吾 亦豈無華夷之別 而形跡等威之嫌乎 然而破去繁文 滌除苛節 披情露眞 吐瀝肝膽 其規模之廣大 夫豈規規齷齪於聲名勢利之道者乎 迺出其所與三士譚者 彙爲三卷 以示余曰 子其序之 余旣讀畢而歎曰達矣哉 洪君之爲友也 吾乃今得友之道矣 觀其所友 觀其所爲友 亦觀其所不友 吾之所以友也(『燕巖集』 卷1, 〈會友錄序〉).

차이는 현실적으로 극복할 수 없는 장벽임을 그는 발견한 것이다. 그리고는 학문과 예술을 함께 이야기할 수 있고, 예악을 함께 논할 수 있는 참된 벗을 주위에서 찾게 된 것이다. 이른바 '지기'였다. 지기는 '제2의 나', '주선인', 나의 다른 한 손이요, 새의 한 쪽 날개와 같은 벗이다. 그러나 그것은 쉽게 얻을 수 있는 것이 아니었다.

4. 소설 작품에 나타난 교우

연암은 「방경각외전」 〈자서(自序)〉에서,

> 우도(友道)가 오륜의 끝에 있다고 해서 낮은 것이 아니다. 그것은 마치 오행(五行) 중의 토(土)의 기능이 골고루 사시(四時)의 바탕이 되는 것과 같다. 부자, 군신, 부부, 장유 간의 도리는 신의가 없으면 어떻게 될 것인가? 사람다운 도리 및 사람답지 못한 도리를 우도가 다 바로잡아 주는 것이 아닌가? 우도가 끝에 놓인 이유는 뒤에서 인륜을 통괄하게 하려는 것이다.[15]

라고 했다. 따라서 「방경각외전」에 수록된 작품들은 교우, 또는 신의와 어떤 형태로든 관련을 맺고 있다고 할 수 있다. 오륜(五倫)의 다른 넷, 즉 부자유친, 군신유의, 부부유별, 장유유서가 상하 종적인 윤리 덕목이라면, '붕우유신(朋友有信)'은 횡적인 평등한 인간관계에 있어서의 윤리 덕목이다. 연암은 교우관계가 기본적으로 평등한 인간관계에 바탕을 두고 있어야 한다고 생각했던 것 같다. 또한 교유는 진정한 마음을 서로 주고받을 수 있다면 당파, 신분, 지역, 더 나아가 족속이 다름에 관계없이 교우가 이루어질 수 있음을 〈회우록서(會友錄序)〉에서 말한 바 있다.

---

15) 友居倫季 匪厥踈卑 如土於行 寄王四時 親義別敍 非信奚爲 常若不常 友迺正之 所以居後 迺殿統斯(『燕巖集』 卷8, 「放璚閣外傳」, 〈自序〉).

「방경각외전」에 수록된 작품 중에 사귐의 문제를 구체적이고 집중적으로 다룬 것으로 〈마장전〉과 〈예덕선생전〉이 있다. 「방경각외전」〈자서〉에, "세 광인이 서로 벗이 되어 둔세유리(遯世遊離)하였으되 그들이 인간들의 아첨하는 태도를 논란함에 참 사나이를 보는 것 같다. 이에 마장(馬駔)을 저술한다"[16]라고 했다. 이 작품의 내용은 시정을 배회하는 세 광인(狂人)이 당시 군자지교(君子之交)를 논하면서 당시 양반 지배층의 교우를 비판 풍자한 작품이다. 〈예덕선생전〉은 당대 최고의 학덕을 지닌 선귤자라는 군자와 서울 뒷골목을 누비며 분뇨를 수거하는 일을 직업으로 삼는 천한 역부인 엄행수와의 교우 가능성을 타진한 작품이다. 즉 신분계층이 다른 경우에도 참된 교우가 이루어질 수 있는 가능성을 제시한 것이다. 〈민옹전〉은 18세 젊은 주인공 '나'와 일흔 살이 넘은 민 영감이 나이를 초월하여 교제한 것이고, 김신선으로 불리는 김홍기라는 인물의 기이한 행적과 서울 시정지식인들의 활달한 교우의 모습을 다룬 〈김신선전〉도 신분과 나이를 초월한 교우의 문제를 다룬 작품이다. 신분과 당파를 초월한 교우는 중인(中人) 출신의 우상이라는 인물과 연암과의 교제를 다룬 〈우상전〉에서 특히 실감나게 그려지고 있다.

교우의 바탕을 이루는 신의(信義)는 연암의 지속적인 관심사로서 〈광문자전〉이 대표적 작품이다. 길거리를 배회하며 걸식하던 광문이라는 인물이 진실한 행동을 함으로써 다양한 계층의 인물들과 관계를 맺고 인기를 얻었다는 이야기다. 신의는 모든 사람이 원하고 추구하는 바였지만, 당시의 세태는 그렇지 못했던 것 같다. 그래서 광문의 신분은 최하층 인물이었으나, 신의 있는 행동으로 말미암아 그는 많은 사람들의 호감을 사고 인기를 얻을 수 있었던 것이다. 〈양반전〉도 넓은 의미의 신의를 다룬 작품이다. 이외에 「방경각외전」에 수록된 작품은 아니지만 『열하일기』의 「옥갑야화(玉匣夜話)」에 수록된 〈허생전〉을 비롯한 '역관 일화' 또한 그 주된

16) 三狂相友 遯世流離 論厥讒諂 若見鬚眉 於是述馬駔(『過庭錄』 卷1).

관심사는 신의의 문제이며, 「관내정사(關內程史)」의 〈호질〉도 인간사회의 신의의 문제를 바탕에 깔고 있다.

5. 맺음말

연암의 교우관은 몇 가지 측면에서 살펴볼 수 있다. 연암은 신의가 있어야 할 교우가 세력과 이익에 따라 모였다가 흩어지는 세태에 대해 몹시 못마땅하게 여겼다. 이것은 연암의 초기 한문단편의 주제로 나타났다. 연암은 당대 사회의 부도덕한 교유를 비판하고 풍자하는 데 그치지 않았다. 그는 말을 하지 않아도 서로를 이해하고 알아 줄 수 있는 지기(知己), 즉 참다운 우정을 일생 동안 갈망하고 추구하였다. 지기(知己)는 '제2의 나' 또는 '주선인(周旋人)'이다. 서로 말없이도 상대방의 마음을 읽을 수 있는 벗, 이러한 벗이야말로 참다운 벗이라고 했다. 마음속을 다 드러내어 함께 삶의 문제를 토로(吐露)하고 공유할 수 있는 벗, 학문과 예술을 함께 즐기고 토론할 수 있는 벗이야말로 그가 추구한 참다운 벗이었다. 그는 진실한 마음이 있으면, 신분이나 파당, 나이, 나아가 종족이 달라도 교우가 이루어질 수 있다는 개방적 자세를 지녔다. 그러나 참다운 교우는 지취(志趣)가 같은 사람과의 교우일 때라야 이루어질 수 있다고 했다. 연암은 '지기(知己)'는 '제2의 나'이며, '주선인(周旋人)'이라고 하면서 이와 같은 참다운 벗을 일생을 두고 찾았다.

연암의 교우에 대한 남다른 관심은 20대 전후의 젊은 시절부터 나타나고 있음을 『과정록』이나 한문단편을 통해 알 수 있다. 따라서 연암에게 있어서 교우관은 그의 초기 실학사상의 기반을 이루며, 이용후생의 궁극적인 목표인 '정덕(正德)'과 일정한 관련을 맺고 있다.

 연암 박지원의 문장론

1. 머리말

'문장을 어떻게 쓸 것인가?' 연암의 '문장론(文章論)'에 관한 고찰은 그의 실학사상이나 작품연구에 비해 비교적 관심이 덜 주어졌던 분야다.[1)] 지금까지 연암의 문장론으로 가장 주목을 받는 것은 '법고창신(法古刱新)'이다. 그런데 이 '법고창신'은 엄격한 의미에서 연암의 독창적인 문장론은 아니다. 왜냐하면 '법고(法古)'와 '창신(刱新)'은 연암이 이를 논하기 전에 이미 명나라의 의고파(擬古派)와 공안파(公安派) 문인들의 치열한 논쟁이 있었기 때문이다. 그렇지만 이와 같은 명나라 문인들의 논쟁에 대해 그의 〈초정집서(楚亭集序)〉에서 '法古而知變 刱新而能典'이라는 절충적인 견해를 피력하였고, 결론적으로 '선변(善變)'의 글쓰기를 제시하였으므로 '법고창신'을 연암의 문장론이라고 해도 크게 문제될 것은 없다. 여기서 '선

1) 연암의 문장론 대해서는 이가원이 그의 『연암소설연구』(을유문화사, 1965)에서 연암의 문장에 대한 이론으로 '法古刱新', '寫意爲主', '聲色情境', '組織方法', '設證取勝'으로 구분하여 간략히 고찰한 바 있고, 김도련의 「연암문학에 대한 소고－고문론을 중심으로－」(국민대 한국학연구소, 1981)와 박기석의 『박지원문학연구』(삼지원, 1984)에서 연암의 문학관을 '진'의 문학과 '선변'의 문학으로 고찰한 바가 있다. 연암의 문장과 관련된 연구사는 姜慧仙, 「朴趾源 散文의 古文 변용 양상에 대한 硏究」(서울대 박사학위논문, 1996); 이지호, 연암 박지원의 글쓰기 방법론 연구(서울대 박사학위논문, 1997); 朴壽密, 「燕巖 朴趾源의 文藝美學 硏究」(한양대 박사학위논문, 2000)에 잘 정리되어 있다.

변'이란, '옛 것을 배우고 본받되 현재의 상황에 알맞게 적절하게 변화시키는 것'이다. 〈소단적치인(騷壇赤幟引)〉에서도 연암은 '선변'과 통하는 '합변(合變)'이라는 글쓰기를 제시하였다. 여기서 연암은 글 쓰는 것을 전쟁에 비유하였다. 연암은 '합변지기(合變之機)'와 '제승지권(制勝之權)'을 알아야 전쟁에 승리하는 것과 마찬가지로, 글쓰기 있어서도 '합변지권(合變之權)'을 알아야 훌륭한 글을 쓸 수 있음을 말했다.

그러면 '선변'과 '합변'의 글쓰기는 어떠한 것이며, 그러한 글은 어떻게 써야 하는가? 이에 대해 연암은 〈영처고서(嬰處稿序)〉, 〈증좌소산인(贈左蘇山人)〉, 〈순패서(旬稗序)〉, 〈녹천관집서(綠天館集序)〉, 〈공작관문고자서(孔雀舘文稿自序)〉, 〈종북소선자서(鍾北小選自序)〉, 〈답창애(答蒼厓)〉 등에서 글쓰기에 대한 견해를 다양한 방식과 예를 들어서 피력하였다. 이 글에서 연암이 특히 강조한 것은 작가의 눈앞에 펼쳐 있는 현실을 중시하는 '즉사(卽事)'의 글쓰기였다. 연암에 있어서의 '즉사'는 시간적으로는 현재, 공간적으로는 조선(朝鮮)의 자연(自然)과 백성들의 일상적인 삶의 모습 등, 현재 작가 주변에서 볼 수 있고, 일어나고 있는 일체의 사상(事象)을 꾸밈없이 진솔(眞率)하게 글로 옮겨 놓는 것, 또는 옛 글을 본뜨지 않고 자신의 생각을 있는 그대로 글로 써 내는 것이라고 할 수 있다. 그리고 이러한 글쓰기가 궁극적으로 추구하는 것은 '진(眞)'의 문학이다. '진'의 문학은 거짓이 아닌 '참된 문학', 가짜가 아닌 '진짜의 문학'이다. 이러한 문학은 현실을 중시하므로 현실주의 문학이라고 부를 수 있을 것이다.

연암 박지원이 당시 주변 문인 학자들의 문장을 논한 글을 분석해 봄으로써, 연암의 문장론과 고문에 대한 견해, 그리고 18세기 후반 조선의 실학파 문인, 특히 연암학파 문인들의 글쓰기 경향을 알 수 있을 것이다.

2. 법고창신(法古刱新)과 선변(善變)

2.1. 〈초정집서(楚亭集序)〉에서 연암은 "진실로 능히 옛 것을 본받으면서 변할 줄 알고, 새로운 것을 창안하면서도 능히 전아(典雅)할 수 있다면, 오늘날의 글이 옛 글과 같게 된다(苟能法古而知變 刱新而能典 今之文猶古之文也)"고 하면서, 명나라의 의고파와 공안파 문인들의 문장에 대한 논쟁을 변증법적으로 극복한 글쓰기를 제시하고 있다. 이것이 '법고창신'의 글쓰기다. 여기서 고문(古文)에 대한 연암의 견해를 알 수 있다. 그의 고문관은 고문에 대한 전적인 부정이 아니고, 고문의 정신을 이어받아 새로운 형식과 내용으로 이루어진 오늘의 고문을 창안하는 것이었다. 연암은 이를 실현하는 글쓰기 방법으로 이른바 '선변(善變)'을 제기한 것이다. 따라서 연암의 '법고창신'의 글쓰기는 '선변'의 글쓰기로 귀결되며, 이는 현실을 중시한다는 점에서 '현실주의' 글쓰기라고도 할 수 있다. '선변'의 글쓰기는 옛것에 대한 무조건적, 무비판적인 답습이나 모방이 아니고, 옛것을 작품 창작의 전범으로 하되, 작가가 사는 현실, 또는 현재라는 상황에 맞게 글을 쓰는 것이라고 할 수 있다. 눈앞에 펼쳐진 대상을 진솔하고 꾸밈없이 쓸 때라야 참된 글이 써질 수 있을 것이며, 오랜 세월이 흐른 뒤에도 후대 사람들이 고문으로 여길 글로 남을 수 있다는 것이다. 이제 〈초정집서〉를 통하여 그의 문장론을 구체적으로 살펴보기로 한다.

〈초정집서〉는 영조 48년(1772) 연암이 36세 때, 과거를 폐하고 가족을 경기도 광주 석마(石馬: '돌마' 현재 성남 분당) 시골의 처가로 보내고 서울의 전의감동에 혼자 지내면서 홍대용, 정철조, 이서구, 이덕무, 박제가, 유득공 등과 어울려 이용후생과 경제명물(經濟名物)에 대해 관심을 갖고 서로 토론하며 밤을 지새우던 시절[2]에 박제가(朴齊家)의 문집인 〈초정집〉에 붙인 서문이다. 이 글에서 연암은 그의 대표적 문학 창작 이론이라고

---

2) 壬辰癸巳間 送家眷歸遺安翁石馬鄉廬 常獨處于典醫感洞寓舍 與洪湛軒大容 鄭石癡喆祚 李薑山書九 時相往還 而李楙官德楙 朴在先齊家 柳惠風得恭 常從遊焉(『過庭錄』 卷1).

할 수 있는 '법고창신'을 피력하였다. 〈초정집서〉의 문장 기술 방식은 기승전결의 네 단락으로 되어 있다. 첫째 단락은,

> 글은 어떻게 써야 하나? 논자는 "반드시 옛 것을 본받아야 한다"고 말한다. 이리하여 세상에는 마침내 남의 것을 모방하고도 부끄러워하지 않는 자가 있게 되었다. 이것은 왕망(王莽)의 주관(周官)으로 예악을 제정하는 것이 족하다 하고, 양화(陽貨)의 얼굴이 공자의 얼굴과 유사하다고 하여 만세의 스승으로 삼는 것과 같다. 그러니 어찌 '법고(法古)'를 하겠는가? 그렇다면 '창신(刱新)'이 옳은 것은 아닐까? 그래서 세상에는 마침내 괴이하고 허탄하며 음란하고 치우치고도 두려움을 모르는 자가 있게 된 것이다. 이는 석 자의 나무[三丈之木]가 관석(關石)보다 좋다고 하고, 이연년(李延年)의 소리를 청묘(淸廟: 周文王의 宗廟)에 올려도 된다는 것이니, '창신'을 어찌 할 수 있겠는가? 그런 즉 어찌하면 옳단 말인가? 나는 장차 어찌해야 할까? 그만둘 수는 없을까? 아아! 옛것을 본받는 자는 자취에 얽매이는 것이 병이고, 새것을 창시하는 자는 법도에 어긋나는 것이 걱정이다. 진실로 능히 옛것을 본받으면서 변화할 줄 알고, 새것을 창시하면서도 능히 법도에 맞게 할 수 있다면 지금의 글도 옛 글과 같아질 것이다.3)

라고 하며 '法古而知變 刱新而能典'이야말로 오늘의 고문을 만들 수 있는 창작방법임을 주창하였다. 연암은 이를 잘 실천한 예를 다음과 같이 제시하고 있다.

> 옛사람으로 글을 잘 읽은 사람이 있는데, 공명선(公明宣)이 바로 그 사람이다. 옛사람으로 글을 잘 쓴 사람이 있으니, 회음후(淮陰侯)가 바로 그 사람이

3) 爲文章如之何 論者曰 必法古 世遂有擬摹倣像 而不之恥者 是王莽之周官 足以制禮樂 陽貨之貌類 可爲萬世師耳 法古寧可爲也 然則 刱新可乎 世遂有怪誕淫僻 而不知懼者 是三丈之木 賢於關石 而延年之聲 可登淸廟矣 刱新寧可爲也 夫然則如之何 其可也 吾將奈何無其已乎 噫 法古者病泥跡 刱新者患不經 苟能法古而知變 刱新而能典 今之文猶古之文也(『燕巖集』 卷1, 〈楚亭集序〉).

> 다. 왜냐? 공명선이 증자(曾子)에게 3년 동안 배웠으면서 글을 읽지 않았다. 증자가 물으니, "저는 선생님께서 가정에서 생활하는 것을 보았으며, 선생님께서 빈객(賓客)을 접대하는 것을 보았으며, 선생님께서 조정(朝廷)에 처신하는 것을 보았습니다. 배웠으나 아직 다 배우지 못했습니다. 제가 어찌 감히 배우지 않으면서 선생님 문하에 있겠습니까?"라고 대답하였다. 물을 등지고 진(陣)을 치는 것은 병법(兵法)에 보이지 않으니 여러 장수들이 복종하지 않음은 당연하다. 이에 회음후가 말하길, "이것은 병법에 있다. 다만 제군들이 살피지 못했을 따름이다. 병법에 이르길, '죽을 곳에 놓인 후에 산다'고 하지 않았느냐?" 그런 까닭에 배우지 않음을 잘 배우는 것이라고 이른 것은 노(魯)나라의 남자(男子)가 홀로 지낸 것이고, 밥해 먹은 자리를 늘리는 것을 밥해 먹은 자리를 줄인 것에서 생각해 낸 것은 우승경(虞升卿)이 변화할 줄을 안 것이다.[4]

이 단락에서는 글을 잘 읽은 자[善讀書者]는 반드시 책을 읽어서 지식을 얻는 것이 아니고, 책을 통해 얻은 지식을 그대로 적용하는 것 또한 아님을 예를 들어 설명하고 있다. 독서 방법은 상황에 따라 바뀌어야 함을 말한 것이다. 이것은 앞 단락에서 제시한 '선변'의 예다. 공명선은 살아 있는 책을 통해 독서하는 방법을 창안해 낸 사람이다. 남들이 문자로 쓰인 글을 읽어 지식을 습득할 때에 공명선은 스승의 삶의 모습을 통해 배운 것이다. 스승의 삶의 모습 하나 하나가 모두 독서의 대상이 된 것이다. 살아 있는 책, 그것은 스승의 삶의 모습이다. 문자로 저술된 책이야 마음만 먹으면 어디서든지 접할 수 있다. 그러나 스승의 일거수일투족(一擧手一投足)을 대하면서 배울 수 있는 기회는 항상 있는 것이 아니다. 공명선은 기존의 책을 통한 독서 방법과 다른 살아 있는 책, 즉 스승의 삶의 모습을 독서 대상으로 한 것이다. 이것은 옛것을 배우되 기존의 방법이 아닌 새로

4) 古之人 有善讀書者 公明宣是已 古之人 有善爲文者 淮陰侯是已 何者 公明宣學於曾子三年 不讀書 曾子問之 對曰 宣見夫子之居庭 見夫子之應賓客 見夫子之居朝廷也 學而未能 宣安敢不學而處夫子之門乎 背水置陣 不見於法 諸將之不服 固也 乃淮陰侯則曰 此在兵法 顧諸君不察 兵法不曰 置之死地而後生乎 故不學以爲善學 魯男子之獨居也 增竈述於減竈 虞升卿之知變也(『燕巖集』 卷1, 〈楚亭集序〉).

운 독서방법을 창안해 내었으니, '법고이지변(法古而知變)'이라고 할 수 있다.[5)]

다음에 제시한 예는 독서를 통해 얻은 지식을 상황에 따라 잘 적용한 회음후(淮陰侯) 한신(韓信)의 배수진(背水陣)이다. 병법(兵法)에 배수진은 없다. 그러나 한신은 배수진으로 전쟁에 승리했다. 그러므로 한신은 '글을 잘 지은 자[善爲文者]'이다. 글을 잘 짓는다는 것은 '법고(法古)' 즉 옛 글을 그대로 모방하는 것은 아니다. 그것은 단순한 '법고'일 뿐이다. 독서로 얻은 지식을 현재의 상황에 따라 적절히 바꾸어 대처하는 것은 '지변(知變)'에 해당된다. 따라서 한신의 배수진법은 '법고이지변(法古而知變)'이다. 그러나 또한 원래의 병법과 다른 새로운 병법을 창안해 내었으니 '창신'이기도 하다. 그러나 '창신'은 하였지만, 그것은 기존의 병법을 전범(典範)으로 한 것이다. 옛 것을 바탕으로 하여 상황에 따라 잘 바꾼 것이고, 결과는 마찬가지라는 점에서 '능전(能典)'이라고도 하겠다. 노남자와 우승경의 고사(古事)도 '창신이능전(刱新而能典)'한 예이다. 노나라 땅에 홀로 사는 남자가 한밤중에 비바람으로 집이 무너지자 그를 찾아와서 하룻밤 재워줄 것을 청한 이웃집 과부를 문을 굳게 닫고 집안에 들이지 않음으로써 바른 도를 지킨 것은, 유하혜(柳下惠)와 방법은 다르지만 결과는 같았고, 후한 때 우승경(虞升卿) 후(詡)가 전국시대 제(齊)나라의 손빈(孫臏)과 다르게 밥해먹은 자리를 늘여서 전쟁에 이긴 것 또한 옛 것과 다른 새로운 병법이지만 결과는 마찬가지였다. 노남자는 배우지 않고도 능히 전아한 행위를 했고, 우후는 손빈과 정반대의 전술을 창안해 내었지만, 두 사

5) 연암은 〈答京之二〉에서 살아 있는 독서에 대해 말했다. "자세하고 부지런한 독서로 포희씨(庖犧氏)만한 이가 있을까? 그 정신과 의태(意態)는 천지사방에 벌려 있고 만물에 흩어져 있으니, 이것은 특별히 글자나 책으로 되어 있지 않은 글일 따름이다. 후세에 부지런히 독서한다고 하는 자들은 거친 마음과 얕은 식견으로 마른 먹과 문드러진 종이 사이에서 눈이 피로하고, 좀오줌과 쥐똥을 엮어 토론하니, 이는 이른바 술지게미를 먹고 취해 죽겠다는 것이다. 어찌 슬프지 않은가?(讀書精勤 孰與庖犧 其神精意態 佈羅六合 散在萬物 是特不字不書之文耳 後世號勤讀書者 以麤心淺識 蒿目於枯墨爛楮之間 討掇其蟫溺鼠渤 是所謂哺糟醨而醉欲死 豈不哀哉)".

람의 행위는 모두 옛 법도에 기반을 둔 것이었다. 여기서 연암은 옛 사람의 행적을 통해서 '법고창신'을 설명하려고 하였고, 결론적으로 '법고'와 '창신'은 '선변'에 의해 완성됨을 실증적으로 보여 줬다. 이것은 정반합(正反合)이라는 변증법적인 논법이며, 중간의 미학이라고도 말할 수 있다. 글을 쓰는 데도 마찬가지다. 비록 고문을 읽고 그것을 통해서 글쓰기를 배웠다고 해서 고문을 그대로 모방해서는 안 된다. 고문은 어디까지나 전범(典範)으로서의 기능만 해야 한다. 시대가 변하면 글 또한 변해야 하는 것이다. 이렇게 본다면 절대불변의 진리는 없는 것이다.

연암은 이어서 우주 삼라만상은 고정되어 있는 것이 아니고 끊임없이 변하고 있음을 다음과 같이 기술하고 있다.

> 천지가 비록 오래되었으나 끊임없이 생명체가 생겨나고, 해와 달이 비록 오래되었으나 그 빛은 날마다 새롭고, 책에 실려 있는 것이 비록 넓을지라도 지시하는 뜻은 각기 다르다. 그런고로 날고, 잠기고, 달리고, 뛰는 것들 중에 혹 아직 이름이 드러나지 않은 것이 있을 것이고, 산천초목에도 반드시 신비스런 것이 있을 것이다. 썩은 흙에서 지초(芝草)가 돋아나고, 썩은 풀이 반딧불로 바뀐다. 예(禮)에는 송(訟)이 있고 악(樂)에는 의(議)가 있으니, 문자로 말을 다 적어내지 못하고, 그림으로 뜻을 다 나타내지 못한다. 어진 자가 보면 인(仁)이라고 하고, 슬기로운 자가 보면 지(智)라고 한다. 그러므로 백세(百世) 뒤 성인(聖人)도 의혹되지 않을 것이라는 것은 전대(前代) 성인의 뜻이고, 순(舜) 임금과 우(禹) 임금이 다시 살아난다고 해도 내 말은 바꾸지 않으리라는 것은 후대(後代) 현인(賢人)의 말이다. 우(禹) 임금과 후직(后稷), 그리고 안회(顏回)의 법도는 같았다. 편협하고 공손하지 않은 것은 군자가 행하지 않는다.[6]

---

6) 天地雖久 不斷生生 日月雖久 光輝日新 載籍雖博 旨意各殊 故飛潛走躍 或未著名 山川草木 必有秘靈 朽壤蒸芝 腐草化螢 禮有訟 樂有議 書不盡言 圖不盡意 仁者見之謂之仁 智者見之謂之智 故俟百世聖人而不惑者 前聖志也 舜禹復起 不易吾言者 後賢述也 禹稷顏回 其揆一也 隘與不恭 君子不由也(『燕巖集』 卷1, 〈楚亭集序〉).

연암은 이 글에서 절대불변일 것 같은 자연 현상도 자세히 살펴보면 끊임없이 변하고 있음을 말하고 있다. 우리 인간을 둘러싸고 있는 자연과 사물은 변하지 않는 것은 하나도 없다. 새로운 생명체가 끊임없이 생겨나고, 오늘 떠오른 해와 달은 어제의 그것이 아니며, 책에 실려 있는 방대한 내용은 같은 것이 없다. 동식물의 새롭고 신비한 모습을 우리가 다 알 수 없으며, 예악에 대해서도 시비가 분분하고 논란이 있을 수 있다. 또한 이러한 사물 현상은 그것을 바라보는 사람에 따라 다르게 이해될 수 있는 것이다. 그런데 앞선 시대의 성인은 자신의 생각을 고치지 않겠다고 했고, 후세의 현인 또한 전 시대의 성인이 다시 나타난다고 해도 자신의 생각을 바꾸지 않겠다고 했다. 그렇다면 글을 쓰는 자들은 어떻게 해야 할까? 이 글은 법고에 대한 무조건적인 모방을 경계하기 위한 것이다.

마지막 단락은 결론 부분이다. 그 내용은 다음과 같다.

> 박씨의 자제 제운(齊雲)은 나이가 스물 셋인데 문장에 능하다. 호는 초정이다. 나를 따라 배운 지 여러 해가 되었다. 그는 글을 씀에 있어 선진(先秦)과 양한(兩漢)의 작품을 흠모하였으나, 그 옛 체에 얽매이지 않았다. 그러나 진부한 말을 없애는 데 힘쓰다가 혹 근거 없는 데로 빠졌고, 입론(立論)을 지나치게 높게 하다가 혹 불경(不經)에 가까워졌다. 이것은 명나라의 여러 문장가들이 법고와 창신을 가지고 서로 헐뜯고 비방하면서 모두 바름을 얻지 못하고, 함께 말세의 자질구레함에 떨어져 도를 지키는 데 도움이 못 되면서 다만 풍속을 병들게 하고 교화(教化)를 해친 것과 같다. 나는 이것을 두려워한다. 새로운 것을 만들어 공교롭게 하기보다는 차라리 옛것을 본받아 고루함이 나을 것 같다. 내가 이제 〈초정집〉을 읽고 공명선과 노나라 남자의 독실한 배움을 함께 논하고, 회음후와 우승경이 기묘한 계략을 낸 것이 옛날의 법도를 배워 잘 변화한 것이 아님이 없음을 보여 주었다. 밤에 초정과 더불어 이와 같은 말을 하고, 마침내 그 책머리에 적어 권면(勸勉)하였다.[7]

---

7) 朴氏子齊雲 年二十三 能文章 號曰楚亭 從余學有年矣 其爲文 慕先秦兩漢之作 而不泥於跡 然陳言之務祛 則或失于無稽 立論之過高 則或近乎不經 此有明諸家於法古創新互相訾

여기서 연암은 법고를 경계한 이전 단락과는 달리 지나친 창신을 경계하고 있다. 즉 초정의 글 중에는 진부한 것을 없애다 보니 너무 고문의 형식과 동떨어진 글이 나타나게 되었으며, 자신의 의견을 지나치게 강조하다 보니 법도에 어긋나기도 한 글이 있게 되었음을 지적하고 있다. 이것은 명나라의 의고파와 창신파가 서로 자신들의 글쓰기 방법이 옳다고 주장하며 논쟁하다가 결국은 극단적으로 흘러 둘 다 좋은 글을 쓰지 못했음을 비판하면서, 불경스럽고 근거가 없는 글보다는 법고의 글이 나을 것 같다고 법고 쪽에 기운 발언을 한 것이다. 그러면서 마지막으로 예를 든 공명선과 노남자의 독실한 학문 태도와 한신(韓信)과 우후(虞詡)의 전술 방법과 같은 기이한 것은, 법고(法古)를 배우고 그것을 잘 변화하여 현실에 적절히 대응한 것이라고 결론을 내고 있다. 결국 〈초정집서〉에서 연암이 말하고자 한 결론은 바로 이 부분으로 '법고창신'보다는 '법고이선변(法古而善變)'을 취한 것이다. 따라서 연암의 문장론은 '선변의 글쓰기'라고 할 수 있다. 〈초정집〉의 붙임 글에서 『연암집』의 편자(編者)는 그간 양쪽으로 갈라져 치열하게 대립되었던 의고파와 창신파의 논쟁이 이 한 편의 글로 종식되었다고 극찬했다.[8] 따라서 이러한 평가를 놓고 볼 때, 〈초정집서〉는 당시 유행하던 '법고창신'의 문장을 중립적 위치에서 양쪽을 모두 비판하고, '선변'의 글쓰기를 주장한 것이다.

2.2. 연암의 처남 지계(芝溪) 이재성(李在誠, 1751－1809)은 자(字)가 중존(仲存)이다. 그는 우리나라 사람이 지은 고금(古今)의 과문체(科文體)를 모아 열 권으로 묶어 「소단적치(騷壇赤幟)」라고 했다. 이것을 보고 써준

警 而俱不得其正 同之並墮于季世之瑣屑 無裨乎翼道 而徒歸于病俗而傷化也 吾是之懼焉 與其創新而巧也 無寧法古而陋也 吾今讀其楚亭集 而並論公明宣魯男子之篤學 以見夫淮陰虞詡之出奇 無不學古之法而善變者也 夜與楚亭 言如此 遂書其卷首而勉之(『燕巖集』 卷1, 〈楚亭集序〉).

8) 文有兩扇 一爲斷崖 一爲長江 有明諸家相訾警 莫可歸一 斯可謂片言折獄(『燕巖集』 卷1, 〈楚亭集序〉, '附記').

글이 〈소단적치인(騷壇赤幟引)〉이다. 이 책에 실린 글은 과거에 합격했던 문장들이다. 과거를 위해 문장공부하는 사람들의 참고서라고 할 수 있다. 이 글 첫머리에 연암은 "문장을 잘 짓는 자는 병법을 알았던 것인가?(善爲文者其知兵乎)"라고 스스로 질문을 던진 다음, 글쓰기를 병법(兵法)에 비유하여 다음과 같이 기술하고 있다.

> 글자는 비유하면 병졸(兵卒)이고, 뜻은 비유하면 장수(將帥)다. 제목(題目)은 적국(敵國)이고, 장고(掌故)는 전쟁터의 진지(陣地)다. 글자를 묶어 구(句)를 만들고 구를 묶어 문장을 완성하는 것은 대오(隊伍)를 이뤄 행진하는 것과 같다. 운(韻)으로 소리를 내고 사(詞)로 빛나게 하는 것은 징과 큰북, 깃발과 같다. 조응(照應)은 봉화(烽火)이고, 비유는 유격(遊擊)하는 기병(騎兵)이다. 억양반복(抑揚反復)은 있는 힘을 다해 싸워서 적을 다 죽이는 것[鏖戰撕殺]이다. 파제(破題)해서 결속(結束)하는 것은 먼저 적진에 뛰어 들어 적을 사로잡는 것이다. 함축(含蓄)을 귀히 여김은 반백의 늙은이[二毛]는 사로잡지 않는 것이고, 여음(餘音)이 있는 것은 군대를 정돈하여 개선(凱旋)하는 것이다.[9)]

이렇게 글쓰기를 병법에 비유한 다음, 전국시대 진(秦)나라와 조(趙)나라가 장평(長平)에서 싸울 때에, 조나라의 병졸과 무기는 달라진 것이 없었는데, 염파(廉頗)가 거느렸을 때에는 적을 제압하여 승리했으나, 조괄(趙括)이 염파를 대신하여 지휘하자 패했다고 하면서, 지휘자의 역량에 따라 승패가 갈라짐을 말하였다. 그러므로 "군대를 잘 지휘하는 자는 버릴 병졸이 없고, 글을 잘 짓는 자는 가려낼 글자가 없다(善爲兵者 無可棄之卒 善爲文者 無可擇之字)"고 하면서, 훌륭한 장수를 만나면 호미, 고무래, 가시랑이, 창자루도 굳세고 사나워지고, 천을 찢어 장대에 매달아도 정채(精彩)

9) 善爲文者 其知兵乎 字譬則士也 意譬則將也 題目者 敵國也 掌故者 戰場墟壘也 束字爲句 團句成章 猶隊伍行陣也 韻以聲之 詞以耀之 猶金鼓旌旗也 照應者 烽埈也 譬喩者 遊騎也 抑揚反復者 鏖戰撕殺也 破題而結束者 先登而擒敵也 貴含蓄者 不禽二毛也 有餘音者 振旅而凱旋也(『燕巖集』 卷1, 〈騷壇赤幟引〉).

가 갑자기 새로워진다. 마찬가지로 진실로 그 글 짓는 이치를 깨치면 집안 사람들의 일상적 이야기도 오히려 학관(學館)에서 배울 수 있으며, 아이들의 노래와 마을의 상말도 이아(爾雅)에 속할 수 있으니 글이 좋지 않은 것이 글자의 죄가 아니다. 여기서 연암이 말하고자 하는 것은 글 짓는 이치를 잘 터득한 자는 보잘것없어 보이는 소재를 가지고도 좋은 글을 지을 수 있음을 말하고 있는 것이다.

이어서 연암은 문장을 평가하는 데 있어서, 자구(字句)의 아속(雅俗)으로 평가하거나, 편장(篇章)의 고하(高下)를 논하는 자는 모두 '합하고 변하는 기틀[合變之機]'과 '제압하여 이기는 모책[制勝之權]'을 모르는 자라고 했다. 여기서 '합변'이란 '사물, 또는 상황의 변화에 적절하게 대응하는 것'을 말한다. 따라서 '합변지기'를 안다는 것은, 옛 법을 그대로 따를 것인가, 변할 것인가의 상황을 정확하게 판단하여 적절히 대처할 수 있는 능력, 즉 임기응변의 능력이 있다는 것이다. '합변지기'를 알고 '제승지권'을 알아야만 전쟁에 이길 수 있는 것이다. 합변을 모르는 자는 예기치 않은 상황에 부딪쳤을 때 어쩔 줄 몰라 하며 적절히 대처하지 못해 전쟁에 패하는 것과 같이, 글을 짓는 자 또한 쓰려고 하는 대상을 정확히 파악한 다음, 목적을 분명히 하고 그것을 풀어나가는 방법, 즉 요령을 터득하는 것이 중요하다. 「소단적치」에 실린 글은 모두 과거시험이라는 '문장 싸움'에서 승리한 글들이다. 그것들은 비록 문체와 격식이 같지 않고, 정밀하고 조잡한 것이 뒤섞여 있지만, 전쟁으로 비유하자면 각기 승산이 있어서 공격하면 어떠한 견고한 성도 함락시킬 수 있는 글들이다. 그 날카로운 창과 예리한 칼날은 삼엄하기가 무고(武庫) 같아서 때에 따라 적을 제압하여 움직이는 대로 전쟁에 이길 수 있으니, 이와 같은 방법을 글 짓는 자가 따른다면 정원후(定遠侯)와 같은 높은 벼슬에 오르거나, 연연산(燕然山)에 한나라의 위덕(威德)을 새긴 반고(班固)의 글과 같은 위대한 글을 지을 수 있을 것이다. 그렇지만 「소단적치」에 실린 글들은 어디까지나 글 짓는 이치를 깨우치는 참고자료에 그쳐야 한다는 것이다. 왜냐하면 좋은 글이란 현재의 상황에 적절히 대응하여 쓴 글이기 때문이다.

전쟁에 비유하면 당나라 숙종 때 방관(房琯)은 상황을 정확하게 파악하지 못하고, 오로지 춘추시대의 전법(戰法)을 그대로 적용하여 싸움에 임하였기 때문에 패하였고, 우후(虞詡)는 제나라 손빈(孫臏)이 위나라 방연(龐涓)과의 싸움에서 밥해 먹은 자리를 줄여서 이긴 방법과 반대로 밥해먹은 자리를 늘림으로써 적을 속여 승리한 것과 같다. 이것은 주어진 상황에 따라 잘 대처한 사람은 승리했고, 그렇지 못하고 옛것에 얽매여 변통하지 못한 사람은 패한 예이다. 현실적 상황이 옛날과는 다른데도 옛것을 무조건 따랐기 때문에 방관은 패했고, 변통하였기에 우후는 승리한 것이다. 따라서 "옛 법을 그대로 따를 것인가, 변용하여 적용할 것인가의 판단은 때에 있는 것이지 법에 있는 것이 아니다(所以合變之權 其又在時 而不在法也)." 글을 짓는 것도 마찬가지다. 옛 문장이 좋다고 무조건 그대로 본떠 글을 쓴다고 반드시 좋은 글이 되는 것은 아니다. 글을 지을 때도 전쟁과 마찬가지로 현재가 중요하다. 현재 삶의 모습을 있는 그대로 담아야 좋은 글이 될 수 있는 것이다. 이 〈소단적치인〉의 '합변지권'은 '법고창신', 즉 '선변'의 문학론과 일맥상통하는 것이다. 다만 글쓰기를 병법에 비유했을 뿐이다. 이 글에서도 연암은 글이란 옛 글을 본받되 상황에 따라 변통할 줄 알아야 함을 말하고 있다. 이상에서 알 수 있듯이 연암은 글쓰기에 있어서 고문을 전적으로 부정하거나 배척하지 않았다. 고문은 배움의 대상이었다. 문제는 그것을 어떻게 배우느냐? 그 배운 것을 어떻게 현실에 맞게 적용하느냐? 하는 것이 더 중요한 것이다.

글을 짓는 중요한 목적은 독자를 설득하고 감동을 주는 데 있다. 그러면 그러한 글을 어떻게 써야 할 것인가? 전쟁은 상대방을 항복시켜 소기의 목적을 달성하는 데 있는 것이고, 치밀한 전술에 의해 작전이 수행되지 않으면 패하기 쉽다. 글을 쓰는 것도 마찬가지다. 그래서 연암은 글 짓는 것을 전쟁에 비유한 것 같다. 그러면 어떻게 해야 할까? 전쟁은 시시각각으로 상황이 변한다. 그러므로 그것에 적절히 대처하지 못하면 패한다. 전쟁에 이기기 위해서는 병법을 잘 알아야 한다. 그러나 전쟁은 병법에 있는 대로 전개되지 않는다. 따라서 병법에 있는 전술 방법은 어디까지나 참고 자료로 활용해야 한다. 왜냐하면 현실적 상황은 항상 변하기 때문에, 옛날에 승리했던 전법이 늘 좋은 결과를 가져오는 것이 아니기 때문이다. 글을 짓는 것도 마찬가지이다. 따라서 글은 전쟁과 같이 조직적으로 치열하게 써야 한다. 그리고 그것은 현실에 바탕을 둔 내용이어야 한다. 그래야만 독자를 설득하고 감동을 줄 수 있다. 고문(古文)이 훌륭한 것은, 그것이 작가의 생각과 당시 사람들의 삶의 모습, 자연 현상을 잘 관찰하여 진실하게 꾸밈없이 쓴 글이기 때문이다. 그러므로 그러한 고문을 그대로 모방해서는 지금의 독자를 설득하고 감동을 줄 수 없다. 연암은 〈초정집서〉와 〈소단적치인〉에서 잘못된 글쓰기에 대해서 비판하고는, 18세기 후반 조선의 문인들은 당시 조선의 현실을 대상으로 한 독창적이고 독자적인 글을 써야 할 것을 말하였다.

3. 즉사유진취(卽事有眞趣)

3.1. 〈영처고서(嬰處稿序)〉는 젊은 시절의 이덕무의 시문을 모은 문집에 붙인 글이다. 저술시기를 자세히 알 수 없으나, 글의 내용으로 보아 이 글도 〈초정집서〉나 〈녹천관집서〉와 마찬가지로 30대 중반에 쓴 글로 추정된다.

내용은 자패(子佩)라는 인물이 이덕무의 시를 보고, "비속하구나, 무관이 지은 시는. 옛 사람의 시를 배웠으나 그 비슷함을 볼 수 없구나. 털끝만큼도 비슷하지 않으니 어찌 음성인들 방불하겠는가? 야인(野人)의 천박한 것에 안주하고, 시속(時俗)의 잡다한 것을 즐겼으니, 이는 오늘의 시이지 옛 시는 아니다"[10]라는 말에 대해 연암은 "이 시야말로 볼만하다. 옛

10) 子佩曰 陋哉 懋官之爲詩也 學古人而不見其似也 曾毫髮之不類 詎髣髴乎音聲 安野人之鄙鄙 樂時俗之瑣瑣 乃今之詩也 非古之詩也(『燕巖集』 卷7, 〈嬰處稿序〉).

날로써 지금을 보면 지금은 진실로 비속하다. 그러나 옛 사람도 스스로를 보면서 반드시 스스로 예스럽다 하지 않았을 것이다. 그때 본 것 또한 하나의 지금일 따름이다"[11]라고 하며, 세월이 흘러가면 오늘이 옛날이 되는데, 왜 옛것을 본떠 비슷한 글을 쓰려고 하느냐고 하였다.

그는 이어서 아무리 비슷하게 하여도 그것은 어디까지나 겉만 흉내 내는 것이라며, 우사단(雩祀壇) 아래 도저동(挑渚衕)에 있는 남묘(南廟)의 관우(關羽) 소상(塑像)을 보고 어른들은 학질이 떨어질 정도로 놀라는데, 어린아이들은 그렇지 않다. 진솔한 눈으로 볼 때 그것은 다만 흙으로 빚어놓은 것에 불과함을 알 수 있기 때문이다. 수박 겉만 핥는 사람과 후추를 통째로 먹는 사람과는 맛을 이야기하지 말 것이며, 이웃집 초피 갖옷이 부러워 한 여름에 빌려 입는 사람과는 더불어 때를 말하지 말라고 하면서 어린아이의 진솔함은 속일 수 없음을 말하였다. 여기서 글은 오직 진실을 말해야만 읽는 이에게 감동을 줄 수 있음을 말하고 있다.

연암은 굴원(屈原)과 같은 훌륭한 작가도 비록 자기가 살던 시대의 풍속이 마음에 안 들었지만 그 시대를 글로 나타냈던 것과 같이, 글이란 자기가 사는 시대의 삶의 모습을 진솔하게 거짓 없이 담아내어야 함을 다음과 같이 기술하고 있다.

> 당시 병든 풍속을 근심하고 걱정한 사람으로 굴원만한 사람이 없다. 그러나 그는 초(楚)나라 풍속이 귀신을 숭상하였으므로 '구가(九歌)'에서 귀신을 노래했다. (한나라가 진나라를 계승할 때) 진나라의 옛것을 살피고, 그 땅과 집에서 임금 노릇을 하고, 그 성읍(城邑)을 도읍으로 하고, 그 백성을 백성으로 하면서도, 삼장(三章)으로 된 약속만은 진나라 법을 답습하지 않았다.[12]

---

11) 此可以觀 由古視今 今誠卑矣 古人自視 未必自古 當時觀者 亦一今耳(『燕巖集』 卷7, 〈嬰處稿序〉).

12) 夫愍時病俗者 莫如屈原 而楚俗尙鬼 九歌是歌 按秦之舊 帝其土宇 都其城邑 民其黔首 三章之約 不襲其法(『燕巖集』 卷7, 〈嬰處稿序〉).

이 글에서는 또한 한(漢)나라가 진(秦)나라를 계승할 때에 모든 문물을 그대로 계승한 것이 아니라 취사선택하였음을 지적하였다. 연암은 이어서,

> 지금 무관은 조선 사람이다. 산천풍기(山川風氣)는 지리적으로 중국과 다르고, 언어와 요속(謠俗)은 한당(漢唐)의 시대와 다르다. 만약 이제 중국의 법을 본받고 한・당의 문체를 답습한다면 나는 그 법이 고상하면 할수록 담긴 뜻은 실로 비루해지고, 문체가 비슷해질수록 말은 더욱 거짓됨을 보게 될 것이다.[13]

라고 하면서 지리적으로 시대적으로 다른 18세기 조선인이 지은 글은 마땅히 한당의 글과 달라야 함을 주장하고 있다. 즉 중국의 한나라와 당나라 시대의 문장을 그대로 본받을 것이 아니라 18세기 조선인의 삶의 문제를 있는 그대로 글에 담아야 한다는 것이다.

연암은 우리나라가 비록 후미진 곳에 위치하고 있으나 천승(千乘)의 나라이고, 신라와 고구려가 비록 넉넉하지는 못했으나 민간에는 아름다운 풍속이 많았다고 하면서, 그러므로 "그 방언을 문자로 적고 그 민요를 운율에 맞추면, 자연스럽게 문장이 이루어져 참다운 맛이 드러날 것이다. 남의 것을 답습하기를 일삼지 않고, 서로 빌려 오지 않고도 현재에 조용히 안주하며 눈앞에 펼쳐진 삼라만상을 있는 그대로 옮겨 놓은 것, 오직 이 시가 그러하다"[14]라며, 이덕무의 글을 칭찬하였다.

연암은 『시경(詩經)』의 내용이 춘추시대 백성들의 삶을 노래한 것과 마찬가지로, 무관의 시 또한 조선 후기의 우리나라 백성들의 삶의 모습을 그대로 담았으니, 둘 다 같은 가치를 지니는 글이라고 극찬하면서, 이것을 통해 조선의 자연 현상과 우리 민족의 품성을 살필 수 있으므로 '조선의 국풍[朝鮮之風]'으로 불러도 좋을 것이라고 하였다.

---

13) 今懋官朝鮮人也 山川風氣 地異中華 言語謠俗 世非漢唐 若乃效法於中華 襲體於漢唐 則吾徒見其法益高而意實卑 體益似而言益僞耳(『燕巖集』 卷7, 〈嬰處稿序〉).

14) 字其方言 韻其民謠 自然成章 眞機發現 不事沿襲 無相假貸 從容現在 卽事森羅 惟此詩爲然(『燕巖集』 卷7, 〈嬰處稿序〉).

우리는 이 〈영처고서〉를 통하여 연암의 글쓰기와 고문에 대한 견해를 파악할 수 있다. 이 글에서 연암은 글은 작가가 살고 있는 현실, 즉 공간적으로는 조선, 시간적으로는 18세기 후반을 대상으로 쓸 때라야 참다운 문학, 즉 오늘의 고문이 이루어질 수 있다고 했다. 이러한 견해를 압축한 말이 '진기발현(眞機發現)'과 '즉사삼라(卽事森羅)', 그리고 '조선지풍(朝鮮之風)'이다. 글이란 작가가 사는 시대와 지역의 삶의 모습을 있는 그대로 진실하게 글로 담을 때야말로 그 글이 오래오래 가치를 지닐 수 있는 것이다. 이러한 문학에 대한 인식을 이른바 현실주의 문학론이라 불러도 좋을 것이다. 연암 당대의 문단 풍조는 중국의 옛 글, 이른바 고문과 얼마만큼 유사한가를 가지고 문장의 높고 낮음을 평가하였다. 이에 대해 연암은 글이란 작가가 사는 현재가 중요하며, 현실의 삶을 있는 그대로 글로 옮겨 놓을 때 그 글은 생명력을 지닐 수 있고, 장차 훗날에 고문으로서의 가치를 인정받을 수 있을 것이라고 했다. 연암은 이 글을 통해서 당시 의고론자(擬古論者)들의 글 쓰는 방법과 문장의 평가 기준에 대해서 비판하고 아울러 자신의 문학론을 피력한 것이다.

3.2. 〈증좌소산인(贈左蘇山人)〉의 좌소산인은 서유본(徐有本, 1762－1799)이다. 그는 서호수(徐浩修, 1736－?)의 장남이며, 조선 후기의 농정가(農政家)인 풍석(楓石) 서유구(徐有榘, 1764－1845)의 형이다. 이 글 후반부의 내용으로 미루어 볼 때, 서유본이 병으로 고생하는 연암을 방문하여 여러 날 시문학에 대해 이야기를 나누었던 것 같다. 이 글은 그러한 만남이 인연이 되어 서유본에게 써 준 시로 대략 연암의 나이 50세 전후의 글로 추정된다. 내용은 당시 의고적인 문단 풍조에 대한 비판이 주된 내용으로 5언 92구, 460자의 장편 고시이다. 시는 다음과 같이 시작한다.

> 나는 보았네. 세상 사람들이 남의 문장을 기리는 것을/ 문장은 반드시 양한(兩漢)을 본뜨고, 시는 성당(盛唐)이지/ 비슷하다는 말 이미 참이 아닌데, 한당

(漢唐)이 어찌 또한 있으리오.[15]

이 글의 핵심은 '비슷한 것은 참이 아니다'이다. 이 말은 당시 의고적인 조선 후기의 문단 풍조를 우회적으로 비판한 것이다. 이와 같은 내용은 〈녹천관집서〉, 〈영처고서〉, 〈공작관문고자서〉 등에서도 강조하고 있는 내용이다. 이어지는 글의 내용은 우리나라 사람들이 남 흉내 내는 것을 좋아해서 옛 중국의 고문을 모방하여 글 쓰는 것을 부끄러워하지 않는다. 그래서 남들이 양한과 성당의 시문과 같다고 하면 매우 기뻐한다. 연암 자신도 그런 글을 써서 칭찬을 받은 적이 있다. 그러나 연암 자신은 부끄러웠다. 그리고는 이러한 의고적인 글을 써서 칭찬받은 것에 대해 질투하는 자들을 향하여 흉내 내는 것이 얼마나 부끄러운 일인가를 예를 들어 장황하게 늘어놓았다.

옛날 연(燕)나라 소년이 조나라 한단(邯鄲)으로 가서 그 사람들이 걸음걸이가 부러워 흉내 내다가 본래의 걸음걸이를 잃고 엉금엉금 기어서 제 나라로 돌아갔다는 고사와, 서시(西施)의 찌푸린 얼굴을 흉내 낸 추녀이야기를 통해 남의 것이 좋다고 무조건 따라하는 어리석은 자의 모습을 말한 다음, 계수나무 그림이 살아 있는 오동나무만 못하고, 죽은 초나라 재상 손숙오(孫叔敖)의 의상을 입은 초나라 악공 우맹(優孟)의 모습을 보고 속은 초나라 왕에 관한 고사를 통해서, 아무리 겉모습을 흉내 내어도 그것은 참모습이 될 수 없음을 말하였다. 또 다른 예로 남의 무덤을 파 구슬을 꺼내면서 시경을 읊고, 마음은 더러우면서 좋은 붓과 벼루를 찾는 유자(儒者), 육경(六經)의 글자를 여기저기서 끌어다가 자기의 글처럼 쓰는 사당에 붙어 사는 쥐새끼 같은 유자 등, 위선적인 인간들을 예로 들었다. 그리고는 이러한 위선적인 유자들의 실체를 알지 못하고 겉만 보고 부러워하고 존경하는 또 다른 촌스러운 유자들의 무식함을 비웃었다. 그런데 그러한 위

15) 我見世人之 譽人文章者 文必擬兩漢 詩則盛唐也 曰似已非眞 漢唐豈有且(『燕巖集』 卷4, 〈贈左蘇山人〉).

선적인 자들의 글들을 자세히 보면 참으로 우스꽝스럽기 그지없다. 마치 제관(祭官)이 절인 고기와 젓갈로 제사상을 차린 것 같고, 한여름에 농사꾼이 관복을 입은 것과 같은 것이다.

이와 같은 예들은 옛것이면 무조건 따라하는 당시 우리나라 사람들의 삶의 태도와, 고문을 무조건 모방하는 당시의 세태를 비판 것이다. 연암은 이러한 풍조에 대해 비판한 후에, 다음과 같이 글쓰기에 대한 자신의 견해를 밝혔다.

> 눈앞의 일에 참된 멋이 있으니/ 어찌하여 반드시 먼 옛날에서 취하는가./ 한당은 지금 세상이 아니고, 풍요는 중국과 다르다네./ 반고와 사마천이 다시 살아난다고 해도/ 결코 반고와 사마천을 배우지는 않으리./ 새 글자 비록 만들기 어려워도/ 내 품은 생각은 마땅히 다 쓰리라./ 어찌하여 옛 법에 얽매이어/ 벌벌 떨며 붙들려 매어 있나?/ 지금이 천하다 말하지 마오./ 천년 후엔 응당 고귀할 것이네.[16]

이 글에서 핵심어는 '즉사유진취(卽事有眞趣)'이다. 여기서 '즉사'란 눈앞에 펼쳐진 현실, 즉 그것은 삶의 모습일 수도 있고, 사물일 수도 있으며, 또 자연 경치일 수도 있다. 그와 같은 것을 그대로 글로 옮겨 놓을 때 참된 맛을 느낄 수 있는 작품이 될 수 있다는 것이다. 여기서 '진취'는 한당(漢唐)이 아닌 오늘, 즉 연암이 사는 18세기 조선의 현실을 대상으로 한 작품에서만이 느낄 수 있는 참된 풍치, 또는 멋인 것이다. 또한 사마천과 반고의 글이 훌륭하지만, 사마천과 반고가 오늘날 다시 살아난다면 그들은 과거 자신의 글과 같은 글을 다시 쓰지 않을 것이라고 했다. 왜냐하면 과거의 사마천과 반고가 쓴 글은 그들이 살았던 시대를 대상으로 쓴 글이기 때문에, 이제 다시 태어난 사마천과 반고는 오늘의 글을 쓸 것이기 때

---

16) 卽事有眞趣 何必遠古抯 漢唐非今世 風謠異諸夏 班馬若再起 決不學班馬 新字雖難刱 我臆宜盡寫 奈何拘古法 刦刦類係把 莫謂今時近 應高千載下(『燕巖集』 卷4, 〈贈左蘇山人〉).

문이다. 글자야 옛 사람이 쓰던 글자를 그대로 쓴다고 해도 내용은 얼마든지 새로울 수 있다. 왜 옛 글을 모방하려고 애쓰는가. 지금이 천년 뒤엔 고대(古代)가 되는 것과 마찬가지로, 오늘 조선의 현실을 쓴 글 또한 천년 뒤엔 고문이 될 것이다. 옛것을 배우는 것은 한신의 배수진과 같이 변통할 수 있는 능력을 기른 것, 양적현(陽翟縣)의 대상(大商)이었던 여불위(呂不韋)와 같이 남이 미처 인식하지 못한 바를 찾아내어 실행에 옮길 수 있어야 하는 것이다.

3.3. 〈순패서(旬稗序)〉에서 연암은 시정(市井)의 일상적인 삶의 모습을 기록한 글이야말로 내용은 없이 미사여구로 꾸민 글보다 나음을 말하고 있다. 〈순패서〉는 소천암(小川菴)이라는 인물의 문집인 〈순패(旬稗)〉를 보고 연암이 그 글의 가치를 변론해준 글이다. 그 내용은 우리나라의 민요와 민속, 방언과 속기(俗技), 심지어 종이연의 계보, 아이들의 수수께끼, 그리고 구불구불한 좁다란 골목 안의 서민들의 삶의 모습 등 우리 주위에서 항상 볼 수 있는 잡다한 삶의 모습과 생활환경을 자세하고 생동감 있게 글로 옮겨 놓은 것이다. 이에 대해 연암은 그 내용이 비록 우리 주위에서 항상 볼 수 있는 일상적인 삶의 모습이지만, '오래된 장이라도 그릇을 바꾸어 놓으면 입맛이 새롭고, 늘 변하지 않던 마음도 경우가 달라지면 마음과 눈이 그리로 옮겨 가는 법'과 같이, 글로 옮겨 놓음으로써 새로운 맛을 느낄 수 있었다고 그 글의 가치를 인정하고 있다. 이 글에서 연암이 강조한 것은 '즉사(卽事)'의 글쓰기다. 이 글에서 연암은,

장주(莊周)가 나비가 된 것은 믿지 않을 수가 없지만, 한(漢)나라 때의 장수 이광(李廣)이 쏜 화살이 바위에 박혔다는 것은 끝내 의심이 간다. 왜냐하면 꿈의 내용은 볼 수가 없지만 눈앞에서 일어난 일은 쉽게 확인할 수 있기 때문이다. 이제 그대가 비천하고 가까운 곳에서 말을 살피고 구석지고 더러운 곳에서 일어나는 일들을 모았으므로, 어리석은 아낙네와 사내들이 천박하게 웃으

> 며 차 마시는 일이 실제 눈앞에서 일어나는 일이 아님이 없으니, 이는 눈이 시리도록 보고 질리도록 귀에 들은 것이어서 길거리의 어리석고 미천한 자들도 그러려니 하는 것들이다.[17)]

라고 하면서 지금 눈앞에 펼쳐 있는 현실에서 소재를 취한 내용의 글이야말로 참된 글이 될 수 있음을 말하고 있다.

3.4. 〈녹천관집서(綠天館集序)〉는 연암이 33세(1769, 영조 45)에 그의 문인 이서구의 문집에 붙인 서문이다. 이 글에서도 연암은 이서구의 글을 변론하면서 당시 문단의 주류를 형성하고 있던 의고문에 대해 간접적으로 비판하고 있다. 연암은 '고문을 모방하여 글을 짓기[倣古爲文]' 위해서 어떻게 해야 하는가의 문제를 제기하고는, '거울이 모습을 비추듯[如鏡之照形]', '물이 형체를 그려 내듯[如水之寫形]', '그림자가 형상을 따르듯[如影之隨形]', '그림이 형태를 묘사하듯[如畵之描形]' 하면 비슷하다고 할 수 있는가? 하고 질문을 한 다음, '어찌하여 비슷함을 구하는가? 비슷함을 구하는 것은 참이 아니다(夫何求乎似也 求似者非眞也)'라고 하면서, 글이란 대상의 '사(似)'가 아니라 '진(眞)'을 구하는 데 있다며 자신의 글에 대한 견해를 밝히고 있다. 이어서 그는 세상에서 말하길, 서로 같은 것을 말할 때는 반드시 '혹초(酷肖)'라고 하고, 분별하기 힘든 것을 또한 '핍진(逼眞)'이라고 말한다. 그런데 '진짜 같다', '꼭 닮았다' 말하는 가운데 '가짜'와 '다르다'라는 뜻이 담겨 있는 것이다. 그런데 천하에는 난해하지만 배울 수 있는 것이 있고, 아주 다르지만 서로 비슷한 것이 있다. 예를 들면 통역과 번역으로 뜻을 통할 수 있고, 소전(小篆)·대전(大篆)과 예서(隸書)·해서(楷書)로서 모두 문장을 쓸 수 있다. 어째서 그런가 하면 다른

---

17) 莊周之化蝶 不得不信 李廣之射石 終涉可疑 何則 夢寐難見 卽事易驗也 今吾子察言於鄙邇 摭事於側陋 愚夫愚婦 淺笑常茶 無非卽事 則目酸耳飫 城朝庸奴 固其然也 雖然宿醬換器 口齒生新 恒情殊境 心目俱遷(『燕巖集』 卷7, 〈旬稗序〉).

것은 형식이고, 같은 것은 내용이기 때문이다. 이로 말미암아 보면 마음이 같다[心似]는 것은 지의(志意)이고, 겉모습이 같다는 것[形似]은 피모(皮毛)일 따름인 것이다. 이 글에서 연암은 아무리 남의 글을 꼭 같게 모방한다고 해도 그것은 자신의 글이 될 수 없으며, 그것은 언제나 가짜일 뿐이며, 진짜와 구별할 수 없을 정도로 만들어도 그것은 외형일 뿐, 속까지 같아지지는 않는다고 했다. 여기서 연암은 글은 그 형식보다는 내용이 중요함을 말하고 있다. 즉 고문을 모방하여 글을 짓는다고 할 때, 그 형식을 모방하는 데 그쳐서는 어디까지나 거죽이나 털과 같은 겉모양만 같아질 뿐 그 내용은 같아질 수 없기 때문이다. 고문을 본받는 것은 형식보다는 내용이어야 한다. 그래야만 오늘의 참신한 문장이 만들어질 수 있고 세월이 흘러 훗날 고문이 될 수 있기 때문이다.

이서구는 자신의 글을 모은 〈녹천관집〉 원고를 가지고 연암에게 와서,

> 아아! 제가 글을 지은 지 겨우 몇 해밖에 안 되지만 남의 노여움을 산 적이 많습니다. 한마디 말이 조금 새롭고 한 글자가 기이하면 그들은 문득 묻기를 예전에도 이런 것이 있었는가? 하며 묻습니다. 아니라고 하면 얼굴빛을 발끈하면서 어찌 감히 이렇게 하느냐? 하고 말합니다. 아아, 옛날에도 있었던 것이라면 제가 무엇 때문에 다시 한단 말입니까? 원컨대 선생님께서 판정해 주십시오.[18)]

라고 하였다. 이에 대해 연암은,

> 자네 말이 매우 옳다. 끊어진 학문을 일으킬 수 있겠구나. 창힐(蒼頡)이 글자를 만들 적에 어떤 옛것을 모방했으며, 안연(顔淵)은 학문을 좋아했지만 유독 저서가 없다. 진실로 옛것을 좋아하는 자로 하여금 창힐이 글자를 만들 때

---

18) 嗟乎 余之爲文 纔數歲矣 其犯人之努多矣 片言稍新 隻字涉奇 則輒問古有是否 否則怫然于色曰 安敢乃爾 噫 於古有之 我何更爲 願夫子有以定之也(『燕巖集』 卷7, 〈綠天館集序〉).

> 를 생각하게 하고, 안자(顔子)가 발표하지 않은 뜻을 저술하게 한다면 글이 비로소 바르게 될 것이다. 자네는 나이가 젊으니 남의 노여움을 당하거든 공경하는 태도로, "능히 널리 배우지 못해 미처 옛것을 살피지 못했습니다"라고 사과하여라. 그런데도 질문이 그치지 않고 노여워함을 풀지 않거든 조심스레 "은고(殷誥=書經)와 주아(周雅=小雅와 大雅=詩經)는 삼대(三代) 때 유행하던 문장이고, 진(秦)나라 승상 이사(李斯)와 우군(右軍) 왕희지(王羲之)의 글씨도 진(秦)나라와 진(晋)나라 당시의 속필(俗筆)이었습니다"라고 답하여라.[19]

라고 했다. 여기서 연암은 글쓰기에 있어서 취해야 할 자세로, '같은 것을 구하는 자는 참이 아니다(求似者 非眞也)'라는 말을 강조하고 있다. 옛 글을 진짜와 구별할 수 없을 정도로 모방한다고 해도 그것은 결코 진짜가 될 수 없는 것이다. 그것은 항상 가짜일 뿐이다. 그러므로 진짜가 되기 위해서는 독창적인 글을 써야 한다. 그러면 어떻게 해야 할까. 만약 고문을 모방하여 글을 쓴다고 할 때, 겉[皮毛]은 신경쓸 것이 없다. 왜냐하면 중요한 것은 그 안에 담겨 있는 마음[志意]이기 때문이다. 글은 창의적이어야 한다. 그리고 그러한 글은 작가가 살고 있는 시대를 배경으로 한 글이어야 한다. 작가가 사는 시대를 배경으로 쓴 글이어야 『서경(書經)』과 『시경(詩經)』 같은 훌륭한 고문과 어깨를 견줄 수 있을 것이며, 이사나 왕희지의 글씨와 나란히 할 수 있을 것이다. 비록 옛것을 모방하여 글을 짓는다고 해도, 형식은 같아도 내용은 달라져야 한다는 것이다. 연암은 이 글에서 고문에 대한 견해도 밝히고 있다. 즉 작가가 사는 현실의 참 모습을 진솔하게 그려 낸 것이 바로 오늘의 고문(古文)이라는 것이다.

3.5. 〈공작관문고자서(孔雀舘文稿自序)〉의 공작관(孔雀館)은 연암이 안

19) 此言甚正 可興絶學 蒼頡造字 倣於何古 顔淵好學 獨無著書 苟使好古者 思蒼頡造字之時 著顔子未發之旨 文始正矣 吾子年少 耳逢人之怒 敬而謝之曰 不能博學 未攷於古矣 問猶不止 怒猶未解 曉曉然答曰 殷誥周雅 三代之時文 丞相右軍 秦晋之俗筆(『燕巖集』 卷7, 〈綠天館集序〉).

의(安義) 현감으로 재임 시에 지은 정각(亭閣)이다. 그런데 이 문집에는 연암이 19세(1755)에 지은 것으로 추정되는 〈제영목당이공문(祭榮木堂李公文)〉을 비롯하여 안의 현감 재임 시(1792－1796)는 물론이고, 면천 군수 재임 시(1797－1800), 양양 부사 재임 시(1800－1801)에 순찰사에 올린 글을 비롯하여 전 생애에 걸쳐 쓴 글들이 함께 묶여 있는 문집이다. 만약 현재 남아 있는 〈공작관문고〉라는 문집을 연암이 스스로 엮고 〈자서〉를 썼다면 이 〈자서〉를 지은 시기는 60대 중반에 양양 부사를 사직하고 서울에 온 후일 것이다. 그러나 〈공작관문고자서〉와 동일한 내용의 글인 〈공작관집서〉가 「겸헌만록(謙軒漫錄)」에 수록되어 있고, 이 글을 지은 시기가 기축년(1769)으로 명시되어 있는 것으로 볼 때, 현재 남아 있는 『연암집』의 〈공작관문고자서〉는 연암이 30대 초반에 저술한 글로 보는 것이 옳을 것 같다.[20]

연암은 〈공작관문고자서〉에서 글이란 자신의 생각을 있는 그대로 꾸밈없이 글로 옮겨 놓아야 참된 글이 될 수 있음을 말하고 있다. 글을 쓰기 위해 홀연 옛말을 생각하고 억지로 경전(經傳)의 뜻을 찾아 뜻과 글자를 근엄하고 장중하게 하는 것은, 비유하면 화공을 불러 초상을 그리는데 용모를 고쳐 앞에 앉아 있는 것과 같다. 눈동자는 움직이지 않고 옷의 주름은 씻은 듯 깨끗하여 평소의 모습을 잃으면 아무리 훌륭한 화공이라고 할지라도 그 참 모습을 그려 내기 힘들다. 글을 짓는 것도 이와 다르지 않다. 글을 짓는 데 있어서 말이란 반드시 거창할 필요가 없으며, 아무리 사소한 것이라도 분별하여 말할 수 있으니 어찌 깨어진 기와부스러기라고 해서 버릴 수 있겠는가? 도올(檮杌)은 아주 못된 짐승임에도 불구하고 초(楚)나라 역사서의 이름으로 취해졌고, 사람을 몽둥이로 쳐서 죽이고 매장

20) 〈공작관문고자서〉와 동일한 글인 〈공작관집서〉가 「謙軒漫錄」에 수록되어 있는데, 이 글을 지은 시기가 기축년(1769)으로 명시되어 있다. 따라서 지금 남아 있는 『연암집』의 〈공작관문고〉와 다른 〈공작관집〉이 이미 30대 초반에 연암에 의해 편찬된 것이 있었으며, 현존하는 〈공작관문고자서〉는 후대인이 글을 추가하여 다시 엮은 것으로 추정된다(국역, 신호열·김명호 옮김, 『연암집』 1, 민족문화추진회, 2005. 12, 7쪽 참조).

한 극악한 도적에 대해 사마천은 이를 자세히 기술하였던 것이다. 이와 같이 글을 짓는 자는 오로지 그 참된 모습을 글로 그려 내는 데 힘을 쏟아야만 하는 것이다.[21)]

글을 잘 쓰고 못 쓰는 것은 작가의 것이고, 그 글을 헐뜯고 기리는 것은 다른 사람의 몫인 것이다. 이것은 이명(耳鳴)과 코골기로 비유할 수 있다. 즉 자기만이 알 수 있는 귀 울림, 즉 이명은 분명히 병임에도 불구하고 그것이 무슨 대단한 것인 양하며 남이 알아 주지 않는 것에 대해 안타까워하고, 코골기는 병이 아님에도 불구하고 남들이 일깨워 주면 성을 내니 정말 병일 경우에 일깨워 준다면 얼마나 화를 내겠는가?라고 하면서, 연암은 자기의 글을 모아 놓은 문집인 〈공작관문고〉의 글을 읽는 독자가 '깨어진 기와 부스러기라고 버리지 않는다면 화사(畵史)의 번진 먹물에서 극악무도한 도적의 뻗친 수염을 얻을 수 있을 것이며, 나의 이명은 듣지 말고 나의 코골기를 일깨워 준다면 작자의 뜻에 거의 가까워질 것이다'[22)]라고 자신의 글에 대해 솔직하게 비평해 줄 것을 부탁하는 말로 끝맺고 있다. 여기서 우리는 연암의 글쓰기 자세를 알 수 있다. 연암은 글이란 자신의 생각과 눈앞에 보이는 대상을 옛 글자나 경전의 뜻을 빌려 오지 않고 있는 그대로 꾸밈없이 솔직하게 쓸 때라야 참 맛을 느낄 수 있는 글이 된다고 했다. 이는 객관적 자세로 사물을 바라보고, 그것을 치우치지 않은 위치에서 글을 써야 한다는 현실주의적 문학관이라고 할 수 있다.

3.6. 〈종북소선자서(鍾北小選自序)〉는 40대 초반의 글로 추정된다. 이 글에서 연암은 '문심(文心)'에 대해 말하고 있다. 그는 포희씨(庖犧氏)의

21) 文以寫意 則止而已矣 彼臨題操毫 忽思古語 强覓經旨 假意謹嚴 逐字矜莊者 譬如招工寫眞 更容貌而前也 目視不轉 衣紋如拭 失其常度 雖良畵史 難得其眞 爲文者 亦何異於是哉 語不必大 道分毫釐 所可道也 瓦礫何棄 故檮杌惡獸 楚史取名 椎埋劇盜 遷固是敍 爲文者 惟其眞而已矣(『燕巖集』 卷3, 〈孔雀館文稿自序〉).

22) 不棄瓦礫 則畵史之渲墨 可得劇盜之突鬢 毋聽耳鳴 醒我鼻鼾 則庶乎作者之意也(『燕巖集』 卷3, 〈孔雀館文稿自序〉).

문장을 지금은 볼 수 없으나, 그가 관찰하여 팔괘(八卦)를 만들었던 자연 현상, 즉 벌레의 더듬이와 꽃술, 돌의 초록빛과 새 깃의 비취빛 등 '문심'은 변치 않았고, 솥의 발과 호리병의 허리, 해의 가락지 모양과 달의 활모양 등, 글자의 체(體)는 온전하다. 그 바람과 구름, 우레와 번개, 비와 눈, 서리와 이슬, 그리고 나는 것, 물속에 잠긴 것, 달리는 것, 뛰어오르는 것, 웃고 울고 소리 내고 울부짖는 것들의 '성색정경(聲色情境)'은 지금도 그대로다.[23] 이와 같은 자연 현상을 위아래로 살피고 관찰하여 포희씨는 『주역(周易)』을 만들었고, 창힐씨(蒼頡氏)가 글자를 만들 때 정(情)과 형(形)을 곡진하게 살피고 상(象)과 의(義)를 전차(轉借)한 것에 불과한 것이었는데, 이것이 글이 되었다. 그러므로 포희씨가 우주만물을 관찰하여 『주역』을 만들고, 창힐씨가 글자를 만든 것과 같은 자세를 본받아서 눈앞에 펼쳐진 자연 현상과 사물에 대해 세밀하게 관찰하는 것이야말로 글을 쓰기 위한 가장 중요한 자세인 것이다. 여기서 연암은 옛 문장가들의 문심을 이어 받는 것이 중요한 것이지, 그들이 써 놓은 글을 이어 받는 것이 아님을 말하고자 한 것이다. 〈종북소선자서〉에서의 '성색정경(聲色情境)'은 법고창신 못지않은 연암의 중요한 문학 창작 이론이라고 할 수 있다.

3.7. 〈답창애(答蒼厓)〉는 당시의 문장가로 이름이 높았던 창애(蒼厓) 유한준(兪漢雋, 1732－1811)에게 연암이 보낸 답신 중 하나이다. 유한준은 의고문에 능했던 문인이었다. 유한준은 문장으로 이름이 높았던 연암에게 자신이 지은 글을 보내어 평가해 줄 것을 요청했던 것 같다. 이에 대해 연암은 그의 글들이 문장은 기이하나 사물의 명칭을 빌려 온 것이 많고, 인용한 내용이 잘 맞지 않은 것이 흠이라고 지적하면서 글 쓰는 방법에 대해 자신의 견해를 밝혀 답했다.

---

23) 嗟乎 庖犧氏歿 其文章散久矣 然而 蟲鬚花蘂石綠羽翠 其文心不變 鼎足壺腰 日環月弦 字體猶全 其風雲雷電雨雪霜露 與夫飛潛走躍 笑啼鳴嘯 而聲色情境 至今自在(『燕巖集』 卷7, 〈鍾北小選自序〉).

연암은 이 글에서 좋은 글은 소송하는 자가 증거를 대고, 장사치가 상품을 사라고 외치는 것과 마찬가지로 아무리 사리가 밝고 곧을지라도 만약 다른 증거가 없다면 어떻게 목적을 이룰 수 있겠느냐? 그래서 글을 쓸 때 이것저것 경전(經傳)을 인용하여 자기의 뜻을 밝히기도 하고, 성현의 글을 인용하여 믿게 한다. 그렇지만 관직명(官職名)과 지명(地名)은 서로 빌려 쓸 수 있는 것이 아니다. 왜냐하면 나무를 지고 다니면서 소금을 사라고 외친다면 비록 하루 종일 길바닥을 헤매도 나무 한 단도 팔지 못할 것이기 때문이다. 마찬가지로 글을 씀에 있어서 황제가 사는 곳을 모두 장안(長安)이라고 하고, 역대 삼공(三公)을 모두 승상(丞相)이라고 한다면 이름과 실제가 뒤섞여서 도리어 속되고 더럽게 될 뿐이다. 그러므로 글을 짓는 자는 그 대상이 아무리 더러워도 그 이름을 피하지 않고, 비속하여도 그 자취를 숨기지 않아야 좋은 글이 되는 것이다. 맹자가 '성(姓)은 같으나 이름은 독자적인 것이다'라고 했는데, 마찬가지로 '글자는 같지만 문장은 독자적인 것이다'라고 결론을 내리고 있다.[24]

이 글에서 연암은 글에 있어서 비록 인거(引據)가 중요하긴 하지만 무분별한 인용과 증거 제시는 도리어 천박한 글이 되므로 꼭 필요한 경우에만 인거를 제시할 것을 말하고, 아울러 글이란 독자적인 것이므로 대상의 모습을 있는 그대로 기술할 때 좋은 글이 됨을 말하고 있다. 또한 이 또한 당시의 의고적 문단 풍조를 비판한 글이다.

4. 맺음말

'법고창신(法古刱新)'의 핵심이라고 할 수 있는 '선변(善變)'의 글쓰기는 18세기 조선 후기의 의고적인 문단 풍토에 대한 비판이며, 연암의 문학

---

24) 孟子曰 姓所同也 名所獨也 亦唯曰 字所同而文所獨也(『燕巖集』 卷5, 〈答蒼厓〉).

창작에 대한 기본 자세다. 또한 이 선변의 글쓰기와 같은 맥락에서 〈소단적치인(騷壇赤幟引)〉의 '합변지권(合變之權)'의 '합변(合變)'을 이해할 수 있을 것이다. 연암은 〈초정집서〉에서 지나친 '의고(擬古)'와 '창신(刱新)'을 모두 비판하고 '선변'이라는 새로운 글쓰기 이론을 도출하였다. 이 '선변'의 글쓰기에서 연암은 과거 중국의 고문(古文)은 어디까지나 오늘의 고문을 창작하기 위한 전범(典範)으로서 기능할 뿐, 그 형식과 내용이 그대로 오늘의 문장으로 되살아나서는 안 된다는 것이었다. 연암이 생각하는 고문은 작가가 사는 현실을 배경으로 진솔하게 쓴 것이다. 그러므로 18세기 조선 후기를 사는 조선의 문인들은 당시 조선의 현실을 배경으로 글을 써야 참다운 글이 된다는 것이다. 이것은 '즉사(卽事)' 이른바 현실을 중시하는 글쓰기이다. 즉 연암이 전 생애에 걸쳐 끊임없이 관심을 가지고 실현하고자 한 것은 '즉사'의 글쓰기와 '진(眞)'의 글쓰기였다. '즉사'는 눈앞의 현실이요, '진'의 글쓰기는 그러한 현실을 꾸밈없이 진솔하게 글로 옮겨 놓은 것이다. 연암은 이러한 글쓰기에 대한 견해와 문학관을 〈영처고서〉, 〈증좌소산인〉, 〈순패서〉, 〈녹천관집서〉, 〈공작관문고자서〉, 〈종북소선자서〉, 〈답창애〉 등에서 구체적으로 피력하였다. 문장을 논한 이와 같은 글을 통해서 우리는 연암 박지원의 글쓰기 자세와 문학관, 그리고 당시 연암을 중심으로 모였던 실학파 문인들의 글쓰기 경향을 살펴볼 수 있었다.

연암소설의 소재와 설화

1. 머리말

연암 박지원의 소설 작품에 대해서는 많은 연구가 있다. 그런데 그 대부분은 실학자로서의 연암이 이용후생을 기반으로 하는 실학사상을 작품에서 어떻게 구현하였는가? 또는 풍자기법을 이용하여 당시 양반사회와 서민사회의 모습을 어떻게 표현하였는가?에 있다. 물론 이와 같은 연구가 연암의 소설문학을 탐구하기 위해 유용하다는 데 대해서 이론(異論)이 있을 수 없다. 그러나 이와 같은 연구 이전에 먼저 연암의 생애와 문학 작품과의 관계, 특히 그가 작품의 소재(素材)를 언제 어떠한 경로를 통해서 얻었는가? 또한 얻은 소재들을 어떻게 소설로 만들었는가에 대한 구체적인 고찰이 이루어졌어야 했다. 작품 자체의 문학성을 강조하는 문학 연구 풍토에서 이와 같은 작품 외적 연구는 중요 관심사가 아닐지 모른다. 하지만 작가가 알려진 고전 문학 작품에 있어서 작품 형성의 배경 연구는 작품 자체의 분석에 앞서서 한번쯤 짚고 넘어가야 할 문제인 것만은 분명하다.

그간 몇몇 연구에서 연암소설의 소재로 문헌설화를 거론하였다. 그러나 연암의 소설들과 그 작품의 소재가 되었으리라 추정되는 설화를 대비하여 소설 작품의 형성 과정을 본격적으로 고찰한 연구는 없는 것 같다. 물론 일반론적인 관점에서의 설화의 소설화에 대한 연구가 없는 것은 아니다.

예를 들면 판소리계 소설에서 근원설화 탐색이라든가, 신화, 전설, 민담 등 설화와 소설의 관계 등에 대한 연구가 있었다. 연암 박지원의 소설에 대하여는 김태준의 『조선소설사』에서 간략하게 기술되었고, 연암소설 작품의 주인공과 실존했던 인물과의 관련성 여부, 연암의 소설 작품과 유사한 문헌설화의 자료적 탐색, 한문단편의 형성 과정에 있어서의 소재 제보자로서의 강담사(講談師)의 역할을 구명하는 과정에서 연암소설과 설화의 관련 등에 대한 고찰이 있었다. 또한 19세기 문헌 설화집에서 수록되어 있는 설화 중에서 〈허생전〉과 유사한 내용을 지닌 문헌설화들을 몇 개의 삽화로 구분하여 대비한 고찰도 있다.[1)]

그러나 아직 연암소설의 소설화 과정에 대해 구체적인 분석을 시도한 연구는 아직까지 없는 것 같다. 이 글에서는 연암의 작품 중에서 〈허생전〉, 〈광문자전〉, 〈양반전〉과 관련 가능성이 있다고 판단되는 유사설화(類似說話)를 문헌에서 찾아 그들을 상호 대비하여 그 관련 양상을 살펴보기로 한다.

2. 연암소설의 소재

박지원은 그의 한문단편 작품의 저술동기와 소재원(素材源)을 몇 작품에서 밝히고 있다. 작품 내용 속에 작가 자신이 직접 개입하여 그 소재를 얻은 경위를 밝히거나 자신의 직접 체험을 글로 기술한 작품으로 〈광문자

---

1) 김태준, 『조선소설사』, 학예사, 1939, 173-177쪽.
이가원, 『연암소설연구』, 을유문화사, 1965.
임형택, 『한문단편의 형성과정에서의 강담사』(『한국소설문학의 탐구』, 일조각, 1978), 265-278쪽.
조희웅, 『조선후기문헌설화의 연구』, 형설출판사, 1981, 108-110쪽.
장덕순, 「설화의 소설화」, 『동아문화』 8, 1967.
김동욱, 「판소리 근원설화첨보」, 『대동문화』 3, 성대, 1966.
최래옥, 「설화와 그 소설화과정에 대한 구조적 분석」, 『국문학연구』 7, 1968.

전〉, 〈민옹전〉, 〈김신선전〉, 〈우상전〉, 〈열녀함양박씨전〉 등이 있고, '전지(前識)'나 '후지(後識)'를 써서 작품의 저작 배경 및 소재원을 진술한 것으로 〈허생전〉과 〈호질〉이 있다. 그러나 〈마장전〉, 〈예덕선생전〉, 〈양반전〉의 경우는 작품 배경 및 소재원에 대한 언급이 전혀 없다. 현재 작품의 제목과 간략한 내용밖에 알 수 없는 〈봉산학자전〉과 〈역학대도전〉의 경우에는 그 저작 배경을 「방경각외전(放璚閣外傳)」의 '부기(附記)'나 『과정록(過庭錄)』을 통해 단편적으로 파악할 수 있을 뿐이다. 그의 초기 문장에서부터 나타나는 이와 같은 서술 수법은 사마천의 『사기(史記)』 열전체(列傳體)를 본받은 것으로서, 일종의 변체(變體)라고 할 수 있다.

〈광문자전〉의 속편(續篇)이라고 할 수 있는 〈서광문전후〉의 첫머리에서 연암은 〈광문자전〉의 소재를 얻게 된 동기와 저술시기 등을 진술하고 있다. 연암은 그가 병으로 고생하고 있을 때, 병상에서 문하(門下)의 옛 겸인(傔人)에게 광문에 대한 여러 일화를 들었으며, 또 실제로 그가 어렸을 때 광문을 보았는데, 이를 바탕으로 한 편의 전(傳)을 만들었다는 것이다. 이 진술을 그대로 믿는다면 〈광문자전〉의 소재는 시정(市井)에 유전(流傳)하던 민간설화에 근거를 두고 있음을 알 수 있다. 이와 유사한 설화로는 『추재기이(秋齋記異)』의 〈달문(達文)〉, 〈장복선(張福先)〉의 '달문(達文)' 삽화, 그리고 『이향견문록(里鄕見聞錄)』의 〈장도령(蔣都令)〉 등이 있다. 〈민옹전〉은 연암이 젊었을 때에 병상에서 이른바 이야기꾼으로 알려진 민옹(閔翁)이라는 인물과의 대화와 그 인물 됨됨이를 전(傳)으로 꾸민 작품이다. 민유신(閔有信)과 동일한 인물인지는 확인할 수 없으나, 경기도 광주(廣州)의 민생(閔生)에 대한 글이 『청장관전서(青莊館全書)』 권50 「이목구심서(耳目口心書)」 3에 실려 있다. 당시에는 이러한 유형의 인물이 많았던 것 같다. 〈김신선전〉의 첫머리에는 시정에 떠도는 신선(神仙)으로 불리는 김홍기라는 인물의 기이한 행적이 기술되어 있다. 그리고 작품 내 서술자가 김홍기라는 인물에 관심을 가지고 윤생(尹生)과 신생(申生)이라는 겸인을 시켜 그를 찾게 했던 일련의 과정과, 그가 관동(關東)지방을 여행하면서 직접 김신선을 찾아보았던 체험을 서술하고 있다. 여기서 우리는 시정에 떠도는 민간설화에 대한 호기심과 신선에 대한 작가 연암의 관심을 엿볼 수 있다. 이 〈김신선전〉의 김홍기와 같은 인물과 비슷한 이인(異人)설화가 이덕무의 『청장관전서』 권50 「이목구심서」 3과, 조희룡(趙熙龍)의 『호산외사(壺山外史)』에도 보인다. 여기서는 김신선의 이름이 홍기(洪器) 또는 가기(可基)로 되어 있다. 그 내용이 조금씩 다르지만 같은 인물에 대한 일화가 구전되는 과정에서, 또는 채록과정에서 변개(變改)된 것으로 볼 수 있다. 연암은 시정에 오르내리던 김홍기라는 인물의 방외인적(方外人的) 행동과 신이(神異)한 행적에 흥미를 느껴 이 작품을 짓게 된 것이다. 이상 3편은 모두 박지원이 20대 청년기에 우울증으로 고생하고 있을 때 얻은 소재를 바탕으로 지은 작품들이다.

〈봉산학사전〉은 현재 그 작품이 불타 버려 그 내용을 자세히 알 수 없다. 「방경각외전」 〈자서〉와 『과정록』에 그 내용이 간단히 언급되어 있을 뿐이다. 여기에 기술된 내용과 유사한 설화가 『청장관전서』 권50 「이목구심서」 3에 실려 있다. 그 내용을 보면, 봉산(鳳山)이라는 고을에 농사를 짓는 백성이 훈민정음을 약간 터득하여 집에 있는 『소학언해』를 읽고는, 읽은 내용을 부부가 그대로 실천하며 살았다는 이야기다. 〈봉산학자전〉은 이 「이목구심서」 일화(逸話)의 주인공을 입전(立傳)한 것으로 추정된다. 〈역학대도전〉과 〈우상전〉은 실존했던 인물에 대한 일화를 바탕으로 저술한 글이다. 〈열녀함양박씨전〉은 연암이 경상도 안의(安義) 고을에 부임하고 있었을 때에 경험했던 사건을 병서(幷序)의 형식을 빌려 입전한 것이다.

다음은 『열하일기』에 수록되어 있는 두 편의 작품, 〈허생전〉과 〈호질〉에 대하여 살펴보기로 하겠다. 주지하는 바와 같이 〈허생전〉은 『열하일기』의 「옥갑야화(玉匣夜話)」 중 '허생이야기'를 따로 떼어 내어 붙인 이름이다. 「옥갑야화」에는 중국을 오가며 무역을 했던 역관들의 치부(致富)에 얽힌 화식(貨殖) 일화들이 있으며, '허생이야기'는 그 중 한 편이다. 어떤 학자는 '허생이야기'만을 떼어 내어 〈허생전〉이라는 제목으로 독립적으로 다루는 것보다 「옥갑야화」라는 큰 제목 속에 포함시켜 함께 다루어야 한다고 주장하기도 한다. 또한 〈허생전〉보다는 〈허생〉으로 제목을 삼자고 주장하기도 한다. 그러나 「옥갑야화」의 다른 이본(異本)인 「진덕재야화(進德齋夜話)」[2] '후지(後識)'에, 연암이 20대 초반 봉원사에서 공부할 때 '허생이야기'를 들려준 윤영이라는 인물을 평안도 여행 중에 다시 만났을 때, 윤영이 연암에게 "자네가 예전에 허생을 위해서 전을 짓겠다고 했었는데, 글은 이미 지었겠지?"라고 물었을 때, "아직 짓지 못했다"[3]고 연암이 사과했다는 내용이 보인다. 이를 근거로 연암이 젊었을 때부터 허생의 '전(傳)'을 지으려고 했었음을 알 수 있다. 따라서 「옥갑야화」에서 '허생이야기'만을 따로 떼어 내어 〈허생전〉이라고 제목을 붙여도 무방할 것 같다. 물론 '허생이야기'를 포함하는 「옥갑야화」의 모든 내용을 하나의 작품으로 볼 수 없다는 것은 아니다.

「옥갑야화」는 〈허생전〉을 이끌어 내기 위해 의도된 치밀한 형식을 갖추고 있다. 즉 역관들의 화식(貨殖)에 얽힌 일화가 5편 제시된 후에 변승업의 이야기가 나오고, 이어서 연암이 윤영이란 인물에게서 들은 이야기를 전달하는 형식으로 '허생이야기', 즉 〈허생전〉이 시작된다. 연암이 〈허생전〉을 『열하일기』에 수록하면서 앞에다가 중국을 오갔던 역관들의 화식 일화들을 제시한 것은 〈허생전〉이 지닌 민감한 내용 때문이었던 것 같다. 몇 편의 '후지'가 첨부된 것, 〈허생전〉의 소재를 얻게 된 내력과 윤영이란 존재에 대하여 거듭 언급한 것 또한 당시 민간에 떠도는 허생 설화에 비

---

2) 이가원의 『연암소설연구』(을유문화사, 1965)에 의하면, '허생' 이야기가 들어 있는 異本으로 「玉匣夜話」라고 표제를 붙인 것이 10편, 「進德齋夜話」라고 한 것이 3편 있다고 한다. 두 이본의 차이는 「진덕재야화」는 "與諸裨譯夜話進德齋"로 시작하고, 「옥갑야화」는 "行還至玉匣與諸裨連牀夜語"로 시작한다. 작품 내용에 있어서는 큰 차이가 없고 몇몇 자구에 차이가 발견될 뿐이다. 그러나 '후지'의 내용은 「옥갑야화」와 「진덕재야화」가 전혀 다르다. 연암이 평안도 여행 중에 윤영이라는 이인(異人)을 만나 '허생' 이야기를 들은 내용은 「진덕재야화」 '후지'에 들어 있다. 이 글은 박영철본 『연암집』의 「옥갑야화」를 기본으로 한다. 다만 필요에 따라 「진덕재야화」의 '후지'를 참고한다.

3) 子前欲爲許生立傳 文當已就否(余謝 未能, 〈進德齋夜話〉 '後識'(一齋本).

해서 연암의 글이 정치·사회적으로 민감한 부분을 건드렸기 때문이었던 것 같다.

이렇게 작품의 작자를 모호하게 하는 수법은 〈호질〉의 경우도 마찬가지다. 〈호질〉의 경우는 연암이 북경으로 가는 도중 옥전현(玉田縣)이라는 곳에서 하룻밤 머무를 때, 심유붕(沈由朋)이란 사람의 점포 벽 위에 걸려 있는 한 편의 기문(奇文)을 발견하였고, 그 글을 읽어 보니 절세 기문이었기에 같이 간 정진사라는 인물에게는 중간부터 써 내려가게 하고 자신은 처음부터 써 가지고 객사에 돌아왔는데, 정 군이 베낀 곳은 잘못 쓴 글씨와 누락된 자구(字句)가 많아서 전혀 문리(文理)가 통하지 않으므로 자신의 뜻으로 고치고 보충하였다고 기술되어 있다. 비록 소재를 얻은 장소와 함께 있었다는 정 군(鄭君)이라는 인물을 분명히 제시하고 있지만, 작자가 누구인지에 대해서는 매우 모호하게 처리하였다. 이 또한 이 글이 당시 정치적으로 매우 민감한 문제를 건드림으로써 미칠지도 모르는 화를 미연에 방지하기 위한 장치일 수도 있다.

그러나 두 작품 모두 작가 자신이 작품의 저술에 개입하였음을 분명히 밝힌 점으로 미루어 볼 때, 그 소재원이 윤영이란 인물에 의해 제보된 민간설화였거나, 중국 여행중에 얻은 글이었거나, 현재 우리가 접할 수 있는 내용은 연암에 의해 저술된 것임은 분명하다. 〈허생전〉의 경우 비록 소재는 제보받은 것이었다고 해도 작품의 구성과 내용, 그리고 등장인물의 성격 등에 있어서 연암의 창작의식이 개입된 것이 분명하고, 〈호질〉의 경우도 비록 원작이 있었다고 할지라도 우리가 볼 수 있는 내용은 연암에 의해 변개 저술된 내용이다.

3. 연암소설과 설화

그간 연암소설과 관련이 있을 것으로 추정되는 설화에 대하여는 작품의 소재와 관련하여 단편적으로 언급되어 왔다. 그러나 이러한 언급은 피상적인 고찰에 머물렀을 뿐, 집중적이고도 구체적인 연구는 아직까지 없었다. 설화와 소설의 관계를 밝히기 위해서는 먼저 고찰하고자 하는 작품의 소재가 되었으리라 추정되는 관련 설화를 찾는 작업이 수행되어야 할 것이다. 다음은 이러한 관련 설화와 소설 작품의 모티브, 또는 에피소드의 유사성에 의한 상호관련성을 탐색하는 작업이 수행되어야 할 것이다. 근대 학문 초기에 국문학에서 설화와 소설에 대한 관심은 김태준의 『조선소설사』에서 비롯되었다. 그 후 조윤제는 그의 「설화문학고(說話文學考)」[4] 에서, "설화는 늘 소설에 그 소재를 공급하고 있다. 이것은 또 다만 고대의 설화만이 그러할 뿐 아니라, 그 같은 유계(類系)의 근세 야담도 소설에 주는 바의 영향이 막대하였으니…"라고 하였고, 장덕순은 설화와 소설에 대하여 "서사 문학이란 장르 내에서 유동하는 설화를 소재로 하여 문자로 표기, 소설을 만드는 작업이다" 하였고, "실사(實事)에서 설화로, 설화에서 소설로 이행 승화하는 과정"이라고도 했다.[5] 『조선후기문헌설화의 연구』에서 조희웅은 소설 문학 형성에 있어서 설화의 영향이 매우 컸음에 주목하고는, 삽화의 유사성에 중심을 두고 고전소설과 19세기 문헌설화를 대비하여 '설화와 별 차이가 없는 작품', '민간설화를 소설화한 작품', '소설 속에 설화적 모티브나 삽화를 일부 차용한 작품으로 구분하기도 하였다.[6] 한편 최래옥은 「설화와 그 소설화과정에 대한 구조적 분석」이란 논문에서, "설화의 소설화 고찰은 소설의 소재가 된 근원설화를 발견하며, 소설화의 과정·성격·창작의 한계, 시대적 변천의 일반 경향을 밝히는 것이다. 그러므로 근원설화와 소설을 실증적이고도 분석적인 방법으로 비교하여 양자의 공통점과 상이점을 밝혀 내야 한다"[7]라고 설화의 소설화에

4) 조윤제, 「설화문학고」, 『문장』 제3권 제3호, 통권 25, 1941, 136쪽.
5) 장덕순, 앞의 책, 108쪽.
6) 조희웅, 앞의 책, 138-139쪽.
7) 최래옥, 앞의 책, 3쪽.

대하여 언급한 다음에, 설화의 변화는 설화가 생존하기 위해 구전(口傳) 내에서 생긴 스스로의 변화라고 한다면, 설화의 소설화란 작가가 창작 의도를 가지고 설화를 소재로 하여 새로운 형태의 문학을 만들어 낸 것이라고 했다.

이상에서 설화가 소설의 형성에 지대한 영향을 주었다는 사실과, 그러므로 양자의 관계를 구명할 필요성이 있음을 여러 학자들의 입을 통해 확인함과 아울러 그 고찰 방법을 모색해 보았다. 필자는 박지원의 소설들이 당시의 민간에 흘러 전하던 설화와 긴밀한 관계를 맺고 있음을 고찰한 바 있다.[8] 이 글에서는 연암의 한문단편소설들과 각종 문헌에 수록되어 전하는 유사한 설화들을 대비·고찰하여 그 상호 관계 및 연암소설의 문학성을 논하고자 한다.

1) 〈허생전〉의 유사설화

〈허생전〉의 유사설화에 대해서는 그의 다른 작품에 비해 비교적 많은 관심이 있었다. 『조선소설사』에서 김태준은 『계서야담(溪西野談)』 소재의 〈허생〉 설화를 소개하였고, 또 『허후산집(許后山集)』의 〈와룡선생유사(臥龍先生遺事)〉를 인용하고 그 관련성을 제시하였다.[9] 이것이 〈허생전〉 유사설화에 대한 최초의 언급이다. 그 후 이가원은 그의 『연암소설연구』에서 실존 인물인 와룡처사(臥龍處士) 허호(許鎬, 1654－1714)의 고사(故事)를 연암의 〈허생전〉과 대비하여 〈허생전〉의 근원설화로 규정하였다.[10] 그리고 『계서야담(溪西野談)』의 〈허생〉, 『동야휘집(東野彙輯)』 권4의 〈식보기창루취로(識寶氣唱樓取爐)〉를 〈허선생〉, 『동야휘집』 권7의 〈영만금부처

8) 박기석, 「박지원의 생애와 한문단편의 형성」, 『이조후기문학의 재조명』, 창비신서 49, 1983, 65-79쪽.

9) 김태준, 앞의 책, 174-176쪽.

10) 이가원, 앞의 책, 599쪽.

치부(贏萬金夫妻致富)〉는 〈여생(呂生)〉으로 편의상 제목을 붙여 연암의 〈허생전〉과 대비하고는 이것들은 유형적으로나 사상적으로 연암의 〈허생전〉에서 영향받은 것[11]이라고 결론지었다.

임형택은 조선 후기 소설의 유통과 형성에 중요한 역할을 담당했던 강담사(講談師)에 의해 수행되어진 구두(口頭) 창작과정, 즉 한문단편이 형성되는 중간 과정을 해명해 보려는 논문에서 '허생고사(許生故事)'를 예로 들어 그 방법을 모색하였다. 이 과정에서 연암에게 허생설화를 이야기해 주었던 윤영이란 존재와 「옥갑야화」의 '허생이야기', 곧 연암의 〈허생전〉과 유사한 몇 편의 작품을 소개하고 그 내용을 서로 비교하였다. 그는 연암의 〈허생전〉은 윤영의 구두 창작에서 이미 허생고사가 특이하게 만들어졌던 것 같으며, 이것을 연암이 그의 탁월한 작가의식과 예술 기법으로 하나의 작품을 만들었다고 결론지었다.[12] 이 논문은 강담사의 창작의식과 수법을 파악하는 데 목적이 있었기 때문에 허생 유사설화에 대한 구체적인 분석은 하지 않았고 그 내용을 제시하는 데 그치고 있다.

조희웅은 『조선후기문헌설화의 연구』에서 19세기 문헌설화집 소재의 허생과 유사한 설화 세 편을 아홉 개의 삽화로 구분 대비하여,

> 위에서 보인 상통점들이 〈허생전〉의 영향으로 이루어진 것인지, 또는 〈허생전〉 이전부터 구전되어 오던 설화를 기록한 데서 생긴 것인지 단언하기는 곤란하다. 그러나 각 삽화들이 다른 자료 속에서도 발견되는 점으로 보면, 여러 민간설화가 점철되어 하나의 유형으로 만들어졌을 가능성이 크다고 하겠다.[13]

라고 언급하고는, "요컨대 〈허생전〉은 민간설화들의 수렴으로 이루어진 작품"이라고 결론을 내리고 있다. 지금까지 〈허생전〉의 유사설화에 대한 고

---

11) 이가원, 앞의 책, 727-728쪽.
12) 임형택, 앞의 논문.
13) 조희웅, 앞의 책, 109-110쪽.

찰은 주로 작품의 소재가 무엇이었는가를 찾기 위한 것이었다. 설화의 소설화 과정을 밝히기 위해서 이러한 소재원(素材源)의 추적은 일차적 작업에 해당된다고 할 수 있다. 이제는 〈허생전〉의 소재가 되었으리라고 추정되는 이와 같은 유사설화들을 구체적으로 대비 고찰하여 그 유형구조, 기법의 차이점을 고찰하는 작업이 뒤따라야 할 것이다.

지금까지 여러 학자들의 연구 결과에 의하면 〈허생전〉은 대체로 민간설화를 바탕으로 이루어졌다는 것이다. 연암 생존 당시에 민간에 널리 유포되고 있었던 설화를 윤영이라는 인물로부터 처음 들은 것은 연암이 20대 초 봉원사(奉元寺)에서 공부하고 있을 때였다. 이후 연암은 허생이라는 설화적 인물에 흥미를 느껴 전(傳)을 지으려고 했고, 그 전이 완성된 것은 20여 년이 흐른 뒤였다. 이것은 〈허생전〉의 저술과 관련해서 「진덕재야화」 '후지'에 연암이 직접 기술한 내용이다. 그런데 연암이 애초에 윤영이라는 인물에게 어떠한 내용의 허생설화를 제보받았는지는 알 수 없다. 또한 연암이 애초에 제보받은 소재와 실제 만들어진 작품이 어느 정도의 거리가 있는지 알 수 없다. 그러므로 현재로서는 문헌에 전하는 〈허생전〉과 유사한 설화 작품을 대비 고찰하여 그 차이를 구명해 보는 도리밖에 없다. 즉 〈허생전〉이 연암이 작품의 소재를 처음 접한 후 20여 년의 지속적인 관심 끝에 완성한 작품이라면, 이 작품에는 연암의 의식과 창작적 역량이 개입된 것이 분명하다. 따라서 민간에 흘러 다니던 허생 유사설화와 연암의 〈허생전〉을 대비해 보면 연암 작품의 독자성을 추출할 수 있을 것이다. 지금까지 필자가 조사한 〈허생전〉과 관련 가능성이 있는 유사설화는 다음과 같다.

① 〈臥龍處士遺事〉: 『臥龍亭遺集』 卷3, 附錄, 〈遺事〉
② 〈烏金〉(兀孔金八字): 『於于野談』 卷4(柳濟漢 編輯本)
③ 〈楊州廉也耽妓散盡三千重貨〉: 『罷睡錄』(서울대本)
④ 〈識寶氣許生取銅爐〉 類型說話

(가) 〈許生〉: 『溪西野談』 卷1(서울대 奎章閣本)

(나) 〈識寶氣許生取銅爐〉: 『靑邱野談』 卷1(서울대 古圖書本)

※ (東洋文庫本 卷4, 서울대 奎章閣本 卷3)

(다) 〈識寶氣許生取烟爐〉: 『海東野書』(藏書閣 筆寫本)

(라) 〈識寶氣娼樓取爐〉: 『東野彙輯』 卷4(경북대 油印本)

⑤ 〈安貧窮十年讀易〉: 『靑邱野談』 卷4(國立中央圖書館本)

※ (東洋文庫本 卷8, 奎章閣本 卷9, 서울대 古圖書本 卷3 등 『靑邱野談』의 모든 異本에 수록되었음)

⑥ 〈贏萬金夫妻致富〉: 『東野彙輯』 卷7(경북대 油印本)

이상과 같이 여섯 가지 유형으로 구분해 볼 수 있다. 이 중에 자료 ②, ③, ④, ⑤, ⑥의 경우는 편찬자들이 당시 구전되던 민간설화를 채록한 것이고, 자료 ①은 실사(實事)에 근거한 것으로 보인다. 자료 ④의 〈식보기허생취동로〉 유형설화는 어떤 문헌에 처음 채록되었는지 확실히 알 수 없다. 다만 수록하고 있는 문헌 중에서 『계서야담』이 편찬 연대로 볼 때 가장 먼저라고 추정되므로,[14] 이 문헌에 채록된 것이 나중에 여기저기 전사(轉寫)된 것이 아닌가 한다. 이렇게 볼 수 있는 또 다른 근거는 자료 ⑤와 ⑥이 『계서야담』에는 보이지 않고 『청구야담』과 『동야휘집』에만 각각 보이기 때문이기도 하다.

여러 문헌에 산재해 있는 '허생' 설화를 여섯 유형으로 구분하였으나, 자료 ①은 〈시사삼책(時事三策)〉의 삽화와 관련이 있는 내용이고, ②는 기녀에게 돈을 탕진한 상인이 기방(妓房)에서 고용살이를 하다가 오금(烏金)을 얻어 부자가 되었다는 간략한 내용이 전부이기 때문에, 실제로 연암의 〈허생전〉과 비교 고찰 대상이 될 수 있는 것은 자료 ③, ④, ⑤, ⑥의 네 유형이다. 이 네 유형은 그 줄거리가 연암의 〈허생전〉과 별 차이가 없기

14) 조선 후기 문헌 설화집인 『溪西野談』, 『靑邱野談』, 『東野彙輯』 중에서 『溪西野談』이 가장 이른 시기의 문집이다(조희웅, 앞의 책, 17쪽 참조).

때문이다. 다만 각 유형에 따라 동일한 삽화임에도 불구하고 그 내용이 다른 모습으로 나타나기도 하고, 삽화가 생략되는 수도 있다. 기본적으로 같은 내용의 삽화가 첨삭(添削)과 변이(變異)를 일으킨 것은 구전설화를 채록했거나, 또는 전사하는 과정에서 나타난 결과이다. 구전하던 설화를 채록하는 과정에서, 또는 전사되는 과정에서 문장을 고치거나 더하여 수록하였기 때문에 동일한 삽화에서조차 크게는 내용에서, 작게는 문맥과 자구에서 차이가 발생한 것이라고 추정된다.[15] 이와 같은 변이가 나타난 것은 구전과 전사를 거치면서 나타나는 구비문학의 속성에서 비롯된 것임은 물론이다.

이제 박지원의 〈허생전〉과 네 설화 내용을 11개의 삽화로 구분하여 그 내용을 대비해 보고자 한다. 단 ④의 유형에 속하는 설화의 삽화는 그 내용이 대동소이하므로 『청구야담』 소재 작품을 기본으로 한다.

	삽 화	허생전	③	④	⑤	⑥
㉮	가난하나 독서를 좋아함[安貧好讀書]	○	○	○	○	○
㉯	생활고로 인한 굶주린 처의 참상·항변	○	○	○	○	○
㉰	부호에게 거금을 빌림	○	○	○	○	○
㉱	평양 기방에서 보물 취득		○	○		
㉲	매점 상행위에 의한 치부	○			○	○
㉳	도적의 무리를 이끌고 무인도로 감	○				○
㉴	농업을 통한 이상향 건설	○			○	○
㉵	대외무역으로 거금 획득	○	○	○		○
㉶	빈민 구제	○				
㉷	원금 이상의 거금 상환	○	○	○	○	○
㉸	장신(將臣)에게 시사삼책(時事三策) 제시	○		○		

15) 旁及他書之 可資該洽者 并修潤載錄 又采閭巷古談之流傳者 綴之以間之…(『東野彙輯』, 〈序文〉).

앞의 도표에서 삽화 ㉮, ㉯, ㉰, ㉷는 모든 작품에 공통적으로 포함되어 있다. 이 삽화들은 '허생' 설화의 기본 골격을 이룬다. 여기에 삽화 ㉱, ㉲, ㉳, ㉴, ㉵, ㉶와 같은 '치부삽화(致富揷話)'가 첨가되어 각 작품의 성격을 다르게 만들고 있다. 이를 바탕으로 '허생' 설화의 기본이 되는 줄거리를 만들어 보면, '독서만 일삼던 가난한 선비가 굶주림에 지친 처로 말미암아 집을 나와 부호에게 거금을 빌려 치부하여 원금 이상의 돈을 갚는다'는 내용이다. 여기에 ㉸의 '시사삼책' 삽화가 첨가되어 시사성(時事性)을 강하게 띠게 된다.

여기서 각 작품의 성격을 다르게 만든 '치부삽화'는 '허생' 설화에서 가장 중요한 부분이다. 그런데 이 '치부삽화'는 크게 둘로 나누어 볼 수 있다. 화식(貨殖)하는 방법의 차이에 말미암은 것으로, 하나는 빌린 돈으로 평양 기방(妓房)에 방치되어 있는 보물을 얻어 내어 그것을 외국 상인에게 팔아 재물을 불린 다음에 그 돈 모두를 부호에게 되돌려 준다는 것과, 다른 하나는 매점(買占)이라는 부도덕한 상행위로 돈을 불린 다음에 그 돈을 활용하여 자신의 이상을 실현해 본 후에 부호에게 갚는다는 것이다. 이 '매점 상행위'가 재물을 늘리는 방법인 작품에는 불린 돈을 어떻게 활용하였는가와 관련된 '부수삽화(附隨揷話)'가 뒤따른다. 삽화 ㉳, ㉴, ㉵, ㉶가 바로 그것이다. 이들 삽화는 어떤 의미에서는 '매점 상행위' 자체보다 더 중요한 의미를 지닌다고 할 수 있다. 이 삽화는 연암의 〈허생전〉과 자료 ⑤와 ⑥에서 나타나고 있다. 이 중 삽화 ㉶는 연암의 〈허생전〉에서만 나타난다. 이 '부수삽화'의 중심내용은 이상향 건설에 있다. 당시 사회적으로 골칫거리였던 도적떼를 이끌고 무인도에 들어가서 농사를 짓게 한다는 것은, 당시 현실적으로 골칫거리였던 국가적 문제를 해결하는 하나의 방법을 제시한 것으로 볼 수 있다. 도적떼에게 농사지을 수 있는 농토를 제공하고 농사를 짓게 하여 먹고 남은 곡식을 기근이 심한 지역에 가져다 팔아 거금을 얻었다는 것은, '매점 상행위'에 의한 일차적 화식보다 더 큰 이익을 잉여농산물의 해외무역을 통해 얻을 수 있음을 실증적으로 제시해 본 것이다. 이는 유통의 문제를 국내에 그친 것이 아니라 국외로 눈을 돌린 것으로써 매우 획기적 발상이 아닐 수 없다. 이와 같은 발상에서 소재가 된 설화에 연암의 의식이 개입된 모습을 엿볼 수 있다. '매점 상행위'는 당시 성행했던 무분별한 매점매석의 부도덕한 상행위에 대한 연암의 비판의식이 개입된 것일 수 있다. '빈민구제'를 내용으로 하는 삽화 ㉶는 이용후생의 실학을 통해 백성들의 삶을 윤택하고자 했던 연암의 사상과 밀접한 관련을 갖는다. 또한 시사 문제에 대한 세 가지 책략은 매우 정치성을 띠고 있어서 의식 있는 작가의 손에 의해 첨가되었음을 쉽게 알 수 있게 한다.

'허생' 설화형의 발단 부분에 해당하는 삽화는 ㉮와 ㉯다. 이 삽화는 모든 작품에 공통적으로 포함되어 있다. 그러나 그 구체적 내용에 있어서는 서로 조금씩 다르게 나타나고 있다. 먼저 주인공의 성(姓)이 허(許), 이(李), 염(廉), 여(呂) 등으로 서로 다르다. 다만 연암의 〈허생전〉과 자료 ④ 〈식보기허생취동로〉 유형의 경우에서만 공통적으로 '허(許)'씨로 되어 있다. 이러한 성씨의 차이는 설화에서는 큰 문제가 되지 않음은 물론이다. 중요한 것은 인물의 성격과 행동에 있다. 모든 '허생' 설화의 주인공은 한결같이 10년을 기약하고 가계는 돌보지 않고 독서만을 일삼는다. 모두 처에 의해 생계가 유지된다. 또 그들이 독서하는 책은 『주역(周易)』이다. 이 『주역』이 독서의 대상이 되었다는 것은 중요한 의미를 지닌다. 즉 그와 같은 독서는 과거시험을 준비하기 위한 것이 아니라 신비한 능력을 지니기 위한 독서였다고 할 수 있다. 『주역』이란 책은 점서(占書)일 뿐만 아니라 처세에 대한 지혜를 무한히 내포하고 있다. 따라서 신비로운 예견(豫見)뿐만 아니라 어떻게 하면 닥쳐올 화를 피할 수 있는가에 대한 지혜를 담고 있어서 고래(古來)로 뜻있는 처사(處士)들의 필독서였다. 『주역』의 독서는 다음에 올 주인공의 비범한 행동을 위한 예비적 장치라고 볼 수 있다. 특히 자료 ③과 ④에서 주인공은 신통한 능력을 발휘하여 평범한 사람은 알 수 없는 보물이 있는 장소와 그 가치를 안다. 이러한 비범한 능력을 지닐 수 있게 된 것은 그가 『주역』을 탐독했기에 가능했음을 독자는 암시받는다.

다음으로 주인공이 출가하게 되는 동기를 살펴보기로 하겠다. 모든 작품은 하나같이 처가 굶주림을 참으면서 남편의 뒷바라지를 해 주는 것으로 되어 있다. 자료 ④와 ⑤는 생활고에 지친 처의 참상을 보고 주인공이 스스로 집을 나선다. 그러나 〈허생전〉에서 주인공 허생은 처의 항변에 의해 집을 나선다. 순종만이 미덕으로 여겨지던 조선 봉건사회에서 허생 처의 남편에 대한 항변과 매도(罵倒)는 매우 특이한 면을 보여 준다. 이러한 여성상은 작가 연암 박지원의 여성에 대한 긍정적 인식에서 비롯된 것임은 물론이다. 이와 같은 여성에 대한 인식 태도는 〈광문자전〉과 〈양반전〉에서도 나타난다.

독서만 하던 선비가 집을 나서서 부자에게 돈을 빌리는 과정에서의 지리적 배경과 부자(富者)의 성(姓)이 유형에 따라 다르다. 자료 ③과 ④의 이른바 '오동로(烏銅爐)' 설화 유형에서는 부자의 거주지가 송경(松京)이다. 성은 박(朴)씨, 백(白)씨다. 이와 다르게 매점에 의해 부를 획득하는 〈허생전〉과 자료 ⑤와 ⑥은 배경이 한양(漢陽)이다. 성 또한 변(卞)씨, 홍동지(洪同知), 김동지(金同知)다. 또 돈을 빌리는 방법도 다르다. 자료 ③과 ④는 서너 번에 걸쳐 빌리는 데 비해, 〈허생전〉과 자료 ⑤와 ⑥은 일시에 거금을 빌린다. 다만 자료 ③의 경우에는 주인공이 빌려 달라고 초면에 요청한 것이 아니라, 얼마간 교유(交遊)하는 과정에서 박부자(朴富者)의 신망을 얻게 되어 박부자가 자발적으로 돈을 빌려 주는 것으로 되어 있다. 그러나 〈허생전〉을 비롯하여 자료 ④, ⑤, ⑥에서는 주인공이 초면에 당돌하게 돈을 빌리는 것으로 되어 있다. 그런데 〈허생전〉을 제외하고는 돈을 빌리는 장면 묘사가 매우 단순하게 처리되어 있다. 〈허생전〉에서는 주인공이 선비의 자세를 잃지 않고 돈을 빌리는 그 전후 사정이 매우 상세히 묘사되어 있다. 이것은 작자 박지원의 작가의식이 개입한 것으로 볼 수 있다. 또한 타 작품에서는 어떻게 많은 돈을 벌게 되었는가에 주된 관심을 두었다고 한다면, 연암의 〈허생전〉에서는 선비가 현실적으로 경제활동에 참여함에 있어서 어떠한 자세를 견지하여야 할 것인가에 주된 관심을 두었다고 할 수 있다. 이른바 '선비의식'이 늘 주인공의 행동 지침이 되고 있음을 작품 전체에서 느낄 수 있다.

조선사회에 있어서 양반계층의 선비가 미천한 상인계층에게 돈을 빌린다는 것은 매우 자존심이 상하는 일이 아닐 수 없다. 그러나 허생이 그러한 행위를 수행한 것은 자신의 안일(安逸)을 위한 것이 아니라 더 큰 목적, 즉 사회와 국가를 위하는 일이라고 생각하였기에 그러한 수치를 감수한 것으로 볼 수 있다. 이러한 '선비의식'은 부자 변씨(卞氏)도 느꼈던 것이다. 허생에게 돈을 빌려 준 후 변씨는 다음과 같이 말했다.

> 저 객은 행색은 허술하지만 말이 간단하고 눈을 오만하게 뜨며, 얼굴에 부끄러운 기색이 없는 것으로 보아서 재물이 없어도 스스로 만족할 수 있는 사람이다. 그 사람이 시험해 보겠다는 일이 적은 일이 아닐 것이며 나 또한 그를 시험해 보려는 것이다.[16]

이렇게 변씨의 입을 통해 제시된 선비적 자세는 그 후 작품 도처에서 허생 자신에 의해 거듭 강조되고 있다. 이러한 '선비의식'은 연암 작품의 독자적 성격으로서 그의 창작의식이 개입되었음을 시사(示唆)하는 것이다. 자료 ⑥에서도 이러한 면모가 나타나고 있지만 연암 박지원의 〈허생전〉과는 비교가 되지 않는다.

이상 ㉮, ㉯, ㉰ 세 삽화의 분석을 통해서 '허생' 설화는 자료 ③, ④와 〈허생전〉을 포함한 ⑤, ⑥의 두 유형으로 구분되고 있음을 알 수 있었다. 이러한 현상은 빌린 돈을 가지고 돈을 불리는 과정에서 확연히 드러나고 있다. 자료 ③과 ④에서 주인공은 빌린 돈을 가지고 평양으로 가서 기방에 돈을 뿌리고 그 대가로 오동로(烏銅爐, 또는 烏金釜)를 얻어낸다. 그리고

---

16) …彼客 衣履雖弊 辭簡而視傲 客無怍色 不待物而自足者也 彼其所試術不小 吾亦有所試於客(『燕岩集』 卷14, 「玉匣夜話」, 〈許生傳〉).

그 가치를 아는 외국에서 온 상인에게 팔아 거금을 획득한다. 이 유형은 문맥이나 자구(字句)에서 차이가 보이나 기본 골격에 있어서는 같다. 연암의 〈허생전〉과 자료 ⑤와 ⑥의 화식 방법은 당시 성행하던 매점 상행위에 바탕을 두고 있다. 자료 ⑤의 주인공 이모(李某)는 국부(國富) 홍동지(洪同知)에게 3만 냥을 빌려 그의 처에게 주고 자신은 읽던 『주역』을 계속 읽는다. 이 작품은 처가 경제 활동을 하는 것으로 되어 있다. 남편이 빌려다 준 돈으로 이모(李某)의 처는 물건이 흔할 때 사들이고 귀할 때 팔아서 3년 사이에 수만 냥으로 불렸다. 이 돈을 이모(李某)가 홍동지에게 갖다 준다. 홍동지는 본전만 받고 나머지는 돌려준다. 이모는 홍동지가 준 불어난 돈을 갖고 돌아온다. 그리고는 아내와 함께 철가(撤家)하여 강원도 산골로 들어가 넓게 터를 잡고 사람을 모아들여 촌락을 이루고 농사를 지으며 풍족하게 살았다. 자료 ⑥의 주인공 여생(呂生)은 다방동(多房洞) 김동지(金同知)에게 만 꿰미의 돈을 빌려 천 꿰미는 아내에게 맡기고 9천 꿰미만 가지고 하동(河東), 곤양(昆陽) 등 영·호남(嶺湖南)의 물산이 모이는 곳에 내려가 장날을 따라다니며 닥치는 대로 물가를 올려 산 후, 물건이 달려 나오지 못하자 수 배의 이득을 보고 팔아 돈을 벌었는데, 이것은 헐할 때 사들였다가 귀할 때 파는 수법을 이용한 것이다. 그런데 이 작품도 〈허생전〉과 마찬가지로 번 돈을 이용하여 도적을 이끌고 무인도로 들어가 농토를 개간하여 농사를 지어, 먹고 남은 곡식을 기근이 든 관북(關北) 지방과 서도(西道) 지방에 가져다 팔아 큰돈을 번다. 또 도적들에게 돈과 곡식을 나눠주고 남은 돈으로 김동지에게 갚는다. 한편 그의 아내도 천 꿰미의 돈을 바탕으로 돈을 불렸다. 이 삽화 ⑤와 ⑥의 공통점은 처가 치부에 참여했다는 사실이다. 이러한 현상은 이 작품들이 채록될 당시의 사회 인식이 여성도 경제 활동에 참여하는 것을 긍정적으로 인식하기 시작하였던 시대적 분위기에 따른 것으로 파악될 수 있다. 문제는 자료 ⑥의 내용이 연암의 〈허생전〉과 방불하다는 점이다. 이 두 작품을 놓고 문학적 우열을 논하는 것은 부질없는 일이다. 왜냐하면 대문장가의 작품과 구전되던 민간설화를 채록하거나 전사한 것에 불과한 것을 비교하여 그 문학적 가치를 논한다는 자체가 무의미하기 때문이다. 문제는 동일한 삽화가 서로 다르게 나타난 모습을 대비하여 박지원 문학의 독자성을 구명하는 작업이 필요할 뿐이다. 이렇게 함으로써 그의 창작의식을 살필 수 있다. 자료 ⑥에서는 부자에게 돈을 빌려 자신의 생계를 위해서도 쓴다. 즉 그는 빌린 돈 중에서 천 꿰미를 그의 처에게 주어 생계를 꾸려 나가게 한다. 또 재물을 불리는 과정에 있어서도 아무 물건이나 닥치는 대로 매점하는 방법을 취한다. 이 점이 〈허생전〉의 상행위와 다르다. 〈허생전〉에서는 서민 생활과는 관계 없는 물건에 손을 대었을 뿐이다. 연암의 〈허생전〉에서의 허생은 그가 행한 매점매석의 상행위는 나라를 병들게 만들 것이라고 스스로 비판하기도 했다. 연암은 이를 통해서 우리나라 경제 규모의 허약함을 보여 주고자 한 것이다. 남은 곡물을 파는 것도 〈허생전〉에서는 일본에 가져다 파는데 자료 ⑥은 국내에다 판다. 결국 자료 ⑥의 치부는 어떤 의식에 의해서 이루어진 것이 아니고, 치부 자체에만 목적이 있었던 것이다.

반면에 〈허생전〉의 주인공은 치부 자체보다는 그러한 과정을 통하여 자신의 이상을 시험해 보는 것으로 되어 있다. 또 자료 ⑥과 달리 해외 무역을 통해 외국의 돈을 들여 온 것이다. 그리고 허생은 100만 냥은 너무나 큰돈이기에 나라의 경제가 흔들린다고 생각하고는 50만 냥을 바다 속에 넣고 나머지 돈으로 나라 안을 돌아다니며 빈민을 구제하고 남은 돈을 변씨에게 갚고 자신은 가난한 원래의 선비로 돌아온다. 반면에 자료 ⑥은 주인공이 주고 간 천 꿰미의 돈을 처가 이식(利殖)하여 부자가 된다. 자료 ⑥은 그 치부 방법이나 무인도에 군대를 이끌고 들어가 농사를 지었다는 등의 삽화가 박지원의 작품과 비슷하나, 그러한 행위 근저에는 뚜렷한 의식이 존재하지 않고 있다. 이에 비해 〈허생전〉은 '선비의식', 즉 비판적 지성인으로서의 자세가 뚜렷이 드러나며 이것이 허생의 행동 지침이 되고 있다.

『동야휘집』이 1869년에 편찬된 것으로 추정되므로 이 문헌 설화집에 수록된 자료 ⑥은 박지원의 〈허생전〉과의 거리가 거의 1세기가 된다. 설화의 경우에 있어서 기록된 연대를 가지고 그 선후의 영향 관계를 분명히 가릴 수는 없겠으나, 이 경우에 있어서는 그 체제나 내용을 대비해 볼 때 박지원의 작품이 전사 또는 구전되면서 야담화된 것이 『동야휘집』에 채록된 것이라 생각해 볼 수 있다. 자료 ⑤에서 이모(李某)는 되돌려 준 돈을 갖고 철가(撤家)하여 관동 지방의 깊은 산골로 들어가 터를 잡고 집을 지어 사람들을 모아들이고, 버려진 땅을 개간하여 풍요롭게 산 것으로 되어 있다. 이 또한 〈허생전〉의 이상향 삽화가 구전되면서 변개되어 속화된 것이 문헌에 채록된 것으로 볼 수 있다. 여기서는 주인공의 경제활동이 거세(去勢)되고 단지 돈을 빌려다 처에게 주어 처가 그것을 이식하였으며, 철가하여 강원도 산골로 들어가 이상향을 건설했다는 것이다. 이 작품은 전반적 내용이 매우 싱겁게 되어 있어서 문학적으로 크게 거론될 것은 못 된다. 단순히 가난한 선비가 독서를 즐기다가 만년에 행복하게 살았다는 이야기이다.

그런데 '오동로(烏銅爐)' 설화 유형의 경우가 이것과 비슷한 결구를 취하고 있다. 이 유형에서는 평양 기방에서 얻은 보물을 외국 상인에게 팔아 거금을 얻어 부자에게 갚아 주는 것으로 되어 있다. 그리고 그 밖의 활동은 하지 않는다. 이 '오동로' 설화 유형에서는 책만 읽던 가난한 선비가 어떻게 하여 거금을 얻는가에 대해서만 관심이 주어지고 있을 뿐이다. 그래서 제목도 〈식보기허생취동로〉 등으로 되어 있는 것이다. 즉 주인공이 비범한 능력을 발휘하는 것에 흥미가 주어지고, 여기에 '시사삼책(時事三策)' 삽화가 첨가되어 시사성을 띠게 하였다. 그러나 자료 ③의 경우에는 '시사삼책' 삽화마저 없어 단순한 흥미 위주의 내용으로 되어 있다.

모든 허생 설화 작품에 있어서의 공통점은 빌린 돈을 이용하여 치부하고, 원금 이상으로 치부한 돈을 아무 미련 없이 모두 부자에게 갚는다는 것이다. 이것은 주인공 선비가 치부 자체에 목적을 둔 것이 아니라 자신의 잠재적인 역량을 나타낸 것으로써, 치부의 목적이 자신의 호의호식을 위한 것이 아니었음을 나타내기 위한 것이라고 할 수 있다. 이렇게 치부 삽화는 허생 설화에서 가장 중요한 부분이며, 또한 서로 큰 차이를 보여 주어 각 작품의 성격을 나타내고 있다. 즉 '오동로' 유형의 설화는 비범한 능력으로 보물을 얻어 거금을 획득했다는 것이 중요 관심 대상이었다면, 〈허생전〉을 비롯한 매점 치부 유형은 치부도 중요하지만 그보다 더 관심이 주어진 것은 번 돈을 어떻게 활용하여 자신의 이상을 시험해 보았는가에 있다고 할 것이다. '치부삽화'에 따르는 '부수삽화'들은 작가가 의도적으로 창작하여 첨가한 삽화라고 할 수 있다. '오동로' 유형의 자료 ④에는 '시사삼책'이 첨가되어 있는데, 이 '시사삼책' 삽화는 자료 ①과 같은 단순한 민간설화가 구전되면서 의식 있는 기록자를 만나서 이루어진 것이라고 할 수 있다.

이상의 고찰에 의하면 치부삽화 유형은 크게 '오동로 취득 유형'과 '매점 상행위 유형'으로 나눌 수 있으며, 특히 후자의 경우는 박지원의 〈허생전〉이 구전되어 자료 ⑤와 ⑥을 파생시킨 것으로 볼 수 있다.

다음 '시사삼책' 삽화에 대하여 살펴보기로 하겠다. 이 삽화의 근원을 찾아보면 앞의 자료 ①에서 제시한 〈와룡처사유사(臥龍處士遺事)〉를 생각해 볼 수 있다. 그런데 이 〈와룡처사유사〉에서는 단순히 '삼책(三策)'을 제시한 것으로만 되어 있지 그 내용이 구체적으로 언급되어 있지 않고 있으며, 장신(將臣)의 성명도 단순히 '장신모(將臣某)'로만 되어 있다. 이 '유사'가 허생 설화형의 성립에 관여했다면, 그것은 삼책이 와룡 선생에 의해 장신에게 제시되었으나 받아들여지지 않았다는 '시사삼책' 삽화의 기본 골격일 것이다. 문헌설화집에는 이러한 북벌책(北伐策)과 관련된 설화적 자료가 많은 점으로 보아,[17] 이것은 조선 후기의 뜻있는 인사들의 중요 관심 대상이 되었음을 쉽게 추측할 수 있다. 연암은 여기서 암시를 얻어 '시사삼책'의 삽화를 구상하여 원래의 허생 설화에 첨가했을 것이다. 이 '시사삼책'의 삽화가 첨가된 곳은 박지원의 〈허생전〉과 자료 ④의 〈식보기허생취동로〉 유형이다. 〈와룡처사유사〉의 주인공이 실존 인물이었던 허호(許

---

17) 조희웅, 앞의 책, 98-101쪽.

鎬, 1654－1714)였던 점으로 미루어 볼 때, 위의 작품에서 주인공이 허씨로 되어 있는 것은 그 관련성을 추정해 볼 수 있는 하나의 근거가 된다.

그런데 연암의 〈허생전〉에서 '시사삼책'으로 제시된 내용은 현실적으로 받아들일 수 없는 기상천외의 것이다. 이에 비해 자료 ④의 '삼책'의 내용은 좀 더 현실적이다. 파당(派黨)을 초월한 인재등용의 제시, 호포법(戶布法) 실시의 제안은 현실적으로 실현 가능성이 있는 내용이다. 박지원의 〈허생전〉의 '시사삼책' 제시가 당시 실현성 없는 북벌정책을 내세운 위정자에 대한 비판을 염두에 둔 이상적 제안이었다고 한다면, 자료 ④에서는 비교적 현실에 바탕을 둔 실현 가능성이 있는 내용으로 변질되었다고 할 수 있다. 이 '시사삼책'의 삽화는 위정자에 대한 비판을 그 목적으로 한 것이기에 연암의 〈허생전〉 이후에는 그 내용이 약화되거나 거세되어진 것이다.

앞에서 살펴본 바에 의하면 허생 설화는 크게 두 계통으로 구분해 볼 수 있다. 하나는 자료 ②의 『어우야담』 소재의 '오금(烏金)' 설화가 구전되면서 그 내용이 부연되어 자료 ③의 〈양주염야탐기산진삼천중화(楊州廉也耽妓散盡三千重貨)〉와 같은 이야기로 변개되어 조선 후기 문헌설화집에 수록되거나, 전사(轉寫) 또는 구전(口傳)되다가 자료 ④의 〈식보기허생취동로〉 유형의 '오동로' 설화 유형으로 나타나기도 한다. 이 '오동로' 설화 유형과 〈와룡처사유사〉의 '시사삼책' 일화가 윤영이란 인물에 의해 박지원에게 〈허생전〉의 소재로 제공된 것이다. 윤영에 의해 제보된 설화와 연암이 20여 년에 걸쳐 수집한 설화는 박지원의 작가의식과 문학적 역량에 의해 한 편의 작품으로 완성된다. 이 박지원의 〈허생전〉은 다시 '오동로' 유형에 영향을 주어 '시사삼책' 삽화를 첨가한 설화를 파생시키기도 한다. 또 한편으로는 박지원의 〈허생전〉은 구전과 전사를 거치면서 변개되어 자료 ⑤의 〈안빈궁십년독역(安貧窮十年讀易)〉과 자료 ⑥의 〈영만금부처치부(贏萬金夫妻致富)〉와 같이 세속화(世俗化)된 또 하나의 '허생' 설화가 나타나게 된 것이다.

이렇게 연암의 〈허생전〉은 구전되던 허생 설화를 소재로 하여 하나의 작품으로 완성된 후에, 또 다시 전사·구전되면서 또 다른 유형의 허생 설화를 파생시키기도 하고, 한편으로 약간의 자구(字句)의 차이를 지니면서 문헌설화집에 수록되기도 하였다. 즉 박지원의 〈허생전〉은 다음과 같은 경로를 거치면서 민간에 떠돌던 허생 설화와 구별되는 또 다른 허생 설화를 파생시킨 것이다.

구전설화 → 박지원에 의한 작품화 → 구전 → 문헌설화집에 채록
　　　　　　　　　　　　　└──→ 전사 → 〃

박지원의 〈허생전〉에서는 자료 ③의 현실성 없는 '치부삽화' 대신에 현실을 바탕으로 한 실질적이고 실현 가능성 있는 '매점 상행위'로 바뀌게 되었다. 연암의 〈허생전〉에 연암의 창작의식이 개입되었다는 것은 박제가의 〈허생전〉에 대한 평(評)에서도 확인할 수 있다.[18] 또한 연암은 〈와룡처사유사〉에서 암시를 받아 '시사삼책'의 삽화를 구체화하였다고 볼 수 있는데, 여기서 그의 위정자에 대한 비판의식이 개입된 것이다. 비록 박지원이 살던 현실과는 거리감이 있는 이야기지만, 북벌책(北伐策)에 대한 비판은 곧 박지원이 살았던 조선 후기의 위정자에 대한 비판을 겸한 것으로 해석할 수 있다. '시사삼책' 삽화는 변개되어 '오동로' 유형에 포함되기도 하였으며, 한편으로는 〈허생전〉에서 삭제되어 박지원 작품이 지닌 현실 비판적 요소가 약화된 흥미 위주의 내용으로 바뀌기도 하였다. 즉 주인공의 처가 적극적으로 경제 활동에 참여하는 자료 ⑤와 ⑥은 바로 박지원의 〈허생전〉이 속화된 형태이다. 이 작품들은 그 내용이 간결하고 단순하며 흥미 본위의 내용으로 되어 있는 점으로 미루어 볼 때, 박지원의 〈허생전〉이 구전되면서 변개되었고, 변개된 것이 다시 채록된 것임이 분명하다. 이렇게 볼 수 있는 근거는 자료 ⑤의 〈안빈궁십년독역〉은 『청구야담』에,

18) 大略以虬髯配貨殖 而有重峰封事 柳氏隨錄 李氏僿說 所不能道者 行文尤疎宕悲憤 鴨水東有數文字(『熱河日記』(燕岩手澤本), 「玉匣夜話」〈許生後評〉).

자료 ⑥의 〈영만금부처치부〉는 『동야휘집』에만 수록되어 있는 것으로 보아, 이 작품들은 독립적으로 구전되다가 문헌설화집 편찬자에 의해 채록된 것으로 볼 수 있기 때문이다. 그런데 이것들은 자료 ④의 〈식보기허생취동로〉 유형의 작품과 함께 수록되어 있다. 따라서 문헌설화집 편찬자들은 ④, ⑤, ⑥을 각각 다른 유형의 작품으로 인식했던 것 같다. 그리고 자료 ④ 유형에 속하는 설화들은 여러 문헌에 수록되어 있는 점으로 보아 많은 사람들에 의해 널리 구전·전사된 것으로 볼 수 있다.

이제 앞에서의 고찰을 바탕으로 박지원의 〈허생전〉만이 지니고 있는 독자적인 성격을 정리해 보기로 한다. 먼저 허생 처의 남편에 대한 항변과 매도는 박지원의 여성에 대한 긍정적 인식에서 비롯된 것이다. 이러한 여성의식은 초기 구전(口傳)과 〈열녀함양박씨전〉에서도 보인다. 초면인 변씨(卞氏)에게 돈을 빌리는 과정도 다른 작품과는 달리 매우 자세하게 묘사하고 있다. 이것은 비록 가난하나 선비로서의 긍지를 잃지 않고자 한 작가 정신의 발로라고 할 수 있다. 매점의 상행위를 할지언정 그는 서민의 생활에 해를 끼치지는 않는 물건에만 손을 대었으며, 돈을 벌되 양심껏 행동하였다. 또 돈을 벌어 서민 생활에 도움을 줄 방법을 모색한 것은 자신을 위한 치부가 본래의 목적이 아니었기 때문이다. 그래서 그는 농사 지을 땅이 없어 어쩔 수 없이 도적이 된 무리를 이끌고 무인도를 개척하여 살게 한다. 버려진 땅을 개간하여 농사를 짓고 남은 곡물을 해외에 팔아 돈을 벌어들인다는 발상은 당시로서는 기발하다. 그가 무인도를 나오면서 문자를 아는 무리를 이끌고 나온 것은 당시 지식층에 의해 저질러지고 있던 사회 병리 현상에 대한 비판 정신에 기인한다. 또한 그가 바다에 50만 냥을 버리는 것은 우리나라 경제 구조의 빈약함에 대한 개탄이며, 국내를 돌아다니며 빈민을 구제한 것은 가진 자가 해야 할 일이 무엇인가를 보여 준 것이다. 즉 당대 지성인으로 자처하는 선비가 행하여야 할 의무가 무엇인가를 간접적으로 시사해 준 것이다. 또한 변씨에게 원금의 10배를 갚으면서 대화한 내용은 선비로서의 고고한 자세가 그의 행동 지침이 되었음을 말해 주고 있다. '시사삼책' 삽화는 집권 사대부에 대한 비판이며, 매점매석의 치부 삽화와 더불어 연암의 의식 세계가 극명하게 드러난 부분이다. 그는 이 삽화에서 위정자가 수행하여야 할 문제가 무엇인가를 역사적 예를 들어 실증적으로 제기하고 있다. 즉 탁상공론의 공허한 정책이 아니라 백성에서 실제로 도움이 될 수 있는 정치를 수행해야 할 것을 말한 것이다.

지금까지 작품에 개입되었으리라 여겨지는 연암의 의식 세계를 문헌에 전하는 허생 유사설화와 〈허생전〉 삽화의 대비를 통해 살펴보았다. 〈허생전〉에 구현된 연암의 창작의식은 이용후생의 실학 사상적 배경과, 비판적 지성으로서의 '선비의식'이라고 할 수 있다. 이것은 서민에 대한 긍정적 인식으로 발전된 것이다. 그는 이러한 의식 세계를 구현하기 위해 민간설화를 하나의 수단으로 작품에 수용한 것이다. 그는 민간설화가 지닌 속성을 인식하였음이 분명하다. 그리하여 자신의 의식을 담기에 적당한 민간설화를 택하고 그것을 틀로 하여 그 속에 그의 의식 세계를 담은 것이다. 그의 설화에 대한 관심은 이미 「방격각외전」의 작품에서도 나타난다. 그러나 이 시기에는 아직 설화 속에 등장하는 서민 세계의 특이한 인물에 대해 관찰·인식하는 정도에 머물렀지, 이러한 양식을 적극적으로 수용하여 작품화하는 경지에는 이르지 못했다. 〈허생전〉을 지었을 시기의 박지원은 매우 불우했다. 반면에 사상적으로 매우 완숙한 경지에 이르렀다고 할 수 있다. 그는 그가 생각하는 경세지책(經世之策)을 자연스럽게 담아 널리 알리고자 했는데, 이러한 목적을 수행하는 데 가장 적합한 수단으로 설화 양식을 빌린 것이다.

설화의 속성은 첫째 기본이 되는 줄거리만 갖추면 얼마든지 변개가 가능하며, 둘째 양반과 서민계층 모두를 포함하는 넓은 독자층을 형성하며, 셋째 서민 세계의 생활을 담고 있어서 작가가 의도하는 이상을 담기에 적합하며, 넷째 흥미를 유발하면서도 자연스럽게 작가의 사상을 담을 수 있으며, 다섯째 작자가 분명하지 않기 때문에 작품의 내용으로 초래될지도 모르는 화를 피할 수 있다. 박지원은 이러한 설화적 속성을 이용하여 자신을 엄폐하면서 그의 선구적 의식을 문학적으로 훌륭하게 승화시킨 것이다. 예상대로 이 작품은 전사(轉寫)·구전(口傳)되면서 넓은 독자층을 형성하였다.

2) 〈광문자전〉의 유사설화

〈광문자전〉과 유사한 작품은 크게 두 종류로 나누어 볼 수 있다. 하나는 〈광문자전〉의 중심 삽화인 '돈 분실사건'과 유사한 일화가 이옥(李鈺, 1760－1813)의 한문단편 〈장복선(張福先)〉에 삽입된 것이 있고,[19] 조수삼(趙秀三, 1762－1849)의 『추재집(秋齋集)』 권7에 '달문(達文)' 일화가 있다.[20] 다른 하나는 이원명(李源命, 1807－1887)이 편찬한 『동야휘집』 권4, 성행부(性行部)하에 〈운기가광문관무(雲妓家廣文觀舞)〉가 있다.[21] 이것은 박지원의 〈광문자전〉의 전후 양편을 하나로 묶어 약간 변개한 것이다.

먼저 '돈 분실사건'이 있는 유사한 작품을 살펴보기로 하겠다. 〈광문자전〉은 광문에 관한 몇 편의 일화를 묶어 하나의 이야기로 만든 작품이다. 이 작품에서 중요한 일화는 ① 거지 두목이었을 때의 사건과, ② 약방에서의 돈 분실에 따르는 사건이라고 할 수 있다. 이 둘은 결국 주인공 광문이 의로운 사람으로 명성을 얻게 된 발단에 해당된다. 이 외에 ③ 남을 위해 신용으로 재정 보증을 서 준 일, ④ 웃음으로 싸움을 중재한 것과 그의 재주, ⑤ 결혼과 치산(治産)에 대한 견해, ⑥ 운심(雲心)의 기방에서의 사건들과, 〈서광문전후(書廣文傳後)〉의 ⑦ 거짓 동생과 아들에 얽힌 사건, ⑧ 표철주(表鐵柱)와의 대화 속에 나타나는 시정 뒷골목 풍경 등은 〈광문자전〉에서 부수적인 일화라고 할 수 있으며, 얼마든지 변개될 수 있는 부분이다. 그러나 ①과 ②의 일화는 비록 그 미세한 부분의 변개는 있을 수 있

19) 李佑成 譯篇, 『李朝漢文短篇集』 下, 一朝閣, 1978, 216-219쪽.

20) 위의 책, 『李朝漢文短篇集』 中, 334쪽.

21) 韓國文學硏究所, 『韓國文獻說話全集』 3, 太學社, 1981, 611-616쪽.

으나 가장 근본이 되는 내용, 즉 '분실 사건'에서의 의로운 행동이 제거되어서는 안 될 것이다. 왜냐하면 바로 이러한 행동이 광문이 설화적 인물이 된 까닭이기 때문이다. 그러므로 이 일화가 〈광문자전〉의 중심 내용이다. 이옥의 〈장복선〉에 들어 있는 '달문' 삽화와 추재(秋齋)의 〈달문〉은 바로 이 일화의 변개된 모습을 보여 주고 있다. 이옥이나 추재의 작품에서는 이 일화가 단독적으로 나타나 있다.

이제 〈광문자전〉과 〈장복선〉의 '달문' 삽화, 그리고 『추재기이』의 〈달문〉의 내용을 상호 대비하여 그 차이점을 밝혀 보기로 하겠다.

① 〈광문자전〉의 주인공의 이름은 광문인데, 다른 두 작품에서는 달문으로 되어 있다. 〈광문자전〉에서 "당시 우리나라 아이들이 서로 야유하는 말로 '네 형이 달문이다'고 하였는데, 달문이란 광문의 또 다른 이름인 것이다"[22]라는 구절을 통해 광문과 달문은 동일한 인물로 볼 수 있다. 〈광문자전〉에서는 40이 넘었으나 총각이었고, 성도 안 나타나 있음에 비해, 〈장복선〉에서는 50에도 장가들지 않고 성이 구씨(具氏)로 되어 있고, 『추재기이』에서는 40의 노총각으로 성이 이씨(李氏)로 되어 있다.

② 〈광문자전〉에서는 운심의 기방에서 광문이 우림아(羽林兒), 각전별감(各殿別監), 부마도위(駙馬都尉)의 겸인(傔人)들과 친구를 맺고 헤어졌다는 것이 한 편의 일화로 꾸며져 있다. 그러나 〈장복선〉에서는 부호들과 형님, 동생하며 지냈다고 간단히 언급되어 있고, 『추재기이』에서는 이에 대한 언급이 없다.

③ 〈광문자전〉에서 주인공 광문은 애초에는 걸인이었고, 그 후 약방의 고용원, 기방의 모가비 등 그 직업이 뚜렷하지 않다. 그러나 〈장복선〉에서는 다만 남루한 옷을 걸쳤다고만 기술되어 있고, 『추재기이』에서는 약주릅을 하여 부모를 봉양하는 것으로 되어 있고, 또한 부모를 모시고 가정을 지니고 있는 것으로 나타나 있다.

④ 〈광문자전〉에서는 약방의 고용원이었을 때, 주인의 돈이 없어졌다가 나중에 처조카가 갖고 와서 광문에게 주어졌던 혐의가 풀린다. 그러나 〈장복선〉

22) 三韓兒 相訾傲 稱爾兄達文 達文又其名也(『燕岩集』 卷8, 「放璚閣外傳」).

에서는 친구 집에 들렀다가 은(銀) 한 봉지가 분실되어 혐의를 입었고, 『추재기이』에서는 모씨(某氏) 약방에 들렀다가 인삼이 분실되어 혐의를 입었다가 풀리는 것으로 되어 있다.

⑤ 〈광문자전〉에서는 결혼과 성가(成家), 치산(治産)에 대한 견해가 광문의 입을 통해 부정적으로 언급되어 있는 데 반해, 〈장복선〉에서는 전혀 언급이 없고, 『추재기이』에서는 영조대왕(英祖大王)의 은택으로 장가들어 남방 고을에서 자식에게 장사를 시키며 살면서 임금의 은택에 감사하는 것으로 되어 있다.

이상의 대비를 통해 우리는 이들 작품들이 그 디테일에 있어서는 비록 서로 다른 양상을 보이고 있으나, 근본적으로 같은 설화에 바탕을 두고 있음을 알 수 있다. 또 이들 작품의 공통된 중심 내용은 '의롭고 점잖은' 사람에 대한 이야기다. 〈광문자전〉에서 "광문을 의로운 사람이라고 칭찬했다"든가, "점잖은 사람"이라는 구절과, 〈장복선〉에서 "구달문(具達文)은 여항(閭巷)의 점잖은 사람이지 협객은 아니다"라는 구절은 이 작품에서 말하고자 하는 바를 알게 한다.

위의 세 편을 대비해 볼 때 문학적으로 가장 세련된 작품은 박지원의 〈광문자전〉임을 알 수 있다. 〈장복선〉에서 간단히 언급된 구절이 박지원의 〈광문자전〉에서는 한 편의 일화로 나타나는 등 〈광문자전〉은 타 작품과는 비교가 될 수 없을 정도로 문체나 문장 구성에 있어서 세련미를 갖추고 있다. 반면에 시정에 유전되던 설화를 거의 그대로 옮겨 놓은 것은 『추재기이』의 〈달문〉이라고 할 수 있다. 한 가지 예를 들면, 물건의 분실 사건에 있어서 가장 자연스럽고, 평범한 상황에서 벌어진 것은 '달문'의 경우이다. '달문'이가 약주릅이었기에 약방에 들른 것은 당연하며, 약방에서 인삼이 분실되는 것 또한 자연스러운 것이다. 더욱이 쥐를 잡다가 쥐가 물어 갔던 인삼을 찾았다는 것은 우리 주변에서 일어날 수 있는 상황이다.

반면에 〈광문자전〉에서는 돈 분실, 〈장복선〉에서의 은 한 봉지의 분실 상황은 매우 어색할 뿐만 아니라, 그 해결 방법도 자연스럽지 못하다. 또한 주인공의 모습도 『추재기이』의 〈달문〉의 경우는 타 작품에 비해 매우 평범한 인물로 되어 있다. 즉 약재 판매를 중개하며 부모를 봉양한다든가, 나중에 임금의 은택을 입어 결혼하여 자식을 낳고 살았다는 것은, 〈광문자전〉과 〈장복선〉의 주인공이 부모가 없고 결혼과 성가, 그리고 치산에 대해 초연하고 독신으로 자유분방한 인생철학을 지니고 살아가는 모습과 대조를 이루고 있다. 이렇게 『추재기이』의 달문이 평범하게 속화되어 나타난 것은 이 작품이 근원설화에 가까운 것으로 볼 수 있는 근거가 되며, 또한 작자의 의식이 거의 개입되지 않은 것으로 볼 수 있다.

이상의 대비를 통해서 우리는 박지원의 〈광문자전〉은 타 작품에 비해 작자의 의도에 의해 치밀하게 구성되었음을 알 수 있었다. 시정에 유전하던 광문 설화는 박지원의 문학적 역량에 의해 한 편의 훌륭한 문학 작품으로 형성된 것이다.

다음 이원명의 『동야휘집』에 수록되어 있는 〈운기가광문관무(雲妓家廣文觀舞)〉에 대해 살펴보기로 하겠다. 이것은 〈광문자전〉과 〈서광문전후〉를 합하여 하나의 작품으로 묶어 놓은 것이다. 이것은 전사 과정에서, 또는 문헌설화집 편찬자에 의해 몇 구절이 생략되었고, 글자가 바뀌거나 다르게 표현되었다. 빠진 구절을 몇 군데 살펴보면, 광문이 사람들을 위해 보증을 섰다는 일화가 생략되었고, 운심의 기방에 모인 우림아, 각전별감, 부마도위의 겸인 대신에 그저 '소년들'로 바꾸어 표현했고, 〈서광문전후〉 서두의 소재 취득 시기, 저작 시기, 등에 대한 작자의 서술 부분이 생략되어 있다. 이 외에도 몇 구절이 더 빠져 있으며, 어구의 축약, 문맥의 뒤바뀜 등이 발견된다. 이러한 자구의 첨삭은 이 작품을 흥미 위주로 바꾸는 과정에서 발생된 것으로 이해할 수 있다.[23] 이 작품은 『동야휘집』에 실려 있는 다른 문헌설화와 마찬가지로 흥미를 유발해야 했다. 물론 문헌설화집에 수록된 설화들이 지식, 또는 교훈을 주기도 한다. 그러나 보다 중요

23) 이러한 면은 '雲妓家廣文觀舞'라는 제목에서도 발견할 수 있다. 즉 廣文이 雲心이란 기녀의 방에서 춤추는 것을 보았다는 것에 문헌설화집 채록자는 큰 관심을 보인 것이다.

한 기능은 '쾌락적 기능'이라고 할 수 있기 때문이다.[24] 그래서 본래의 〈광문자전〉 모습이 좀 통속화되었다고 할 수 있다. 그러나 이 〈운기가광문관무〉는 〈서광문전후〉를 전편(前篇)에 합하여 하나의 작품으로 묶어 놓았다는 데 그 의의를 찾을 수 있으며, 또한 소설이 설화로 변개된 모습을 보여 주고 있다.

이상에서 고찰한 설화 이외에 〈장생전(將生傳)〉 유형[25]과 〈장도령(蔣都令)〉[26] 등을 생각해 볼 수 있다. 그러나 이들은 형식이나 사상에서 간접적 영향을 주었는지는 몰라도 직접적으로는 크게 관련을 맺고 있지 않은 것 같다.

3) 〈양반전〉의 유사설화

〈양반전〉과 유사한 작품은 『동야휘집』과 『청구야담』에 〈상관조부민매반(償官租富民買班)〉,[27] 〈수관조부민매관(輸官租富民買兩班)〉[28]이 전한다. 이 작품들은 박지원의 〈양반전〉이 전사 과정에서 자구의 첨삭과 표제가 바뀐 것으로 볼 수 있다. 특히 여기서 표제가 바뀐 것은 이 작품을 기록한 편찬자가 이 작품의 내용을 어떻게 인식하였는가를 알 수 있게 한다. 관가에 갚아야 할 환곡을 대신 갚아 주고 서민 부자가 양반을 샀다는 사실에서 그 주제를 파악한 것이다. 문헌설화집의 편찬자는 이 작품에서 거론된 양반에 관한 내용보다는 서민 부자가 어떻게 양반 신분을 사게 되었으며, 그러한 신분 상승이 어떻게 좌절되었는가에 대하여 더 큰 흥미를 느낀 것이다. 이러한 작품 이해의 차이는 시대성에 기인하는 것으로 파악할 수도 있겠으나, 그보다는 박지원의 〈양반전〉을 대했던 독자의 관심이 어디에

---

24) 조희웅, 앞의 책, 47쪽.
25) 이가원, 앞의 책, 199-201쪽.
26) 劉在建, 『里鄉見聞錄』, 〈蔣都令〉; 『東野彙輯』 권3(경북대 油印本), 〈蔣都令授丹酬德〉.
27) 『동야휘집』 권5, 人事部(서울대 古圖書本).
28) 『청구야담』 권3(東洋文庫本). '栖碧外史海外蒐佚本'에도 있음.

있었나를 추측할 수 있게 한다. 독자들은 작품에서 양반답지 못한 행위보다는, 새롭게 등장한 부자 서민의 신분상승 과정에 더 큰 관심을 가졌던 것이다. 이러한 작품 이해에 대하여 연암의 아들 종채(宗采)는 『과정록』에서 통탄스럽게 생각했던 것이다.[29] 이렇게 그들이 천부(賤富)의 행위에 더 큰 관심을 갖고 이 작품을 대한 것은 작품 서두에서도 밝혀진다. 박지원의 〈양반전〉에서는 "兩班 士族之尊稱也"라고 전제한 뒤에 정선(旌善) 고을의 몰락한 양반에 대한 이야기가 서술되는데, 〈상관조부민매반〉에는 이 구절이 삭제되어 있다. 이 작품은 이미 표제와 서두에서 그 방향을 달리 하고 있는 것이다. 이제 편의상 『동야휘집』에 수록되어 있는 〈상관조부민매반〉을 택하여 〈양반전〉과 대비해 보기로 하겠다.

〈상관조부민매반〉의 전반적 내용은 〈양반전〉과 크게 다르지 않다. 다만 자구와 문맥에 있어서 약간의 변개와 누락이 있을 뿐이다. 그 중 몇 부분을 살펴보면, '兩班'이 '梁姓士人' 또는 '梁斑'으로 바뀌었고, '정선(旌善)'이 '간성(杆城)'으로 바뀌었다. 이렇게 지리적 배경이 바뀐 것은 지역적 유사성에 기인한 것 같다. 『대전회통(大典會通)』에 보면, '정선'이나 '간성'은 다 같이 종 4품의 당하관(堂下官)이 부임하는 매우 궁벽한 곳으로,[30] 향반(鄕班)이 군수와 결탁하여 쉽게 관청의 곡식을 꾸어 먹을 수 있고, 또 작품에서와 같은 웃지 못할 해괴한 양반 매매 사건이 일어날 소지가 있는 지역으로 적합한 곳이다. 이러한 궁벽한 시골에서 일어난 사건이라야 더욱 자연스럽게 보일 수 있기 때문이다. 또한 '何物兩班'이 '何許班民'으로 어세(語勢)가 약화되었고, 명문(明文)의 날짜도 '乾隆十年九月日'이 '某年月日'로 막연하게 변개되었다. 양반백행절목(兩班百行節目)에 있어서는 특히 내용의 누락과 순서의 뒤바뀜이 많은데, 이것은 박지원의 〈양

29) 嗚呼 若不究所以作之意 但以俳諧文字讀之 則此豈知吾先君者哉 不肖竊爲之痛心焉(『過庭錄』 卷1).

30) 郡守之員 從四品 平海 通川 旌善 高城 杆城 平昌(『大典會通』 卷1, 〈吏典〉, 〈外官職〉, 〈江原道〉).

반전〉이 여러 사람의 손을 거쳐 전사되는 과정에서 이러한 변개가 이루어졌으리라는 것을 쉽게 추측할 수 있게 한다.

그런데 중요한 변개가 작품의 맨 마지막 부분에서 나타나고 있다. 박지원의 〈양반전〉에서는 "終身不復言兩班之事"로 끝맺었는데 반해, 〈상관조부민매반〉에서는 "終身不敢復言兩班事矣"로 되어 있는데, 이것은 "종신토록 다시는 양반사(兩班事)에 대하여 입에 담지 않았다"가 "종신토록 감히 다시는 양반사에 대하여 입에 담지 않았다"로 '감(敢)'자가 하나 더 첨가된 것이다. 이러한 문맥의 변개는 앞에서 논한 표제의 변개와도 관련되는 것으로 파악할 수 있다. 이렇게 변개된 원인은 이 작품을 채록했던 기록자의 작품 이해에 있다고도 할 수 있다. 기록자는 경제력만 믿고 양반이 되고자 했던 천한 신분의 부자를 매우 어리석은 인물로 처리한 것이다. 즉 부자서민이 양반이 되고자 분수 없이 날뛰다가 재산만 날리고 만 것으로 이해했다고 볼 수 있다. 그러나 한편으로는 이 작품이 지닌 비판 정신을 약화시키기 위해 의도적으로 변개했을 가능성도 생각해 볼 수 있다.

이상의 고찰을 통해, 우리는 당시 독자들이 〈양반전〉에서 양반의 행위보다는 천한 신분의 부자의 행위에 더 큰 관심을 보였음을 알 수 있었다. 애초에 박지원이 작품에서 의도했던 것과는 다르게 독자들에게 이해되었다고 하겠다. 이 〈양반전〉은 박지원이 당시 신분 이동의 격화에서 파생된 일화를 근거로 작품화한 것이다. 그가 「방경각외전」 〈자서〉에 제시한 저술동기에 의하면,[31] 〈양반전〉의 주제는 선비의 도리를 잃은 양반에 대한 비판이라고 할 수 있다. 그런데 이 작품은 여러 사람의 손을 거쳐 전사(轉寫)되는 과정에서 변개되어 문헌설화집에 수록되었다. 여기서는 애초에 작가가 의도했던 주제와는 다르게 천부에게 관심이 더 주어진 모습을 띠게 된 것이다. 결국 〈상관조부민매반〉은 박지원의 〈양반전〉이 설화적으로 변개된 모습을 보여 준다.

---

31) 士迺天爵 士心爲志 其志如何 弗謀勢利 達不離士 窮不失士 不飭名節 徒貨門地 酤鬻世德 商賈何異 於是述兩班(『燕岩集』 권8, 「放璚閣外傳」〈自序〉).

4. 맺음말

이 글에서는 박지원의 소설과 내용이 유사한 문헌설화를 상호 대비하여 그 관계 양상을 살펴보았다. 이상의 고찰에 의하면 박지원의 한문 소설들은 그 대부분이 소재를 당시의 시정에 유전하던 민간설화에서 취했음을 알 수 있다. 특히 이 글에서 구체적으로 살펴본 〈허생전〉, 〈광문자전〉, 〈양반전〉의 경우에 있어서는 유사한 내용의 설화를 조선후기 문헌설화집에서 찾아볼 수 있다. 그들을 상호 대비해 본 결과 다음과 같은 몇 가지 결론에 도달할 수 있었다.

첫째, 박지원은 설화의 속성을 인식하고 그것을 바탕으로 자신의 의식과 창작 기법으로 작품화하였다.

둘째, 〈허생전〉의 경우는 관련 가능성이 있는 유사한 설화가 특히 많다. 그들을 상호 대비한 결과 박지원의 〈허생전〉에 보이는 두드러진 의식은 이용후생을 근간으로 하는 '선비의식'이었다. 또 이 〈허생전〉은 구전, 또는 전사되어 후대 문헌설화집에 수록되었는데, 이 과정에서 그 내용이 여러 형태로 속화 변개되었다.

셋째, 〈광문자전〉과 유사한 설화는 그 내용이 '돈 분실사건'과 관련된 것이었고, 그 나머지 내용은 그의 작품에서만 보인다. 또 그의 작품이 전사되는 과정에서 흥미 본위로 약간 변개되어 문헌설화집에 수록되었음을 알 수 있었다.

넷째, 〈양반전〉의 경우는 현재 그의 작품이 전사되는 과정에서 변개되어 수록된 것만 찾을 수 있을 뿐이다. 그 내용은 크게 변질되지 않았으나, 문헌설화 채록자는 천부의 행위에 더욱 매력을 느꼈음을 알 수가 있었다.

박지원은 그의 소설을 저술함에 있어서 주로 시정에 유전하던 민간설화를 모태로 하였다. 또한 그의 작품 중 일부는 구전, 또는 전사되면서 변개된 형태로 조선 후기의 문헌설화집에 수록되기도 하였다.

연암소설과 문학치료

1. 머리말

문학치료는 정상적인 심리 상태를 지니지 못한 사람을 문학 작품을 통하여 정상적인 심리 상태로 돌려 놓고자 하는 일종의 심리치료라고 할 수 있다. 문학치료는 기본적으로 문학 작품을 감상할 수 있고, 자신의 생각을 말이나 글로 표현할 수 있는 사람을 대상으로 한다. 따라서 기록 문학은 물론이고 설화, 민요, 무가, 판소리, 민속극, 수수께끼, 속담, 격언 등 구비문학, 더 나아가서 영상 예술—영화, 드라마 등—을 감상할 수 있고, 대화가 가능한 사람은 모두 치료 대상이 될 수 있다. 그러나 심각한 정신질환을 앓고 있는 사람은 현실적으로 치료가 불가능하거나 제한적일 수밖에 없다. 그러므로 문학치료는 정신과 의사들의 치료 방법이나 대상과는 일정한 차이가 있다.

그러면 문학치료의 방법에는 어떤 경우가 있을 수 있을까? 먼저 생각해 볼 수 있는 것은 심리적 장애로 말미암아 고생하고 있는 사람이 스스로 자신의 고통의 원인을 알고 그 고통으로부터 벗어나기 위해 노력하는 경우가 있을 수 있을 것이다. 이 때 환자는 스스로 자신에게 적합한 문학 작품을 찾아 읽음으로써 심리적 장애에서 벗어나기도 하고, 자신의 문제를 글로 표출함으로써 심리적 장애를 극복할 수 있을 것이다. 이 경우는 비교적 경미한 심적 장애로서 문학치료 전문가의 도움 없이도 치료가 가능한 경우이다. 이 때 문학치료 방법은 일상적인 독서와 글쓰기에 의한 이른바 '자기치료(自己治療)'의 경우라고 할 수 있다.

다음으로 생각해 볼 수 있는 것은 전문적인 훈련을 받은 문학치료 전문가, 곧 문학치료사가 심리적 장애로 고생하고 있는 사람을 치료하는 경우가 있을 수 있다. 이 경우, ① 기존의 문학 작품을 통해 치료하는 방법이 있을 수 있고, ② 환자로 하여금 직접 문학 작품을 쓰게 함으로써 정신적 장애를 치료하는 방법이 있을 수 있을 것이다. 어떤 방법을 택할 것인가 하는 것은 환자가 처한 상태, 즉 환자를 진단한 결과에 따라 문학치료 전문가가 결정할 문제이다. ①의 경우에 이용되는 문학 작품은 처음부터 문학치료를 위해 쓴 작품이 있을 수도 있겠으나, 대부분은 일반 문학 작품 중에서 치료 대상인 환자를 치료하는 데 적합하다고 판단된 작품이 선택될 것이다. ②의 경우는 환자의 상태에 따라서 다양한 방법이 적용될 수 있을 것이다. 예를 들면 문학치료사가 환자의 심리 상태를 알고 그에 알맞은 소재를 환자에게 주어 글을 쓰게 하는 방법이 있을 수 있겠고, 다른 하나는 문학치료사가 환자에게 적합하다고 판단되는 작품을 골라 읽게 하고, 읽은 작품에 대하여 대화를 나누면서 문제를 발견하게 하여 환자로 하여금 자신의 문제를 글쓰기를 통해서 풀어 가게 하는 방법이 있을 수 있겠다. 이와 같은 경우는 전문적 지식을 갖춘 문학치료사에 의한 본격적인 심리치료로서 임상치료에 해당한다고 하겠다.

어떤 작가가 현실에 대한 불만이나 부적응, 소외감 등으로 인해 발생한 불안정한 심리상태를 문학 작품을 저술하는 행위를 통해서 극복하고자 했다면, 이것은 문학 저술에 의한 자기치료의 한 예가 될 수 있을 것이다. 또한 작가가 작품 내용을 통해서 사회의 불합리한 제도나 현상을 풍자함으로써 잘못된 사회를 개선하려고 의도했다면, 이것은 문학을 통한 '사회치료(社會治療)'의 한 예가 될 수 있을 것이다. 여기에서 고찰하고자 하는 연암의 문학 작품들은 이와 같은 시각에서 고찰이 가능할 것 같다. 특히 그의 작품 중에서 〈민옹전〉과 〈김신선전〉[1]은 연암이 자신의 우울증을 치료하기 위해 노력하면서 경험한 바를 소재로 해서 작품화한 것으로서 문학치료적 관점에서 논의하는 데 매우 적절한 작품이다.[2]

이 글에서는 18세기 후반, 중세에서 근대로 이행하는 문화변동의 와중에서, 이용후생의 실학사상에 심취하여 자신의 생각을 다양한 형식의 글로 저술했던 연암 박지원의 소설을 그의 생애와 관련지어 문학치료적 관점에서 고찰해 보고자 한다.

2. 문학 작품의 저술과 자기치료

「방경각외전(放璚閣外傳)」에 수록된 작품 중 하나인 〈민옹전(閔翁傳)〉에서 작중 서술자 '나'는 병을 고치기 위해 민옹이라는 이야기꾼을 다음과 같은 이유로 부른다.

> 그 해는 계유(癸酉)·갑술(甲戌)년으로, 내 나이 십칠, 팔 세였다. 병으로 오래 시달려 괴롭고 기력도 없고 해서 집에 머물면서 음악과 서화, 오래된 칼, 거문고, 제기(祭器) 등 여러 잡물에 취미를 가져보기도 하고, 객들을 불러 재미있고 우스운 이야기를 듣는 등 다방면으로 마음을 달래 보았다. 그러나 우울

---

1) 〈민옹전〉과 〈김신선전〉의 문학치료적 성격을 거론한 연구로는 박기석의 「〈민옹전〉연구」(『고전문학과 교육』 제6집, 한국고전문학교육학회, 2003)와 「〈김신선전〉연구」(『고전문학과 교육』 제7집, 한국고전문학교육학회, 2004)가 있다.

2) 문학치료가 문학을 통해 심리적 장애를 치료하는 행위라면, 문학치료학은 문학치료의 방법을 체계적으로 연구하거나, 문학 작품을 분석하여 작품이 지닌 문학치료적 가능성이나 요소를 찾기도 하고, 작가와 작품의 관계를 문학치료적 관점에서 논의하는 것이라고 할 수 있다. 정운채 교수는 「〈만복사저포기〉의 문학치료학적 독해」(『고전문학과 교육』 제2집, 청관고전문학회, 2000, 210쪽)에서 〈만복사저포기〉의 효용성으로, '삶의 문제들로부터 야기된 작가나 독자들의 심리적 정신적 어려움을 해소할 수 있는 기능을 수행한다는 방향에서 논의할 수 있을 것'이라고 하고는, 이와 같은 방법을 '문학을 통한 심리치료, 곧 문학치료라는 관점에서 논의하는 것이다'라고 했다.

> 한 마음이 좀처럼 풀리지 않았다. 이때 어떤 이가 말하길, 민옹은 기사(奇士)로 가곡(歌曲)이 교묘하고 이야기를 잘 하는데 거침없이 재미있고 능청스러워 듣는 이의 기분을 상쾌하게 하고 마음을 확 트이게 한다고 했다. 나는 그 말을 듣고는 매우 기뻐서 함께 와 줄 것을 부탁했다. …(중략)… 민옹에게 "나는 특히 음식이 싫고 밤에 잠을 이루지 못하는 것이 병(病)입니다"라고 했다.[3)]

위 글에 의하면 작중 서술자 나는 17·8세였던 계유년과 갑술년에 병으로 오래 고생했으며, 그때 병의 고통으로부터 벗어나기 위해 민옹이라는 이야기꾼을 불렀던 것이다. 이야기꾼 민옹이 '나'를 방문했을 때, '나'는 식욕이 없고 불면증으로 고생하고 있을 때였다. 연암의 20대 후반의 작품으로 추정되는 〈김신선전(金神仙傳)〉에서도, "나는 일찍이 마음이 답답하고 울적한 병[幽鬱之疾]이 있었다. 그때 신선의 방기(方技)가 간혹 기특한 효험이 있다는 소문을 들었다. 나는 더욱 그를 만나보고 싶었다. 그래서 윤생(尹生)과 신생(申生)을 시켜 은밀히 한양(漢陽) 성안을 두루 찾게 했다. 그러나 열흘이 지나도록 찾지 못했다"[4)]는 내용이 있다. 이 두 작품 속의 서술자 '나'는 20대 젊은이로서 마음이 답답하고 울적한 병으로 고생하고 있음을 알 수 있다. 작품 내용을 종합하여 볼 때, 두 작품의 작중

3) 歲癸酉甲戌之間 余年十七八 病久困劣留好聲歌書畵古釰琴彝器諸雜物 益致客俳諧古譚 慰心萬方 無所開其幽鬱 有言閔翁奇士 工歌曲 善譚辨 俶怪譎恢 聽者人無不爽然 意豁也 余聞甚喜 請與俱至. …(中略)… 謂翁吾特厭食 夜失睡 是爲病也(『燕巖集』, 「放璚閣外傳」〈閔翁傳〉). 여기서 작중 서술자 '나[余]'는 작자 연암 박지원으로 볼 수 있다. 그렇다면 계유, 갑술년은 1753－1754년(영조 29－30년)에 해당된다. 〈書廣文傳後〉에서 연암은 자신이 실제로 광문을 보았으며, 광문에 관한 여러 가지 일화를 들은 것은 그가 병으로 고생하고 있을 때였다고 했다. 이때 연암은 밤이면 늘 문하의 옛 겸인들을 불러 여염의 기이한 이야기를 채근해 듣는 과정에서 〈광문자전〉의 소재를 얻었다는 것이다(余年十八時 常甚病 常夜召門下舊傔 徵問閭閻奇事 其言 大抵廣文事 余亦幼時 見其貌極醜 余方力爲文章 作爲此傳(〈書廣文傳後〉). 연암이 광문이라는 인물에 대한 일화를 얻은 시기는 연암의 나이 18세 때로 연암이 〈민옹전〉의 민옹을 만났을 때와 같다. 이때 연암이 고생하고 있던 병은 우울증으로 통칭되는 심리적인 장애로 추정된다.

4) 余嘗有幽憂之疾 盖聞神仙方技 或有奇效 益欲得之 使尹生申生 陰求之 訪漢陽中 十日不得(『燕巖集』, 「放璚閣外傳」〈金神仙傳〉).

서술자 '나'의 병은 이른바 우울증(憂鬱症)[5]이라고 진단할 수 있다.

그런데 『과정록(過庭錄)』의 다음과 같은 기록에서 우리는 〈민옹전〉과 〈김신선전〉에 등장하는 작중 서술자 '나'와 작가 연암의 관계, 또한 20세 전후에서 30대 초에 지은 것으로 추정되는 「방경각외전」의 저술배경에 대한 중요한 단서를 얻을 수 있다.

> 지계공(芝溪公, 이재성(李在誠, 1751－1809)을 가리킨다. 그의 자는 중존(仲存)이며 연암의 처남이다. 『과정록』의 저자 종채(宗采)의 외삼촌이다.)이 일찍이 말하길, "존공(연암을 가리킴)께서는 20세 전후에 불면증이 있어서 밤낮 통틀어 눈을 붙일 수 없는 것이 혹 사나흘 되곤 하여 지켜보는 사람들이 위태롭게 여겼었는데, 아홉 편의 전(傳)을 지은 것은 아마도 그때 적적함을 이기고 병을 견디기 위한 것이었다"라고 했다.[6]

이 글을 통해서 우리는 연암이 20세 전후에 불면증으로 고생하였으며, 병의 고통을 잊기 위해서 「방경각외전」에 수록된 아홉 편의 한문단편을 지었다는 것을 알 수 있다. 따라서 그의 작품인 〈민옹전〉과 〈김신선전〉,

---

5) 병적인 우울증의 진단 기준으로, 현재 세계적으로 가장 널리 사용되고 있는 정신장애의 진단체계는 1994년에 미국정신의학학회에서 발행한 『정신장애 진단 및 통계편람 제4판』(*DSM-Ⅳ*: American Psychiatric Association(1994). *Diagnostic and Statistical Manual of Mental Disorders*(4th ed). Washington, DC: Author)이다. DSM-Ⅳ에 의하면 아홉 개 증상이 우울증을 진단하는 중요한 기준이 되는데, 연암의 경우 우울증이 수년 동안 지속적으로 나타났으며, 일상생활에서 흥미나 즐거움이 현저히 저하되었으며, 불면증과 식욕 감퇴와 같은 증상이 나타난 것으로 보아 병적인 우울증 상태였다고 진단할 수 있다. 이와 같은 우울증은 젊었을 때, 인생의 고통스러운 시련을 겪을 때 흔히 나타나는 심리적 장애로서 '심리적 감기'에 비유되기도 한다. 우울증은 누구나 인생의 시련기에 흔히 경험하게 되는 심리적 좌절 상태로서 매우 고통스러운 것이지만, 노력하면 분명히 극복될 수 있는 심리적 문제이기도 하다. 그러나 우울증은 인간을 성숙시키는 계기가 되기도 한다. 역사적 위인 중에는 한 때 심한 우울증을 경험하고 이를 극복하는 과정 속에서 자신과 인생에 대한 깊은 지혜를 얻은 사람이 많다(권석만, 『우울증』, 학지사, 2000. 참조).

6) 芝溪公嘗言 尊公 於二十歲前後 有無寐之疾 通晝宵 不能交睫者 或至三四日 見者頗危之 九傳之作 蓋在其時 爲消寂耐病之資者云(『過庭錄』 卷1).

〈서광문전후〉 등의 작품 속에 등장하는 서술자 '나'는 바로 젊었을 때의 연암의 모습이고, 구전(九傳)의 저술은 연암이 우울증에서 벗어나기 위해 시도한 한 방법이었다고 할 수 있다. 그렇다면 젊었을 적의 연암의 문학 작품들은 그의 우울증 치료와 밀접한 관련이 있게 되는 것이다.

젊은 시절 연암을 괴롭혔던 우울증의 원인은 무엇이었을까? 먼저 생각해 볼 수 있는 것은 남달리 강했던 현실에 대한 연암의 비판적 자세를 들 수 있다. 연암은 어렸을 때부터 뜻과 기상이 뛰어나서 법식에 구애되지 않았고 종종 농담과 익살을 잘 하였다고 한다. 『과정록』에 연암의 장인 이보천(李輔天, 1714－1777)이 "아무개는 재주와 기상을 보건대 절대로 평범한 사람이 아니다. 틀림없이 훗날 뛰어난 사람이 될 것이다. 다만 옳지 못한 자를 질시하고 미워하는 것이 너무 심하고 영특한 기상이 너무 드러난다. 이 점이 걱정스럽다"[7]고 했다는 기술이 이를 증명하고 있다. 이와 같은 성격은 이씨 집안에 장가든 이후 처숙인 학사공(學士公) 이양천(李亮天, 1716－1755)으로부터 사마천의 『사기(史記)』 등을 배우면서 더욱 굳어진 것 같다. 연암이 평생 위선적인 인간을 보고는 참지 못하고 해학과 담소 사이에 기롱(譏弄)하고 풍자하였고, 이로 말미암아 평생 노여움과 비방을 많이 받았던 것 역시 그 원인이 불의를 보고는 못 참는 성격에서 비롯된 것 같다.[8] 『과정록』에서 "연암이 젊었을 적부터 세상 사람들이 벗을 사귐에 있어서 오로지 권세와 이익만을 기준으로 삼아 염량취산(炎凉聚散)하는 정태(情態)가 가관인 것을 미워하여 일찍이 구전을 지어 기롱하였고, 왕왕 해학과 웃음으로 드러냈다"[9]고 한 기록 또한 젊은 시절에 쓴 한

7) 先君自弱冠時 志氣高厲 不拘拘於繩墨 往往詼諧游戲 而處士特愛重之 誨責規切 以古人事業期之 嘗語學士曰 某也見其才氣 大非凡類 必爲異日偉人 但疾惡太甚 英氣太露 是可憂也(『過庭錄』 卷1).

8) 先君 自少時 言議嚴正 見世之色厲內荏 浮沉取媚者 不能容忍 輒譏諷於詼諧談笑之間 以此平生怒謗最多(『過庭錄』 卷1).

9) 先君 自少時 嫉世之交友 專視勢利 炎凉聚散 情態可見 嘗作九傳以譏之 往往以諧笑發之(『過庭錄』 卷1).

문단편들과 그의 현실 비판적 성격과의 관계를 잘 말해주고 있다.

연암이 젊은 시절에 지은 한문단편들은 후에 「방경각외전」이라는 제목으로 묶어졌는데, 『과정록』을 저술할 당시에 이미 끝에 수록되었던 〈역학대도전(易學大盜傳)〉과 〈봉산학자전(鳳山學者傳)〉의 작품 내용은 소실되어 7편만 남은 상태였다고 한다. 그 이유는 〈역학대도전〉의 내용이 당시 선비의 이름으로 세력과 이익을 꾀한 비열한 자를 꾸짖은 글이었는데, 그 인물이 패퇴하자 더 이상 볼 것이 없다고 연암 스스로 〈역학대도전〉을 태워 버리는 과정에서 맨 끝에 수록되어 있던 〈봉산학자전〉도 함께 소실되었기 때문이라고 한다. 구전 중에서 〈예덕선생전(穢德先生傳)〉, 〈광문자전(廣文者傳)〉, 〈양반전(兩班傳)〉은 특히 세상에 많이 유행하였는데, 그 체재가 더욱 유희에 속하여 식견이 없는 자들은 배우의 해학쯤으로 여겼고, 식견이 있다는 자들 역시 병통으로 여겼다고 한다. 이에 대해, 『과정록』의 저자인 연암의 아들 종채는, 그 지은 바 의도를 깊이 따져 보지도 않고 구전을 배해(俳諧)의 문자(文字)로서만 읽는 것에 대해 마음 아파하였다.[10] 이와 같이 연암은 당대 사회 현실, 특히 위선적이고 부정부패한 지배계층의 타락상을 보고 참지 못한 나머지 그 분노가 쌓여서 답답하고 울적한 병으로 발전하였던 것 같다.

한편 연암은 과거시험을 보기 위해 남들처럼 과거시험을 위한 공부를 했고, 과거시험에 응시하기도 하였지만, 합격 여부에는 관심이 없는 듯이 행동하였다고 한다. 『과정록』의 다음과 같은 몇몇 구절에서 우리는 과거에 임하였던 그의 자세를 엿볼 수 있다.

> ① 선군(연암)은 젊었을 적에 때로 남을 따라 과거 공부를 익혔다. …(중략)… 매번 성균관 뜰에 들어가 과거를 볼 적마다 또한 반드시 한유와 두보의

10) 缺其末二傳 只存七篇 而其中穢德廣文兩班三傳盛行於世 其體裁尤屬游戲 不識者 以俳諧傳道 其識者 亦或病之 …(中略)… 嗚呼 若不究所以作之意 但以俳諧文字讀之 則此豈知吾先君者哉 不肖竊爲之痛心焉(『過庭錄』 卷1).

고체를 본받아 지어서 기이하고 뛰어나 읽을 만하였다. 벗들이 빼어난 구절을 전하여 외우곤 하였지만, 또한 왕왕 한 편을 끝까지 짓지 않고 백지 시권(試券)을 제출하고 나왔다. 대개 연암이 과거 합격 여부에 대해 담담하였던 것은 어릴 때부터 그러하였다.[11)]

② 당시 연암의 문장은 명성이 이미 온 세상을 떠들썩하게 울렸다. 매번 과거시험이 있을 때마다 시험을 주관하는 자가 반드시 끌어들이려고 하였으나, 연암은 그 의도를 알아채고는 혹은 응시하지 않거나 혹은 응시는 하되 시권을 제출하지 않았다. 하루는 과거시험장에서 고송(古松)과 노석(老石)을 그리니 세상에서는 서투르고 물정을 모른다고 비웃었다. 그러나 이는 대개 달갑게 여기지 않는 뜻을 보인 것이다.[12)]

③ 경인년(1770, 연암 34세)에 감시(監試: 小科)에 응시하여 초·종장(初終場)에서 모두 장원을 차지하였다. …(중략)… 연암은 회시(會試)에 응시하지 않으려 하였으나 친우들이 다들 강하게 권하여 마지못해 과장에 들어가긴 했으나 시권을 제출하지 않고 나왔다. 식견이 있는 사람들은 이를 듣고 모두들 나아감에 구차하지 않으니 옛 사람의 풍모가 있다고 하였다.[13)]

관리를 선발하기 위해 국가가 시행하는 경건하고 엄숙한 장소인 과거시험장에서 고송(古松)이나 노석(老石)을 그리는 등 장난스런 답안지를 작성하거나 시권을 제출하지 않은 연암의 행위는 모순과 부패로 가득 찬 당시의 정치 현실에 대한 일종의 반항인 것이다. 그런데 연암이 과거시험장에 갔다는 사실은, 비록 그것이 남의 권유에 의해서 참여했다고 하였지만, 분명 그것은 현실 참여인 것이다. 젊은 시절의 연암은 이렇게 현실과 이상

11) 先君少時 或從人習功令業 …(中略)… 每入頖庭課試 亦必效韓杜古體 奇偉可讀 朋儕輒傳誦其奇句 而亦往往不竟篇 白卷而出 盖先君 澹然於場屋得失者 自少時已然(『過庭錄』卷1).

12) 時先君文章之名 已喧動一世 每有科試 主試者 必欲援引 先君微知其意 或不赴 或赴而不呈卷 一日 在場屋 漫筆畫古松老石 一世 傳笑其踈迂 然 盖示其不屑之意者(『過庭錄』卷1).

13) 庚寅赴監試 俱魁初終場 …(中略)… 先君 欲不赴會圍 親友多强勸者 遂黽勉入場屋 不呈卷而出 有識者聞之 皆以爲進取不苟 有古人風(『過庭錄』卷1).

속에서 갈등하고 방황했던 것이다. 따라서 젊은 시절 연암의 우울증은 부조리한 현실을 초탈하거나 도피하지 못하고, 그 속에서 갈등하면서 살아가는 과정에서 증폭된 심리적 갈등이 그 원인이었던 것이다. 즉 현실에 적응하지 못함으로써 초래된 소외감이 우울증이라는 병적인 심리적 장애로 나타난 것이다. 그리고 그러한 심적인 상태가 저항으로 표출된 것이 과거 시험장에서의 비정상적인 행태였다고 하겠다. 을유년(1765, 연암 29세), 이와 같은 절망적이고 고립된 심리적 상태로부터 벗어나고자 연암은 친우들과 함께 관동 지방으로 여행을 떠나게 된다.[14] 답답하고 암울한 세속을 벗어나 신선이 산다는 금강산을 유람한 것이다. 이와 같이 현실에 적응하지 못하고 심리적 장애로 고생하였던 시기는 대체로 20세 전후에서 30세 초반의 과거를 폐할 때[15]까지로 추정된다. 이때 저술한 작품들이 바로 「방경각외전」에 수록된 한문단편들이다.

3. 문학 작품의 저술과 사회치료

연암은 과거를 폐한 후 심리적으로 다소 안정을 찾았던 것 같다. 그는

14) 『과정록』에 의하면 연암이 금강산을 유람한 해는 을유(1765, 연암 29세) 가을이었다(乙酉秋 東遊金剛 時俞公彦鎬 申公光蘊…(『과정록』)). 그때 유언호(俞彦鎬)와 신광온(申光蘊)과 함께 하였다. 그런데 〈김신선전〉에서는 "그러나 나는 또다시 나의 童子인 福을 시켜 찾아다니게 했으나 끝내 찾을 수 없었다. 그 해가 계미년(1763)이었다. 이듬해 가을 나는 동해안으로 놀러 갔다…(然 余又使童子福 往求之 終不可得 歲癸未也 明年秋 余東遊海上…)(〈金神仙傳〉)." 여기서 '이듬해 가을(明年秋)'은 갑신년(1764) 가을이 된다. 따라서 『과정록』의 내용이 잘못 되었는지, 〈김신선전〉의 내용이 잘못되었는지 현재로서는 확인할 수 없다. 만약 『과정록』의 내용이 맞는다면 〈김신선전〉의 저술은 1765년 이후가 될 것이다. 그러나 연암이 작품 내용과 자기와의 거리를 일정하게 유지하기 위해, 다시 말하면 작품 속의 서술자가 자기가 아닌 것처럼 모호하게 만드는 글쓰기 방식을 자주 취한 것으로 미루어 볼 때, 〈김신선전〉에서의 관동 유람 시기를 실제의 금강산 유람 시기와 다르게 기술한 것 같다.

15) 연암은 신묘년(1771) 이후에는 과거에 응시하지 않았다고 한다(先君 自辛卯 遂不復應擧)(『過庭錄』 卷1).

가족을 처가로 보내고 혼자 전의감동(典醫監洞)에 거처하게 되는데, 이때 담헌(湛軒) 홍대용(洪大容, 1731－1783), 석치(石癡) 정철조(鄭喆祚, 1730－1781), 강산(薑山) 이서구(李書九, 1754－1825), 무관(懋官) 이덕무(李德懋, 1741－1793), 재선(在先) 박제가(朴齊家, 1750－1805), 혜풍(惠風) 유득공(柳得恭, 1748－1807) 등과 어울리게 된다. 특히 담헌과는 매우 친밀하고 돈독하였는데, 두 사람은 우리나라 사대부들이 대부분 이용후생(利用厚生)과 경제명물(經濟名物)의 학문에는 소홀하여 오류를 그대로 인습하고, 무지하기가 너무 심한 것을 병통으로 여기고는 고금(古今)의 치란(治亂)과 흥망(興亡)의 까닭, 고인(古人)의 출처(出處)의 대절(大節), 제도(制度)의 연혁(沿革), 농공(農工)의 이병(移病), 화식(貨殖), 조적(糶糴), 산천(山川), 관방(關防), 역상(曆象), 악률(樂律), 초목(草木), 조수(鳥獸), 육서(六書), 산수(算數)에 이르기까지 온갖 것을 궁구(窮究)하고 이해하면서 며칠이고 함께 머물렀다고 한다.[16] 이렇게 과거에 급제하여 정치 관료로 현실에 참여하는 것을 포기하고 뜻을 같이 하는 재야 지식인들과 어울리면서 실학을 탐구함으로써 연암은 정치권 밖에서의 현실참여를 하였던 것이다.

30대 중반 이후 연암은 선후배 문인 제자 등과 어울려 밤을 지새우며 실학을 담론하기도 하고, 때로는 풍류에 빠져들기도 한다. 연암은 젊은 시절에는 조심하여 술을 안 하였는데, 과거를 단념하고 유람할 무렵부터 비로소 술을 마셨다고 한다. 그러나 비록 술자리에 참석해도 취하지는 않았는데, 연암 골짜기에 들어간 후부터 비로소 간혹 마음껏 술을 마셨다고 한다.[17] 또한 연암은 음률을 분별하는 데 뛰어났다고 한다. 어느 날 연암은

---

16) 壬辰 癸巳年間 送家眷歸遺安翁石馬鄕廬 常獨處于典醫監洞寓舍 與洪湛軒大容 鄭石癡喆祚 李薑山書九 時相往還 李懋官德懋 朴在先齊家 柳惠風得恭 常從遊焉 湛軒公 長先君六歲 學識精邃 亦廢擧閑養 與先君爲道義交 最相親篤 而言辭稱謂 相敬如初交時也 先君常病吾東士大夫 多忽於利用厚生 經濟名物之學 類多因訛襲謬 鹵鹵已甚 湛軒 平日持論亦如此 每相盍簪 輒留連累日 上自古今治亂興亡之故 古人出處大節 制度沿革 農工利病 貨殖糶糴 與夫山川關防 曆象樂律 以至草木鳥獸 六書算數 無不貫穿該括 皆可記而誦也(『過庭錄』 卷1). 여기서 '壬辰 癸巳年間'은 1772－1773년으로서 연암의 나이 36－37세 때이다.

17) 先君 少時 持戒不飮 及廢擧遊覽 始引滿 而雖臨酒席 未嘗至醉 自入燕峽 始或放飮焉(『過

담헌의 집에서 들보 위의 걸려 있는 구라철현금(歐羅鐵絃琴: 洋琴)을 보고는 시중드는 사람에게 내리게 하고는, 그 자리에서 작은 나무판으로 곡조를 탔다고 한다. 이 철현금은 당시 연경 사행 편에 우리나라에 들어왔으나 탈 줄 아는 자가 없었는데, 이 이후로 철현금이 세상에 성행하였다고 한다. 이 시기의 어느 날, 금사(琴師) 김억(金檍) 등이 담헌의 집에 모여 생황과 철현금(鐵絃琴)을 번갈아 연주하고 있을 때, 풍류와 담론에 능한 효효재(嘐嘐齋) 김용겸(金用謙, 1702－1789)이 찾아 왔다가 즐거워하며 책상의 구리 소반을 치며 『시경』의 〈벌목장(伐木章)〉을 외우니 흥취가 도도하였다. 잠시 후 공이 일어나 방문을 나가 오래도록 들어오지 않아서 나가 찾아보니, 공은 큰 눈이 그친 후 갓 개인 밝은 달빛 아래 무릎에 금(琴)을 빗겨놓고 갓을 벗은 채 다리 위에 앉아 달을 바라보고 있었다. 모두 놀랍고 기뻐서 술상과 악기를 그곳으로 옮겨가서 공을 모시고 놀아 즐거움을 다하였다는 일화가 있다.[18] 이렇게 30대 후반의 연암은 세로(世路)에 자취를 끊고 이민보(李敏輔, 1717－1799), 윤득관(尹得觀, 1710－1780), 김상숙(金相肅, 1717－1792), 김상정(金相定, 1722－1788), 이운영(李運永, 1722－1794), 유의양(柳義養, 1718－1788), 유언호(兪彦鎬, 1730－1796), 김이중(金履中, 1736－1793), 신광온(申光蘊, 1735－1785), 신광식(申光直, 1738－1794), 심염조(沈念祖, 1734－1783), 김영노(金魯永, 1747－1794) 등과 교유(交遊)하며 이용후생의 실학에 심취하고 있었다.

그러다가 무술년(1778), 연암은 홍국영(洪國榮, 1748－1780)의 화를 피하기 위해 가족을 이끌고 황해도 송경(松京) 근처의 연암협(燕巖峽)으로

庭錄』 卷1).

18) 先君 精於審音 而湛軒 尤曉樂律 一日 先君 在湛軒室 見樑上 掛歐羅鐵絃琴數張 盖因燕使 歲出吾東 而時人無解彈者 先君 命侍者 解下 湛軒笑曰 不解腔 何用爲 先君 試以小板按之曰 君第持伽倻琴來 逐絃對按 驗其諧否也 數回撫弄 腔調果合不差 自是 鐵琴始盛行於世 時有琴師金檍 …(中略)… 會湛軒室 時夜靜樂作 嘐嘐公 乘月不期而至 聽笙琴迭作 意甚樂 扣案上銅盤以節之 誦詩伐木章 興勃勃也 已而嘐嘐公 起出戶 久不入 出覗之 不見公 …(中略)… 遂與共步月 向嘐嘐宅 至水標橋 時方大雪初霽月益明 見公膝橫一張琴 岸巾坐橋上望月 衆皆驚喜 移設酒盤樂具陪遊 盡歡而罷(『過庭錄』 卷1).

들어가 두어 칸 초가집을 짓고 살게 된다. 이때 송경의 선비들, 이현겸(李賢謙), 이행작(李行綽), 양상회(梁尙晦), 한석호(韓錫祜) 등이 찾아와 학업을 청하여 이들을 가르쳤다.[19] 경자년(1780)에 연암은 서울로 돌아와 평계(平溪)에 머물었는데, 처남 지계 이재성의 집이다. 이때 홍국영이 패퇴하여 화(禍)의 기색은 사라졌으나, 훌륭한 벗들은 죽고 남은 이가 별로 없어 풍기(風氣)가 전과 같지 않았다. 연암은 서울을 떠났던 것이 몸을 보존한 비결이 된 것은 기뻤으나, 마음은 늘 울적하여 멀리 떠나고 싶었다. 이때 마침 삼종형인 금성도위(錦城都尉: 朴明源, 1725－1790)가 별사(別使)로 연경에 가게 되자, 연암은 그를 따라 북경을 거쳐 열하까지 중국 여행을 하게 된다. 이렇게 해서 이루어진 것이 『열하일기』인 것이다. 병오년(1786) 7월, 연암의 나이 50세에 선공감 감역(繕工監 監役)에 임명되니, 친우 유언호[兪彦鎬]의 천거였다. 이후 연암은 남들과 같이 관료의 길에 들어서게 된다. 기유년(1789) 6월 평시서 주부(平市署 主簿)로 승진하고, 이어서 사복시 주부(司僕寺 主簿), 의금부 도사, 사헌부 감찰, 제릉 령(齊陵令), 한성부 판관 등을 거쳐, 신해년(1791) 겨울 경상도 안의(安義) 현감에 부임했다가, 병진년(1796) 봄 경직(京職)으로 다시 옮겼다. 정사년(1797) 7월 충청도 면천(沔川) 군수에 부임하였다가, 경신년(1800) 8월에 강원도 양양 부사(襄陽 府使)로 옮겼다가, 이듬해(신유년, 1801) 봄에 관직을 버리고 서울로 돌아온 후, 을축년(1805) 10월 20일 세상을 뜬다.

이렇게 연암의 생애는 과거를 폐한 이후에는 실학에 심취하다가 열하여행을 하면서 중국의 선진 문물에 충격을 받았고, 50세 이후는 관료의 길을 걸으면서 자신의 정치적 이상, 즉 이용후생의 실학 정신에 입각해서 백성을 다스려 보기도 했다. 따라서 30대 중반 이후의 연암의 삶은, 비록 그가 어떻게 하면 백성들의 삶을 윤택하게 할 수 있을까 하는 이용후생의 실학에 힘을 기울였고, 또한 일정한 학문적 성과를 이루었다고 해도, 조선

19) 戊戌 避世挈家入燕巖峽 …(中略)… 結數椽草屋而居 …(中略)… 及先君之寓琴鶴也 士人李賢謙 李行綽 梁尙晦 韓錫祜 日來請業 及復入燕峽 皆負笈而從 跨歲忘歸(『過庭錄』 卷1).

조 양반 지식인들의 일반적인 삶의 방식에서 크게 벗어나지는 않았다고 하겠다. 그가 선공감 감역 등 경직(京職)과 안의 현감 등의 외직(外職) 관료 생활에서 남들과 달리 이용후생에 입각하여 행정을 하였고, 고을 백성에게 선정을 베풀었다는 것은 별개의 문제이다. 어떻든 그의 생애를 놓고 볼 때, 30대 중반에 과거를 폐하면서부터는 젊은 시기에 열병처럼 앓았던 우울증에서 벗어나 조선 후기 양반 지식인, 이른바 선비들의 일상적인 삶과 크게 다르지 않은 생활을 한 것만은 분명하다. 그러나 이 시기에 연암은 이용후생의 실학에 심취하였고, 중국 여행을 통해 견문한 바를 바탕으로 『열하일기』를 저술하여 조선사회가 나아가야 할 삶의 방향과 방식을 제시함으로써 저술을 통한 또 다른 치료를 시도하였다. 즉 그가 사는 조선 후기 사회에 대한 치료가 바로 그것이다. 『열하일기』에 수록된 〈호질〉과 〈허생전〉을 통해서는 화이론(華夷論)에 입각한 존명배청(尊明排淸)의 명분론에서 벗어나지 못하고 있는 조선의 고루한 양반 지식인의 모습을 드러내어 그들의 각성을 촉구하고 현실사회의 모순과 낙후된 사회구조를 풍자 비판함으로써 조선사회를 구제하고자 했고, 안의 현감 시절에 저술한 〈열녀함양박씨전(烈女咸陽朴氏傳)〉을 통해서는 당시 사회의 불합리한 제도와 삶의 풍조를 비판하였다. 이렇게 보면 30대 중반 이후의 연암의 삶은 자신이 살고 있는 사회를 치료가 필요한 병든 사회로 진단하고 그것을 치료하기 위한 처방을 제시함과 아울러 궁극적으로는 치료를 시도하였다고 할 수 있다.

4. 맺음말

이상에서 우리는 『과정록』의 기록뿐만 아니라, 「방경각외전」의 〈민옹전〉, 〈광문자전〉, 〈김신선전〉 등 20세 전후에서 30대 초에 이루어진 작품에서, 연암 스스로가 자신의 병의 원인을 알고 병의 고통으로부터 벗어나기 위해 적극적으로 노력했다는 사실을 알 수 있었다. 〈민옹전〉에서는 민옹이라는 이야기꾼과 대화하면서, 〈김신선전〉에서는 신선으로 불리는 김홍기라는 인물을 추적하는 과정을 통하여, 〈서광문전후〉에서는 시정에 떠도는 민간설화를 들으면서, 연암은 정신적으로 답답하고 울적한 마음을 풀어보고자 했던 것이다. 따라서 연암의 이른바 구전(九傳)의 저술은 우울증이라는 심리적 장애를 치료하기 위한 하나의 수단이었던 것이었다. 물론 일차적으로는 민옹이라는 인물과의 대화를 통해서, 또는 김신선을 찾는 과정을 통해서 자신의 울적한 마음으로부터 벗어나려고 시도하였고, 또한 일시적인 치료 효과도 있었다. 그러나 거기서 그치지 않고 그러한 노력과 경험을 글로 씀으로써 차츰 심리적 장애를 극복하고 정서적으로 안정되어, 그가 속한 양반사회의 일원으로서 현실에 참여하면서 살아갈 수 있게 된 것이다.

우리는 연암의 예를 통해 작품을 저술하는 행위가 심리적 장애를 치료하는 하나의 수단이 될 수 있음을 알 수 있었다. 「방경각외전」에 수록된 9전의 저술은 젊은 시절 연암의 답답하고 울적한 마음의 병, 즉 우울증을 치료하는 데 일조하였고, 열하 여행 이후의 작품들은 조선 후기 사회의 제도적 모순, 불합리한 현실, 즉 병든 사회를 밝고 건전한 사회로 바꾸는 데 일정한 기여를 하였다. 『열하일기』와 그 곳에 수록된 〈호질〉과 〈허생전〉, 그리고 만년의 〈열녀함양박씨전〉은 병든 조선 후기 사회를 치료하기 위한 진단이며 처방의 대표적 예인 것이다.

2부

〈마장전〉의 저술배경과 주제

1. 머리말

〈마장전(馬駔傳)〉은 「방경각외전(放璚閣外傳)」에 수록된 9전(九傳) 중에서도 가장 이른 시기, 즉 20세 전후에 저술된 것으로 추정되는 작품이다.

「방경각외전」의 〈자서〉에서[1] 연암은 오륜(五倫) 중에서 맨 나중에 위치한 '붕우유신(朋友有信)'이 윤리덕목(倫理德目)의 바탕이 됨을 말하고 있다. '신(信)'은 '붕우유신'에만 해당되는 윤리덕목이 아니다. '친의별서(親義別序)', 즉 부자(父子), 군신(君臣), 부부(夫婦), 장유(長幼) 간에 있어서도 없어서는 아니 되는 중요한 덕목이다. 왜냐하면 만약 인간이 인간다운 도리에서 벗어나 행동할 때 '우(友)'가 그것을 바로잡아 주기 때문이다. 여기서 말하는 '우'는 물론 '붕우유신'의 '우'를 가리킨다. 친구지간에는 신의(信義)가 있어야 한다. 그런데 신의가 가장 구체적으로 실현된 모습이 '붕우'이다. 인간 윤리에 있어서의 벗과 신의의 문제는 연암에게 있어서, 젊었을 때부터 노년에 이르기까지 매우 중요한 관심사였다. 「방경각외전」에 수록된 9전의 저술배경이 되고 있음은 물론이고, 『열하일기』 「옥갑야화(玉匣夜話)」의 저술배경이기도 하다. 이 중에서 〈마장전〉은 신의(信義)

1) 友居倫季 匪厥疎卑 如土於行 寄王四時 親義別敍 非信奚爲 常若不常 友迺正之 所以居後 迺殿統斯(『燕巖集』, 「放璚閣外傳」 〈自序〉).

중에서도 '붕우'에 대한 연암의 관심이 가장 구체적으로 피력된 작품이다.

〈마장전〉의 저술동기에 대해서는 「방경각외전」 〈자서〉에 "세 미치광이가 서로 벗이 되어 세상을 피해 떠돌아다니며 인간들의 헐뜯고 아첨하는 태도에 대해 논하니 마치 참사나이를 보는 것 같다"[2]라고 제시되어 있다.

이 글은 「방경각외전」 〈자서〉에 제시한 이와 같은 〈마장전〉의 저술동기가 작품에 어떻게 구현되어 있는가를 고찰해 보는 데 그 목적이 있다.

2. 〈마장전〉의 저술배경

2.1. 연암은 열여섯(1752, 영조 28년)에 처사(處士) 유안재(遺安齋) 이보천(李輔天, 1714－1777)의 집안에 장가든 후, 장인 이보천에게서 『맹자(孟子)』를, 처숙(妻叔)인 학사공(學士公) 이양천(李亮天, 1716－1755)에게서는 『사기(史記)』를 배우게 된다. 문장 짓는 법을 대강 터득한 후에 〈항우본기(項羽本紀)〉를 모방하여 〈이충무전(李忠武傳)〉을 지어 학사공에게 보였더니 '반고(班固)와 사마천(司馬遷)의 경지에 이르렀다'고 크게 칭찬했다고 한다.[3] 이와 같은 기록을 통해 볼 때, 20세 이전에 이미 연암은 사마천의 『사기』에 깊이 심취되어 있었음을 알 수 있다. 따라서 젊은 시절, 연암에게 있어서 사마천의 『사기』 영향은 거의 절대적이었다고 할 것이다. 이러한 사정에 대해서는 연암의 초년 문장과 말년 문장의 차이에 대해 언급한 『과정록』의 다음 인용에서도 확인할 수 있다.

> 아버지의 초년 문장력은 오로지 『맹자』와 사마천의 『사기』 공부에 힘써 얻은 것이다. 그런 까닭으로 기개가 문장에 넘쳐나는 것은 그 근본 바탕이 어디

---

2) 三狂相友 遯世流離 論厥讒諂 若見鬚眉 於是述馬駔(『過庭錄』 卷1).

3) 先君 從處士受孟子 從學士受太史公書 已得其立言大致 嘗倣項羽本記 作李忠武傳 學士大加歎賞 以爲有班馬地步(『過庭錄』 卷1).

에 있는지를 알 수 있게 한다. 『좌전(左傳)』과 『국어(國語)』, 한유(韓愈)와 구양수(歐陽脩)의 글에 대해서도 일찍이 마음으로 본뜨고 손으로 따라서 그 신통한 이치와 올바른 법도를 깊이 터득하셨다. 중년 이후 세상을 벗어나 은거하고 중국 등 멀리 노닐면서 왕왕 우언(寓言), 해소(諧笑), 유희(遊戲) 등의 작품을 지었는데, 그 가운데에는 장자(莊子)나 불가(佛家)에 출입한 것이 있다. 만년에 가장 좋아한 것은 가의(賈誼)와 육지(陸贄)의 상소문이나 주자(朱子)가 나라 일을 논한 글이었다. 그래서 공사(公私) 간 편지글이 이로부터 나온 것이 많다. 이것이 아버지 문장의 초년과 만년의 차이다.4)

위 글을 통해 미루어 볼 때, 연암의 20세 전후에서 30세 초반에 이루어진 것으로 추정되는 「방경각외전」의 한문단편들에 있어서 사마천의 『사기』의 영향이 지대한 것은 당연한 결과라 할 것이다. 사마천의 『사기』가 역사현실에 대한 철저한 비판의식에 기반을 둔 것과 마찬가지로, 연암의 「방경각외전」의 한문단편들 또한 당대 현실에 대한 비판의식의 소산인 것이다.

연암은 소탈하고 솔직하면서도 불의를 보면 참지 못하는 매우 강직한 성품이었던 것 같다. 그래서 세속적인 인물들과는 잘 어울리지 못했던 것 같다. 다음 인용에서 그러한 모습을 살펴볼 수 있다.

아버지께서는 사람들과 담소할 때에 늘 마음속에 있는 것을 모두 툭툭 털어놓으셨다. 그러나 만약 마음에 들지 않는 사람이 자리에 섞여 있다가 말 중간에 끼어들기라도 하면, 그만 기분이 상하여 비록 하루 종일 그 사람과 마주하고 앉아 있더라도 끝내 한마디 말씀도 나누지 않으셨다. 아는 사람들은 모두 아버지의 그러한 태도를 병으로 여겼다. 악을 미워하는 아버지의 성품은 그 근본이 타고난 것이어서, 부화뇌동, 아첨, 간사함, 거짓을 꾸며 속이는 것

4) 先君初年得力 專在於孟子馬史 故氣槩之發越於文章者 可知其根基之所在也 至如左國韓歐 亦嘗心摹手追 深得其神理義法 中年以後 脫畧世綱 隱居遠遊 往往寓言諧笑遊戲之作 出入莊佛二家者有之 晩年最好賈陸奏議之文朱子論事之書 公私書牘多出於此 此先君文章初晩之別也(『過庭錄』 卷4).

> 등을 애써 용납해 보려 하였지만 할 수 없으셨다. 한번 누구를 위선적이거나 비루한 자로 단정하시면, 그 사람을 아무리 친밀하게 대하려고 해도 마음과 입이 따르지 않으셨다. 일찍이 말씀하시길, "이것은 내 기질에서 비롯된 병으로 오랫동안 고쳐 보려 했지만 끝내 고치질 못했다. 내가 살아오면서 험난한 일을 많이 겪은 것은 모두 이것으로 말미암은 것이다"라고 하셨다.[5]

젊었을 때, 장인 유안재 이공과 처숙 학사공 이양천으로부터 『맹자』와 『사기』를 배우면서 키운 역사와 사회를 바라보는 안목과, 위선자(僞善者)와 권력의 부침(浮沈)에 따라 신의 없이 아첨하는 자들을 보면 참지 못하는 선천적으로 타고난 기질이 그로 하여금 당시 사회에 대한 비판적인 글을 쓰게 한 것이다.

2.2. 연암은 「방경각외전」 〈자서〉 첫머리에서 오륜의 맨 마지막에 위치한 '붕우유신'이 다른 넷보다 중요함을 다음과 같이 말하고 있다.

> '우(友)'가 오륜의 끝에 위치한다고 소홀하게 생각하거나 낮게 생각해서는 아니 된다. 그것은 마치 오행 중의 '토(土)'의 기능이 사시(四時)의 바탕이 되는 것과 같다. 친(親), 의(義), 별(別), 서(敍)에 신(信)이 없으면 어찌될 것인가. 사람이 마땅히 행해야 할 도리를 잃게 되면 우(友)가 바로잡아 줄 것이 아닌가. 우(友)가 오륜의 끝에 놓인 이유는 뒤에서 인륜을 지키고 거느리기 위한 것이다.[6]

---

5) 先君對人談笑 未嘗不淋漓傾倒 而若有不可意人 錯席傀說 便索然敗意 雖竟日相對 更不能酬接一語 知者多病之 蓋先君疾惡之性 根於天得 凡於人之雷同苟悅回互矯飾之態 不能黽勉容假 一以鄕愿鄙夫斷之 則雖欲强爲款曲 心口不應也 嘗自言 此吾氣質之病 矯揉之久 終莫能改 一生備經險巇 未嘗不由於此云(『過庭錄』 卷3).

6) 友居倫季 匪厥疎卑 如土於行 寄王四時 親義別敍 非信奚爲 常若不常 友迺正之 所以居後 迺殿統斯(『燕巖集』, 「放璚閣外傳」 〈自序〉). 여기서 '장유유서'의 '서'를 서(序) 대신에 서(敍)로 표기하였으므로 그대로 따랐다.

이것은 「방경각외전」에 수록된 아홉 편의 글에 대한 입전취지(立傳趣旨) 뿐만 아니라 9전(九傳) 전체에 대한 주제를 요약한 것이라고 할 수 있다. 여기서 '우(友)'는 '붕우(朋友)'를 가리키는 것으로서 오륜(五倫) 중 '붕우유신(朋友有信)'을 대변하고 있다. 그런데 연암은 다른 넷, 즉 부자유친(父子有親), 군신유의(君臣有義), 부부유별(夫婦有別), 장유유서(長幼有序)를 '친(親)', '의(義)', '별(別)', '서(敍)'로 줄여서 말하고, '붕우유신'의 경우는 '우(友)'로 줄인 것이다. 만약 앞의 넷의 경우와 같은 방식으로 '붕우유신'을 줄여 말한다면 '신(信)'으로 지칭해야 마땅할 것이다.

그러면 '붕우유신'의 경우만 유독 행위의 주체인 '붕우'의 '우(友)'로 나타낸 이유는 무엇일까? 부자관계에 있어서의 '친(親)', 군신관계에 있어서의 '의(義)', 부부관계에 있어서의 '별(別)', 장유관계에 있어서의 '서(敍)'는 각각의 특수한 관계에서 반드시 실천해야만 할 행동규범을 구체적으로 제시하고 있다. 그러나 '붕우유신'의 '신(信)'의 경우는 붕우 관계에만 해당되는 것이 아니고, 오륜 전체와도 밀접한 관련을 갖는 윤리덕목이다. 이것이 바탕이 되어야만 부자, 군신, 부부, 장유의 질서가 올바르게 유지될 수 있기 때문이다. 〈자서〉에서 '붕우유신이 뒤에서 인륜을 통제(統制) 하려는 것'이란 말은 바로 이것을 두고 말한 것이다. 따라서 '신'은 붕우유신에만 제한되는 것이 아니라 오륜 전체와 관련되는 것으로, '우'는 그 구체적 실현 양상의 하나인 것이다. 그래서 붕우유신을 줄여서 말할 때, 포괄적 의미를 지니고 있는 '신'보다는 그 구체적 실현 양상인 붕우의 '우'로 나타내는 것이 더 타당하다고 연암은 생각했던 것 같다.

'붕우유신'에 있어서의 '신'은 절대적이다. 참다운 교우관계는 '신'이 있어야만 가능하다. 다른 넷, 즉 부자, 군신, 부부, 장유의 경우는 숙명적이거나 인위적으로 맺어진 관계로서 매우 구속적이다. 그것은 상호 구속적인 관계이고, 또한 상하의 종적관계로 맺어져 있기 때문에 '신'은 어디까지나 그들의 관계를 돕는 구실을 할 뿐이다. 그러나 붕우(朋友)는 자신의 의사에 의해 선택되며, 그 대상 범위가 경우에 따라서는 얼마든지 확대될 수 있으며, 상하관계가 아니라 평등한 인격체로 맺어지는 횡적인 인간관계다. 따라서 붕우의 관계는 구속적이지 않으며 개방적이고 선택적이다. 그러므로 붕우 관계가 맺어지기 위해서는 앞의 네 경우와 달리 많은 노력이 요구된다. 그 노력은 서로가 서로를 신뢰할 수 있는 데 있다. 거기에는 어떠한 이해관계도 개재되지 않는 오로지 믿음으로 맺어질 때라야 참된 붕우의 관계가 이루어질 수 있는 것이다. 그러나 세속적인 붕우의 관계는 그렇지 못하고 다른 무엇이 개재하게 된다. 그것은 세(勢), 명(名), 이(利)와 같은 것들이다. 물론 앞의 네 경우도 그 관계가 올바르게 유지되기 위해서는 신의가 있어야 한다. 그러나 그들의 관계는 신의(信義) 이전에 엄격한 사회 질서가 그들을 구속한다. 그 관계는 조선 봉건사회의 구성원이면 반드시 지키도록 강요되는 윤리 덕목의 실천 사항이기 때문이다. 이에 반해 붕우는 자신의 의사에 따라 자유롭게, 또한 평등한 인격체로서 맺어질 수 있는 인간관계이다. 그러나 연암이 살았던 18세기 후반 조선 양반사대부 사회의 벗 사귀는 모습은 그렇지 않았던 것 같다. 여기에 연암의 고민이 있었던 것이다.

연암은 〈회우록서(會友錄序)〉에서 국내 인사들이 당파가 다름으로 말미암아 의론(議論)이 대립하고, 명분과 신분상의 차이 때문에 참다운 교제를 이루지 못하는 것을 비판하고는, 이어서 담헌(湛軒) 홍대용(洪大容)이 중국 북경에서 항주의 세 선비를 만나 처음에는 지기(知己)로 받아들였다가 나중에는 형제의 의리를 맺기에 이르렀는데, 그들이 그렇게 할 수 있었던 것은, 번거로운 수식과 까다로운 절차도 버리고 서로 진정을 토로하고 간담을 피력하며, 명성(名聲)과 세리(勢利)에 악착스럽게 달라붙는 국내의 인사들과는 그 생각하는 규모가 달랐기 때문이라고 하며, 당파, 신분, 종족 등에 구애되어 참다운 벗을 사귈 수 없는 당시 세태를 비판하고 있다.[7] 연암의 붕우에 대한 열망은 〈회성원집발(繪聲園集跋)〉의 다음 글에 잘 나

7) 然而破去繁文滌除苛節 披情露眞吐瀝肝膽 其規規之廣大 夫豈規模齷齪於聲名勢利之道者乎(『燕巖集』 卷1, 〈會友錄序〉).

타나 있다.

> 옛날에 벗을 말하는 자는 벗을 두고 혹 '제2의 나'라고 하기도 하고 '주선인(周旋人)'이라고도 하였다. 이런 까닭에 글자를 만든 자가 羽자에서 빌려와 朋자를 만들고, 手자와 又자로 友자를 만들었으니, 새에게 두 날개가 있고 사람이 양손이 있는 것과 같음을 말한 것이다. 그러나 말하는 자는 '천고(千古)의 옛날을 벗 삼는다'고 한다. 답답하구나, 이 말이. 천고의 사람은 이미 화하여 흩날리는 티끌이나 서늘한 바람이 되었는데, 그 장차 누가 나를 위해 제2의 나가 되며, 누가 나를 위해 주선한단 말인가.[8]

이와 같은 교우관은 담헌 홍대용을 비롯한 연암학파의 글에 광범위하게 나타나 있는 공통된 관심사였다. 연암은 18세기 조선사회, 특히 그가 속한 양반사회 일각에서 권세와 이익에 따라 교우관계가 이루어지는 세태를 보면서, 이미 젊은 시절부터 그러한 신의 없는 세태를 풍자하고 비판하는 글을 썼던 것이다.[9] 그러한 글들을 모아 놓은 것이 「방경각외전」이며, 〈마장전〉은 그 중에서 특히 신의와 교우관계에 대해 집중적으로 다룬 작품이다.

2.3. 연암은 어렸을 적부터 말과 의론이 엄정하였으며, 겉으로만 근엄하고 속마음은 그렇지 못한 자나 권력의 부침에 따라 아첨하는 자들을 보면 참지 못하여, 해학과 담소로서 그들을 기롱(譏弄)하고 풍자(諷刺)하였기 때문에 평생 남의 노여움을 사고 비방을 받는 일이 아주 많았다고 한다.[10] 「방경각외전」에 수록된 아홉 편의 한문단편들은 바로 젊은 시절의 연암의

---

8) 古之言朋友者 或稱第二吾 或稱周旋人 是故造字者 羽借爲朋 手又爲友 言若鳥之兩羽 而人之有兩手也 然而說者曰 尙友千古 鬱陶哉 是言也 千古之人 已化爲飄塵冷風 則其將誰爲吾第二 誰爲吾周旋耶(『燕巖集』 卷3, 〈繪聲園集跋〉).

9) 先君自少時 嫉世之交友 專視勢利 炎凉聚散 情態可見 嘗作九傳 以譏之(『過庭錄』 卷1).

10) 先君自少時 言議嚴正 見世之色厲內荏浮沈取媚者 不能容忍 以此平生怒謗最多 內舅芝溪李公在誠 祭文所云 最所不能 酬接鄕愿 曲鍼腐芥 胥致尤怨者 可謂盡先君之本末矣(『過庭錄』 卷1).

이러한 성품이 바탕이 되어 저술된 것이다. 이 중에서 〈마장전〉은 〈자서〉에서 강조한 오륜의 하나인 '붕우유신'의 문제를 포괄적으로 다룬 작품으로 「방경각외전」 전편(全篇)의 서론 구실도 하고 있다.[11] 〈마장전〉의 저술 동기에 대하여 박종채는 다음과 같이 기술하고 있다.

> 아버지께서는 젊었을 때부터 세상의 교우가 오로지 권세와 이익에 따라 이리 붙었다 저리 흩어지는 정태(情態)를 미워하여 일찍이 아홉 편[九傳]의 글을 지어 그러한 세태를 풍자하셨는데, 왕왕 우스갯소리가 들어 있다. 그 자서(自序)(「방경각외전」의 〈자서〉)에 이르기를, "세 미치광이가 서로 벗이 되어 세상을 피해 떠돌아다니며 인간들의 헐뜯고 아첨하는 태도에 대해 논하니 마치 참사나이를 보는 것 같다. 이에 〈마장전〉을 쓴다"고 했다.[12]

〈마장전〉에서 연암은 세(勢), 명(名), 이(利)를 좇아 염량취산(炎凉聚散)하는 당시 조선사회 지배계층의 표리부동한 모습을 인간사회에서 가장 위선적이고 믿을 수 없는 부류로 간주되고 있는 마장(馬駔)에 빗대어서 풍자한 것이다. 연암은 이러한 시대비판의식을 구체적으로 실현하기 위한 한 방법으로 한문단편이라는 문장형식을 택했고, '신의'라는 주제의식을 구현하기 위한 구체적인 예를 '우정'이라는 인간관계에서 찾은 것이다. 그리고 이 작품을 신의의 문제를 다룬 「방경각외전」의 맨 앞에 제시함으로써 「방경각외전」 전체의 주제를 암시하고, 아울러 이야기의 실마리를 푸는 작품으로 제시한 것이다.

---

11) 사마천 『사기』, 「열전」의 맨 앞에 수록되어 있는 작품은 〈백이열전(伯夷列傳)〉이다. 이 작품은 「열전」 중에서 가장 이른 시기에 저술된 것으로 추정되는 것으로서 「열전」 전편(全篇)의 서론(緖論)에 해당한다. 마찬가지로 「방경각외전」 맨 첫머리에 수록되어 있는 〈마장전〉 또한 「방경각외전」의 서론적 성격을 띠고 있다고 할 수 있다.

12) 先君自少時 嫉世之交友 專視勢利 炎凉聚散 情態可見 嘗作九傳以譏之 往往以諧笑發之 其敍曰三狂相友 遯世流離 論厥讒諂 若見鬚眉 於是述馬駔(『過庭錄』 卷1).

3. 〈마장전〉의 주제

3.1. 〈마장전〉의 서두는 신의(信義)에 대한 서술자의 견해가 제시된다. 전개부에서는 송욱(宋旭), 조탑타(趙闒拖), 장덕홍(張德弘)이라는 세 광인(狂人)이 등장하여 군자들의 사귐의 모습[君子之交], 즉 삼교(三交)와 오술(五術)의 세속적인 사교술과 충의(忠義)에 대한 토론과 비판이 제시된다. 평결부에서는 골계(滑稽) 선생의 입을 빌어 인간관계에 개재해 있는 '틈[間]'과 '아첨'에 대해 개진하였다. 이와 같은 문제들은 모두 '붕우유신'과 관련되는 것이다.

오륜(五倫)의 다른 넷, 즉 부자유친, 군신유의, 부부유별, 장유유서가 상하 종적(縱的)인 윤리 덕목이라면, '붕우유신'은 횡적(橫的)인 평등한 인간관계에 있어서의 윤리 덕목이다. 이 붕우 관계에 대한 적극적 모색은 18세기 선구적 지식인 집단인 실학자들에 의해 전개되었다. 그들은 교우관계가 기본적으로 평등한 인간관계에 바탕을 두고 있으므로 서로 상이한 집단, 즉 당파, 신분, 지역, 더 나아가 민족이 다른 경우에도 참다운 교우관계가 이루어질 수 있는가에 대해 적극적 관심을 가지고 탐색하였다. 이 문제는 홍대용의 〈회우록(會友錄)〉과 연암의 〈회우록서(會友錄序)〉가 당시 지식인 사회에 큰 반향을 일으킨 것에서 알 수 있다.

「방경각외전」에 수록된 작품 중에 사귐의 문제를 구체적이고 집중적으로 다룬 것으로 〈예덕선생전(穢德先生傳)〉이 있다. 이 작품은 당대 최고의 학덕을 지닌 선귤자라는 군자와 서울 뒷골목을 누비며 분뇨를 수거하는 것을 직업으로 삼는 천한 역부인 엄행수와의 교우 가능성을 타진한 작품이다. 이 작품에서 연암은 신분계층이 다른 경우에도 참된 교우가 실현될 수 있음을 제시하고 있다. 이 밖에 18세의 젊은이와 일흔 살이 넘은 민영감이 나이를 초월하여 교제한 〈민옹전(閔翁傳)〉, 김신선으로 불리는 김홍기라는 인물의 기이한 행적과 서울 시정지식인들의 교우의 모습을 다룬 〈김신선전(金神仙傳)〉도 교우의 문제를 다룬 작품이다. 신분과 당파를 초월한 교우는 중인(中人) 출신의 우상이라는 인물과 연암과의 교제를 다룬 〈우상전(虞裳傳)〉에서 특히 실감나게 그려지고 있다.

교우의 바탕을 이루는 신의는 연암이 일생을 두고 지속적으로 관심을 두었던 문제였다. 〈광문자전(廣文者傳)〉이 대표적 작품이다. 길거리를 배회하며 걸식하던 광문이라는 인물이 진실한 행동을 함으로써 다양한 계층의 인물들과 관계를 맺고 인기를 얻었다는 이야기이다. 신의는 모든 사람이 원하고 추구하는 바였지만, 당시의 세태는 그렇지 못했던 것 같다. 그래서 광문의 신분은 최하층이었으나, 그는 신의 있는 행동으로 말미암아 많은 사람들의 호감을 사고 인기를 얻을 수 있었던 것이다. 〈양반전(兩班傳)〉도 넓은 의미의 신의를 다룬 작품이다. 이외에 「방경각외전」에 수록된 작품은 아니지만, 『열하일기』 「옥갑야화(玉匣夜話)」에 수록된 〈허생전(許生傳)〉을 비롯한 역관 일화 또한 그 주된 관심사가 신의의 문제이며, 「관내정사(關內程史)」의 〈호질(虎叱)〉 또한 인간사회의 신의의 문제를 바탕에 깔고 있다.

3.2. 전(傳)이 후세에 귀감이 될 만한 한 인간의 삶의 행적을 기록하는 문학 양식이라고 할 때, 〈마장전〉은 우선 그 제목부터가 특이하다. 전(傳)의 제목은 입전 대상의 이름을 제시하는 것이 일반적이고, 내용 또한 그 인물에 대한 것이다. 그러나 〈마장전〉의 마장은 〈양반전〉의 양반과 마찬가지로 인물이 아니다. 〈마장전〉에서 마장, 즉 말 거간꾼에 대한 기술은 그들이 손바닥을 치며 손가락을 가지고 서로 견주는 행위와 콧마루에 부채를 가리고 두 눈을 끔적이는 교활한 모습을 언급한 서두 부분의 짤막한 내용이 전부다. 따라서 〈마장전〉이라는 작품명은 말 거간꾼이라는 특수한 사회집단이 지닌 성격을 상징적으로 나타낸 것일 뿐이다.

〈마장전〉은 외형적으로는 〈도입부－전개부－평결부〉라는 전의 기본형식에 기반을 두고 있다. 그러나 그 구체적인 서술방식이나 내용에 있어서는 전의 기본 형식에서 상당히 벗어나 있다. 일반적으로 전의 도입부에는 입전의 동기나 서술자와 입전 대상 인물과의 관계 및 교훈적 주제를 암시하는 말, 또는 대상인물의 주관이나 주장을 드러내고 덕을 추앙하거나 그와 유사한 예화가 제시된다. 그러나 〈마장전〉의 서두는 신의(信義)에 대한 서술자의 견해와 교활한 첩에 대한 간단한 일화가 제시되어 있을 뿐이다. 전개부는 인물의 전기로서 입전 인물의 가계와 성격, 그리고 대상 인물의 행적이 서술자에 의해 기술되는 것이 일반적이다. 그렇다면 〈마장전〉은 마장(馬駔), 즉 말[馬] 거간꾼에 대한 것이 기술되어야 할 것이다. 그러나 연암은 말 거간꾼의 가계나 성격, 또는 행적의 기술 대신에 서울 시정을 떠돌면서 걸식 행각을 하는 송욱(宋旭), 조탑타(趙闒拖), 장덕홍(張德弘)이라는 세 인물을 등장시켜 그들의 대화를 통해서 교도(交道), 즉 벗 사귀는 올바른 방도에 대한 견해를 피력한다. 그런 다음 평결부에서는 골계(滑稽)선생으로 변신하여 개체와 개체 사이에 존재하는 거리[間: 틈]를 문제 삼아 아첨의 우정론(友情論)을 개진하는 것으로 작품을 끝냈다.

도입부의 내용을 구체적으로 살펴보면 다음과 같다.

① (가) 말 거간꾼[馬駔]과 집 거간꾼[舍儈] 같은 인물들이 손바닥을 치고 손가락으로 견주고 흉내 내는 것[擊掌擬指]과 관중(管仲)과 소진(蘇秦)이 닭, 개, 말, 소 등의 피를 입에 바르고 맹세한 것[鷄狗馬牛之血]은 모두 서로의 믿음[信]을 확인하기 위한 것이다.

(나) 이별한다는 말을 슬쩍 내비치기만 해도 활고자를 팽개치고 수건을 찢고 등불을 등지고 벽을 향해 앉아 머리를 숙이고 울음을 삼키는 것은 미더운 계집[信妾]이다.

(다) 간(肝)을 토할 듯이 쓸개[膽]를 쏟아 낼 듯이, 손을 꽉 잡고 마음을 맹세하는 것은 미더운 벗[信友]이다.

② (가) 콧마루에 부채를 가리고 좌우로 눈을 끔쩍이는 것은 마장, 즉 장쾌(駔儈)와 사쾌(舍儈)의 술수이며, 겁주는 말로 동요하게 하고 남이 꺼리는 곳을 찔러 마음을 낚아채고 강자는 위협하고 약자는 억누르며 친근한 사이는 이간시키고 이질적인 세력은 하나로 합하게 하는 것은 패자(覇者)나 세사(說士)

들의 마음먹은 대로 하는 권술(權術)인 것이다.

(나) 옛날 심장병을 앓고 있던 남자가 처(妻)를 시켜 약을 달이게 했더니, 약물이 일정하지 않아 화가 났다. 그래서 첩에게 달이게 하였더니, 늘 일정하여 첩을 기특하게 여기고는 약 달이는 모습을 창구멍을 뚫고 내다보았다. 첩은 달여진 약물이 많으면 땅에 따라 버리고, 적으면 물을 더 타곤 하였다. 이것이 첩이 약물을 알맞게 만드는 방법이었다.

(다) 그러므로 귀에 대고 속삭이는 말은 진실한 것이 아니고, 남에게 말하지 말라고 거듭 당부하는 것은 깊은 사귐이 아니며, 정(情)의 깊고 얕음을 나타내려고 애쓰는 것은 참된 벗이 아니다.

①의 마장과 사쾌, 관중과 소진, 신첩, 신우의 표면적 행위와 ②의 그들의 이면적 모습은 전혀 다른 모습이다. 즉 ①은 표면적으로 드러내는 인간의 미더운 모습이고, ②는 이해관계가 개재되어 나타나는 교활한 위선적인 거짓된 모습이다. 연암은 이렇게 도입부에서 신(信)과 불신(不信)의 인간 행위를 대조시켜 놓음으로써 인간관계의 신뢰 회복을 위한 문제를 제기하였다. 그런데 여기서 주목해야 할 것은 일반적으로 가장 천하고 교활한 행위를 하는 무리로 잘 알려진 장쾌(駔儈)의 무리와, 중국 춘추시대의 제(齊)나라의 재상으로 훌륭한 정치가인 관중(管仲)과 전국시대의 최고의 변사(辯士)로서 열국을 존속시키고 합종을 맹약하게 하여 강대국 진(秦)을 눌렀던 소진(蘇秦)을 같은 부류로 놓고 비교하였다는 것이다. 마장과 사쾌, 관중과 소진의 공통점은 언변이 뛰어나 남을 잘 설득한다는 점일 것이다. 마장과 사쾌는 그 직업이 말이나 집의 매매를 성립시켜 구전을 먹고사는 집단이다. 그들의 목적은 수단과 방법을 가리지 않고 매매를 성사시키는데 있기 때문에 신의는 다음 문제다. 그러나 관중과 소진은 춘추전국시대의 위대한 역사적 인물이다. 그런 관중, 소진을 마장, 사쾌와 같은 부류로 본 것은, 그들의 행위가 전자는 천하를 도모하였다는 것이고, 후자는 일상적인 이익을 도모한다는 것 외에는 다른 점이 없기 때문이다. 관중과 소진은 목적을 위해서 수단과 방법을 가리지 않았던 인물이었다. 그들이

피를 바르고 신의를 맹세한 것은 자신의 목적을 달성하기 위한 교활한 수단에 불과한 것일 뿐이다. 그것은 속임수였던 것이다. 그들의 삶의 행적을 살펴보면 장쾌의 무리나 다를 바가 없다. 연암이 관중과 소진을 부정적으로 본 것은 사마천의 『사기』의 영향을 받았기 때문인 것 같다. 〈관안열전(管晏列傳)〉에 보면, 관중에 대해서 사마천은 다음과 같이 평가하고 있다.

> 태사공은 말한다. 관중은 세상에서 어진 신하로 일컬어진다. 그러나 공자는 그를 소인이라고 했다. 주(周)의 왕도(王道)가 쇠미해진 상황에서 현명한 환공을 도와 어진 임금이 되도록 힘쓰지 않고 패자의 이름에만 머물게 했기 때문이다.[13]

또한 소진에 대해서도 사마천은 그의 『사기』 〈소진열전(蘇秦列傳)〉에서 다음과 같이 말하고 있다.

> 태사공은 말한다. 소진의 형제 셋은 모두 제후들에게 유세하여 그 이름을 세상에 드러냈다. 그들의 변론술은 권모술수와 임기응변에 능한 것이었는데, 소진은 반간(反間: 諜者)의 죄명을 입고 죽게 된다. 그러자 천하 사람들이 모두 그를 비웃고 그 변론술을 배우기를 꺼려 했다.[14]

소진은 미천한 신분이었지만 뛰어난 변론술로 6국(趙, 韓, 魏, 燕, 楚, 齊)을 합종맹약(合從盟約)하게 하여 6국의 재상을 겸임하였고, 탐욕스런 강대국 진나라를 눌렀다. 그러나 제후들을 설득하여 합종하는 과정에서 행했던 권모술수와 임기응변의 변론술은 저잣거리의 말 거간꾼의 행위와 다를 바가 없었던 것이다.

---

13) 太史公曰 …(中略)… 管仲世所謂賢臣 然孔子小之 豈以爲周道衰微 桓公旣賢 而不勉之至王 乃稱覇哉(『史記』, 〈管晏列傳〉).

14) 太史公曰 蘇秦兄弟三人 皆游說諸侯以顯名 其術長於權變 而蘇秦被反間以死 天下共笑之 諱學其術(『史記』, 〈蘇秦列傳〉).

이렇게 도입부에서는 마장과 사쾌, 관중과 소진, 미더운 첩[信妾], 미더운 친구[信友]의 믿음[信]을 드러내 보이는 행위를 제시한 다음, 이어서 그들의 교활한 이면을 대조시켜 보임으로써 인간관계에 있어서의 '신(信)'의 문제를 제기하였다

전개부에서는 도입부에서 제시된 '신(信)'의 문제에서 '교(交)'의 문제로 화제가 바뀐다. 서술자는 사람의 왕래가 많은 서울 한복판 광통교(廣通橋) 위에서 송욱, 조탑타, 장덕홍이라는 세 미치광이를 등장시켜 사귐[交]에 대해 토론하게 한다. 그들의 대화를 통해서 작가는 18세기 후반 조선의 양반 사대부와 같은 지식인사회에서 다반사로 행해지던 세속적인 교제 방식, 즉 세(勢), 명(名), 이(利)에 따른 군자지교(君子之交)와 충의(忠義)에 바탕을 둔 교제 방식을 제시하고 비판하였다. 이 부분은 대화 내용이 함축과 비약, 그리고 상징적인 언어로 되어 있어서 이해하기가 쉽지 않다.

광통교 위에서 송욱, 탑타, 덕홍 3인의 '교도(交道)'에 대한 토론을 요약 분석하면 다음과 같다.

① 탑타가 아침에 바가지를 두드리며 구걸하러 다니다가 포목상에서 본 상인과 손님과의 상거래 모습에 대해 말하자 송욱은 그것은 교태를 본 것이지 교도는 아니라고 한다. 그 이유는 속마음을 솔직하게 드러내지 않은 것으로 그것은 위선적인 행위일 수 있기 때문이다. 점포 주인과 손님 사이는 믿음[信]이 없는 관계일 뿐이다.

② 이에 대해 덕홍이 꼭두각시놀이에 휘장을 치는 것은 조종하기 위한 줄을 가리기 위한 것이라고 한다. 꼭두각시는 휘장 뒤에서 조종하는 사람의 마음에 따라 움직이는 것. 따라서 겉으로 나타나는 인간의 행동 모습만으로는 참된 속마음을 알 수 없다는 것이다. 겉만 보고 사귀는 것은 교면(交面)일 뿐 교도(交道)는 아니다. 여기서도 벗 사귐에 있어서의 신의의 중요성을 말하고 있다.

③ 송욱이 군자들의 사귐에 대해 말함. 군자의 사귐[君子之交]에 세 가지가 있으며, 그 구체적 방법은 다섯 가지가 있다고 한다. 즉 세상 모든 사람들이

추종하는 것은 세(勢)요, 서로 도모하는 것은 명(名)과 이(利)다. 이 세, 명, 이를 좇아 사람을 사귀는 방법으로는, 사람과 사귈 적에 (가) 그의 잘한 것을 칭찬하지 말 것, (나) 그가 미처 생각하지 못한 일을 깨우쳐 주지 말 것, (다) 여러 사람 앞에서 누구를 제일이라고 말하지 말 것 등이 그것이다. 그리고 사람과 잘 사귀기 위한 구체적인 방법으로는, ㉠ 장차 누구를 칭찬하려면 먼저 잘못을 드러내어 책망하는 것이 좋고, ㉡ 장차 누구에게 즐거운 마음을 보여 주고 싶으면 먼저 화난 모습을 드러내고, ㉢ 장차 누구와 친해지고 싶으면 그에 대해 무관심한 척하고 몸을 돌려 부끄러운 듯이 하고, ㉣ 남에게 나를 믿게 하려면 짐짓 의심하게 하고 기다려야 할 것이다. ㉤ 대체로 열사(烈士)는 슬픔이 많고 미인은 눈물이 많다. 그런고로 영웅이 잘 우는 것은 사람을 감동시키기 위한 것이다. 이 다섯 가지 사교술은 군자의 미묘한 권모술수(權謀術數)요, 처세(處世)의 달도(達道)인 것이다.

④ 송욱이 말한 군자지교(君子之交)의 삼교오술(三交五術)을 이해 못한 탑타에게 덕홍이 다시 이것을 쉽게 설명해 준 다음, 덕홍은 자신은 거짓 눈물로 남을 감동시키지 못해 삼십일 년을 살았는 데도 벗 하나를 사귀지 못했다고 한다.

⑤ 이에 대해 탑타가 '충의(忠義)'로서 벗을 사귀면 되지 않느냐고 하자, 덕홍은 탑타의 얼굴에 침을 뱉고 꾸짖고는 충의에 대해 자신의 견해를 피력한다. 즉 가난한 자들은 바라는 것이 많기 때문에 의(義)를 사모하고, 천한 자들은 아낄 것이 없는 까닭에 충성(忠誠)을 바치되 사양하지 않는 것라고 전제한 다음 "충의란 빈천자의 일상적인 일이지만, 부귀한 자들에게는 논할 것도 없다"고 한다.

⑥ 탑타는 마침내 덕홍의 말을 이해하고는 정색을 하고, "나는 차라리 한평생 벗을 사귀지 못할지언정 군자의 사귐은 할 수 없다" 말하고는, 송욱, 덕홍과 더불어 서로 갓을 부수고 옷을 찢어 버리고 때묻은 얼굴과 헝클어진 머리에 허리는 새끼로 졸라매고 장거리를 노래부르며 쏘다녔다.

전개부에서는 세 광인이 등장하여 참다운 벗 사귐, 즉 교도(交道)에 대해 토론하는 과정에서 군자들의 벗 사귀는 방법[(君子之交)]을 구체적으로 드러내 보임으로써 신의 없는 군자들의 세속적인 교우를 풍자 비판하였다.

평결부에서는 골계 선생으로 변신한 서술자가 벗 사귐에 대한 나름대로의 논리를 편다. 그 내용은 인간과 인간 사이의 관계에서의 사귐의 문제를 틈[閒]을 통해 설명하고 있다. 즉 우정은 인간과 인간 사이에 존재하는 틈을 잘 이용하는 데 있다고 하며, 사람을 잘 사귀려면 틈을 잘 이용하면 된다고 하면서, 남에게 잘 보이는 방식 세 가지를 예시한다. 즉 몸과 얼굴을 닦아 꾸미고 말씨를 얌전히 하고 명리에 담박하여 교유할 뜻이 없는 것처럼 해서 남에게 잘 보이는 것이 상첨(上諂)이고, 곧은 말을 간곡히 해서 정을 나타내되 그 틈을 잘 이용해서 자기의 뜻을 통하게 하는 것이 중첨(中諂)이요, 말굽이 닳도록 자리가 헤어지도록 자주 찾아다니며 입술을 쳐다보며 얼굴빛을 잘 살펴서 말마다 좋다고 하고 행하는 일마다 아름답다고 하면, 처음에는 기뻐하나 오래되면 도리어 싫어하니 싫어하면 더럽게 여기게 되고, 마침내 자기를 놀리는 것이 아닌가 의심하게 되는 법이니 이것이 하첨(下諂)인 것이다. 이렇게 세 가지 아첨에 대해 장황하게 말하고는, 역사적으로 훌륭한 지략가로 알려진 관중과 소진의 행위를 천하의 큰 교제라고 규정한 다음, "그렇지만 송욱, 탑타는 길거리에서 밥을 빌어먹고 덕홍은 시장바닥에서 미친 노래를 부를지언정 오히려 '말 거간군의 술수[馬駔之術]'는 부리지 않았는데, 하물며 군자와 글 읽는 선비가 어찌 그런 짓을 할 수 있겠는가?(然而宋旭闒拖乞食於道 德弘狂歌於市 猶不爲馬駔之術 而況君子而讀書者乎(〈馬駔傳〉)"라며 여운을 남기고 글을 끝냈다. 여기에 작자 연암이 이 작품에서 말하고자 한 바가 함축되어 있다. 즉 그것은 당시 군자(君子), 독서자(讀書者)와 같은 지식인계층이 겉으로는 신의로운 말과 위선적 행위를 하면서, 그 이면에는 마장지술(馬駔之術)과 같은 교제를 하고 있음을 비판한 것이다.

4. 맺음말

〈마장전〉은 권세와 명예와 이익에 따라 모였다 헤어지는 이른바 군자들의 위선적이고 신의 없는 사귐[交]을 풍자·비판하기 위해 저술한 작품이다.

연암은 20세 이전에 이미 사마천의 『사기』를 통해서 문장공부를 하였다. 그렇기 때문에 젊은 시절의 그의 글들은 그 내용과 형식에 있어서 『사기』의 영향이 매우 크다. 게다가 연암은 선천적으로 불의를 보면 참지 못하는 강직한 성품이어서 세속화된 인물들과는 어울리지 못했다. 이러한 작가적 배경이 그로 하여금 당대 사회에 대한 비판과 풍자적 내용을 담을 작품을 산출하게 한 것이다.

작품 서두에서 작가는 말 거간꾼과 집주름, 관중과 소진, 믿음직한 첩, 믿음직한 벗 등이 가식적으로 신의가 있음을 나타내는 모습과 그들의 교활한 행위를 대조적으로 보여 줌으로써 '신', 즉 믿음의 문제를 제기하였다. 전개부는 세 미치광이가 등장하여 서울 한복판을 가로지르는 가장 번잡한 다리, 광통교(廣通橋) 위에서 사귐의 문제[交]에 대해 토론한다. 그들이 논한 것은 군자들의 사귐[君子之交]의 방법에 대한 것이다. 군자들의 사귐은 세(勢)와 명(名)과 이(利)를 얻기 위한 고도의 사교술이라는 것이다. 그것은 신의가 결여된 세속적 방법이었다. 이러한 실상을 알게 된 조탑타는 '나는 차라리 세상에 친구가 없을지언정 군자들과 같은 사귐은 하지 않겠다'고 하고는, 송욱, 장덕홍과 함께 갓과 옷을 찢어 버리고 때 묻은 더러운 얼굴, 쑥대머리에 새끼줄로 허리를 동여매고 노래 부르며 시내로 사라졌다. 평결부에서는 골계 선생이 등장하여 사람을 사귈 때에는 틈[間]을 잘 이용하여야 한다고 하며, 아첨의 세 가지 방법을 말한다. 이 또한 신의가 결여된 사귐이 아닐 수 없다. 결론적으로 군자와 독서자들은 관중과 소진들이 행했던 권모술수, 말 거간꾼의 교활한 술수와 다르지 않은 이른바 '군자들의 사귐'의 방법을 따르지 말고, 신의에 기반을 둔 진실한 교도를 실행할 것을 권유하는 것으로 작품을 끝맺었다.

〈마장전〉에서 작가는 권세와 명예와 이익을 좇아 이리 저리 붙었다 흩어지는 이른바 군자라는 양반 사대부들의 신의 없는 교우의 모습을, 걸식하며 거리를 배회하는 세 미치광이들의 입을 통해 그 실상을 낱낱이 드러내고 비판하게 함으로써 양반 사대부사회의 각성을 촉구한 것이다. 〈마장전〉은 표면적으로는 참다운 교우(交友) 관계가 이루어질 수 없는 세태를 문제 삼았지만, 그 바탕에 흐르는 주제의식은 신의(信義)가 있는 인간관계의 회복에 있는 것이다.

〈예덕선생전〉과 정덕(正德)사상

1. 머리말

연암 박지원은 18세기 후반, 조선 후기 사회의 전환기적 모습을 한문단편을 통해 사실적으로 그려놓았다. 그의 나이 20세 전후에서 30세 초반에 저술한 것으로 추정되는 「방경각외전(放璚閣外傳)」에 수록된 작품들을 비롯하여 40대 중반의 『열하일기』에 수록되어 있는 〈호질〉과 〈허생전〉, 그리고 50대 중반 안의(安義) 현감 재임 시에 저술한 〈열녀함양박씨전〉에는 양반 사대부를 비롯하여 여항(閭巷)의 지식인, 역관, 농민, 상인, 천인 역부, 걸인 등 다양한 인물들이 등장한다. 이 작품을 통해 연암은 타락한 일부 양반 지배계층의 부정적인 삶의 모습을 드러내어 풍자 · 비판하였다. 그러나 풍자 · 비판에 그치지 않고 서민사회의 긍정적인 삶의 모습을 찾아 제시하기도 하였다. 〈예덕선생전〉의 주인공인 엄행수의 삶의 모습이 그 한 예이다.

「방경각외전」 〈자서(自序)〉 첫머리에서 박지원은 '붕우유신(朋友有信)'이 오륜(五倫) 중에서 비록 끝에 놓여 있지만, 그것이 다른 넷에 비해 결코 덜 중요해서 그런 것이 아님을 다음과 같이 피력하였다.

> '朋友(붕우)'가 오륜(五倫)의 끝에 놓인 것은 그것이 덜 중요해서가 아니다.

> 마치 오행(五行) 중의 '흙[土]'이 사시사철 왕성한 것과 같다. 부자(父子)·군신(君臣)·부부(夫婦)·장유(長幼) 사이에 '믿음[信]'이 없으면 어찌 될까? 상도(常道)가 어긋나면 붕우(朋友: 벗)가 그것을 바로잡아 준다. 벗[友]이 끝에 놓인 까닭은 맨 뒤에 있으면서 이것을 통제(統制)하려는 것이다.[1)]

이것은 「방경각외전」에 수록된 아홉 편 작품 전체를 포괄하는 저술배경이다. 이 〈자서〉에서 연암은 인간관계에 있어서의 붕우(朋友)와 신의(信義)의 중요성을 강조하고 있다. "부자유친(父子有親), 군신유의(君臣有義), 부부유별(夫婦有別), 장유유서(長幼有序)에서 만약 믿음[信]이 없으면 어떻게 될 것인가?"라고 신의의 중요성을 강조하고는, 사람 사이에 마땅히 지켜야 할 상도(常道), 즉 인의예지신(人義禮智信)이라는 오상(五常)이 지켜지지 않을 때에는 벗이 바로잡아 주어야 한다고 했다. 이것은 신의(信義)의 문제이며, 정덕(正德)의 문제이다. 이렇게 '붕우유신'의 중요성을 강조한 다음에 「방경각외전」에 수록된 9전(九傳) 각 작품의 저술동기를 〈자서(自序)〉 형식을 통해 간략하게 기술하였다. 그 중 〈예덕선생전〉의 저술동기는 다음과 같다.

> 선비가 먹는 것에 얽매이면 온갖 행실이 썩어 이지러진다. 호화롭게 먹고 살다가 솥에 삶아 죽는 형벌을 받는 것은 재물과 음식에 대한 탐욕을 경계하지 못한 때문이다. 엄행수는 스스로 똥을 쳐서 먹고 살았으므로 행적은 더럽다고 하겠으나, 입은 깨끗하다. 이에 〈예덕선생전〉을 쓴다.[2)]

이 〈자서〉에 제시된 작품의 저술동기는 세속적인 탐욕을 경계하지 못하고 살아가는 부도덕한 지식인, 곧 선비의 도를 잃은 양반 사대부에 대한

---

1) 友居倫季 匪厥疎卑 如土於行 寄王四時 親義別叙 非信奚爲 常若不常 友迺正之 所以居後 迺殿統斯(『燕巖集』 卷8, 「放璚閣外傳」 〈自序〉).

2) 士累口腹 百行餒缺 鼎食鼎烹 不誡饕餮 嚴自食糞 迹穢口潔 於是述穢德先生(『燕巖集』 卷8, 「放璚閣外傳」 〈自序〉).

비판과 각성할 것을 촉구한 것이라고 할 수 있다. 이 '자서'에 피력된 연암의 저술의도에 따라 〈예덕선생전〉의 내용을 요약해 보면, '〈예덕선생전〉은 사람과 각종 가축의 똥을 수거하여 도시 근교의 영농가(營農家)에 제공하고, 그 대가(代價)로 밥을 먹고사는 엄행수의 건실한 삶의 모습을 보여줌으로써, 당시 염량취산(炎涼聚散)하며 살아가는 양반 지식층, 곧 선비들의 탐욕과 교유(交遊) 행태를 비판한 글'이다.

작품의 '자서'에는 작품을 짓게 된 동기가 기술되어 있는 경우가 있다. 이 경우에 '자서'는 작품의 주제 파악을 위해서 좋은 자료를 제공해 준다. 그런데 「방경각외전」의 〈자서〉에는 수록되어 있는 아홉 편의 한문단편에 대한 저술동기가 기술되어 있다. 따라서 「방경각외전」 〈자서〉의 저술동기는 수록된 작품들의 주제를 파악하는 데 매우 중요한 자료를 제공하고 있다. 지금까지 〈예덕선생전〉의 주제는 다양하게 추출되었다.[3] 그 중에서 〈예덕선생전〉의 주제로 많이 거론되고 있는 것이 우정론과 서민의식이다. 물론 작가 연암이 현실에 기반을 둔 실학자이고, 작품에 등장하는 선귤자라는 인물이 당대의 존경받는 최고의 선비임에도 불구하고 천한 일을 하는 역부인 엄행수와 교유하고 벗으로 삼으려 한다는 이유를 들어 우정론과 서민의식을 작품의 주제로 파악할 수 있다. 특히 우정론은 붕우유신과 밀접한 관련을 지니는 것으로써 「방경각외전」 〈자서〉 첫머리의 작품 전체 저술동기와 밀접한 관련이 있다. 그런데 「방경각외전」의 아홉 편의 한문단편에는 각 작품마다 저술동기가 제시되어 있다. 따라서 〈예덕선생전〉의

3) 그간 〈예덕선생전〉의 주제에 대해서, "重農思想의 강조, 友道에서의 계급의식 타파, 尙儉·安分의 주장, 민족문학적 의식을 선양"(이가원, 『연암소설연구』, 을유문화사, 1965, 156-184쪽), "참다운 친구가 서민 속에 있음을 묘사하였고, 직접 생산 활동에 참여하는 노동층의 생활 속에서 바람직한 인간형을 부각시켰다"(임형택, 「박연암의 우정론과 윤리의식의 방향」, 『한국한문학연구』 제1집, 한국한문학연구회, 1976, 116쪽), "하층민에 대한 현실적 관찰을 통한 인간성 긍정과 연암의 영농에의 관심"(박기석, 「예덕선생전 연구」, 『국어교육』 31집, 1977, 173쪽), "전도된 가치체계 속에서 덕에 대한 새로운 개념을 확립하고, 그에 따라 바람직한 인간형을 제시하고 있다"(이종주, 「북학파산문연구」, 서강대 박사학위논문, 1990, 123쪽) 등으로 파악하였다.

주제를 파악하기 위해선 「방경각외전」 〈자서〉 첫머리의 포괄적 저술동기와 개별 작품 각각의 저술동기를 함께 고려한 작품 해석이 필요하다.

〈예덕선생전〉의 내용은 ① 엄행수에 대한 간략한 소개, ② 선귤자라는 선비가 천인 역부인 엄행수와 교유(交遊)하고 벗으로 삼고자 하는 것에 대한 제자 자목의 반발, ③ 선귤자가 자목에게 엄행수와 교유하고 나아가 벗으로 삼으려고까지 하는 이유를 설명하는 내용 등 세 부분으로 크게 나누어 볼 수 있다. 이 중에서 ③이 이 작품의 핵심이라고 할 수 있다. ③에서는 교우론(交友論), 즉 '벗 사귀는 방법(友道)과 도의지교(道義之交)', '엄행수의 건실한 삶의 모습', '분(糞)의 중요성과 영농(營農)', '분수와 탐욕', '바람직한 선비상' 등에 대해 언급하였다. 이 글에서는 이와 같은 다양한 내용을 윤리도덕성 회복의 문제, 즉 도덕적 질서를 바로잡는 이른바 정덕(正德)의 문제와 관련지어 고찰하고자 한다.

2. 교우론(交友論): 도의지교(道義之交)와 신의(信義)

2.1. 연암은 조선조에 많은 학자와 관료를 배출한 반남(潘南) 박씨의 후예다. 연암의 조부(祖父) 박필균(朴弼均, 1685－1760)은 경기도 관찰사, 대사간, 지돈령부사 등을 역임하였다. 그렇지만 청백리(淸白吏)로 경제적으로는 넉넉하지 못하였던 것 같다. 또한 연암의 부친 형제가 아직도 책을 읽고 있는 서생(書生)이었기에, 유년기의 연암은 체계적인 공부를 할 수 없었다. 연암은 16세에 처사(處士) 이보천(李輔天, 1714－1777)의 집안에 장가들면서 비로소 본격적인 문장공부를 하게 된다. 장인 이보천에게서는 『맹자(孟子)』를 배웠고, 처숙 이양천(李亮天, 1716－1755)에게서는 『사기(史記)』를 배웠다고 한다. 처사였던 장인과 강직한 성품의 처숙으로부터 『맹자』와 『사기』를 배우면서 연암은 현실에 대한 비판적 안목을 키우게 된 것이다. 일반적으로 연암을 가리켜 이용후생에 기반을 둔 실학자라고

한다. 그러나 그가 이용후생의 실학사상에 본격적이고 체계적으로 접근하였던 시기는 그의 나이 30세 이후의 시기, 즉 담헌(湛軒) 홍대용(洪大容, 1731－1783)을 비롯한 이덕무, 이서구, 유득공 등과 교유했던 시기였다고 해야 할 것 같다.

이와 같은 성장 배경 속에서 연암은 자신이 속한 양반 지식인사회의 현실적 모순을 인식하게 되었고, 아울러 현실을 비판할 수 있는 안목과 능력을 지닐 수 있게 된다. 연암의 한문단편에 양반 지식인들의 부도덕한 삶에 대한 비판과 풍자가 많은 것은 이와 같은 삶의 배경과 무관하지 않다. 연암의 청년기 교우관은 그의 아들 종채가 저술한 『과정록(過庭錄)』에, "부친은 어릴 때부터 세상의 교우가 오로지 권세와 이익에 따라 염량취산(炎凉聚散)하는 것을 보고 일찍이 구전(九傳)을 지어 그것을 기롱하였다"[4]고 한 글을 통해 잘 알 수 있다. 연암은 특히 인간관계에 있어서의 신의(信義)와 벗 사귐, 즉 교우(交友)에 대해 깊은 관심을 가졌던 것 같다. 교우에 대한 연암의 관심은 「방경각외전」 〈자서〉에 잘 나타나 있다. 연암의 글 중에 『맹자』 「만장(萬章)」편의 글을 인용하여 교우에 대해 언급한 다음과 같은 글이 있다.

> 맹자가 말씀하시길, "벗이란 것은 그의 덕을 벗 삼는 것이다. 그러므로 나이 많은 것을 내세우지 않고, 신분이 높은 것을 뽐내지 않고, 형제를 믿고 으스대지 않고 벗을 삼는 것이다"고 하였습니다. 귀천이 비록 다를 망정 덕이 있으면 스승이 될 수 있고, 나이가 같지 않더라도 인(仁)을 도울 수 있으면 벗이 될 수 있습니다. 하물며 서얼은 본래 모두 사족의 자제들입니다. 그들의 재주가 아름답고 현명함과 능력이 없다면 그만이겠으나, 만약 그들이 어질고, 곧고, 들은 것이 많아 재덕이 나보다 낫다면 어찌 서얼이라고 해서 그들과 벗하는 것을 부끄럽게 여길 수 있겠습니까.[5]

4) 先君 自少時 嫉世之交友 專視勢利 炎凉聚散 情態可見 嘗作九傳以譏之(『過庭錄』 卷1).
5) 孟子曰 友也者 友其德也 故不挾長 不挾貴 不挾兄第而友 貴賤雖殊 有德則可師也 年齒不齊 輔仁則可友也 況乃庶孼 固皆士族之子弟耳 其無才美賢能則已 若其諒直多聞 才德賢

이 글을 보면 연암의 교우관이 매우 개방적이었음을 알 수 있다. 이 글은 「공작관문고(孔雀館文稿)」에 실려 있는 30대 초반의 글로 추정되는 〈의청소통소(擬請疏通疏)〉에서 인용한 글인데, 청년기 연암의 벗 사귐에 대한 생각을 엿볼 수 있다.[6)]

「방경각외전」에 수록된 한문단편들은 그 저술동기가 모두 오륜(五倫)의 마지막에 위치하는 붕우유신(朋友有信)과 어떤 형태로든 관련을 맺고 있다. 연암의 한문단편 중에서 〈마장전〉, 〈예덕선생전〉, 〈광문자전〉이 특히 '붕우유신(朋友有信)'과 밀접한 관련성을 지니고 있다. 벗 사귐, 즉 교우(交友)의 문제는 연암이 젊은 시절부터 노년까지 끊임없는 관심사였다. 교우는 부자(父子), 군신(君臣), 부부(夫婦), 장유(長幼)와 달리 비교적 평등하게, 그리고 선택적으로 자유롭게 맺어질 수 있는 인간관계라고 할 수 있다. 당시의 벗 사귐이 오로지 권세와 명예와 이익에 집착함으로써 참다운 우정이 이루어질 수 없는 조선 양반사회의 모습을 비판한 〈회우록서(會友錄序)〉가 있다. 홍대용(洪大容, 1731－1783)이 사신을 따라 중국에 갔다가 북경거리에서 항주(杭州)에서 놀러온 세 선비를 만나 나눈 이야기와 이들을 만난 과정, 그리고 귀국한 후에 서로 주고받은 편지를 묶은 〈건정동회우록(乾淨衕會友錄)〉에 쓴 서문(序文)이다. 이 글은 연암의 30대 초반의 글로, 이 글에서 연암은 당시 양반 지식인들의 교우를 비판하였다. 연암은 진정한 마음을 서로 주고받을 수 있다면 당파, 신분, 지역, 나아가 종족이 다른 것에 관계없이 교우가 이루어질 수 있음을 다음과 말하고 있다.

> 아아! 우리나라에서 항주까지는 거의 만 리(萬里)나 된다. 홍군이 세 선비를

我 則顧安可以庶孽恥之哉(『燕巖集』 卷3, 「孔雀館文稿」〈擬請疏通疏〉).

6) 〈擬請疏通疏〉는 연암이 서얼을 차별하지 말고 벼슬길을 터 줄 것을 임금께 상소하려고 지었던 글의 草稿다. 결국 상소하지는 않았지만, 젊은 날 연암의 교우에 대한 생각이 잘 나타나 있다. 「공작관문고」는 연암이 孔雀館에 머물면서 저술한 글을 묶어 놓은 문집이다. 공작관은 박지원의 여러 아호 중 하나다. 그런데 공작관이라는 당호를 언제 썼는지, 어디에 있었던 당호인지 자세하지 않다.

> 다시는 볼 수 없다. 그런데 전에 자기 나라에 있을 적에는 같은 동리에 살면서도 서로를 알려 하지 않다가, 지금은 만 리나 떨어진 곳의 사람을 사귀고, 전에 자기 나라에 있을 때는 같은 종족 간에도 서로 교유하지 않았는데, 지금은 두 번 다시 볼 수 없는 사람을 벗으로 삼고, 전에 자기 나라에 있을 때에는 언어나 의복이 같았는 데도 서로 벗하지 않다가, 이제 갑자기 말도 통하지 않고 복식도 다른 사람을 서로 벗으로 허락한 것은 어쩐 일인가? 홍군은 한동안 언짢은 기색을 하더니 말했다. "내가 감히 우리나라 안에는 그럴 만한 사람이 없어서 벗을 삼지 못한다는 것은 아니다. 실로 환경의 제약과 습관에 구애되어 마음속에 답답한 점이 없지 않았다. …(중략)… 저 세 사람이 나를 볼 적에 또한 어찌 화이(華夷)의 구별, 겉모습과 신분의 차등에 대한 꺼리는 바가 어찌 없었겠는가? 그러나 복잡한 인사치레도 집어치우고 까다로운 예의 절차도 떨어버리고 마음에 있는 그대로를 드러내 간담을 털어 놓았으니, 그 규모의 광대함이 명성과 세력과 이익에 악착스럽게 덤비는 하찮은 자들과는 다르지 않은가?" 그리고는 세 선비와 이야기한 내용을 세 권의 책으로 만들어 나에게 보이면서, "자네가 서문을 쓰게." 하였다. 내가 한 번 죽 읽고 탄식하여 말했다. "툭 트였구나. 홍군이 벗을 사귀는 것이야말로. 나도 이제 벗 사귀는 도를 알았다. 그 벗으로 삼는 바를 보고, 벗이 되는 바를 보고, 또한 벗으로 삼지 않는바를 살펴보는 것, 이것이 나의 벗 사귀는 방법이다."[7]

이 글에서 연암은 담헌(湛軒)의 말을 빌려 당시 우리나라의 현실적 여건이 진실한 교우관계를 맺을 수 없을 정도로 서로의 벽이 큼을 말하고 있다. 즉 우리나라가 지리적으로 좁고, 관습의 제약으로 말미암아 마음을

---

7) 嗟呼 吾東之去吳幾萬里矣 洪君之於三士也 不可以復見矣 然而向也 居其國 則同其里閈而不相知 今也 交之於萬里之遠 向也 居其國 則同其族類而不相交 今也 友之於不可復見之人 向也 居其國 則言語衣冠之與同而不相友也 迺今猝然相許於殊音異服之俗者 何也 洪君湫然爲間 曰吾非敢謂域中之無其人 而不可與相友也 誠局於地而拘於俗 不能無鬱然於心矣 …(中略)… 彼三人者之視吾 亦豈無華夷之別 而形跡等威之嫌乎 然而破去繁文 滌除苛節 披情露眞 吐瀝肝膽 其規模之廣大 夫豈規規齷齪於聲名勢利之道者乎 迺出其所與三士譚者 彙爲三卷 以示余曰 子其序之 余旣讀畢而歎曰 達矣哉 洪君之爲友也 吾乃今得友之道矣 觀其所友 觀其所爲友 亦觀其所不友 吾之所以友也(『燕巖集』 卷1, 〈會友錄序〉).

터 놓고 사람을 사귈 수 없는 환경임을 비판적 시각에서 바라본 것이다. 지역적으로 좁기 때문에 서로의 신분을 잘 알 수 있으며, 신분과 파당이 다르면 서로 벽을 쌓고 교유하지 않는 폐쇄적인 사회적 관습으로 말미암아 참다운 벗을 사귈 수 없는 답답한 현실, 세명리(勢名利)에 덤벼드는 악착스런 인간들을 비판한 것이다. 신분과 파당, 부와 권세와 명성과 이익이 사람들 사이의 벗 사귐을 제약하지 않는 사회, 즉 모든 사람이 어떠한 제약도 받지 않고 마음을 툭 터 놓고 교유할 수 있는 사회를 연암은 꿈꾸었던 것이다. 〈회우록서〉는 연암이 30대 초반에 쓴 글이다. 따라서 이 글을 통해 당시 지식인들의 세명리에 집착하는 교우 행태에 대한 연암의 비판의식을 알 수 있다. 다음에 제시한 글은 홍대용의 편지에 대한 연암의 답신이다. 여기서도 세명리에 따라 이루어지는 당시 교우에 대한 연암의 비판의식이 나타나 있다.

> 이 아우의 평소의 벗 사귐이 넓지 않은 것도 아니어서, 덕과 지체를 헤아려 보고 모두 벗으로 허락하였습니다. 그러나 그렇게 벗으로 허락한 사람 중에는 명성을 좇고 권세를 찾아다니는 혐의가 없지 않았으니, 그러한 사람 눈에 벗은 보이지 않고 보이는 것은 오직 명성과 이익과 권세였습니다. …(중략)… 내가 이와 같은 세 벗(명성, 이익, 권세를 좇아다니는 벗)에서 벗어나니 비로소 눈이 맑아져, 이른바 (참다운)벗이란 것을 찾아보았더니 대개 한 사람도 없었습니다. 벗 사귀는 법도에 따라 벗을 사귀고자 하면 벗 사귀는 것은 참으로 어렵습니다.[8]

2.2. 〈예덕선생전〉의 주인공 엄행수는 한양성 종본탑 동편에 살면서 날마다 마을 안의 각종 똥을 수거하여 한양성 밖 근교의 채원(菜園)에 제공하고, 그 노동의 대가로 의식주를 해결하는 인물이다. 그는 중세에서 근대

8) 弟之平生交遊 不爲不廣 挈德量地 皆許以友 然其所與者 不無馳名 涉勢之嫌 則目不見友 所見者 唯名利勢也 …(中略)… 吾旣去此三友 始乃明目 求見所謂友者 蓋無一人焉 欲盡其道 友固難矣(『燕巖集』 卷3, 〈答洪德保書 第二〉).

로 이행해가는 18세기 후반, 시대적 조류에 따라 한양 도성을 중심으로 나타난 새로운 노동계층이다. 그는 오로지 자신의 육체적 노동에 의지해 생계를 이어가는 노동자다. 그렇지만 그는 어디에도 얽매이지 않고 살아가는 이른바 자유인이다. 작가는 선구적 가치관을 지닌 선귤자라는 인물과 아직 고루한 가치관에 머물러 있는 제자 자목의 대화를 통해서 분수를 지키며 욕심 없이 건실하게 살아가는 엄행수의 모습을 보여 주고 있다.

그런데 여기서 선귤자라는 이름이 재미있다. 연암의 제자 이덕무(李德懋, 1741－1793)가 자신의 서실(書室)이 매미 껍질과 귤 껍질처럼 작아서 당호로 삼았다고도 하는 아호다.[9] 그래서 이를 근거로 작품에 등장하는 선귤자를 실존인물이었던 이덕무로 보는 학자도 있다. 그러나 선귤(蟬橘)이라는 아호를 이덕무가 사용했다고 하여, 작품 속의 선귤자를 이덕무로 단정하는 것은 지나친 비약이 아닐까 한다. 작품에서의 선귤자는 다만 많은 사람들로부터 추앙받는 명망 있는 인물이면 족하기 때문이다. 또한 선귤자라는 인물의 작품 내에서의 역할은 작가의 목소리를 대신하기 위해 등장시킨 인물이므로, 번거롭게 그의 실존 여부를 따질 필요도 없다. 그러나 만약 선귤자를 이덕무로 볼 것을 고집한다면, 선귤자의 제자로 등장하는 자목(子牧) 또한 실존 인물 중에서 찾아볼 수 있다. 이덕무의 제자였던 이정구(李鼎九, 1756－1783)가 그다. 이정구는 영조 때 학자로 자(字)는 중목(仲牧)이고, 아호는 간수(簡秀)다. 그의 자(字)가 자목과 유사하다. 이정구라는 인물은 이서구(李書九)의 사촌 동생으로 이덕무로부터 수학하였다고 하며, 20세 후반에 스스로 목숨을 끊은 것으로 되어 있다. 왜 그가 스스로 목숨을 끊었는지는 알 수가 없다. 자목(子牧) 또한 선귤자와 마찬가지로 당시 실존인물이었던 누구누구였을 것이라는 추정은 작품을 분석하는 데 크게 문제되지 않는다. '子牧'의 앞뒤 글자를 바꾸어보면 '牧子'가

---

9) 이덕무(李德懋, 1741－1793)는 조선 영·정조 때의 실학자다. 자는 懋官, 호는 炯庵, 雅亭, 青莊館, 嬰處, 東方一士 등이 있다. 선귤자라는 호는 『青莊館全書』 卷2, 〈嬰處詩稿〉의 "昔在南澗之濱 字吾軒曰 蟬橘 取譬室之小、蟬殼橘皮如也"에 나타난다.

되고, '牧子'와 동음어(同音語)인 '牧者'는 가축을 기르는 자다.[10] 그래서 어떤 학자는 목부(牧夫)를 의미한다고도 했다. 그러나 여기서는 두 가지 의미로 해석이 가능하다. 하나는 원래 글자의 의미인 가축이나 기를 정도의 대단치 않은 인물을 상징하는 것, 또 하나는 학문하는 자로서 앞으로 학문을 통해 백성을 계도할 인물로 보는 것이다. 그런데 어떠한 뜻을 취해도 작품을 해석하는 데는 차이가 없다. 이 작품에서 자목의 모습은 조선 후기 대부분의 양반 지식인들과 마찬가지로 고루한 가치관을 지닌 인물로, 작품 내에서의 역할은 선귤자라는 선구적 지식인의 교화 대상으로서의 역할만 충실히 하면 되기 때문이다. 조선 봉건사회의 전형적인 유학자, 양반 사대부들이 지녔던 가치관의 소유자 자목이라는 인물이 선귤자의 말을 듣고 얼마나 생각이 바뀌었는가의 여부는 작품에 나타나지 않았다. 이 문제 또한 그리 중요하지 않다. 작품에서의 자목은 고루한 가치관을 지닌 보수적 인물로서, 선구적 가치관을 지닌 선귤자의 대화 상대로서의 역할만 하면 족하기 때문이다. 또한 선귤자는 자목을 앞에 놓고 엄행수라는 최하층 천인 역부와 교유(交遊)하고 친구로 삼으려고 하는 이유를 설명해 줌으로써 당시 부도덕한 양반 사대부들의 각성을 촉구하는 역할만 하면 된다.

작품 내용은 엄행수에 대한 간단한 소개를 제외하고는 대부분 도의지교와 엄행수의 삶의 자세를 칭송하는 내용으로 이루어져 있다. 작품의 발단은 자목이 자신의 스승인 선귤자가 천인 역부인 엄행수와 교우관계를 맺으려고 하는 데 반발하여 그의 문하를 떠나려는 사건이다. 엄행수와 교유하고 벗으로까지 삼으려고 하는 스승의 행위에 대해 자목이 다음과 같이 따진다.[11]

---

10) 연암은 말장난, 즉 語戱를 즐겼다. 〈호질〉에서의 "의(醫)란 의(疑)다", 또는 "무(巫)란 무(誣)다", "유(儒)란 유(諛)다" 등의 同音異義語는 대표적 예다. 젊은 시절에 쓴 〈민옹전〉에서도 민옹을 보고 '春帖子猇啼'와 같이 파자놀이를 하기도 하였다.

11) 학자에 따라서는 선귤자를 李德懋로 보고, 자목을 牧夫로 보기도 한다(이가원, 『연암소설연구』, 을유문화사, 1965, 159-170쪽) 그러나 〈예덕선생전〉에서 선귤자와 자목이 구체적으로 누구인가를 따져 밝힐 것은 없을 것 같다. 그저 선귤자는 자호가 가리키는 대로 고고하

> 예전에 제가 선생님으로부터, "벗이란 한 집에 같이 살지 않는 아내요, 핏줄을 같이하지 않은 형제다"라고 들었습니다. 벗이란 이렇게 중요한 것입니다. 세상의 이름난 사대부들이 선생님을 좇아 아랫자리에서 놀기를 원하는 이가 많건마는 선생님께서는 아무도 받아들이지 않으셨습니다. 그런데 저 엄행수라는 자는 마을 안의 천인 역부로서 더러운 곳에 살면서 치욕스러운 일을 하는 인물입니다. 그런 그를 선생께서는 그의 덕을 자주 칭찬하시면서 선생이라고 부르시고, 장차 교제를 하고 벗하기를 청하실 것같이 하시니 제자 심히 부끄러워 문하를 떠나고자 합니다.[12)]

이와 같은 자목의 항의에 대해 선귤자가 웃으면서 '벗이란 무엇인가?'에 대해 장황하게 설명한다. 따라서 이 작품은 교우의 문제가 이야기의 발단이다. 따라서 교우의 문제, 즉 참다운 벗 사귐의 문제가 이 작품의 발단이며 전체 내용을 포괄하는 표면적 주제라고 할 수 있다. 그러나 엄행수의 삶의 모습을 설명하는 과정에서 보여 주는 분뇨 수거(糞尿收去) 모습과 그것으로 시비(施肥)하여 많은 돈을 버는 서울 근교의 영농모습, 인간의 분수와 탐욕의 문제, 바람직한 선비상의 제시 등 또한 이 작품의 핵심 내용이다. 표면적으로 드러낸 주제가 바람직한 교우의 모습이라고 한다면, 이것들은 이면적 주제라고 할 수 있다. 그렇다면 이와 같은 여러 주제들을 통해 연암이 궁극적으로 말하고자 한 주제는 무엇인가? 그것은 저술 동기에서 언급한 바와 같이 양반사회의 탐욕과 무위도식하는 부도덕한 삶의 모습을 경계하기 위한 것이다. 도덕적 질서의 회복, 즉 '정덕(正德)'의 실현을 위한 것이다.

〈예덕선생전〉에서 선귤자는 바람직한 교우관계를 다음과 같이 말하

게 살아 가는 은사이고, 자목은 그의 제자로 보면 될 것이다.

12) 子牧問乎蟬橘子曰 昔者 吾聞友於夫子曰 不室而妻 匪氣之弟 友如此其重也 世之名士大夫 願從足下遊於下風者多矣 夫子無所取焉 夫嚴行首者 里中之賤人役夫 下流之處而恥辱之行也 夫子亟稱其德曰 先生 若將納交而請友焉 弟子甚羞之 請辭於門(『燕巖集』 卷8, 「放璚閣外傳」 〈穢德先生傳〉).

고 있다.

> 선귤자가 말했다. "그러면 네가 부끄럽게 여기는 것은 과연 여기 있는 것이지 저기 있는 것이 아니구나. 이른바 시정배의 사귐은 이익으로 하고, 얼굴로 사귀는 것은 아첨으로 하는 법이지. 그렇기 때문에 비록 지극히 친한 사이라도 세 번 거듭 무엇을 요구하면 사이가 멀어지게 되고, 비록 묵은 원한이 있을지라도 세 번만 도움을 주면 친해지지 않을 수 없다. 그러므로 이익에 의한 사귐은 지속되기 어렵고, 아첨에 의한 사귐은 오래가지 않는 법이다. 대체로 큰 사귐은 얼굴을 대하지 않아도 되고, 훌륭한 벗은 가까이 있어야 하는 것이 아니다. 단지 마음으로 사귀고 덕으로 벗하면 되는 것이니, 이것이 바로 도의지교(道義之交)인 것이다. 위로 천고(千古)의 사람을 벗하더라도 멀다 하지 않고, 서로 만 리(萬里)나 떨어져 있을지라도 소원하다 하지 않는 것이다.[13]

이 글에서 선귤자는 바람직한 교우론으로 도의지교(道義之交)를 제시하였다. 도의지교는 마음으로 사귀고 덕으로 벗하는 것이다. 이 도의지교는 작가 연암의 전 생애를 지배했던 관심사였다. 젊은 시절의 교우에 대한 연암의 관심은 〈예덕선생전〉 외에 『과정록』의 기록과 「방경각외전」에 수록된 여타의 한문단편들에서 살펴볼 수 있다. 또한 30대 초반 이후의 교우론은 〈회우록서〉, 〈의청소통소〉, 안의 현감 시절에 어떤 사람에게 보낸 편지, 즉 〈여인(與人)〉 등에서도 살필 수 있다. 〈예덕선생전〉에서의 시교(市交)와 면교(面交)는 〈마장전〉에서의 삼교오술(三交五術)과 통한다. 그러나 〈마장전〉에서는 잘못된 우도에 대해 말했을 뿐, 그 구체적 대안은 없었다. 그러나 여기서는 '시교'와 '면교'를 비판하고, '도의지교'야말로 참된 우도(友道)라고 했다.

〈예덕선생전〉을 비롯한 그의 초기 작품들에 나타나는 연암의 관심은 '도

---

13) 蟬橘子曰 然則 子之所羞者 果在此而不在彼也 夫市交以利 面交以諂 故雖有至懽 三求則無不疎 雖有宿怨 三與則無不親 故以利則難繼 以諂則不久 夫大交不面 盛友不親 但交之以心 而友之以德 是爲道義之交 上友千古而不爲遙 相居萬里而不爲疎(〈穢德先生傳〉).

의지교'다. 도의지교는 시정잡배들의 사귐이 아닌 참다운 사귐이다. 그러나 당시 현실은 그렇지 못했던 것 같다. 연암이 바라본 양반사회의 모습은 염량취산(炎凉聚散)이 판치는 사회였다. 연암은 당시 양반 지식인사회에 만연되어 있는 잘못된 벗을 사귀는 질서에 대해 문제의식을 가졌던 것이다. 이것은 정덕과 밀접한 관련을 지닌다. 잘못된 교우(交友)문제에 대한 연암의 관심은 그의 초기 작품에서 발견된다. 그의 초기 작품, 그 중에서도 20세 전후에 이루어졌으리라고 여겨지는 〈마장전〉과 〈예덕선생전〉에서 교우 문제가 집중적으로 다루어지고 있다. 〈마장전〉에서는 시정을 떠돌며 살아가는 세 인물의 대화를 통해 시정잡배의 교우와 도의지교(道義之交)를 비교하면서 양반사회의 부도덕한 교우의 모습을 비판하는 이야기 전개방식을 취하였다. 〈예덕선생전〉에서는 스승과 제자의 대화의 방식을 통해서 교우의 문제를 다루었다.

3. 이용후생(利用厚生): 분양(糞壤)과 영농(營農)

연암이 살았던 18세기 조선 후기, 삼강오륜은 양반 사대부들의 삶의 지침이었다. 특히 선비들의 삶의 지향점은 삼강오륜에 바탕을 둔 도덕적 삶이었다. 그런데 도덕적 삶은 '정덕(正德)'과 통한다. 따라서 정덕을 이룬다는 것은 삼강오륜에 바탕을 둔 도덕적인 삶의 실천인 것이다. 정덕은 흐트러졌던 삶의 질서를 바로잡는 것이다. 연암은 『열하일기』에서 이 정덕을 이용후생과 함께 언급하고 있다. 중국여행(1780년)을 바탕으로 저술된 『열하일기』, 「도강록」 6월 27일자 일기에서, 연암은 책문(柵門) 안 변경의 작은 마을에서 중국인들의 윤택한 삶의 모습을 보고 다음과 같이 기술하고 있다.

아! 이런 다음에야 비로소 물건을 이롭게 썼다고 말할 수 있을 것이다. 물

> 건을 이롭게 써야만 삶을 윤택하게 할 수 있고, 삶을 윤택하게 한 후에야 덕을 바르게 할 수 있는 것이다. 물건을 이롭게 쓸 줄 모르고는 삶을 윤택하게 하기는 어려울 것이다. 윤택한 삶을 이룰 수 없는데, 또한 어찌 능히 그 덕을 바르게 할 수 있겠는가?[14)]

여기서 '정덕(正德)'은 '이용후생(利用厚生)'이 있은 다음에야 이루어질 수 있음을 말하고 있다. 이용후생이 없이 참다운 정덕 실현은 불가능하다고 생각했던 것이다. 이용후생은 연암사상의 골격을 이룬다. 그의 이용후생사상이 잘 드러난 곳은 『열하일기』다. 「일신수필」 7월 15일자에서, 우리나라 선비들이 연경(燕京)에서 돌아오는 이를 처음 만나면 반드시 "당신이 이번 여행길에 본 것 중 제일 장관이 무엇이오?" 하고 묻는데, 이때 사람들은 요동천리의 너른 들판, 구요동(舊遼東)의 백탑(白塔), 연로(沿路)의 점포들, 산해관(山海關), 유리창(琉璃廠), 통주(通州)의 선박, 상방(象房), 동악묘(東岳廟), 북진묘(北鎭廟) 등을 장관이라 하는 등 의견이 분분하다. 그러면 상사(上士)는 수심에 찬 얼굴빛을 띠고는, "도무지 볼만한 것이 없었습니다" 한다. 이유는 오랑캐가 다스리는 땅이기 때문이라는 것이다. 중사(中士)는 말하길, "명나라가 망한 후, 산천이 날고기 누린내 나는 고장으로 변했고, 성인(聖人)의 전통이 묻혀 버려 언어는 어릿광대의 풍속으로 변했으니, 볼 만한 것이 무엇이 있겠는가?"라고 하며, "진실로 십만 대군의 군사를 얻을 수 있다면 산해관(山海關) 안으로 달려 들어가 중원을 깨끗이 소탕한 뒤에야 장관을 이야기할 수 있을 것이다"라고 한다. 그러나 연암 자신은 학문과 지식이 낮은 선비[下士]이므로, "장관은 깨진 기와 조각에 있고, 장관은 똥거름에 있다"고 했다. 이유인즉 기와 조각은 버리는 물건이지만 민가에서 담을 쌓을 때, 다양한 모양으로 그 위를 장식하기도 하며, 가난하여 뜰에 벽돌을 깔 수 없을 때, 여러 가지 빛깔의 유리 조각이

---

14) 嗟乎 如此然後 始可謂之利用矣 利用然後 可以厚生 厚生然後 正其德矣 不能利其用 而能厚其生 鮮矣 生旣不足以自厚 則亦惡能正其德乎(『熱河日記』, 「渡江錄」, 6월 27일).

나 냇가의 둥근 돌 등으로 꽃, 나무, 새, 짐승 등으로 치장한다는 것이다. 곧 일상생활에서 이용후생하는 모습을 기술한 다음, 그들이 똥을 소중히 여기는 모습을 다음과 같이 기술하였다.

> 뒷간의 똥은 지극히 더러운 물건이지만, 그것을 밭에 거름 주기 위해 금처럼 아끼고, 길에는 버린 재가 없으며, 말똥을 줍는 자는 삼태기를 가지고 말의 뒤를 따라다닌다. 말똥을 쌓아 놓는 방법도 네모반듯하게 쌓기도 하고, 혹은 여덟 모 혹은 여섯 모로 쌓거나 혹은 누대(樓臺) 모양으로 만든다. 이와 같은 똥덩이에 천하의 제도가 세워져 있음을 볼 수 있었다. 그러므로 깨어진 기와 조각과 똥덩이가 장관이지, 반드시 성곽과 연못, 궁실(宮室), 누대(樓臺), 길가에 늘어선 가게들, 절이나 도관(道觀), 목축과 넓은 들판, 운애 낀 수풀의 환상적인 기이한 모습만 장관이라 하겠는가?[15)]

여기서 분양(糞壤), 곧 시비(施肥)에 대한 연암의 깊은 관심을 엿볼 수 있다. 그런데 분양에 관한 이와 같은 언급은 연암보다 2년 먼저 1778년에 사은겸 진주사(謝恩兼陳奏使)를 따라 이덕무와 함께 북경을 다녀온 박제가(朴齊家, 1750—1805)의 『북학의(北學議)』에도 보인다.[16)] 당시 연암을 중심으로 하는 일군(一群)의 실학자들은 시비(施肥)에 대해 깊은 관심을 가졌다. 이것은 이용후생과 밀접한 관련이 있기 때문이다. 특히 이용후생의 한 방향인 농업생산력의 증대는 조선시대 백성들의 삶을 윤택하게 하는 첩경이다. 박제가는 〈북학의서(北學議序)〉에서 이용후생과 정덕의 관계를 다음과 같이 말하고 있다.

---

15) 余下士也 曰壯觀在瓦礫 曰壯觀在糞壤 …(中略)… 糞溷至穢之物也 爲其糞田也 則惜之如金 道無遺灰 拾馬矢者 奉畚而尾隨 積庤方正 或八角或六楞 或爲樓臺之形 觀乎糞壤而天下之制度斯立矣 故曰 瓦礫糞壤 都是壯觀 不必城池宮室樓臺市舖寺觀牧畜原野之曠漠烟樹之奇幻 然後爲壯觀也(『熱河日記』, 「馹迅隨筆」, 7월 15일).

16) 中國惜糞如金 道無遺灰 馬過則 擧畚隨其尾以收其糞 道傍之氓 日持筐曳鍬 揀馬矢於沙中 積糞皆方正 或三稜 六稜(『北學議』, 「外篇」〈糞〉).

> 대개 이용후생이 하나라도 다스려지지 않으면 위로 정덕을 해치게 된다. 그러므로 공자는 “백성이 많아졌으면 부유하게 해 주고 부유해졌으면 가르쳐야 한다” 하였고, 관중은 “의식이 풍족해야 예절을 안다” 하였다. 이제 백성들의 살림살이가 날마다 곤궁해지고, 재물 씀이 날마다 궁핍해지는데, 사대부들은 소매에 손만 꽂고 앉아서 그들을 구제하지 않으려 하는가?[17]

이용후생이 제대로 안 되면 정덕이 이루어질 수 없음을 『서경(書經)』 〈대우모(大禹謨)〉[18]와 『논어(論語)』 〈자로(子路)〉편에 나오는 말을 인용하여, 백성을 부유하게 해 준 다음에 가르쳐야 한다고도 했다.[19] 『관자(管子)』 〈목민(牧民)〉편의 ‘의식이 풍족해야 예절을 안다’는 말을 인용하기도 했다. 이와 같은 언급들은 모두 이용후생의 중요성을 말한 것이다. 즉 백성들의 삶이 풍족하게 되면 정덕은 자연히 이루어질 수 있음을 말한 것이다. 연암이 주장하는 ‘사물을 이롭게 이용한 후에야 백성의 살림살이가 넉넉해지고, 살림살이가 넉넉해진 후에야 덕을 바르게 할 수 있을 것’이라는 말과 통한다. 이것이 연암을 비롯한 박제가, 이덕무, 유득공 등 이른바 연암학파의 공통된 생각이었던 것이다. 〈홍범우익서(洪範羽翼序)〉에서 연암은 ‘오행(五行)’과 ‘이용후생정덕(利用厚生正德)’의 관계에 대해 다음과 같이 말하고 있다.

> 내가 스무 살 때 쯤, 동네 글방에서 상서(尙書)를 배웠다. ‘홍범(洪範)’편을 읽기가 매우 어려워 글방 선생에게 물었다. 선생께서 말씀하셨다. “이것은 읽기 어려운 글이 아니다. 읽기 어렵게 된 까닭이 있다. 세상의 유학자들이 어지럽혀 그렇게 된 것이다. 무릇 오행이란 것은 하늘이 준 것이요, 땅에 쌓여 있

---

17) 夫利用厚生 一有不修 則上侵於正德 故子曰旣庶矣而敎之 管仲曰 衣食足而知禮節 今民生日困 財用日窮 士大夫其將袖手而不之救歟(「北學議序」).

18) 禹曰 於 帝 念哉 德有善政 政在養民 水火金木土穀 惟修 正德利用厚生 惟和 九功惟敍 九敍惟歌 戒之用休 董之用威 勸之以九歌 俾勿壞(『書經』, 「大禹謨」).

19) 子適衛 冉有僕 子曰 庶矣哉 冉有曰 旣庶矣 又何可焉 曰 富之 曰 旣富矣 又何加焉 曰 敎之(『論語』, 「子路」).

> 는 것이다. 인간은 이것의 도움으로 살아간다. 우 임금이 차례를 정하고 무왕과 기자가 문답한 것이다. 오행이 하는 일은 정덕, 이용, 후생의 도구에 불과하고, 오행의 쓰임은 세상이 잘 다스려지고, 만물이 성수(成遂)되는 공효(功效)에 지나지 않을 따름이다. …(중략)… 이제 내가 오행의 쓰임에 대해 먼저 말해 볼 터이니, 이를 통해 홍범구주(洪範九疇)의 이치는 쉽게 파악할 수 있을 것이다. 왜 그런가 하면 이용(利用)이 있은 다음에 후생(厚生)할 수 있고, 후생한 다음에 덕을 바로잡을 수 있기 때문이다.[20]

따라서 오행(五行), 즉 물, 불, 쇠, 나무, 흙[水火金木土]과 이용(利用), 후생(厚生), 정덕(正德)은 연암이 〈예덕선생전〉을 저술한 당시인 20대 초반에 이미 깊은 관심을 가지고 있었던 문제였음을 알 수 있다.

연암의 영농(營農)에 대한 관심은 그의 소설 〈허생전〉에서도 엿볼 수 있다. 〈허생전〉은 20대 중반 그 소재를 얻은 이후 20여 년의 고심 끝에 완성하여 44세 열하 여행 이후 저술된 『열하일기』에 수록된 작품으로, 그의 청·장년기의 영농에 대한 관심이 잘 나타나 있다. 농토가 없어 도적떼가 된 무리를 이끌고 사문(沙門)·장기(長崎) 사이의 무인도에 들어가 농사를 지어, 먹고 남은 곡식을 일본 장기도(長崎島)에 가져다가 팔아 100만 냥이라는 막대한 은을 획득한다는 내용은, 허생이 변씨에게 돈을 빌려 시험하고 싶었던 것 중에서 가장 중요한 것이었다. 그것은 영농의 시험이었다. 무인도에 들어가 농사를 지어, 먹을 것이 풍족해진 다음에 허생은 도적들에게 예절을 가르쳤다. 먹을 것이 없으면 양민들도 도적이 될 수밖에 없으며, 도적들도 먹을 것이 풍족해지면 예절을 갖출 수 있음을 보여 준 것이다. 〈허생전〉은 '이용후생정덕(利用厚生正德)'의 사상을 소설로 꾸민

20) 余弱冠時 受商書里塾 苦洪範難讀 請于塾師 塾師曰 此非難讀之書也 所以難讀者有之 世儒亂之也 夫五行者 天之所賦 地之所蓄 而人得以資焉 大禹之所第次 武王箕子之所問答 其事則不過正德利用厚生之具 其用則不出乎中和位育之功而已矣 …(中略)… 今吾先言五行之用 而九疇之理可得而明矣 何則 利用然後可以厚生 厚生然後德可以正矣(『燕巖集』 卷1, 〈洪範羽翼序〉).

대표적인 작품이다.

〈예덕선생전〉에서 엄행수가 마을을 돌아다니며 각종 똥을 수거하는 것은 작가 연암의 시비(施肥) 대한 관심의 소산임이 밝혀졌다. 작품에서 엄행수는 그가 수거한 똥을 서울근교의 영농가(營農家)에게 제공하여 얻은 수입으로 살아가고, 영농가는 엄행수가 제공한 각종 똥을 사용하여 질이 좋은 무, 가지, 오이, 수박, 고추, 마늘, 미나리 등 채소를 재배하여 도시에 공급하여 많은 돈을 번다.[21] 이것은 서울 도성(都城)을 배경으로 이루어지고 있는 근교농업에 대한 연암의 관심 표출이다. 이를 통해서 우리는 당시 서울 도성 밖의 근교에서 영농방법의 개선이 점차 이루어지고 있었으며, 적극적으로 영농에 참여하여 부를 쌓는 새로운 농민계층이 등장하고 있었음을 알 수 있다. 김용섭(金容燮)은 이와 같은 사실을 다음과 같이 말하고 있다.

> 다산(茶山)에 의하면 "서울의 성외나 지방의 큰 도시부근에서는 10묘(畝)의 농원에 파[葱], 마늘[蒜], 배추[菘], 외[瓜] 등을 재배하여 수백 냥의 돈을 번다는 것이었으며, 우하영(禹夏永)에 의하면 미나리[芹]를 2두락 심으면 도(稻) 10두락의 수확에 해당하는 이(利)를 얻을 수 있으며…"[22]

엄행수는 비록 천인 역부였지만 정월 초하루 설날 아침에는 일찍이 새 옷으로 갈아입고 동리를 다니며 새해 인사를 하는 등 기본적인 예의는 갖추었다. 이와 같은 행위는 스스로 먹을 것을 장만하였기에 가능한 것이다. 만약 그가 똥을 수거하는 일을 천하다 여기고 두 손을 모으고 집에 들어앉아 있기만 하였으면 어떻게 되었을 것인가? 굶어 죽거나, 그렇지 않으면 남에게 비굴하게 구걸하거나, 아첨하거나, 그렇지 않으면 남을 속여 먹고

---

21) 枉十里蘿蔔 箭串菁 石郊茄蓏水瓠胡瓠 延禧宮苦椒蒜韭葱薤 青坡水芹 利泰仁土卵 田用上上 皆取嚴氏糞膏 沃衍饒歲致錢六千(〈穢德先生傳〉).

22) 金容燮, 『朝鮮後期農業史研究－農學變動, 農學思想－』, 一潮閣, 1970, 168쪽.

살 수밖에 없었을 것이다. 그것도 못하면 마지막으로 도적이 되었을지도 모른다. 그러나 그는 남이 거들떠보지도 않는 똥을 수거하는 천한 일을 함으로써 먹을 것을 장만할 수 있었다. 뿐만 아니라, 그가 수거하여 제공한 분뇨를 밭에 시비(施肥)함으로써 도시 근교의 영농가(營農家)는 많은 부를 축적할 수 있었다. 비록 천한 일에 종사하였지만, 그의 삶은 사회에 기여하며 떳떳하고 보람 있게 사는 삶이었다. 노동을 하며 살아가는 건실한 삶, 농업생산력의 향상을 통해 얻는 부(富)는 도덕적인 삶의 바탕이 되는 것이다. 이는 이용후생의 삶이며, 정덕을 이루는 삶의 바탕이 된다.

일반적으로 박지원은 이용후생에 기반을 둔 실학자로 알려져 오고 있다. 특히 유통을 중시한 중상주의자(重商主義者)로 말해지고 있다. 그러나 그는 유통 이외에도 백성들의 삶을 윤택하게 하기 위한 것이라면 농업이건, 공업 기술이건 모든 분야에도 관심을 가졌다. 특히 영농에 대한 관심이 20세 전후 저술된 것으로 추정되는 〈예덕선생전〉에 잘 나타나 있다. 이 작품에는 또한 연암이 20세 전후부터 그의 생애 전반에 걸쳐 지속적인 관심을 가졌던 교우관계에 있어서의 진정성의 문제, 즉 염량취산하지 않는 우정과 이용후생에 바탕을 둔 정덕의 문제를 다루고 있다. 우정(友情)은 권세와의 거리를 두어야 하며 신의(信義)가 있어야 한다. 정덕(正德)은 부귀와 거리를 두어야 한다. 정덕은 이용후생이 있은 후에야 이루어질 수 있다. 그러면 18세기 연암이 살았던 조선 후기 사회에서 가장 중요한 이용후생의 대상은 무엇이었을까? 즉 무엇을 이용하여 백성들의 삶을 윤택하게 할 수 있었을까? 첫째가 농사였다. 농사가 풍년이 되어야 백성들이 배불리 먹고 윤택해질 수 있는 것이다. 다음으로 상업의 발달, 수공업의 발달 등이 동반되어야 했다. 따라서 농업이 산업의 중심이었던 조선조에 있어서 농업생산성 향상은 가장 중요한 문제였다. 농업생산성을 높이기 위해서는 단위 면적당 많은 수확을 올려야 한다. 그러기 위해서는 농토가 비옥해야 하고 제때 물을 공급해야 한다. 또 농토를 비옥하게 하기 위해서는 비료가 필요하다. 당시 비료는 인분을 중심으로 한 퇴비였다. 따라서 현실적으로 가장 손쉽게 얻을 수 있는 시비(施肥) 재료는 주변에서 쉽게 얻을 수 있는 분뇨였다. 분뇨를 이용하여 땅을 기름지게 함으로써 생산성을 향상시킬 수 있었던 것이다. 연암은 젊은 시절부터 시비에 관심을 가졌던 것이다. 집안 구석과 거리에 나뒹구는 버려진 똥을 이용한 농업생산성 향상에 대한 관심에서 그의 이용후생의 실학은 시작되었던 것이다. 똥은 사람들이 가장 더럽게 여기는 것이지만 잘 이용하면 이용후생의 바탕이 되는 귀중한 물건인 것이다. 연암은 서울 도성을 중심으로 이루어지고 있는 근교농업과 시비의 문제를 교우론, 이용후생과 관련시켜 작품화한 것이다. 그런데 이용후생은 궁극적으로는 '정덕(正德)'과 밀접한 관련을 지니는 것이다. 연암은 농(農)・공(工)・고(賈), 즉 농사군, 공장이, 상인 등 서민들의 삶을 윤택하게 할 수 있는 자가 선비라고 했다. 곧 선비의 사명을 인식한 것이다. 그는 백성이 의식주를 제대로 갖추지 못하는 것은 선비가 자신의 본분을 다하지 못했기 때문이라고 했다.[23] 이용후생을 통해서 백성을 배부르게 하고 궁극적으로 정덕을 이루게 하는 것이 선비가 해야 할 임무라고 연암은 생각했던 것이다.

4. 운명론(運命論): 분수(分數)와 탐욕(貪慾)

분수와 탐욕에 대한 연암의 생각이 그의 한문단편에 잘 나타나 있다. 〈광문자전〉에서, 사람들이 광문에게 장가가라고 권하면, "무릇 잘생긴 얼굴은 누구나 좋아하는 바다. 그러나 남자만 유독 그런 것은 아니다. 여자 또한 그렇다. 그러므로 나는 못생겨서 내 스스로 장가가는 것을 포기하였다"라고 하였고, 광문에게 집을 가질 것을 권하면 사양하며 말하기를, "나

23) 士之學 實兼包農工賈之理 而三者之業 必皆待士而後成 夫所謂明農也 通商而惠工也 其所以明之通之惠之者 非士而誰也 故臣竊以爲 後世農工賈之失業 卽士無實學之過也(『燕巖集』 卷16, 「課農小抄」〈諸家總論〉).

는 부모도 형제도 처자도 없는데 집을 가져서는 무엇을 하겠는가? 또한 나는 아침이면 노래를 부르며 저자에 들어갔다가, 저물면 부귀가(富貴家) 문간에서 자면 된다. 한양의 호수(戶數)가 팔 만이나 되니, 날마다 그 거처를 바꿔도 내가 수명을 다할 때까지 다 잘 수 없다오"라고 했다. 〈양반전〉에서는 정선의 서민 부자가 천석의 환곡을 대신 갚아 주고 양반을 샀다가, 입권 과정에서 양반의 실상, 즉 그가 생각했던 양반의 모습이 아닌 것을 알고 양반을 포기하고 본래의 자신의 위치로 돌아간다. 〈허생전〉에서도 허생이 50만 냥을 가지고 섬에서 나와 나라 안을 두루 다니며 가난한 사람들을 구제하고 남은 돈 10만 냥을 가지고 변 부자에게 돈을 갚으러 갔을 때, 변씨가 "당신의 얼굴색이 조금도 나아지지 않았으니 얻은 것은 없이 만금만 잃은 것이 아니요?" 하고 묻자, 허생이 웃으면서 "재물로 얼굴에 윤기가 흐르는 것은 당신네들의 일일 따름이다. 만금이 어찌 도를 살찌우게 할 수 있겠소?" 하였다. 이 말 속에서 우리는 재물과 '도(道)'의 관계에 대한 연암의 생각을 읽을 수 있다. 즉 먹고사는 문제와 선비가 지녀야 할 자세는 달라야 한다는 것이다. 〈예덕선생전〉에서 선귤자는 제자 자목에게 분수와 탐욕에 대해 다음과 같이 말하였다.

> 『중용(中庸)』에, "부귀를 타고나면 부귀하게 지내고 빈천을 타고 나면 빈천한 대로 지낸다"라고 하였으니, 타고난다는 것은 이미 정해져 있음을 말하는 것이다. 『시경(詩經)』에, "이른 새벽부터 밤까지 공소(公所)에 있으니, 진실로 명(命)이 똑같지 않기 때문이다"라고 하였는데, 여기서 명이란 그 사람의 분수(分數)를 말하는 것이다. 무릇 하늘이 만민을 낼 때, 각자 정해진 분수가 있으니 명을 타고난 이상 무슨 원망할 까닭이 있겠는가? 그런데 새우젓을 먹으면서 달걀을 생각하고, 갈포 옷을 입고서 모시옷을 부러워하면, 천하가 이로부터 크게 어지러워져 백성들이 땅에서 들고 일어나 농토가 황폐해질 것이다. 진승(陳勝), 오광(吳廣), 항적(項籍)의 무리들은 그 뜻이 어찌 농사일에 안주할 자들이었겠는가? 『주역(周易)』에 이르길, "짐을 짊어져야 할 사람이 수레를 탔으니 도적을 불러들일 것이다" 한 것도 이를 두고 말한 것이다. 진실로 의리가 아

니면 비록 만종(萬鐘)의 녹일지라도 불결한 것일 뿐이다. 노력 없이 이룬 재산은 비록 소봉의 부와 같을지라도 그 이름에 더러운 냄새가 나게 될 것이다.[24]

부귀는 부러워한다고 해서 되는 것이 아니다. 연암은 『중용(中庸)』과 『시경(詩經)』을 인용하여 운명과 분수에 대해 말하고 있다. 즉 인간은 각자 운명을 타고난 것이라는 생각이다. 그러므로 자신이 타고난 운명을 지키는 것이 분수를 아는 것이요, 그것에 순응하여 성실하게 사는 것이 정덕에 이르는 길이라는 생각이다. "素也者定也", 즉 태어날 때부터 운명이 정해졌다는 것이다. 또한 『시경』을 인용하여 운명과 분수에 대해 말하고 있다. 벼슬에 오르는 것은 아무나 할 수 있는 것이 아니다. 태어날 때 이미 정해진 것이므로 누구를 원망하겠는가라고 했다. "命也者分也", 즉 운명이 바로 분수인 것이다. 매우 운명론적이다. 하늘이 만민을 생겨나게 할 때 각자에게 분수를 정해 주었으니, 그러한 운명을 타고난 이상 그 누구를 원망하겠는가라고 했다. 그런데 사람들은 그러한 자신의 운명을 거역하고 탐욕을 부린다는 것이다. 『주역(周易)』을 인용하여, 짐을 질 사람이 수레에 앉아 있으니까, 도적이 그 자리를 뺏으려고 한다는 것이다. 분수를 모르고 임금의 자리에 앉는 것도 문제이고, 그것을 뺏으려고 하는 자도 문제다. 이것은 자신의 분수를 지키지 않고 탐욕을 부리는 것이다. 그런데 탐욕의 종말은 비극이다. 분수를 넘어 권세와 명성과 부를 얻는 행위는 정의(正義)가 아니다. 그것은 탐욕의 소산이므로 더러운 것이다. 그것은 사회를 어지럽히는 행위로서 '정덕(正德)'과는 거리가 먼 것이다.

그런데 엄행수는 덕망 있는 선비가 실행하지 못하는 이용후생의 삶을 몸소 실천하였다. 그는 스스로 먹을 것을 장만하였고, 새해 첫날에는 깨끗

---

24) 傳曰 素富貴行乎富貴 素貧賤行乎貧賤 夫素也者定也 詩云 夙夜在公 寔命不同 命也者分也 夫天生萬民 各有定分 命之素矣 何怨之有 食蝦醢思鷄子 衣葛羨衣紵 天下從此大亂 黔首地奮 田畝荒矣 陳勝吳廣項籍之徒 其志豈安於鋤耰者耶 易曰 負且乘 致寇至 其此之謂也 故苟非其義 雖萬鍾之祿 有不潔者耳 不力而致財 雖埒富素封 有臭其名矣(〈穢德先生傳〉).

한 옷을 차려입고 동네를 돌아다니며 예의를 갖추었다. 그는 자신의 분수를 알고 탐욕을 부리지 않고 깨끗하게 산 것이다. 이와 같은 인물이야말로 정덕을 몸소 실천하는 인물이다. 작가는 엄행수의 삶을 보여 주면서 양반 사대부들의 각성을 촉구한 것이다. 그리고 엄행수와 같은 인물이야말로 진정한 벗이 될 수 있는 인물이라고 한 것이다.[25] 엄행수는 자신에게 주어진 운명을 거부하지 않고 받아들였고, 분수를 지키며 성실히 살았다. 그의 삶은 사치와 허례허식과는 거리가 먼 것이었다. 그렇지만 예(禮)를 갖추어야 할 때는 예를 갖추었다. 이와 같은 삶의 자세는 『논어』〈학이(學而)〉편의 "子曰 君子食無求飽居無求安"의 공자의 말씀을 잘 따른 삶이라고 하겠다. 그것은 정덕을 실천하는 삶이다. 작품 마지막에서 선귤자는 다음과 같이 말을 맺는다.

> 그러므로 이른바 선비가 곤궁하게 산다고 하여 그 기색이 얼굴에까지 나타나는 것은 부끄러운 일이요, 뜻을 얻어 출세했다고 하여 온몸에 나타내는 것도 부끄러운 일이니, 그들에게 엄행수를 보게 한다면 부끄러워하지 않을 자가 거의 드물 것이다. 그래서 나는 엄행수에 대하여 스승이라고 부른 것이다. 어찌 감히 벗이라고 말할 수 있겠는가. 그러므로 나는 엄행수에 대하여 감히 이름을 부르지 못하고 '예덕선생'이라고 호칭한 것이다.[26]

인간이 저마다 자기 분수를 지키지 못하고 탐욕스럽게 되면 사회가 혼란하게 되는 것은 당연하다. 권력자나 부농(富農)들에 의해 농토가 겸병(兼倂)되면 농민은 하나 둘 농토에서 이탈하게 되고 농토는 황폐하게 될 것이다. 또한 농민의 난(亂)의 원인이기도 하다. 이것은 인간의 탐욕이 빚

---

25) 연암의 교우론은 박기석, 「朴趾源의 交友論」(『고전문학과 교육』 제10집, 한국고전문학교육학회, 2005)에서 자세히 고찰하였다.

26) 故夫士也窮居 達於面目恥也 旣得志也 施於四體恥也 其視嚴行首 有不忸怩者幾希矣 故吾於嚴行首 師之云乎 豈敢友之云乎 故吾於嚴行首 不敢名之 而號曰穢德先生(〈穢德先生傳〉).

어 낸 결과다. 자신의 분수에 합당하지 않은 것, 능력에 지나치는 것을 연연해 하고 그것을 취하려고 할 때 나타나는 현상이다. 이와 같은 사회에서 권력과 이익과 명성을 좇아다니는 교우가 성하게 되는 것이다.

〈예덕선생전〉의 주인공 엄행수는 자신의 분수를 지키며 건실하고 떳떳하게 살아가는 인물이다. 그야말로 도의지교를 더불어 논할 수 있는 사람이며, 더 나아가 스승으로 추앙받을 만한 인격의 소유자라고 할 수 있다. 진정 '정덕(正德)'을 실천한 인물인 것이다.

5. 맺음말

〈예덕선생전〉의 작중 인물 선귤자는 개방적 사고를 지닌 학자다. 선귤자에 의해 칭송을 받는 엄행수는 자신의 분수를 알고 욕심 없이 건실하게 사는 천인(賤人) 역부(役夫)다. 그는 스스로 의식주를 해결하며 살아간다. 작가 연암은 이 작품을 통해 무위도식하며 세명리(勢名利)를 좇아 출세를 도모하였던 부도덕한 양반 지식인을 비판한 것이다. 즉 조선 후기 선비사회의 황폐해진 도덕적 질서를 문제로 제기한 것이다. 즉 '정덕(正德)'의 문제를 제기한 것이다. '정덕(正德)', 그것은 무너진 도덕적 질서를 바로잡는 것이다. 이 작품을 통해서 우리는 젊은 날 연암의 중요한 관심사의 하나가 정덕에 있었음을 알 수 있다.

작품 전개는 표면적으로는 온 나라 안의 사대부들이 추앙하는 선귤자(蟬橘子)라는 학자가 고루한 가치관에 매몰되어 있는 제자 자목(子牧)에게 참다운 교우관계란 어떠한 것인가를 깨우쳐 주는 내용이다. 선귤자가 엄행수를 교우의 대상 인물, 나아가 스승으로까지 받들겠다고 하는 이유는 그의 덕성(德性)에 있었다. 작품의 구체적인 내용은 당대 양반사회가 가지고 있는 문제들, 즉 교우, 분수와 탐욕 등 윤리도덕적인 삶의 문제와 시비(施肥)와 영농, 즉 도시 근교의 채원(菜園)과 관련된 이용후생의 문제, 그리고 분수와 탐욕에 관련된 도덕적인 삶의 문제 등을 다루고 있다. 이와 같은 문제들은 모두 도덕적 질서와 관련이 있는 정덕의 문제다. 정덕은 연암이 전 생애를 통해 관심을 두었던 문제였다. 특히 초기 작품인 〈마장전〉, 〈광문자전〉 등의 신의(信義)와 교우(交友), 40대 중반 이후에 이루어진 〈허생전〉의 이용후생(利用厚生), 그리고 염량취산(炎凉聚散)하는 교우세태(交友世態)에 대해 비판한 『과정록』의 언급 등은 모두 그의 정덕사상(正德思想)에서 비롯된 것이다.

〈민옹전〉의 서사구조와 문학치료적 성격

1. 머리말

「방경각외전(放璚閣外傳)」〈자서(自序)〉에서 박지원은 〈민옹전(閔翁傳)〉을 짓게 된 동기를 다음과 같이 기술하고 있다.

> 민옹은 황충과 같은 인물이나 도를 배워서 용과 같았다. 그는 풍자와 골계로 세상을 조롱하며 공손치 않았다. 벽에 글을 써 스스로 분발하며 나태함을 경계하였다. 이에 민옹의 전을 서술한다(閔翁蝗人 學道猶龍 託諷滑稽 翫世不恭 書壁自奔 可警惰慵 於是述閔翁).

이 글을 통해 볼 때 작자 연암이 〈민옹전〉을 저술한 동기는, ① 민옹이 비록 황충과 같이 곡식을 축내며 일평생 살았지만, 도(道)를 익혀 용과 같이 뛰어난 능력을 지녔고,[1] ② 풍자와 골계로 세상을 조롱하며 기존의 가

1) "閔翁蝗人 學道猶龍"의 '閔翁蝗人'의 해석을 어떻게 할 것인가? 지금까지는 대체로 '민옹은 인간을 황충으로 보았다'라고 해석하고 있다. 이와 같은 해석이 가능한 것은 작품 내용 중에, 어떤 사람이 海西 지방이 蝗蟲 때문에 걱정이라고 하자, 민옹이 그런 작은 벌레는 걱정할 것이 없다고 하면서, "내 보기에 종로 길을 메운 것이 모두 황충일 따름이다(吾見 鍾樓塡道者 皆蝗耳)"라고 한 '海西蝗蟲'에 관한 문답에서 유추할 수 있기 때문이다. 그런데 민옹이 종로를 배회하는 인간들을 황충이라고 지칭한 것은, 그들이 하는 일 없이 몰려 다니면서 곡식이나 축내는 인간들이라고 생각했기 때문이다. 그런데 문제는 민옹 또한

치관을 부정하며 살았으며, ③ 해가 바뀌어 정초가 되면 늘 자기 나이와 같았던 위인들의 모습을 떠올리고, 그들의 행적이나 경구(警句)를 방 안 벽에 써 놓고 스스로 분발하여 게을러지는 것을 경계하였기 때문이라고 했다.

〈민옹전〉은 연암 자신이 직접 경험한 바를 일인칭으로 기술한 작품으로, 그의 여타 한문단편들에 비해서 전(傳)의 일반적 형식에 비교적 가깝다. 서두는 주인공 민옹의 간단한 이력과 7세부터 70세까지의 벽서(壁書) 행위가 기술되어 있다. 본문에서는 작품 속의 '나'가 73세의 민옹을 만나 관찰한 그의 언행을 기술하였고, 결말 부분에서는 민옹의 죽음을 애도하고 추모하는 시를 통해 그를 높이 평가하였다.

이 작품과 같이 주류 사회에서 소외된 시정 지식인의 행적이 일인칭 서술시점에 의해 저술된 연암의 작품으로 〈김신선전〉과 〈우상전〉이 있다. 〈김신선전〉에서 연암은 김홍기라는 인물의 신이한 행적을 전해 듣고, 그를 직접 만나 보려고 애를 썼으나 끝내 만나지 못한 과정을 그렸고, 〈우상전〉에서는 뛰어난 문장력을 지녔음에도 불구하고 주위의 인정을 받지 못하고 요절한 중인 출신 문인을 추모한 글이다. 우상이라는 인물은 실제로 연암에게 몇 편의 시를 보내 평가받고자 했던 인물로서, 비록 국내에서는 인정받지 못했지만, 계미년 통신사의 한어(漢語) 역관으로 일본에 따라가서 크게 문명을 떨쳤던 인물이다. 이 세 작품에 등장하는 주인공의 공통점은 남다른 능력은 있었으나, 출신 성분, 또는 당파 때문에 능력을 인정받지 못하고 시정의 지식인으로 떠돌다가 생애를 마쳤다는 데 있다. 이 중에서 민옹의 경우는 연암이 직접 만나 교유(交遊)했던 인물이다. 연암이 이들에 대해 관심을 가졌을 때는 연암이 우울증으로 고생하고 있을 때였다.[2)]

그런 무리에 속한다는 데 있다. 민옹이 그들과 다른 것은 70이 넘도록 부지런히 독서를 하여 남보다 많은 지식과 세상을 바라보는 뛰어난 안목을 지녔다는 점이다. 따라서 '閔翁蝗人'의 해석은, '민옹은 황충과 같은 인물이지만'이라고 해야만, 다음의 '學道猶龍(도를 배워 용과 같았다)'과 자연스럽게 이어질 수 있다.

2) 〈민옹전〉은 연암 자신이 직접 경험한 내용을 바탕으로 그의 나이 21세 때(1757, 영조 33년)에 입전한 작품으로 추정된다. 따라서 작품 속의 서술자 '나'는 연암 박지원이다. 연암

그는 우울증에서 벗어나기 위해 음악과 서화라든지 골동이나 기타 잡물에 취미를 가져 보기도 하였고, 특히 문하의 겸인(傔人)이나 민옹과 같은 이야기꾼들로부터 시정에 떠도는 이야기를 즐겨 들었다고 한다. 이때 들었던 이야기를 소재로 해서 이루어진 것이 「방경각외전」에 수록된 한문단편들이며, 『열하일기』, 「옥갑야화」의 〈허생전〉 또한 연암이 20세(1756년 겨울) 때 봉원사에서 글공부를 할 때 윤영(尹映)이라는 인물에게서 들었던 것을 바탕으로 입전한 것이다.

연암은 16세 이후에야 비로소 문장공부를 체계적으로 시작했다고 한다. 이때 체계적인 문장공부라는 것은 곧 과거시험을 준비하는 것이었다. 과거시험을 본다는 것은 관리가 되기 위한 것이었고, 그것은 현실을 긍정하고 기존 질서에 순응하여 적극 참여하겠다는 의지의 표현이다. 연암도 30대 초반까지 과거를 보았다. 과거시험과 관련된 에피소드가 『과정록(過庭錄)』에 기술되어 있다. 어떻든 연암은 과거에 급제하지 못했고, 30대 중반에 이르러 마침내 과거를 통해 입신출세하는 것을 포기하게 된다. 이후 그는 의기가 통하는 인물들과 어울려 실학에 힘을 쏟게 된다. 따라서 20대

이 십칠, 팔 세 되던 해는 작품에서의 '나'와 같은 계유, 갑술년으로, 영조 29년(1753)과 영조 30년(1754)에 해당된다. 이와 같은 추정은 〈서광문자전후〉의 다음에서도 확인할 수 있다. "나는 나이 18세 때에 심한 병을 앓은 적이 있었다. 항상 밤이면 문하의 옛 겸인들을 불러 여염의 기이한 일에 대해 다그쳐 묻곤 했다. 그 말은 대개 광문에 대한 일이었다. 나 또한 어렸을 적에 그를 보았는데 그 모습이 매우 추하였다. 내가 바야흐로 문장공부에 주력할 때에 이 전을 지었다(余年十八時 嘗甚病 常夜召門下舊傔 徵問閭閻奇事 其言 大抵廣文事 余亦幼時見其貌極醜 余方力爲文章 作爲此傳)". 또한 〈金神仙傳〉에서도 "내가 일찍이 마음이 우울한 병[幽憂之疾], 즉 우울증이 있었다. 그때 들으니 김신선의 방기(方技)가 가끔 기이한 효험이 있다고 해서 그를 꼭 한번 만나고 싶었다(余嘗有幽憂之疾 盖聞神仙方技 或有奇效 益欲得之)"라는 내용이 있는 것으로 보아 연암이 20세 전후에 마음이 답답한 병, 말하자면 우울증으로 오랫동안 몹시 고생을 하였음이 분명하다. 〈김신선전〉에 의하면 연암은 신선으로 불리는 김홍기라는 인물을 금강산의 船菴까지 오르며 찾아보았으나 결국은 찾지 못하였다. 그때가 갑신년(1764)이었다. 이때의 연암의 나이는 28세가 된다. 따라서 이때에도 연암은 우울증으로 고생을 하고 있었던 같다. 연암은 신선처럼 떠도는 김홍기의 실체를 알고 싶었던 것이다. 그는 결국 그를 만나지 못하고는 "벽곡하는 자가 반드시 신선이 아니고, 그 울울히 뜻을 얻지 못한 자가 곧 신선이다(辟穀者 未必仙也 其鬱鬱不得志者也)"라고 하며 신선의 정의를 내리고 있다.

초반의 연암의 의식 세계는 30대 이후 과거를 폐한 후와 다른 모습일 것이다. 따라서 21세에 저술된 〈민옹전〉의 고찰은 이 시기 연암의 의식 세계를 이해하는 데 매우 유용할 것이다.[3]

2. 〈민옹전〉의 서사구조

〈민옹전〉은 다음과 같은 내용 단락으로 구분할 수 있다.

① 閔翁者 南陽人也 － 今翁視呂尙猶少弱弟耳
② 歲癸酉甲戌之間 － 吾未嘗誦
③ 嘗與翁夜語 － 若眞有是虫然
④ 一日翁來 余望而爲隱曰 － 乃反善贊我也
⑤ 明年翁死 － 歲丁丑秋也
⑥ 余誄閔翁曰 － 嗚呼死未曾

여기서 ①은 서두, ②, ③, ④는 본문, ⑤, ⑥은 결말에 해당한다. 〈민옹전〉은 작가 연암이 민옹이라는 기인(奇人)의 행적을 직접 듣고, 경험하고,

3) 〈閔翁傳〉을 비롯한 「放璚閣外傳」에 수록된 한문단편들은 연암이 이용후생을 기반으로 하는 실학사상에 대해 관심과 깊이 있는 논의를 하기 이전인 10대 후반에서 30대 초반까지의 젊은 시절에 저술된 작품들이다. 이 시기는 연암이 문장공부에 주력하였던 이른바 文章修學期였다. 연암은 16세에 장가를 들게 되는데, 장인 李輔天에게서는 『맹자』를, 妻叔 李亮天에게서는 太史公의 『사기』를 배우면서 문장수업을 체계적으로 받게 된다. 장인 이보천은 處士로서 謹嚴淸高하였고, 처숙 이양천은 역사서적을 좋아하였으며 문장솜씨가 매우 뛰어났던 인물이다. 이들로부터 문장을 배운 지 얼마 되지 않아서 연암은 〈項羽本紀〉를 모방하여 〈李忠武傳〉을 지어 이양천에게 보였더니 班固와 司馬遷의 경지에 도달하였다는 칭찬을 받기도 하였다. 또한 20세 이후에는 金履素, 黃昇源 등과 어울려 글공부를 했으며, 처사 李胤永에게서 『주역』을 배웠고, 禮學과 古文에 뛰어났던 黃景源과 성리학의 대가인 渼湖 金元行에게서 문장으로 칭찬을 듣기도 한다. 이후 과거시험에 더 이상 참여하지 않을 때까지(35세, 1771년) 연암은 문장공부에 주력하게 된다.

관찰한 것을 입전한 것이다.

①에는 민옹의 간단한 이력과 벽서 행위가 기술되어 있다. 그 내용을 살펴보면, (가) 민옹은 남양인(南陽人)이고, 갑술년(戊申年, 1728) 민란(民亂)에 참가하여 그 공으로 첨사(僉使)라는 벼슬을 잠시 했으며, (나) 어릴 때부터 영리하고 총명하게 말을 잘하였고, 특히 옛 사람들의 기이한 절개와 위업을 흠모하고 강개(慷慨)하고 발분(發憤)하여 매번 그들의 전기를 읽고는 탄식하고 눈물을 흘렸다고 했다. 이어서 「방경각외전」의 〈자서〉의 '書壁自憤 可警惰慵'의 예가 구체적으로 제시되어 있다. 즉 7세 때에는 방의 벽에다가 "항탁(項橐)이 스승이 되었다"고 썼고, 12세에는 "감라(甘羅)가 장수가 되었다", 13세에는 "외항아(外黃兒)가 유세를 하였다", 18세에는 "곽거병(霍去病)이 기련산(祈連山)으로 출정하였다", 24세에는 "항적(項籍)이 오강(烏江)을 건넜다"라고 썼다. 그러나 40세가 될 때까지 이룬 것이 아무 것도 없자, 민옹은 커다랗게 "맹자(孟子)는 마음이 흔들리지 않았다"라고 썼다. 이후에도 해마다 쓰는 것을 게을리 하지 않았다. 일흔이 되는 해에 부인이 "영감님 올해는 아직 까마귀를 안 그리셨군요?" 하고 조롱하자, 먹을 갈게 하고는, "범증(范增)은 기묘한 계책을 좋아하였다"라고 크게 썼다. 그의 처가 이것을 보고는 "계책이 비록 기묘한들 장차 언제 쓰려고 하시우?" 하고 성을 내었다. 그러나 민옹은 웃으며, "옛날 여상(呂尙)은 여든에 매처럼 드날렸소. 지금 나는 그의 어린 아우뻘에 불과한 걸" 하고 말했다. 이와 같은 민옹의 벽서(壁書)는 스스로를 깨우치고 분발하기 위한 것이었다.

서두의 내용을 통해서 독자는 민옹이라는 인물이 무관 출신이라는 것과 어려서부터 영리하고 총명하게 말을 잘하였으며, 늘 큰 뜻을 품고 일평생 살았던 인물임을 알 수 있다. 비록 그가 첨사라는 벼슬을 했다고는 하지만, 그는 '시정 지식인(市井 知識人)'이라고 할 수 있다. 민옹은 일생 동안 부지런히 독서하면서 언젠가는 자신의 포부를 실현할 날을 기다리며 살았던 인물이다. 그는 70세가 되었을 때에도 벽서하는 등 낙천적인 성품의 인물로 묘사되어 있다.

②, ③, ④는 본문이다. 그 내용은 민옹이 곡식이나 축내며 황충(蝗蟲)과 같이 일생을 살았으나, 용과 같이 뛰어난 재능을 드러냈다는 것이다. 〈자서(自序)〉의 "풍자와 골계로 세상을 조롱하며 공손치 않았다(託諷滑稽 翫世不恭)"에 해당하는 부분이다. ②는 민옹이 나를 처음 방문했던 날, 그가 나의 병을 진단하고 나의 식욕을 회복시키고, 불면증을 치료한 이야기이다. ③은 이야기판에서 민옹이 객들과 문답한 이야기이다. 내용은 사람들의 일상적인 의문들에 대한 민옹의 답변으로 이루어져 있다. 귀신, 신선, 세상에 제일 나이 많이 먹은 자, 세상에서 가장 맛있는 것, 불사약, 무서운 것 등 매우 관념적인 질문과, 해서(海西) 지방의 황충(蝗蟲)의 피해라는 매우 현실적인 문제에 대한 민옹의 답변으로 이루어진 일화이다. 이에 대해 민옹은 현실의 삶 속에서 그 구체적인 해답을 찾았다. 민옹의 답변은 언뜻 보면 말장난 같지만, 그 속에는 탁상공론의 관념론에 빠진 당시 사회분위기에 대한 비판이 깔려 있는 것이다. 민옹은 풍자와 골계로서 이러한 병리적 현상을 치유하고자 했던 것이다. ④는 자기를 놀리는 '나'의 은어(隱語)를 긍정적으로 해석하는 기지(機智)를 보인 파자농(破字弄) 일화이다. 여기서는 민옹의 해박한 지식과 낙천적이고 긍정적인 사고의 일단을 보여주고 있다. 이와 같이 ②, ③, ④는 민옹이라는 이야기꾼이 나의 우울증을 치료하는 과정에서 보여 준 탁월한 언변에 대한 일화이다.

⑤, ⑥은 이 작품의 결말 부분이다. ⑤의 내용은 민옹의 죽음과 그의 평소의 성격, 독서성향, 두 아들이 모두 무과(武科)에 올랐으나 아직 벼슬하지 못했다는 것과, 금년(丁丑年, 1757) 가을 다시 우울증이 도졌으나 민옹을 볼 수 없어 안타깝다는 심회를 피력하고, 그래서 그와 나누었던 은어(隱語), 배회(俳詼), 골계(滑稽), 풍자(諷刺) 등을 엮어 입전(立傳)한다는 내용이다. ⑥은 포부가 유달리 컸던 민옹이 뜻을 펴 보지 못하고 세상을 떠난 것을 애도한 시다.

〈민옹전〉의 서사구조는 '나'를 만나기 전까지의 주인공 민옹의 생애에 대한 간략한 이력과 벽서라는 특이한 행적을 기술한 서두와, 본문에서는 우울증 환자인 나를 만나 이야기를 통해 병을 치료하고자 했던 민옹의 행적을 제시하였고, 결말에서는 그의 죽음과 추모하는 내용으로 이루어졌다.

3. 〈민옹전〉의 문학치료적 성격

3.1. 작품의 서술자 '나'는 우울증으로 오랫동안 시달리고 있는 젊은 환자다. '나'는 병을 치료하기 위해 어느 날 칠십이 넘은 민옹이라는 이야기꾼을 초청한다. 그는 민옹을 부른 이유에 대해 다음과 같이 말하고 있다.

> "지난 계유(癸酉), 갑술(甲戌)년 내 나이 17·8세였다. 병으로 오랫동안 시달리어 음악, 서화, 오래된 칼, 거문고, 이기(彝器)와 여러 잡물(雜物)에 취미를 붙이고자 하였고, 더하여 손님을 불러들여 우스운 이야기나 옛이야기 등을 들으면서 여러 방법으로 마음을 위로하고자 노력했으나, 어둡고 답답한 마음을 풀 길이 없었다. 이때 어떤 사람이 말하길, 민옹은 기이한 선비로서 노래와 이야기를 아주 잘 하는데 거침없고 괴이하고 능청스럽고 활달하여, 이를 듣는 사람치고 기분이 상쾌해지고 답답하던 마음이 툭 트이지 않는 사람이 없다" 하기에, 나는 그 말을 듣고는 매우 기뻐서 함께 와 달라고 부탁했다.[4]

위에서 '나'의 병은 마음이 어둡고 답답한 증세라고 했다. 오늘날 사람들은 이러한 심리적 장애를 일으키는 병을 통칭하여 우울증이라고 한다. 정신적으로 몹시 괴로운 병이다. 그래서 작품 속의 '나' 곧 연암은 병의 고통으로부터 벗어나기 위해 음악, 서화, 골동품 등에 취미를 갖기도 하고, 객을 불러 이야기를 듣기도 한 것이다. 그러나 별 효과가 없었다고 했다.

---

4) 歲癸酉甲戌之間 余年十七八 病久困劣留好聲歌書畵古釰琴彝器諸雜物 益致客俳諧古譚慰心萬方 無所開其幽鬱 有言閔翁奇士 工歌曲 善譚辨 俶怪譎恢 聽者人無不爽然 意豁也 余聞甚喜 請與俱至(『燕巖集』, 「放璚閣外傳」〈閔翁傳〉).

왜냐하면 그의 병은 기존의 방법으로는 고칠 수 없는 병이었기 때문이다. 무언가 획기적인, 새로운 방법이 필요했던 것이다. 그래서 초청된 인물이 이야기꾼 민옹인 것이다.

민옹이 나를 방문하던 날, 나는 마침 사람들과 함께 음악을 듣고 있었다. 민옹은 서로 예(禮)도 갖추기도 전에 피리[管] 부는 이를 뚫어지게 보다가 그의 뺨을 때리며 하는 말이 “집주인은 기뻐하는데 너는 어째서 성을 내고 있는가?”라고 하고 크게 꾸짖었다. 내가 놀라 그 까닭을 물으니 민옹은, “저 녀석은 눈을 부릅뜨고 기를 쓰고 있으니 어찌 성내고 있는 것이 아니란 말이오” 하였다. 내가 크게 웃자 민옹은, “어찌 유독 피리 부는 자만 성을 내고 있는 것이겠오. 젓대[笛] 부는 자는 얼굴을 돌리고 마치 우는 듯하고, 장구를 치는 자는 눈살을 찌푸린 채 마치 수심에 젖은 듯하고, 자리에 있는 사람 모두가 묵묵히 앉아 있는 것이 마치 크게 두려워하는 것 같으며, 하인들은 우스갯말도 못하고 있으니 음악으로는 즐거운 분위기를 만들 수 없습니다”고 하였다.[5]

민옹이 음악회를 훼방 놓은 것은 당시 양반 사대부가의 사랑방에서 이루어지던 경건하고 정숙한 전통적인 방식의 음악으로는 ‘나’의 울적한 심회를 풀 수 없음을 알았기 때문이다. 울적한 마음의 병에서 벗어나기 위해서 가장 먼저 필요한 것은 새로운 환경을 만들어 주는 것이라는 것을 민옹은 알았던 것이다. 그는 음악회의 분위기를 충격요법을 써서 바꾸어 버린 것이다. 음악회에 모였던 객들을 모두 돌려보내고, ‘나’와 민옹만 남게 되자, 민옹은 자기 이름은 유신(有信)이고, 나이는 일흔 셋이라고 자신을 소개하였다. 그리고 다음과 같이 나의 병을 치료하기 시작하였다.

나에게 “당신은 무슨 병이 들었소? 머리가 아픈가요?” 물었다. 나는 “아니

5) 翁來而余方與人樂 翁不爲禮 熟視管者 批其頰 大罵曰 主人懽 汝何怒也 余驚問其故 翁曰 彼瞋目而盛氣 匪怒而何 余大笑 翁曰 豈獨管者怒也 笛者反面若啼 缶者嚬若愁 一座默然 若大恐 僮僕忌諱笑語 樂不可爲歡也(『燕巖集』, 「放璚閣外傳」 〈閔翁傳〉).

요" 하고 답했다. 그는, "배가 아픈가요?"라고 했다. 나는 "아니요" 했다. "그렇다면 병이 아니오" 하고는, 그는 곧바로 지게문을 열고 들창을 걷어 올려 괴었다. 바람이 우수수 들어왔다. 나의 마음속이 점차 후련해져서 지난날과 달라졌다.[6]

민옹은 '나'를 처음 본 순간 이 젊은이가 무슨 병에 걸려 있는가를 알았다. 젊은이가 앓고 있는 병은 민옹 자신도 이미 앓았던 병이기 때문이다. 그 병은 현실에 대한 욕망이 지나쳐서, 또는 현실에 적응하지 못하고 소외감에 빠져서, 현실에 대한 불평불만이 응어리진 마음의 병이었다. 민옹은 자신의 경험을 바탕으로 젊은이가 우울증에서 벗어나 활기차고 긍정적인 삶을 살아갈 수 있도록 치료한다. 그의 치료 방식은 대화를 통해서였다. 그러나 그것은 오늘날 정신과 치료와 같은 대화법이 아니라 당대 사회의 문제를 문학적으로 재미있게 만든 이야기였다. 즉 풍자를 담은 골계였다. 민옹은 이야기 문학이라는 획기적 방법을 이용하여 우울증 치료를 시도한 것이다. 오늘날로 보면 심리치료사, 또는 정신과 의사로서의 역할을 한 것이다.

'나'의 병이 심리적 장애임을 안 민옹은 방문과 창문을 모두 활짝 열어젖혀 방 안 분위기를 바꾸었다. 밀폐된 방 안의 공기를 신선한 공기로 바꾸어 주는 것만으로도 '나'의 기분을 상쾌하게 만들 수 있었던 것이다. 밀폐되어 답답한 방안 분위기를 확 트인 개방적인 형태로 만든 후에 민옹은 비로소 '나'의 병을 치료하기 시작하였다. 먼저 민옹이 시도한 것은 '나'의 식욕을 불러일으키고 불면증을 치유하는 것이었다. 민옹은 자신이 먼저 음식을 맛있게 먹음으로써 '나'의 식욕을 돋구었고, 평생 한번도 보지 않은 책 내용을 외우기 내기를 함으로써 불면증을 치유하고자 했다.[7] 민

---

6) 問余 君何病 病頭乎 曰不 曰病腹乎 曰不 曰然則君不病也 遂闢戶揭牖 風來颼然 余意稍豁 甚異昔者也(〈閔翁傳〉).

7) 연암의 아들 宗采가 쓴 『과정록』에도 연암이 20세 전후에 불면증으로 고생하였음을 말하고 있다. "芝溪公嘗言 尊公 於二十歲前後 有無寐之疾 通晝宵 不能交睫者 或至三四日 見

옹이 우울증으로 고생하고 있는 '나'를 대화와 행동으로 치유한 것은 오늘날 정신과 의사가 환자와의 대화로 병의 원인을 알아내고 치료를 하는 방법과 같다. 그러나 민옹이 오늘날의 심리치료사나 정신과 의사와 다른 점은 그의 대화는 폭넓은 독서에 바탕을 둔 문학적인 이야기를 이용했다는 것이다. 민옹에 의해 '나'의 병이 완전히 치유되지는 않았다고 하더라도, 그는 대화를 통해 '나'의 유울(幽鬱)한 마음의 병을 일시적이나마 치료할 수 있었던 것이다. 결말 부분에서, "금년 가을 나는 또 병이 도졌다. 그러나 민옹을 볼 수 없다. 마침내 그가 나와 나누었던 은어(隱語), 배회(俳詼), 언담(言談), 기풍(譏諷) 등을 엮어서 민옹의 전을 짓는다"[8]라고 한 것은 비록 '나'의 병이 완치되지는 않았지만, 그와 교유(交遊)하며 대화하는 동안은 우울증으로부터 벗어났었음을 암시한 것이다. 18세기 중반, 연암 박지원은 이야기를 통해서 우울증이라는 마음의 병을 치료할 수 있는 가능성을 인식하였으며, 또한 그것을 시도했던 것이다.

그러면 민옹이 '나'의 우울증 치료를 위해 시도한 이야기 내용은 무엇인가? 민옹은 풍자와 골계로 당대 사회에서 통용되던 일상적 가치를 부정하고, 새로운 견해를 피력함으로써 듣는 이로 하여금 답답한 마음을 풀 수 있게 한 것이다. 그 이야기 방식은 역설(逆說)과 희언(戱言)에 의한 것이었다. '나'의 식욕을 불러일으키고 불면증을 치료할 때, "당신은 집안이 가난한데 다행히 식욕이 없다니 재산이 늘 것이고, 잠을 못 이룬다니 밤까지 겸하여 두 배로 사는 것이니, 살림이 늘고 곱절을 살면 이야말로 수(壽)하고 부(富)하는 것이다"라고 한 말은 전형적인 역설(逆說)이요, 희언(戱言)이다. 그러나 민옹은 그러한 역설과 희언을 진실처럼 믿게 하는 말재주를 지녔던 것이다.

3.2. 민옹은 이야기판에서 객들과 일상적인 의문에 대한 질문을 받고 기

者頗危之 九傳之作 盖在其時 爲消寂耐病之資者云"(『過庭錄』 卷1).

8) 今年秋 余又益病而閔翁不可見 遂著其與余爲隱俳詼言談譏諷 爲閔翁傳(〈閔翁傳〉).

발한 답변으로 좌중의 기분을 상쾌하게 한다. 좌중(座中)의 객이 민옹에게 질문한 것은 귀신, 신선, 나이 많은 자, 맛이 가장 좋은 것, 불사약, 두려운 것 등을 보았느냐 하는 것과, 해서 지방에 황충이 발생하여 걱정이 된다는 것이었다. 이에 대해 민옹은 조금도 막힘이 없이 답변을 한다. 그의 답변은 모두 이치에 맞고, 그 말 속에는 당대 사회를 풍자하고 기롱(譏弄)하는 내용을 담고 있다.[9)]

이야기판에서 객들의 질문에 답변한 민옹의 말이 기롱하고 풍자한 것은 무엇인가? 어느 날 밤 민옹은 등불 밑에서 객들과 이야기를 나누었다. 민옹은 자리에 앉은 사람들을 마구 놀리고 골려 댔으나 누구도 그를 당해내지 못했다. 그러자 한사람이, 귀신을 보았는가? 하고 물었다. 민옹은 등잔 뒤 어두운 곳에 앉아 있는 이를 가리키며 귀신이 여기 있다고 했다. 그 사람이 왜 내가 귀신이냐 하며 따지자, 민옹은, "밝은 데 있으면 사람이고, 어두운 데 있으면 귀신인데, 지금 당신은 어두운 곳에서 밝은 곳을 바라보고, 형체를 숨기고 사람을 엿보니 어찌 귀신이 아니겠는가?"라고 했다. 모든 사람이 일제히 웃었다. 이때 웃음의 의미는 무엇인가? 논리적으로 따지면 민옹의 말은 억지다. 그러나 이야기판의 이야기는 논리적으로 따질 것이 못 된다. 웃음을 유발하고 공감대를 형성하면 되는 것이다. 이야기판은 논리적으로 따지는 자리라기보다는 말을 가지고 놀면서 답답한 마음을 푸는 자리이기 때문이다. 그런데 민옹의 말은 웃음을 유발하면서 '그 속에 기롱과 풍자를 포함하고 있다(內含譏諷)'고 했다. 따라서 그는 이야기판의 유능한 이야기꾼인 것이다. 민옹은 '어두운 곳에 몸을 숨기고 밝은 곳을 엿보는 것'이 귀신이라고 했다. 그런 행동을 하는 인간은 어떤 부류인가? 연암은 구체적으로 그런 사람을 지적하지는 않았다. 하지만 청중은 이심전심(以心傳心)으로 그것이 떳떳하지 못한 행동을 하는 부도덕한 사람, 더 나아가서 위선적(僞善的)인 양반 사대부를 지칭하고 있음을 알았다. 때문

9) 翁嘗支離其辭 遷就而爲之 莫不曲中 內含譏諷 蓋辯士也(〈閔翁傳〉).

에 그들은 그의 말을 논리적으로 따지기 전에 공감하고 웃으며 쾌감을 느낄 수 있었던 것이다. 이렇게 민옹은 관념적인 질문을 구체적인 생활 주변의 현실에서 찾아 풍자와 골계로써 답하였기 때문에 쉽게 이해할 수 있었고, 답답하고 울적한 마음에서 해방될 수 있었던 것이다.

민옹은 신선을 보았느냐는 질문에 대해서도 '가난한 사람이 신선이다'라고 했다. 그 이유는 부자는 늘 세상을 연연해 하지만 가난한 자는 세상을 싫어하기 때문이라고 했다. 이 또한 현실 풍자의 내용을 담은 것으로 기존의 상식이나 지식의 틀을 깨는 기발한 착상이 아닐 수 없다. 민옹은 이와 같이 관념적인 문제를 현실적으로 접근하여 답을 줌으로써 듣는 이들로 하여금 기분을 전환시키고 마음을 상쾌하게 만드는 능력이 있었던 것이다. 또 '세상에 제일 나이를 많이 먹은 사람을 보았느냐'는 질문에, 민옹은 두꺼비와 토끼의 나이 다툼 민속설화를 원용하여 독서를 많이 한 사람이 가장 나이를 많이 먹은 자라고 했다. 이 말은 독서의 중요성을 말한 것이다. 이는 아마도 당시 책을 읽지 않는 지배계층을 기롱하기 위한 것 같다. '세상에서 가장 맛 좋은 것을 보았느냐'는 질문에도 민옹은 음식을 만드는 데 늘 사용하는 소금을 예로 들었다. 불사약(不死藥)에 대한 질문에서도 복령(茯笭), 인삼, 구기자와 같은 귀한 약초를 먹고 백일 동안 음식을 먹지 않았더니 죽을 것만 같았는데, 쌀로 밥을 지어 먹고서야 살아났다고 하면서, 우리가 늘 먹는 밥이야말로 불사약이라고 했다. 민옹은 맛있는 것을 찾고, 불사약을 찾기 위해서 애쓰는 인간들을 기롱하고 풍자한 것이다. 그런 인간은 누구인가? 이것은 부귀자(富貴者), 곧 양반 지배계층을 기롱하기 위한 것이다. 왜냐하면 가난한 사람은 아침저녁 입에 풀칠하기도 힘든데 맛있는 음식을 찾는다는 것은 사치스런 일이다. 세상에서 가장 무서운 것에 대해서도 민옹은 자기 자신이야말로 가장 무서운 것이라고 했다. 이것은 사람들이 언행을 함부로 하는 세태를 풍자한 것이다. 이렇게 민옹은 기존의 고정관념으로는 도저히 생각해 낼 수 없는 기발한 답변을 함으로써 듣는 이의 답답한 마음을 상쾌하게 할 수 있었던 것이다. 그리고 그들이 쉽게 공감한 것은 민옹의 이야기가 관념적이지 않고 구체적인 현실에서 예를 들어 말했기 때문이다. 인간들이 추구하고 있는 것은 결코 먼 데 있는 것이 아니라 아주 가까운 곳에 있다. 그럼에도 불구하고 인간들은 현실의 문제를 현실을 떠난 먼 데서 해결하려 하기 때문에 정신적으로 육체적으로 피곤한 것이다. 민옹은 인간의 삶의 모습, 그 중에서도 일부 양반 사대부계층의 부도덕하고 타락한 모습을 골계적으로 풍자하고 기롱함으로써 듣는 이의 응어리졌던 마음을 시원하게 풀어 주었던 것이다. 민옹과 청중, 그리고 '나'의 마음이 하나가 된 것이다. 이상 여섯 가지 질문은 관념적인 질문을 일상적인 현실에서 답변을 찾은 것이다. 이에 비해 다음에 이어지는 황충 이야기는 현실사회에 대한 직접적인 풍자와 기롱이다.

어떤 사람이 황해도에 곡식을 해치는 황충이 발생하여 관가에서 백성들에게 황충을 잡으라고 독촉한다는 이야기를 하자 민옹은,

> 이런 조그만 벌레는 걱정할 것이 없네. 내가 보니 종루(鍾樓[鐘路]) 네 거리 길을 메운 것들이 모두 황충일 따름이네. 그 길이가 모두 일곱 자가 넘고, 머리는 검고, 눈은 반짝반짝하며, 입은 주먹이 드나들 정도로 큰 것들이 무어라 조잘대며 떼 지어 다녀 발꿈치가 서로 닿고 궁둥이가 잇닿아 있네. 곡식을 축내고 농사를 해치는 것으로 이보다 더한 것은 없다네. 내가 이것들을 잡아 버리고자 하나 큰 바가지가 없는 것이 한이라네.[10]

라고 하며 황충보다도 더 걱정거리는 종로 거리를 메우고 있는 인간들이라고 했다. 그러나 모든 인간을 황충에 비유한 것이 아니다. 민옹이 황충이라고 한 인간들은 생산에 참여하지 않고 곡식이나 축내면서 살아가는 부유한 계층으로서 시정 지식인, 또는 양민을 억압하고 착취하며 살아가는 일부 양반 사대부계층을 지칭한 것 같다. 이와 같은 기발한 발상이 가능했

10) 翁曰 此小虫不足憂 吾見鍾樓塡道者 皆蝗耳 長皆七尺餘 頭黔目熒 口大運拳 咿啞傴旅 蹠接尻連 損稼殘穀 無如是曹 我欲捕之 恨無大匏(〈閔翁傳〉).

던 것은 고정관념에 사로잡히지 않고 개방된 자세로 문제에 접근한 결과다. 또한 민옹은 모든 문제를 일상적인 삶 속에서 찾고자 했기 때문에 듣는 이들이 쉽게 이해하고 공감할 수 있었던 것이다. 이러한 사고 태도는 실학(實學)의 초보적 사유 태도라 할 수 있다. 〈민옹전〉을 저술할 당시의 20세 전후에 연암은 이용후생의 문제를 생각하기 시작하였던 것 같다.

'나'의 우울증의 원인은 불합리한 현실에 대한 강한 집착에서 비롯된 것이다. 내가 우울증에서 벗어나기 위해서는 나를 둘러싸고 있는 불합리한 현실이 바뀌어야 한다. 그러나 그것은 혁명이 아니고는 현실적으로 불가능한 일이다. 따라서 개인이 자신의 생각을 바꾸는 수밖에 없다. 민옹은 이미 '학도유룡(學道猶龍)'에 이르렀다. 그렇기 때문에 현실사회로부터 오는 스트레스를 극복할 수 있었다. 그러나 아직 민옹과 같은 경지에 이르지 못한 젊은 '나'는 외부 현실에서 오는 스트레스를 스스로 감내하기에는 너무 힘들다. 민옹은 그런 '나'를 이해하였다. 그리고는 외부와 단절되어 폐쇄된 공간 속에서 관념의 포로가 되어 괴로워하고 있는 나를 개방적이고 현실적인 사고의 공간으로 이끌어 냄으로써 우울증에서 벗어나게 한 것이다. '나'를 비롯해 좌중이 민옹을 필요로 했던 것은 그가 답답한 현실적 삶의 문제를 새로운 가치관에 입각하여 쉽게 풀어 주었기 때문이었다. 그렇게 함으로써 현실에 대한 불만을 해소할 수 있었던 것이다. 민옹은 그의 이야기로 '나'를 치료하는 데 그치지 않고, 병든 사회를 또한 치유하고자 했다. 이야기판에서의 민옹의 언변(言辯)은 당대 사회의 병든 모습에 대한 비판이며, 치료 시도였던 것이다. 그는 해학과 풍자에 의한 재치 있는 언변을 통해서 당대 사회의 기존 가치관을 마음껏 농락하면서 좌중과 함께 울적한 마음을 푼 것이다.

18세기 조선 후기 지식인들 중에는 관념적인 학문적 관심에서 실제적인 삶의 문제로 관심의 폭을 넓혀 나갔다. 이와 같은 지적 경향은 실학자들에게서 두드러졌다. 그들은 생활 주변의 사물에 대한 관심만으로 그치지 않고, 자료를 조사하고 정리하기도 하였다.[11] 〈민옹전〉에서도 작품 속의 '나'

또한 답답한 마음을 풀어 보고자 음악, 서화, 또는 오래된 칼, 거문고와 이기(彝器) 등 골동(骨董)과 여러 가지 잡물(雜物)에 대해 취미를 가진 것으로 보아, 그는 당시의 새로운 지적 경향에 동참하고 있는 부류라고 할 수 있다. 앞에서 언급한 바와 같이 작품 속의 '나'는 작가 연암이다. 연암은 현실과 동떨어진 관념적인 학문, 출세를 위해 염량취산(炎凉聚散)하는 양반사회, 무위도식하는 인간 군상들로 가득한 서울 시정의 모습을 민옹이라는 이야기꾼의 입을 빌려 표출함으로써 답답한 마음에서 잠시나마 벗어나고자 했던 것이다.

4. 맺음말

일반적으로 문학의 효용성으로 쾌락과 교훈을 들고 있다. 그러면 인간이 쾌락과 교훈을 필요로 하는 이유는 무엇인가? 쾌락은 공허한 심리적 상태를 채워 줄 수 있다. 교훈은 잘못된 심성을, 또는 잘못될 수 있는 심성을 바로잡아 주기 위해 필요하다. 문학에 교훈성을 담는 것은 인간사회에 대한 불안감에서 비롯되었다고 할 수 있다. 따라서 넓은 의미에서 문학의 목적은 사회를 바로잡아 주고 심리적으로 인간을 편안하게 해 주는 기능을 가진다고 할 수 있다. 이것은 달리 말하면 문학의 치료적 기능이라고 할 수 있다.

민옹과 '나'라는 인물은 동일한 문화적 배경 속에서 살아가고 있다. 그러므로 두 사람은 그들을 둘러싸고 있는 문화, 곧 18세기 조선 봉건사회로부터 받은 스트레스가 같다. 둘이 다른 점은, '나'는 나를 둘러싸고 있는 현실로부터의 스트레스를 이기지 못해 우울증으로 시달리는 젊은이고,

---

11) 예를 들면 앵무새에 관한 기록을 모아 한 권의 책자로 저술한 李書九의 〈綠鸚鵡經〉, 柳得恭의 비둘기 사육에 관한 내용인 〈鵓鴿經〉과 담배에 대한 자료를 정리한 〈烟經〉 같은 것들이 있다(정민, 「18세기 지식인의 玩物 취미와 지적 경향」, 『고전문학연구』 제23집, 2003).

민옹은 이미 그러한 스트레스로부터 초탈한 70대 노인이라는 것이다. 민옹은 모순으로 가득 찬 현실을 견디지 못해 심리적으로 고통받고 있는 '나'를 그의 경험을 바탕으로 치료할 수 있었던 것이다. 또한 이야기판에서 민옹은 통상적으로 인정되는 지식이나 가치관에서 벗어나 새로운 사고의 발상에 의한 기발한 정의를 내리고 있다. 그의 언변은 직설적이지 않고 풍자와 골계, 또는 은어로 표출되고 있다. 이야기판에 참여하고 있는 객들은 그의 말을 들음으로써 답답하던 마음이 툭 터져 상쾌한 기분을 맛보게 된다. 이야기판에 참여한 객들 또한 민옹에 의해 정신적인 치료를 받은 것이다. 민옹은 병든 사회로부터 오는 스트레스를 이겨 내지 못해 심적으로 병들어 있는 '나'를 이야기를 통해 치료했을 뿐만 아니라, 그러한 사회 속에서 살아가는 민중을 풍자와 골계로서 깨우쳐 주었다는 점에서 오늘날의 정신과 의사인 셈이다. 연암은 〈민옹전〉을 통해 관념론에 빠져 있는 당시 사회를 비판하고, 현실에 입각한 자유분방한 사유태도와 현실비판의식을 드러냄으로써 이용후생을 기반으로 하는 실학사상의 일단을 보여 주었다.

〈양반전〉의 저술배경과 주제

1. 머리말

〈양반전(兩班傳)〉은 「방경각외전(放璚閣外傳)」에 실려 전하는 〈예덕선생전(穢德先生傳)〉, 〈광문자전(廣文者傳)〉과 함께 당시에도 많이 읽혀졌던 작품[1]으로서, 『열하일기(熱河日記)』에 수록되어 있는 〈호질(虎叱)〉, 〈허생전(許生傳)〉과 함께 연암 박지원의 대표적 작품이다.

김태준(金台俊)은 그의 『조선소설사』에서 〈양반전〉의 주제를 "당시에 엄격한 계급관습을 타파코자 한 것이며, 일면으로 돈 많은 사람이 양반이라는 봉건붕괴사상을 암시한 것이며, 이 전(傳) 속에 실린 양반 백행(百行)은 조선의 예의가 너무도 형식에만 나아가서 말세적 습관을 일렀다고 비소(鼻笑)한 것이다"[2]라고 했다. 여기에 김일근(金一根)은 양반의 '위선적 가면 폭로'를 첨가하였고, 이가원(李家源)은 '북학사상의 태동'과 '방언·민속의 애용'을, 이재수(李在秀)는 '무실사상(務實思想)의 고취(鼓吹)'를 첨가하였다.[3] 이렇게 1970년대 이전의 연암 연구가들은 대체로 작가의 사

---

1) 只存七篇 而其中穢德廣文兩班三傳 盛行於世(『過庭錄』 券1, 章8).

2) 김태준, 『증보조선소설사』, 학예사, 1939, 179쪽.

3) 김일근, 「연암소설의 근대적 성격」, 『논문집』 1집, 경북대, 1956, 177쪽.
이가원, 『연암소설연구』, 을유문화사, 1965, 307-349쪽.
이재수, 『한국소설연구』, 형설출판사, 1973, 312-323쪽.

상이나 역사 현실 등 작품 외적 요인과 관련하여 작품을 분석·평가하고자 하였다. 이러한 작품 평가는 당시의 역사 현실과 작자 연암의 사상적 배경을 염두에 두고 작품을 해석한 것으로서, 작품 자체에 대한 치밀한 분석에 의한 것이라기보다는 작품의 개별 요소들을 분리하여 작품 외적인 문제와 관련시켜 해석한 것이라고 할 수 있다.

그러나 비슷한 시기에 이원주(李源周)는 작품자체의 구조 분석을 통해서 작품의 의미를 파악하고자 했다. 그는 〈양반전〉의 주제가 '당시의 선비[士]가 문벌(門閥)과 세덕(世德)을 팔아먹기가 장사치와 다름이 없음을 풍자한 것'이라고 하더라도 봉건계급의 타파나 반봉건성은 역시 개재하지 않는다고 하며 초기 연구자들의 견해를 비판하고는, 〈양반전〉은 '작자의 엄격한 사의식(士意識)' 위에 '양반은 매매될 수 없다'는 주제 아래 위기를 틈타 양반을 사사로이 사 버린 신흥 부인(新興 富人)의 어리석음을 군수의 기지를 써서 골계화한 것[4]이라고, 앞의 연구가들과는 다른 각도에서 작품을 해석하였다. 그는 다시 쓴 「양반전재고(兩班傳再考)」에서 〈양반전〉의 주인공을 군수로 보고 "양반전은 부당한 사건에 접(接)한 한 군수가 분노를 누르고 여유 있게 기지(機智)를 써서 해결한 사건을 그린 해학소설(諧謔小說)이다"[5]라고 작품의 성격을 새롭게 규정했다.

1970년대 후반기에 이르러 황패강(黃浿江)은 이전의 연구태도와는 사뭇 다른 방법으로 작품 분석을 시도하였다. 그는 등장인물의 분석에서, 정선 양반은 선량하나 무기력하고 무능한 사족(士族)이고, 양반의 처는 가난에 지쳐 악밖에 남지 않은 속물적 여인상이며, 군수는 계약을 무효화시킨 이중적 성격을 지닌 교활한 인물이라고 양반계층의 세 인물 모두를 부정적 인물로 규정하였다. 그러나 천부의 경우는 비록 속물적 상인근성에서 신분 상승을 추구했으나 그 본바탕은 선량하고 가식이 없다는 점에서 긍정적으로 보았다. 그리고 "양반전은 양반이 대표하는 형식주의와 천부가 대

4) 이원주, 「연암소설고」(1), 『어문학』 15호, 한국어문학회, 1966, 49쪽.

5) 이원주, 차용주 편, 「양반전재고」, 『연암연구』, 계명대출판부, 1984, 474쪽.

표하는 인간주의와의 갈등을 다루는 가운데 형식주의의 독선과 악독이 여실히 폭로되고 있으며, 이러한 전 과정을 통해서 형식주의 이상의 참다운 인간회복의 의미가 부단히 강조되고 있다"라고 작품을 파악한 다음, "양반전은 당대 양반류의 병리적 현상만을 다룬 것은 아니다. 오히려 그것은 표면적 주제와 소재에 불과하며, 진실로 내면적으로 고양하고 있는 것은 천부(賤富)로 상징한 가식 없는 인간주의적 정신"[6]이라고 천부를 긍정적 인물로 보고 주제를 규정했다.

김균태는 〈양반전〉에서 연암은 자신이 추구했던 양반상과는 너무도 거리가 먼 현실의 양반 군상을 풍자했고, 신분질서가 와해되는 조선 후기 시대적 배경을 등에 업고 부로써 양반의 존귀를 구하겠다는 천부의 무지를 해학적으로 드러냈다고 하면서 "〈양반전〉의 주제는 선비도를 상실한 양반과 무단으로 백성을 괴롭히는 양반들을 풍자적 수법으로 고발하면서 부로써 양반의 존귀를 얻겠다는 천부의 무지를 해학적으로 표현한 작품"[7]이라고 했다.

김학성은 〈양반전〉을 15개의 관련 화소로 분석하여, 당대 양반의 문제적 인물인 정선 양반과 군수, 그리고 이들과 대립적 인물인 양반의 처와 천부가 설정되어 주요 등장인물을 이루고, 이들의 관계에서 야기되는 주요 사건으로 양반 신분 매매에 따른 문권이 2회 작성된다는 것을 서사전개의 기본 구조로 파악하고는, "〈양반전〉의 주제는 정선 양반과 일차 문권을 통해 제시된 양반체제의 무조건적인 순응자를 한 푼어치 값어치도 없는 무용지물이라 풍자하고, 군수 및 이차 문권을 통해 제시된 양반체제의 사악한 악용자를 도둑으로 매도한 것이라 하겠다. 즉 연암의 시대에 부정적인 양반의 두 유형을 신랄하게 비판, 풍자한 데에 그 주제가 놓여 있다"[8]라고 작품의 주제를 규정했다.

---

6) 황패강, 「양반전연구」, 『한국학보』 제13집, 일지사, 1978, 199쪽.
7) 김균태, 「양반전의 주제」, 『한국문학사의 쟁점』, 집문당, 1986, 449-450쪽.
8) 김학성, 「양반전의 작품구조와 주제」, 『인문과학』 19집, 성대 인문과학연구소, 1989, 51쪽.

이헌홍은 〈양반전〉을 신분갈등형 송사소설의 대표적 작품으로 보고 작품의 구조와 의미를 분석하여 정선 양반과 군수, 그리고 천부에 대한 가치평가를 새롭게 조명했다. 그는 천부를 풍자의 주체로 보고 '兩班者 士族之尊稱也'로 전제되었던 위상이 '兩班者 盜也'로 가치 역전되는 현상, 이것이 바로 연암이 드러내고자 한 〈양반전〉의 핵심적 주제로 파악했다.[9)]

이상에서 우리는 〈양반전〉의 주제에 대한 몇 학자들의 견해를 살펴보았다. 그 결과 〈양반전〉의 중심인물과 주제에 대한 견해가 학자에 따라 심한 차이를 드러내고 있음을 알 수 있었다. 이것은 〈양반전〉이 지니고 있는 독특한 서술방식과 풍자구조에서 비롯된 것 같다. 따라서 〈양반전〉에서 작자 연암이 말하고자 한 바를 정확하게 파악해 내는 것은 쉬운 일이 아니다.

〈양반전〉의 주제는 작품의 주인공을 누구로 보는가와 밀접한 관련을 갖는다. 〈양반전〉의 주인공은 가문을 상품처럼 팔아 환곡을 갚은 정선(旌善) 양반으로 볼 수 있다. 그러나 그의 역할은 작품 서두에 나타나 양반매매사건의 실마리를 제공하는 것으로 끝난다. 따라서 그를 작품의 주인공으로 볼 수 없다. 그렇다면 천부로 볼 수 있을 것이다. 그는 작품 서두에 등장해서 작품이 끝날 때까지 양반매매사건의 당사자로서 사건의 진행에 따라 그 성격이 변하면서 이야기의 중심에 늘 존재한다. 〈양반전〉에서 천부를 제외하면 모두 양반계층의 인물이다. 정선 양반, 정선 양반의 처, 강원도 관찰사, 정선 군수 등은 기존의 양반이고 천부는 새롭게 양반이 되려고 하는 인물이다. 따라서 〈양반전〉은 기존 양반과 양반이 되려고 하는 천부와의 갈등관계를 기본 서사구조로 하고 있다. 이 작품의 중심사건인 양반매매에 있어서 처음부터 끝까지 중요한 역할을 하는 인물은 천부이다. 정선 양반의 경우는 작품의 서두 부분에 등장해서 양반의 권리를 판 이후 양반매매문권 작성 이후에는 이렇다고 할 행동이 없으며, 군수는 관찰사로부

---

9) 이헌홍, 「〈양반전〉의 송사소설적 구조와 의미」, 『한국고소설의 재조명』, 아세아문화사, 1996.

터 환곡을 갚지 못한 양반을 가두라는 명령을 받은 이래 두 차례에 걸쳐 문권(文券)을 작성하는 등 작품 전편에 등장하여 양반매매문권 작성을 주도한 인물이지만, 그는 어디까지나 양반매매사건에 있어서 부수적 인물일 뿐이다. 따라서 양반매매사건에서 가장 중요한 인물은 정선의 서민 부자 곧 천부로 보아야 할 것이다. 천부는 신분적 제약으로 말미암아 인간답게 살 수 없는 자신의 모습을 깨닫게 되면서 정선 양반을 대신하여 환곡을 갚아 양반권을 산 이후 작품이 끝날 때까지 작품 전편에 등장하여 사건의 중심인물로 자리하고 있다. 천부는 군수가 두 번에 걸쳐 양반매매문서를 작성하는 과정에서 양반의 실상을 알게 되고는 두 번째 문권 작성 중에는 "장차 나를 도둑놈으로 만들 작정인가"라고 하며, 그렇게 염원하던 양반으로의 신분 상승의 기회를 포기하고 본래의 자기로 돌아간다. 그리고는 "천부는 죽을 때까지 다시는 양반의 일을 입에 올리지 않았다"고 작품을 끝낸 것을 보면 연암이 이 작품에서 가장 중요시한 인물은 천부인 것 같다. 〈양반전〉은 건실한 하층민인 천부를 매개체로 하여 양반사회의 부정적인 모습을 보여 줌으로써 양반사회의 각성을 촉구한 것이다.

연암의 20대 전후의 작품으로 추정되는 「방경각외전」의 작품들에 등장하는 주인공들은 대부분 중인 이하의 인물들이다. 특히 〈마장전〉, 〈예덕선생전〉, 〈광문자전〉에서는 노골적으로 하층민을 내세워 양반사회의 부정적인 모습을 자연스럽게 비판하고 있다. 이와 마찬가지로 〈양반전〉에서도 정선 천부를 내세워 양반사회의 부정적인 모습을 비판하고 있는 것으로 보아야 할 것이다. 그러나 지금까지 대부분의 연구들은 이 작품을 40대 중반에 저술된 『열하일기』에 수록된 〈호질〉, 〈허생전〉과 동일한 위치에 올려 놓고 고찰함으로써 연암이 말하고자 한 바의 의도를 제대로 파악해 내지 못한 감이 없지 않다. 왜냐하면 〈양반전〉은 연암이 문장공부를 하고 있었던 이십대 중반의 청년기 작품으로, 사십대 이후 사상적으로 성숙되었을 당시의 열하 여행 이후에 저술된 〈호질〉과 〈허생전〉과 동일한 시각에서 다루어서는 작품에 담긴 의미를 정당하게 파악할 수 없기 때문이다.

「방경각외전」에 수록된 작품들은 대체로 자아계층에 대한 비판과 각성을 염두에 두고 쓰인 것들이다. 그러나 연암은 이러한 목적을 달성하기 위해 직접 양반을 주인공으로 내세우는 방법보다는 하층민을 작품에 등장시켜 그들을 통해 양반 계층의 모습을 객관적으로 인식하도록 하였던 것이다. 객관화시킨 양반사회의 모습을 하층민의 순진한 눈을 통해 인식하게 함으로써 양반사회에 대한 직접적인 비판을 피하면서 목적을 달성할 수 있었던 것이다. 따라서 〈양반전〉은 천부를 중심인물로 놓고 작품을 분석할 때, 작품이 지닌 시대적 성격과 가치가 보다 선명하게 드러날 수 있을 것이다. 이 글에서는 이와 같은 목적을 수행하기 위해서 〈양반전〉의 저술배경, 조선 후기 야담집에 실려 있는 〈양반전〉의 이본을 분석하여 이들 작품이 연암의 작품과 어떻게 다른가를 살핀 다음에 작품 자체를 면밀히 분석하여 작자 연암이 이 작품에서 말하고자 한 주제가 무엇인가를 밝혀 보고자 한다.

2. 〈양반전〉의 저술배경

〈양반전〉의 저술시기를 정확히 밝힐 수 있는 자료는 현재로서는 없다. 다만 「방경각외전」 〈부기(附記)〉의 "以上九傳皆府君弱冠時作也"[10]라는 구절과 『과정록(過庭錄)』의 "此皆先君二十許歲時所作也"[11]에서 9전(九傳)의 저술시기를 대략 짐작할 수 있을 뿐이다. 그런데 「방경각외전」의 9전 중에는 작품 자체의 내용을 통해 비교적 확실한 저술시기를 밝힐 수 있는 작품들이 있다. 〈민옹전(閔翁傳)〉, 〈김신선전(金神仙傳)〉, 〈광문자전(廣文者傳)〉의 경우가 그렇다. 그러나 〈양반전〉의 경우는 입권(立券) 과정에 "乾隆十年九月日"이라는 구절이 있는데, 이 시기는 연암의 나이가 아홉 살

10) 『연암집』, 박영철본 권8, 경인문화사, 1974, 122쪽.

11) 『과정록』 권1.

이었던 1745년이므로 이를 근거로 저술 시기를 추정하는 것은 불가능하다.

「방경각외전」 〈자서(自序)〉에 제시된 저술동기의 작품 차례를 보면 〈양반전〉은 〈민옹전〉과 〈김신선전〉 사이에 위치한다. 그런데 작품 내용에서 확인할 수 있는 저술시기가 〈민옹전〉은 1757년(영조 33)이고, 〈김신선전〉은 1764년 가을 이후의 작품이다. 「방경각외전」의 〈자서〉에 기술되어 있는 작품들이 저술된 시기에 따라 배열된 것이라고 추정할 때, 〈양반전〉은 1757년에서 1764년 가을 사이, 즉 연암이 20대 중반에 쓴 작품이라고 추정할 수 있다.

이 시기에 연암은 이미 문장으로 이름이 알려져 있었고, 과거시험에 응시하기도 하였다. 그런데 연암은 과거시험에 백지를 내거나 답안을 제출하지 않는 등 과거시험에 성실하게 임하지 않았다고 한다. 한 번은 연암이 과거시험장에서 고송(古松)과 노석(老石)을 장난삼아 그려 사람들의 웃음을 사기도 하였는데, 이것은 과거를 대수롭지 않게 여기는 뜻을 나타낸 것이었다고 연암의 아들 종채는 『과정록』에서 말하고 있다.[12] 이렇게 젊은 시기의 연암은 당시 과거시험을 둘러싼 지배체제, 즉 양반사회의 부정과 비리를 인식하고 출세에 대해 회의를 가졌던 것 같다. 그러나 연암은 1770년(34세)에는 감시(監試)에서 수석을 하여 궁궐에 들어가 영조(英祖) 임금 앞에서 답안지를 읽는 영광을 얻기도 하였고, 과시에서 답지를 제출하지 않았다고는 하나 회시(會試)에 참여하기도 한 것을 보면, 당시 연암이 현실과 이상 사이에서 무척 고민하고 방황하였음을 미루어 짐작할 수 있다. 연암은 1771년(35세) 이후에는 과거에 응시하지 않았다고 하는데, 연암이 과거를 폐하게 된 원인을 그의 아들 종채(宗采)는 그의 조부상(祖父喪, 연암의 부친상) 때에 있었던 녹천(鹿川) 이씨(李氏) 집안과의 불화에서 찾고 있다. 즉 연암의 부친을 장사 지내려고 했던 노원(蘆原) 근처에는 성균관에서 소용되는 제수를 마련하는 일을 맡아 보던 백정, 즉 반인(泮人)들

---

12) 一日 在場屋 漫筆畵古松老石 一世 傳笑其踈迂然 盖示其不屑之意者(『過庭錄』 卷1).

이 많이 살았는데, 당시 녹천(鹿川) 상공(相公)의 손자 이상래(李商萊)가 그 곳 반인들의 꼬임에 빠져 풍수지리의 이복설(利福說)을 믿고 연암 부친의 묘에 더러운 오물을 넣어 장사(葬事) 일을 낭패하게 만들었다. 이 일이 임금의 귀에 들어가게 되었고, 마침내 그 집안사람들이 폐인(廢人)이 되었는데, 이 소식을 들은 연암은 자신도 마땅히 조용히 지내야 된다고 하고는 다시는 과거시험에 나가지 않았다는 것이다.[13] 그러나 이것은 하나의 핑계에 불과한 것이고, 근본적인 것은 당시 사회에 대한 연암의 불만에서 그 원인을 찾아야 할 것 같다. 주지하는 바와 같이 이 시기 과거시험은 매우 문란했다. 이러한 상황에서 과거를 통해 출세를 도모한다는 것이 연암으로서는 차마 견딜 수 없는 일이었을 것이다. 차라리 현실에서 한발짝 물러나 학문에 정진하는 것이 낫다고 판단했는지 모른다. 애초에 연암은 과거를 위한 문장공부에 힘을 기울였고 생원·진사시에도 응시하는 등 체제 내에서 출세를 도모하려고 시도하기도 하였으나, 결국은 체제 내적인 출세를 포기하고 완세불공(玩世不恭)하면서 지기(知己)들과 어울려 실학에 빠져 들었던 것이다.

연암은 어려서 문장 공부를 제대로 하지 못하다가 장가간 후에 비로소 장인과 처숙으로부터 본격적으로 문장수업을 받았다고 한다. 이와 같은 사실은 그가 어렸을 적에 경제적으로 매우 불우했음을 말해 주고 있다. 그 원인이 가난에서 비롯되었다고 할 때, 이로 인한 갈등이 매우 심각했었음을 미루어 짐작할 수 있다. 허울뿐인 양반의 체면을 지키기 위해 처자를 굶주리게 하면서도 생산 활동에 선뜻 나서지 못하는 몰락해 가는 양반들의 무능력한 모습을 연암은 자신의 주변에서 얼마든지 보았을 것이다. 이러한 심리적 갈등은 결혼 후에도 그를 정신적으로 괴롭혔던 것이다. 이러한 경험이 그의 작품으로 나타난 것이다.

〈민옹전〉, 〈광문자전〉, 〈김신선전〉과 『과정록』[14] 등에서 알 수 있는 바

13) 『과정록』 권1에 이 사건의 전말이 자세히 기술되어 있다.

14) 芝溪公嘗言 尊公於二十歲前後 有無寐之疾 通晝宵不能交睫者 或至三四日 見者頗危之

와 같이 연암은 20세 전후 병(病)으로 몹시 시달린 것 같다. 그런데 그 병의 증상은 〈민옹전〉에 의하면 잠을 못 이루고 식욕도 없는 병이라고 했다. 이는 정신적인 요인에서 비롯한 우울증으로 추정된다. 연암이 이러한 병으로 시달린 것은 그를 둘러싸고 있는 현실에 대한 불만과 고민 등에서 비롯된 것 같다. 이때 민옹과 같은 문객이나 옛 겸인들에게서 들은 이야기는 연암으로 하여금 서민계층에 대한 관심과 인식을 새롭게 하는 계기가 되었던 것 같다. 연암은 이야기를 통해서 서민계층의 생산 활동과 건실한 삶의 자세를 듣고 이에 관심을 갖게 되면서 서민계층에 대한 이해의 폭을 넓혀 가게 되었으며, 나아가 자아계층에 대한 반성과 각성을 촉구하게 된 것이다. 젊은 시절의 현실에 대한 연암의 자세는 「방경각외전」의 한문단편들에서 잘 살펴볼 수 있다. 이 중에서 특히 〈양반전〉은 자아계층에 대한 반성과 서민계층에 대한 인식이 잘 나타난 작품이다.

연암이 살았던 조선 후기 사회는 신분계급의 동요가 심각하게 야기되고 있었다. 즉 평민 또는 천민 등 하층민의 신분적 상승이 있는가 하면, 이른바 몰락 사대부들을 주축으로 하는 상층계급의 신분적 하강이 점차 그 범위를 확대해 가는 현상이 뚜렷하였다. 이러한 신분제 동요와 사회변동에 대하여는 이미 역사학자들에 의해 소상히 밝혀져 있다. 이러한 신분제 동요가 야기된 결정적 계기로서 국가재정의 궤갈과 군량미의 부족을 보충하기 위한 임시조치로서 시행되었던 납속수직(納粟授職), 대구속신제도(代口贖身制度), 노비종모법(奴婢從母法), 모속현상(冒屬現象) 등을 들 수 있다. 이 시기 평민 또는 천민들은 능력만 있으면 과거 봉건체제가 확고했던 시절과 달리 양반에 의해 수모를 받지 않고 살아갈 수도 있었다. 이제 그들은 부력(富力)만 있으면 신분상승의 기회가 얼마든지 주어진 것이다. 이러한 와중에서 신분이동에 관련된 많은 일화들이 파생되었을 것임을 쉽게 짐작할 수 있다. 연암은 이와 같은 일화들을 듣고 이를 소재로 해서 한편

九傳之作 盖在其時爲消寂耐病之資者云(『過庭錄』 卷1).

의 작품을 만들었으니 〈양반전〉이 그것이다. 〈양반전〉은 「방경각외전」의 여타 작품들에 비해 특이한 모습을 지니고 있다. 여타 작품의 경우에는 작가 자신이 작품 속에 개입하여 실제 자신이 경험한 사실임을 밝혀 허구성을 배제하려고 하였음에 비해, 이 작품은 제목부터가 매우 포괄적이며 내용 전개도 매우 모호하게 처리함으로써 허구성을 배제하지 않았다. 『과정록』에서 종채는, "만일 작품을 지은 뜻을 깊이 생각하지 않고 단지 배우의 해학과 같은 문자로 읽는다면 어찌 나의 선군을 알겠는가"[15]라고 하며 마음 아파하고 있다. 「방경각외전」 〈부기(附記)〉에서도 연암의 아들 종간(宗侃)은, "「방경각외전」에 수록된 아홉 편의 작품은 아버지 연암이 약관 시절에 지은 것으로서 집에는 소장된 것이 없다. 그래서 매번 남에게서 얻어 왔는데, 아버지께서는 없애라 하셨다. 우리 형제가 아버님의 분부를 받들고 싶지만, 사람들 사이에 전파하는 것은 어쩔 도리가 없었다. 외숙인 지계공에게 상의드렸더니 '반드시 폐기할 것은 없으나, 다만 〈양반전〉 한 편은 말이 많이 속되어 좀 흠이라고 하면서, 이것은 실은 왕포(王褒)의 동약(僮約)을 본떠 지은 것이니 만큼 의미가 없는 것은 아니다'라고 했다"[16]고 기술하였다. 여기에서 〈양반전〉에 속된 말이 많고 왕포의 〈동약〉을 모방하여 지었다고 애써 폄하하면서도 한편으로는 작품에 의미가 있다고 한 것은 당시 이 작품을 「방경각외전」에 수록된 작품들 중에서 가장 의미 있는 것으로 평가했었음을 알 수 있다.

3. 〈양반전〉의 이본

〈양반전〉은 연암 당시뿐만 아니라 이후에도 계속 전사(轉寫)되면서 많은 독자층을 확보한 것 같다. 〈양반전〉은 전사되면서 변개되어 조선 후기

15) 若不究所以作之意 但以俳諧文字讀之 則此豈知吾先君者哉(『過庭錄』 卷1).

16) 但兩班一傳 語多俚俗 是爲小疵 而此實做王褒僮約而作非無謂也(『燕巖集』 卷8).

문헌설화집에 수록되기에 이르렀는데, 그 대표적인 것으로 『동야휘집(東野彙輯)』의 〈상관조부민매반(償官租富民買班)〉과 『청구야담(青邱野談)』의 〈수관조부민매양반(輸官租富民買兩班)〉을 들 수 있다. 그러나 두 작품은 같은 계통의 문헌설화라고 할 수 있다. 즉 제목이 유사하고 지역적 배경이 '간성(杆城)'으로 같고 작품의 마지막 부분이 '終身不敢復言兩班事矣', 또는 '終身不敢復言兩班事'로 끝난다.

먼저 제목에서 우리는 이 문헌설화집의 채록자가 이 작품을 어떻게 이해하였는가를 알 수 있다. 연암의 작품 제목은 〈양반전〉으로서 작품의 중심 내용이 양반 일반에 관한 것임을 작품 제목에서 암시하고 있으나, 야담집의 작품 제목은 〈상관조부민매반〉 또는 〈수관조부민매양반〉 등으로 부자가 관청의 환곡을 대신 갚아 주고 양반을 샀다는 것을 작품의 중심 내용으로 파악하고 제목을 삼았다. 문헌설화집, 즉 야담집의 편찬자들은 작품에서 작가가 말하고자 한 양반사회의 실상보다는 궁지에 빠진 가난한 양반으로부터 부자 서민이 어떻게 양반 신분을 사게 되었으며, 그러한 신분상승이 어떻게 좌절되었는가에 대해 더 흥미를 느낀 것 같다. 이러한 작품 이해의 차이는 야담집 편찬자의 현실 인식과 연암의 그것이 달랐기 때문이라고 할 수 있다.

야담집 편찬자들, 즉 당시의 독자들이 천부의 행위에 큰 관심을 가졌다는 것은 연암의 〈양반전〉과 야담집 소재의 유사 작품 서두를 비교해 보아도 알 수 있다. 『동야휘집』의 〈상관조부민매반〉에서는 "梁姓士人杆城人也 劬經飭躬一鄕称賢"으로, 『청구야담』의 〈수관조부민매양반〉에서는 "杆城有一兩班賢而好讀書"로 서두가 시작됨에 비해, 〈양반전〉에서는 "兩班者 士族之尊稱也 旌善之郡有一兩班 賢而好讀書"로 작품이 시작되고 있다. 따라서 야담집에는 '兩班者 士族之尊稱也'라는 구절이 생략되어 있다. 이렇게 작품 서두가 바뀌게 된 것은 양반사회 일반의 문제점에 대한 인식보다는 궁벽한 시골에 사는 어질고 독서만 일삼던 한 양반이 관청에서 빌려 먹은 곡식을 갚지 못하여 양반의 신분을 팔 수밖에 없었던 사건을 작품의 중요 내용으로 파악하였기 때문이다. 따라서 야담집에 수록되어 있는 〈양반전〉의 유사 작품들은 연암의 〈양반전〉과 작품의 표제와 서두 부분에서 이미 관심의 방향을 달리하고 있는 것이다. 그러나 조선 후기 야담집에 실려 있는 〈상관조부민매반〉과 〈수관조부민매양반〉은 어구와 문맥이 변개·첨삭된 것을 제외한다면 기본적으로 〈양반전〉과 같은 작품이다. 이는 시기적으로 볼 때, 연암의 〈양반전〉이 야담집의 유사 설화보다 먼저 저술되었다는 사실 하나만으로도 이와 같은 주장을 뒷받침할 수 있다.

이제 야담집 소재 유사 작품들과 연암의 〈양반전〉이 어떠한 차이점을 지니고 있는가 살펴보기로 하겠다. 먼저 사건이 전개되는 지리적 배경에 있어서, 〈양반전〉에서는 정선이라 한 것과 달리, 〈상관조부민매반〉과 〈수관조부민매양반〉의 지리적 배경은 간성으로 되어 있다. 이렇게 지리적 배경이 바뀐 것은 두 지역이 모두 궁벽한 고을이기 때문인 것 같다. 『대전회통(大典會通)』에 보면 정선이나 간성의 군수는 다 같이 종4품의 당하관이 부임하는 매우 궁벽한 고을이다.[17] 따라서 서울과 멀리 떨어져 있어서 토착 향반이 군수와 결탁하여 쉽게 환곡을 꾸어 먹을 수 있고, 작품에서와 같이 양반매매와 같은 비정상적인 사건이 일어날 수 있는 지리적 배경을 지닌 곳이다. 다음 변개된 어구의 예를 보면 〈양반전〉에서의 '何物兩班'이라는 어구가 야담집의 작품에서는 '何許班民'으로 어세가 약화되어 있고, 명문(明文)의 날짜도 '乾隆十年九月日'이 '某年月日'로 지극히 막연하게 바뀌었다. 양반으로서 마땅히 지켜야 하는 '당행금지절목(當行禁止節目)'에 있어서는 특히 누락과 순서의 뒤바뀜이 심한데 이는 연암의 작품이 여러 사람의 손을 거쳐 전사되는 과정에서 이러한 변개가 이루어진 것으로 추정된다. 그러나 둘의 차이점으로 가장 주목해야 할 곳은 작품의 종결 부분이다. 연암의 〈양반전〉에서는 "終身不復言兩班之事"로 작품이 끝나고 있음에 비해, 『동야휘집』의 작품에서는 "終身不敢復言兩班事矣", 『청

17) 郡守六員 從四品 平海 通川 旌善 高城 杆城 平昌(『大典會通』 卷1, 「吏典」, 〈外官職, 江原道〉).

구야담』에서는 '終身不敢復言兩班事'로 끝맺고 있어, 야담집에서는 연암의 〈양반전〉에는 없는 '敢'자가 개입됨으로써 작품해석의 방향이 전혀 달라진 것이다. 즉 '죽을 때까지 다시는 양반의 일에 대해서 말하지 않았다'라는 내용이 '죽을 때까지 감히 다시는 양반의 일에 대해서 말하지 않았다'라고 '감히'라는 말을 개입시킴으로써, 양반을 사려고 했던 천부의 행위를 어리석고 분수 모르는 행위로 이해한 것이다.

야담집에서 종결 부분이 이렇게 변개된 것은 야담집의 제목이 '상관조부민매반', 또는 '수관조부민매양반'로 설정된 것과 밀접한 관련을 지닌다. 즉 야담집의 저술자들은 이 작품에서 부자 서민이 환곡을 대신 갚아 주고 양반권을 샀다는 사건을 작품의 중심 내용으로 파악한 것이다. 즉 그들은 이 작품의 주동적 인물을 천부로 본 것이다. 그리고 종결 부분을 통해 알 수 있는 것은 당시 〈양반전〉의 독자들은 천부의 행위를 곱게 보지 않았음을 알 수 있다. 야담집 편찬자나 독자들은 돈으로 양반이 되려고 했던 천부의 무지와 어리석음을 비웃은 것이다. 이와 같은 천부에 대한 노골적인 반감은 당시 역사적 현실과도 무관하지 않다. 18세기 후반 이후는 사회경제사적으로 급격히 신분 이동이 이루어지던 시기로써, 이 시기 뜻있는 양반 사대부들이 이와 같은 사회 현상을 우려했던 징후들이 여러 문헌에 보인다. 따라서 야담집 향유자들이 돈만 가지고 신분상승을 도모하려 했던 정선 천부에 대해 비판적 시각이었던 것은 매우 당연하다 할 것이다.

앞에서 연암의 〈양반전〉이 조선 후기에 편찬된 야담집 소재의 유사 작품에서는 어떻게 변개되었는가를 살펴보았다. 그 결과 야담집의 편찬자와 독자들은 양반들의 부정적인 면보다는 천부의 행위에 대하여 더 큰 관심을 보였던 것을 알 수 있다. 이렇게 〈양반전〉은 여러 사람의 입과 손을 거치면서 애초에 연암이 의도한 주제와 다른 방향으로 변개되어 읽힌 것이다.

4. 〈양반전〉의 주제

4.1. 지금까지 〈양반전〉은 당시 양반사회의 무위도식하는 형식적 삶과 부패 타락상을 철저히 드러내어 양반사회의 각성을 촉구한 풍자 또는 해학 소설로 간주되어 왔다. 이러한 작품 이해는 「방경각외전」 〈자서〉에서 연암이 진술한 저술동기와 관련하여 표면에 드러난 작품 내용을 분석한 결과이다. 「방경각외전」에서 연암 자신이 기술한 〈양반전〉의 저술동기는 다음과 같다.

> 선비는 하늘이 주신 벼슬이다. 선비[士]의 마음[心]은 곧 뜻[志]이다. 그 뜻은 어떠해야 하는가? 권세와 이익을 도모하지 말아야 하며, 현달하여도 선비의 본분을 벗어나지 말아야 하며, 궁핍하여도 선비의 본분을 잃지 말아야 한다. 그러데 명절(名節)은 닦지 않고 다만 문벌(門閥)을 상품으로 여겨 조상의 덕(德)을 팔고 사니 어찌 장사치와 다르랴. 이에 양반전을 짓는다.[18)]

이것을 보면 양반이 무슨 상품인양 팔고 산 사람 모두를 비판하고 있음을 알 수 있다. 즉 작품에서 곤궁하여 세덕을 판 정선 양반과, 양반이 무슨 이익이 있는 줄 알고 천 석이나 되는 환곡을 대신 갚아 주고 이를 산 정선의 천부 모두가 비판 대상인 것이다.

〈양반전〉에서 연암이 표면적으로 내세운 것은 신분이동이 격화되고 있던 조선 후기 일부 양반들에 의해 자행되고 있었던 신분매매에 대한 비판과 풍자에 있었다. 이것은 작자 자신이 기술한 저술동기와 표면적으로 드러난 작품 내용을 가지고 분석한 결과임은 물론이다. 그러나 〈양반전〉을 통하여 연암이 의도한 것은 좀 더 복잡한 것 같다. 이러한 연암의 의도를 파악하기 위해서는 작품 저술 당시 연암이 처했던 사회적 배경을 함께 고

---

18) 士迺天爵 士心爲志 其志如何 弗謀勢利 達不離士 窮不失士 不飭名節 徒貨門地 酤鬻世德 商賈何異 於是述兩班(『燕巖集』 卷8, 別集, 「放璚閣外傳」 〈自序〉).

려해야 할 것이다. 연암이 살았던 조선 후기 사회는 신분제 동요가 하나의 사회 현상으로 뚜렷하게 자리 잡고 있었던 시기이다. 이 시기에 축적된 부를 가지고 신분상승을 추구하는 서민계층의 모습을 연암은 〈양반전〉을 통해서 사실적으로 보여 주었다. 서사전개에 있어서 양반사회의 부정적인 면을 적나라하게 드러내 보여 줌으로써 양반계층의 각성을 촉구하고, 한편으로는 경제력만 믿고 양반이 되고자 하는 하층민의 무지를 비판한 것이다. 그렇지만 천부의 경우는 양반에 비해 상대적으로 긍정적인 모습으로 부각되었다. 연암이 자신이 처한 사회와 역사를, 〈양반전〉을 통하여 드러내고 교정하고자 한 저술태도는 19세기 이후 서구 리얼리즘 이후의 작가들이 소설의 인물에 사회학적 의미를 강조한 것과 비견된다.[19] 또한 연암의 한문단편들에 등장하는 인물들이 18세기 조선 후기 사회와 역사를 설명하는 데 적합한 인물들로 구성되어 있는 것은 서구의 리얼리즘 작가들의 수법과 일면 통하는 점이 없지 않다.

〈양반전〉은 궁벽한 시골에서 일어난 양반매매사건을 통하여 조선 후기의 전환기적 사회분위기를 잘 보여 주고 있다. 작품에 등장하는 정선 고을의 '어질고 독서를 좋아하는(賢而好讀書)' 양반은 조선 후기에 경제적으로 몰락해 가는 전형적인 양반의 모습이다. 이에 비해 천부는 경제력을 바탕으로 신분상승을 모색하는 조선 후기의 새로운 인간상이다. 그는 경제적으로는 무엇이든지 할 수 있음에도 불구하고 양반이 아니기 때문에 늘 비천하게 살아야 하는 자신의 모습을 돌아보고는 막대한 재산을 들여 양반권을 산다. 그러나 신선과 같을 것이라고 생각했던 양반세계의 모습은 지극히 형식적이고 무단적(武斷的)이었다. 연암은 이와 같은 양반사회의 부정적인 모습을 드러내고 비판하기 위한 매개체로 천부를 등장시킨 것이다. 작품에서 정선 천부는 정선 양반과 대립·갈등한 흔적은 없다. 있

19) 이 시기 서구 작가들은 당대의 사회와 역사를 직접 설명하기보다는 적합한 인물을 내세워 설명하려 하였으며, 이때의 작중 인물은 사회와 역사의 의미를 알게 해 주는 매개체 노릇을 했던 것이다(조남현, 『소설원론』, 고려원, 1982, 158쪽).

다면 군수와 천부의 대립과 갈등이 있을 뿐이다. 정선 양반은 온 고을의 존경을 한 몸에 받는 어질고 독서를 좋아하는 양반이었지만, 관청에서 꾸어 먹은 환곡조차 갚지 못하는 무능력한 몰락 양반일 뿐이었다. 그러나 천부는 그러한 양반을 부러워한 나머지 막대한 재물을 들여 양반으로의 신분상승을 시도한다. 이 과정에 군수가 개입하여 문권을 만들어 공식적으로 양반매매를 성립시킨다고 하였지만, 그 과정에서 양반사회의 부정적인 모습이 드러났고, 결과적으로는 천부의 양반 포기를 유도한 꼴이 되었다. 군수는 문서 작성 과정에서 자아계층의 치부를 드러낸 대가로 정선 양반의 신분하락은 막았을지는 모르지만, 천부로부터 '도둑놈' 소리를 듣는 수모를 당하였다. 그러나 이 작품에서 가장 감동을 주는 것은 천부의 인간선언에 있다. 그가 양반을 도둑으로 몰아붙이고 양반되기를 포기하고 떠나는 장면은 이 작품에서 가장 감동을 주는 작품의 절정이며 바로 여기에 주제가 담겨져 있는 것이다.

4.2. 〈양반전〉의 내용은 크게 둘로 나뉜다. 독서만 일삼다가 양반을 팔지 않으면 안 될 처지에 놓인 가난한 양반과 생산 활동에 적극적으로 참여하여 막대한 부를 축적한 천부가 인간다운 삶을 위해 환곡을 대신 갚아주고 양반 신분을 취득한 전반부와 사적(私的)으로 이루어진 신분 매매를 공적(公的)인 문서로 작성해야 한다고 하며 군수가 개입하여 두 개의 문권을 작성하는 후반부가 그것이다.

전반부는 다시 두 개의 서사 단락으로 다시 나누어진다. 첫 번째 단락은 '賢而好讀書' 하던 양반의 현명하지 못한 행위와 독서의 비실용성에 대한 다음과 같은 내용으로 시작된다.[20]

---

20) 연암의 한문단편 중 〈양반전〉, 〈허생전〉, 〈민옹전〉 등에 독서인이 등장한다. 그러나 그들의 현실 대처 능력과 자세는 다르다. 정선 양반은 무능력하여 자신의 가문을 팔 수밖에 없었지만, 허생은 현실에 적극적으로 뛰어들어 막대한 부를 얻는다. 따라서 허생의 독서는 실생활과 관련된 독서였다면 정선 양반의 독서는 그렇지 못한 것이었다고 할 수 있다.

> 양반이란 사족을 높여서 부르는 말이다. 정선군에 한 양반이 살았다. 그는 어질고 글 읽기를 좋아하였다. 군수가 새로 부임하면 으레 몸소 그 집을 찾아 인사를 드렸다. 그러나 이 양반은 집이 가난하여 해마다 환곡을 꾸어 먹은 것이 천 석에 이르렀다. 관찰사가 군읍을 순시하다가 환곡의 장부를 열람하고는 크게 노하여 "어떤 놈의 양반이 이렇게 환곡을 축냈단 말이냐?" 하고는 그 양반을 잡아 가두라고 명하였다. 군수는 그 양반이 가난하여 갚을 능력이 없는 것을 딱하게 여겨 차마 가두지 못하였으나 또한 어찌할 수가 없었다. 양반은 밤낮 울었으나 방도를 찾지 못했다.[21]

환곡 천 석을 빌려 먹고 갚지 않은 것이 관찰사에 의해 발각되지 않았을 때만 해도 정선 양반의 모습은 천부가 천 석의 쌀을 주고 살 만큼 온 고을의 존경을 받으면서 신선같이 살아가는 모습이었다. 그러나 관찰사의 명령으로 이제는 더 이상 신선 같은 생활을 할 수 없게 된 것이다.[22]

그의 처는 그의 남편의 무능력함에 대하여 "당신은 평생 글 읽기만 좋아하더니 고을의 환곡을 갚는 데는 아무 도움이 못 되는군요. 쯧쯧 양반, 양반이란 한 푼의 가치도 안되네" 하며 신랄하게 비판을 한다. 일반적으로 조선시대는 여필종부(女必從夫)라는 사회관습에 따라 남편을 무조건 따르는 것이 미덕인 사회였다. 그러나 여기 정선 양반의 처는 그러한 사회관습과는 달리 남편의 무능력함에 대하여 비판하고 나선 것이다. 양반에 대한 그녀의 질타는 자기 남편에 그치는 것이 아니라, 당시 양반사회 일반의 무위도식하는 삶의 행태에 대한 비판으로 확대될 수 있다. 그녀의 발언은 독서나 일삼으며 살아갈 수밖에 없는 몰락한 양반의 무능력을 가장 가

---

21) 兩班者士族之尊稱也 旌善之郡有一兩班 賢而好讀書 每郡守新至 必親造其廬而禮之 然家貧歲食郡糴 積歲至千石 觀察使巡行郡邑 閱糴糴 大怒曰 何物兩班 乃乏軍興 命囚其兩班 郡守意哀其兩班貧無以爲償 不忍囚之 亦無可奈何 兩班日夜泣 計不知所出(〈兩班傳〉).

22) 『大典會通』에 보면 公債로 六百兩 이상인 자가 기한 안에 원리 상환을 못하면 良人이라도 노비가 되며, 堂上官이나 嘉善者의 경우엔 당사자는 定配되고 그 처자는 노비로 삼았는데, 만약 그 자손 중에 이를 追納하면 본래의 신분으로 복귀된다는 조항이 있다(『大典會通』 卷2, 「戶典」, 〈徵債〉).

까이서 보아 온 체제 내적 인물에 의한 비판인 것이다. 이러한 양반들은 집권계층에 의해서도 무시되기 일쑤였다. 실제로 관찰사는 정선 양반을 '何物兩班'이라며 그를 인격적으로 지칭하지 않았다. 이제 정선 양반은 밖에서는 물론 가정에서조차 체면을 지킬 수 없게 된 것이다.

다음 단락은 정선의 서민 부자 곧 천부가 양반이 더 이상 양반의 신분을 유지할 수 없는 상황에 이른 것을 알고는 양반 신분을 사고자 한 다음과 같은 대목이다.

> 그 마을에 사는 한 부자가 가족들과 의논하길, "양반은 아무리 가난해도 늘 높고 귀하고, 나는 비록 부유해도 늘 비천하지 않은가. 감히 말도 못 타고 양반을 보면 굽신거려야 하고 엉금엉금 기어가서 뜰 아래 엎드려 절하고, 코를 땅에 대고 무릎으로 기어 가야 하는 등 늘 이와 같이 수모를 받지 않은가. 지금 양반이 가난하여 환곡을 갚을 수가 없어서 마침 크게 곤욕을 치르고 있으니, 그 형세가 진실로 그 양반 신분을 보존하지 못할 형편이다. 이제 내가 장차 그 양반을 사서 가져야겠다" 하고는 부자가 곧 양반을 찾아가서 대신 환곡을 갚아 주겠다고 청하니 양반은 크게 기뻐하고 허락했다. 그래서 부자는 곧바로 곡식을 관가에 실어 가 양반의 빚을 갚았다.[23]

천부가 양반 신분으로 상승하고자 한 동기는 매우 심각하다. 천부가 경제적으로 무엇이든지 할 수 있음에도 불구하고 단지 양반 신분이 아니라는 이유 때문에 굴욕과 수모를 받으면서 비천하게 살아야 하는 불합리성을 인식했다는 것은 신분체제에 대한 심각한 도전이 아닐 수 없다. 이와 같은 천부의 사고방식은 당시 경제력을 바탕으로 등장하기 시작한 신흥계층의 공통된 불만이었을 것이다. 이제 정선 천부는 더 이상의 굴욕적 생활을 하느니 차라리 그가 일생 동안 모아 온 막대한 부와 양반 신분을 교환

23) 其里之富人 私相議曰 兩班雖貧 常尊榮 我雖富 常卑賤 不敢騎馬 見兩班 則跼蹜屛營 匍匐拜庭 曳鼻膝行 我常如此其僇辱也 今兩班 貧不能償糴 方大窘 其勢誠不能保其兩班 我且買而有之 遂踵門而請償其糴 兩班大喜許諾 於是 富人立輸其糴於官(〈兩班傳〉).

하고자 한 것이다. 그러나 양반이라는 신분은 그 자체로는 일전(一錢)의 가치도 없는 것으로 양반의 처에 의해 비판된 다음이었다. 그렇지만 천부는 그 실상을 알지 못했기 때문에 천 석이라는 거금을 들여 양반권을 산 것이다. 여기까지가 이 작품의 전반부이며 작품의 도입부이기도 하다.

다음은 사사롭게 이루어진 양반권 매매를 군수가 개입하여 공식적인 문서로 만들어 가는 과정이 전개된다. 여기서 군수는 두 개의 문권을 작성하게 되고, 이 과정에서 양반사회의 실상을 알게 된 천부는 양반되기를 포기한다. 그리고 천부는 양반을 도둑놈이라고 인식하게 된다. 그리고는 종신토록 다시는 양반의 일에 대해서 언급하지 않는다.

관찰사로부터 양반을 가두라는 명령을 받고 차마 실행에 옮기지 못하고 있던 군수는 양반 대신에 천부가 환곡을 갚고 양반권을 산 사실을 알게 된다. 그는 이것이 불법 행위인 줄 알지만 환곡 천 석을 환수하기 위해서는 이를 묵인 방조할 수밖에 없었을 것이다. 그러나 그는 천부로 하여금 자진하여 양반되기를 포기하도록 유도할 방도를 생각하지 않을 수 없었다. 그래서 군수는 온 고을 백성을 모아 놓고 매매 계약서를 작성하기에 이른 것이다. 군수는 양반권을 매수한 정선 부자를 극진한 언어로 칭송한 다음 양반권을 사사롭게 팔고 사면서 문권을 작성하지 않는 것은 나중에 송사의 꼬투리가 되니 온 고을 백성 앞에서 문권을 작성할 것을 제안한다. 군수는 자신이 속한 계층의 정선 양반이 양반 신분을 판 후의 처절한 모습을 보고 차마 이것을 방치할 수 없었던 것이다. 그보다 더한 것은 지금까지 천시해 왔던 정선 천부를 자신과 같은 계층으로 맞아들인다는 것 자체를 용납할 수 없었는지 모른다. 그렇다고 계약을 일방적으로 파기할 수는 없었다. 왜냐하면 천 석의 환곡은 정선 양반에게만 문제가 되는 것이 아니라 군수에게도 큰 문제였기 때문이다. 그것을 천부가 해결해 주었으니 어쩌면 천부는 군수에게도 구세주와 같은 인물이 아닐 수 없었다. 그렇다고 천부가 양반되는 것을 그냥 놔둘 수도 없었다. 그래서 군수는 천부가 양반권을 스스로 포기하도록 유도하지 않으면 안 될 심각한 문제를 안게 되었다. 그래서 생각해 낸 것이 온 고을 백성 앞에서 양반매매문권을 작성하는 것이었다. 여기서 군수는 자신이 속한 계층의 치부를 적나라하게 드러내 놓으면서 천부가 스스로 양반되는 것을 포기하도록 유도한 것이다. 결국 군수의 지략에 천부는 걸려들어 막대한 재산만 날리고 원래의 신분으로 돌아가지만 그 과정에서 보여 준 천부의 진실한 인간성은 독자에게 큰 감동을 주게 된 것이다.

첫 번째 문권에서 군수는 양반으로서 반드시 지켜야 할 이른바 '當行節目十三則'과 '禁止節目二十一則'을 제시한 다음에 군수는 "무릇 이와 같은 온갖 행동규범에 있어서 어긋남이 있으면 양반은 이 문권을 가지고 관가에 와서 바로잡는다"[24]라고 매매문서를 끝냈다. 그런데 이 문권은 양반으로서의 임무만 나열되어 있지 권리는 제시되어 있지 않고 있다. 더구나 이러한 양반으로서의 행동규범을 천부가 어길 경우에는 양반권을 판 정선 양반은 이 증서를 가지고 와서 계약을 무효로 할 수 있다고 단서 조항까지 만들어 놓았다. 군수는 천부가 양반이 되려고 하면 양반이 지켜야 할 행동규범을 따라야 할 것을 문권에 명문화하였던 것이다. 그렇게 함으로써 천부가 양반권을 스스로 포기하도록 유도한 것이다.

그러나 천부는 군수가 만든 제1문권의 내용이 자신이 살아온 삶과 전혀

---

24) "凡此百行有違 兩班持此文記 卞正于官"의 해석을 '凡此百行 有違兩班 持此文記 卞正于官'으로 끊어서 "이상에서 제시한 모든 행실 가운데 (네가 생각하고 있는) 양반과 차이가 나는 점이 있으면, (언제라도) 이 문서를 가지고 관청에 와서 바로잡도록 하라"라고 해석하기도 한다(윤승준, 「양반전」, 『고소설연구』, 일지사, 1993, 934쪽). 그러나 이 경우는 매매문권을 천부의 입장에서 쓴 경우일 때 가능한 해석이다. 군수가 이 작품에서 의도한 양반매매문서는 두 사람 사이의 계약을 성립시키기 위한 것이 아니라 천부가 자신의 분수를 모르고 돈만으로 양반이 되고자 한 것에 대하여 양반은 돈만 가지고 될 수 있는 것이 아님을 깨우쳐 주기 위한 것이었다고 할 때, 이 매매문서는 어디까지나 양반을 판 정선 양반에게 유리한 쪽으로 작성되었다고 보아야 할 것이다. 그렇기 때문에 이 구절은 정선 천부가 양반으로서 지켜야 할 행동규범을 지키지 못하면 계약은 일방적으로 파기될 수 있는 단서 조항인 것이다. 『동야휘집』(서울대본) 권5 〈償官租富民買班〉에는 이 부분이 "凡此百行 一或有違 便非兩班 持此文記 告官卞正事"로 되어 있다. 즉 천부가 양반으로서 지켜야 할 모든 행동규범을 지키지 못했을 경우 정선 양반은 이 증서를 가지고서 관청에 알리고 양반권을 회복할 수 있다고 했다.

동떨어진 지극히 형식적이며 비생산적인 것임을 알고는 "양반이란 단지 이것뿐입니까? 내가 듣기로는 양반은 신선과 같다는데 정말 이렇다면 너무 재미없군요. 원컨대 이롭게 고쳐 주십시오"라고 간청한다. 천부가 애초에 양반이 되고자 한 것은 신선 같은 양반이었지 제1문권에서와 같은 지독한 형식과 비생산적인 구속적인 삶이 모습이 아니었기 때문이었다. 군수는 천부의 요청을 받아들여 두 번째 문권을 만들기 시작했다. 군수는 순박한 천부가 받아들일 수 없는 부정하고 부패한 관리 모습과 시골 양반의 무단적인 횡포와 비열함을 제시한다. 군수가 예상한 대로 천부는 증서 작성을 중지시키고는 혀를 내두르면서, "그만두시오. 그만두시오. 맹랑하구료. 장차 나를 도둑으로 만들려고 하오." 하고는 그 자리를 아무 미련 없이 떠난다. 그리고는 죽을 때까지 다시는 양반의 일에 대해 말하지 않았다고 했다.

이제 천부는 군수의 계략에 의해 그가 그렇게 바랐던 양반으로의 신분상승을 포기하고 본래의 자신의 위치로 복귀한 것이다. 매매문서를 만든 과정을 통하여 군수는 천부의 양반되기를 포기하도록 유도하기 위해 자신이 속한 양반사회의 부정적인 모습을 적나라하게 드러낼 수밖에 없었고, 천부는 그 실상을 알게 됨으로써 더 이상 양반을 부러워하지 않게 된 것이다. 이제 천부는 자신의 처지에 만족하며 살아갈 수 있게 된 것이다.

4.3. 〈양반전〉은 양반의 실상을 천부가 인식하는 과정을 통하여 양반들의 각성을 촉구하는 서술형식을 취하고 있다. 즉 연암이 「방경각외전」 〈자서〉에서 양반을 무슨 물건인양 팔고 사는 행태에 대해 비판하고 이를 풍자하기 위해 이 작품을 짓는다고 했는데, 정선 양반과 천부는 이러한 인물의 예로 제시된 것이고, 이를 통하여 연암이 궁극적으로 말하고자 한 것은 양반사회의 각성이다. 연암이 비록 개방적 인식태도를 취하였다고는 하나 자아계층, 즉 '사(士)'에 대한 긍지가 대단했다. 이 글에서 연암은 당시 새로운 계층으로 떠오른 서민 부자를 내세워 그의 눈에 비친 양반답지 못한

양반의 모습을 인식하게 하고, 그것은 도둑과 같다고 말하도록 하였다. 즉 천부가 마지막에 말한 '나보고 도둑이 되란 말이요'는 곧 연암이 궁극적으로 당시 양반답지 못한 부류들에게 말하고자 한 말이다. 연암은 강원도 정선 고을을 배경으로 관가에서 빌려 먹은 환곡을 갚지 못한 한 무능력한 양반이 그 고을 서민 부자에게 양반신분을 판 양반매매사건을 통해서 18세기 후반 조선 봉건사회를 굳건하게 지탱해 온 신분체제의 이완 현상의 일단을 보여 주면서 궁극적으로는 양반사회의 각성을 촉구한 것이다.

그런데 〈허생전〉이 선비를 주인공으로 내세워 당대 위정자들의 위선과 무능을 비판했다고 한다면, 〈양반전〉의 경우는 천부를 등장시켜 그를 통해서 양반사회의 무능과 횡포를 폭로했다. 허생은 돈이 없어 가출하였지만 변씨에게 당당하게 돈을 꾸어 백만 냥이라는 거금으로 불린다. 그러나 그는 돈에 연연해 하지 않고 변씨에게 갚을 돈을 제외하고는 그 돈 모두를 가난한 사람들을 위해 쓴다. 그러나 〈양반전〉의 무능한 양반은 관가에서 꾸어 먹은 천 석의 곡식을 갚지 못해 조상 대대로 이어온 양반 가문을 팔아 환곡을 갚는다. 두 작품에 등장하는 선비는 모두 독서만 일삼던 선비이나 현실을 대처하는 능력은 전혀 다르다. 이렇게 두 작품에 등장하는 선비의 모습이 다른 것은 작자 연암의 저술배경과 밀접한 관련을 갖는다. 즉 〈양반전〉은 연암이 아직 실학사상이 정립되지 않았던 때의 작품이고, 〈허생전〉은 열하 여행을 마친 후 그의 실학사상이 한창 무르익을 무렵의 저술이다. 「진덕재야화」〈후지〉에 의하면 연암이 허생 설화를 윤영이라는 이인(異人)에게서 들은 것은 그의 나이 20세 초 봉원사에서 글을 읽고 있을 때였다. 그렇다면 이 시기는 〈양반전〉을 저술한 시기와 비슷하다. 연암은 이 시기 시정에 떠도는 문객이나 겸인 또는 윤영과 같은 인물에게서 다양한 인물설화를 들었던 것 같다. 이 중에서 정선 양반과 같은 무능력한 양반을 통하여 자기계층의 각성을 촉구하였고, 허생과 같은 인물을 통해서는 이상적인 선비상을 그려 본 것이다.

4.4. 〈양반전〉의 내용은 억양과 대조, 긍정과 부정이 교차되면서 주제에 이르도록 짜여 있다. 작품 내용은 서두의 "양반은 사족의 존칭이다.(兩班士族之尊稱也)"와 종결 부분의 "장차 나더러 도둑이 되란 말이요(將使我爲盜耶)"가 조응되도록 전개되어 있다.

〈양반전〉의 첫 단락은 "양반은 사족을 높여서 부르는 말이다"라고 양반에 대한 정의를 내린 다음에 곧 이어 양반의 한 사람인 정선 양반의 무능력한 모습을 제시한다. 정선 양반은 '어질고 독서를 좋아하는[賢而好讀書]' 전형적인 선비의 모습으로서 온 고을의 존경을 한 몸에 받는 긍정적인 양반의 모습이다. 그러나 그것은 단지 표면적인 모습일 뿐, 그 실상을 들여다보면 가난하여 해마다 관청의 곡식을 빌려 먹은 것이 천 석에 이르도록 갚지 못한 무능력한 인물이다. 그리하여 관찰사가 군읍을 순시하다가 정선에 들러 환곡 장부를 열람하고는 대노하여 "어떤 놈의 양반이 이처럼 군량미를 축냈단 말인가(何物兩班 乃乏軍興)" 하고는 잡아들이라고 하였으며, 그의 처는 아무 계책을 내지 못하는 무능력한 남편에 대해 "당신은 평생 글 읽기만 좋아하더니 고을의 환곡을 갚는 데는 아무 도움이 못되는군요. 쯧쯧 양반, 양반이란 한 푼의 가치도 아니군(其妻罵曰 生平子好讀書 無益縣官糴 咄 兩班 兩班不置一錢)"이라고 꾸짖는다. 이렇게 정선 양반은 독서 이외에는 하는 것 없이 살아왔기 때문에 현실적 문제에 대해서는 지극히 무능력한 인물이었던 것이다. 정선 양반의 모습은 관직에 오르지 못한 가난한 양반의 보편적인 모습인 것이다. 그런데 이러한 몰락해 가는 양반에 대한 집권 양반인 관찰사의 태도는 지극히 냉정하다 못해 오만하기까지 하다. 그렇지만 따지고 보면 그의 행동은 엄격하게 법을 집행해야 하는 관리로서의 당연한 임무 수행인 것이다. 이에 비해 정선 양반 처의 행동은 예기치 않은 것이다. 무조건 남편을 공경하는 것이 미덕인 조선조 양반사회에서 그녀의 행동은 지나친 바가 없지 않다. 그녀의 남편에 대한 비판은 그 자체로 그치는 것이 아니었다. 관찰사의 비판이 집권 사대부의 임무에서 비롯한 몰락한 시골 양반에 대한 멸시라면, 정선 양반 처의 남편에 대한 비판은 양반사회 전체에 대한 비판으로 확대된 것이다. 정선 양반에 대한 부정적인 면이 세 단계를 거치면서 점점 최악의 경지까지 도달한 것이다.

다음 단락은 천부가 등장하여 자신의 삶의 모습이 비참함을 인식하고 궁지에 빠진 양반의 환곡을 갚아 주고 양반권을 매수한 내용이다. 천부는 양반과 같은 존귀한 대접을 받기 위해 막대한 재물을 들여 양반권을 사고자 양반을 찾아가 환곡을 갚겠다고 한다. 양반은 천부의 제의에 대해 주저하지 않고 아주 기쁜 마음으로 허락한다(兩班大喜許諾). 양반은 어쩌면 자신을 구속하고 있던 양반이라는 신분적 굴레를 벗어 버리는 것을 홀가분하게 느꼈는지도 모른다. 빈한한 정선 양반은 양반으로서의 체면을 차리기 위해 대책 없이 해마다 환곡을 빌려 먹을 수밖에 없었던 것이다. 이제 그것이 천 석에 이르러 관찰사에 발각되어 더 이상 환곡을 빌릴 수 없게 되었음은 물론이고, 환곡을 갚지 못하면 양반이란 신분조차 유지할 수 없게 된 마당이다. 그러니 천부의 제의는 너무나 반가운 것이 아닐 수 없었을 것이다. 한편 양반을 가두라는 명령을 관찰사로부터 받고 난처한 지경에 빠졌던 군수 또한 기쁘기는 마찬가지였으리라. 천부가 양반의 환곡 천 석을 대신 갚은 것을 보고는 크게 놀라고 한편으로는 이상하게 생각한 그는 양반의 집으로 몸소 찾아간다. 찾아가 보니 양반은 벙거지를 쓰고 짧은 잠방이를 입고 길에 엎드려 '소인'이라 칭하면서 감히 쳐다보지도 못한다. 양반으로부터 천부에게 양반권을 매매한 사실을 알게 된 군수는 천부를 진짜 양반이라고 추켜세운 다음 증서를 만들어 두지 않으면 나중 송사의 꼬투리가 될 수 있으니 증서를 작성해야 한다고 하고는, 관아로 돌아와 온 고을 백성을 모아 놓고 문서를 작성한다.

세 번째 단락은 군수가 양반과 천부를 앞에 놓고 두 개의 문서를 작성하는 장면이다. 첫 번째 문권의 내용은 양반이 마땅히 지켜야 삶의 규범들이었다. 그것은 정선 양반의 일상적인 삶의 모습이었겠으나, 정선 천부에게는 도저히 지킬 수 없는 구속적 삶의 모습이 아닐 수 없었다. 천부는 양반의 삶이 신선과 같다고 들었기 때문에 막대한 재산을 들여 양반권을 샀다. 그러나 군수가 작성한 문권은 천부가 생각했던 양반의 모습과 너무나 동떨어진 것이었다. 실망한 천부는 이익이 있는 문서로 만들어 줄 것을 요구한다(願改爲可利). 그래서 군수는 다시 두 번째 문권을 작성하기 시작한다. 그런데 그 내용은 양반이 할 수 있는 신선 같은 생활과 하층민에게 가할 수 있는 무단적 행동을 동시에 열거한다. 천부는 문권 작성을 도중에 중지시키고는 "장차 나더러 도둑이 되란 말이요(將使我爲盜耶)" 하고는 모든 것을 포기하고는 그 자리를 떠난다. 그리고는 다시는 양반의 일에 대해서 입에 담지 않았다는 것으로 작품이 끝난다.

이렇게 〈양반전〉에서 작자 연암은 강원도의 궁벽한 고을 중 하나인 정선군을 배경으로 한 가난한 양반과 천부의 양반매매사건을 실마리로 하여 양반사회의 실상을 적나라하게 드러내고, 이 과정에서 천부의 삶의 자세를 양반의 그것과 대조·비교시킴으로써 양반사회의 각성을 촉구한 것이다.

5. 맺음말

「방경각외전」의 저술동기에 의하면 〈양반전〉은 연암의 철저한 '사의식(士意識)'에 바탕을 두고 저술된 글이다. 따라서 연암의 저술동기를 존중하고 작품을 해석한다면 작품에서 연암이 비판하고자 한 일차적 인물은 정선 양반이다. 문벌을 팔아 환곡을 갚은 장본인이다. 물론 명절은 닦지 않고 이익을 취하기 위해 양반권을 매수한 천부도 또한 비판 대상일 수 있다. 그러나 작품을 분석해 보면 이 글에서 연암이 궁극적으로 비판하고자 한 것은 제2문권에 제시된 부류의 양반들인 것 같다. 즉 권세에 아부하여 호의호식하는 부패한 관리와 곤궁하다고 하여 선비의 본분을 잃고 무단으로 하층민을 괴롭히는 시골 양반 등과 같이 양반이라는 신분을 이용하여 자신의 안일을 추구하는 인간군상인 것이다.

연암이 진술한 저술동기에 의하면 제1문권에 제시된 양반으로서 마땅히 행하거나 금해야 할 절목(節目)은 비판의 대상이라기보다는, 양반이 되고자 하는 천부에게 양반으로서 마땅히 지켜야 할 보편적인 생활규범을 제시한 것으로 보아야 할 것이다. 그것은 당시 양반사회에서는 일상적으로 지켜야 할 기본적인 생활규범이었기 때문이다. 군수가 지극히 형식적이고 구속적인 양반의 삶의 모습을 첫 번째 문권의 내용으로 작성한 것은 천부로 하여금 양반의 삶이란 것이 결코 쉬운 것이 아님을 알려 준 것이다. 그렇게 함으로써 천부가 스스로 양반되기를 포기할 것을 암암리에 유도한 것으로 볼 수 있다. 그러나 천부는 첫 번째 문권을 보고는 이익이 있도록 문권을 고쳐 줄 것을 요구했다. 그래서 만들어진 것이 두 번째 문권이다. 이 두 번째 문권에서 군수는 양반이 할 수 있는 가장 비열하고 탐욕적인 모습을 제시함으로써 다시 천부가 양반되기를 포기하도록 유도한다. 결국 천부는 제2문권을 작성하는 도중에 양반되기를 포기하고 만다. 천부가 양반되기를 포기한 것은 두 개의 문권 내용에 나타난 양반의 삶이 그가 생각했던 양반의 삶과는 너무나 동떨어진 형식적이고 부도덕한 모습이었기 때문이었다. 그는 두 번째 문권 작성 도중 양반을 도둑놈으로 규정하고는 그가 그렇게 바랐던 양반으로의 신분상승을 포기하고 만 것이다. 〈양반전〉은 양반계층의 각성을 촉구하기 위해 저술하였다고는 하지만, 그 과정에서 정선 양반의 신분적 하강과 천부의 신분적 상승에서 오는 계층 간의 고뇌와 갈등, 양반사회의 부정적 단면들, 천부의 인간성 각성 등이 사실적으로 드러남으로써 양반 사회의 부정적인 면이 적나라하게 드러나고 만 것이다.

「방경각외전」의 저술동기에 입각하여 작품을 보면 주인공은 정선 양반으로 볼 수도 있다. 그러나 작품 내용을 면밀히 분석해 보면 천부를 주인공으로 보는 것이 올바른 것 같다. 정선 양반은 꾸어 먹은 환곡을 갚지 못해 양반권을 팔아 버리는 것으로 그의 역할이 끝나지만, 천부는 양반매매 사건을 일으킨 장본인으로서 처음부터 끝까지 사건의 중심인물로서 이야기를 주도적으로 이끌어 가고 있다. 그 외에 군수와 정선 양반의 처, 그리고 관찰사가 등장하지만 이들은 어디까지나 양반매매사건의 부수적 인물일 뿐이다. 정선 양반의 처나 관찰사의 경우는 정선 양반의 무능함을 비판하는 단순한 역할로 끝날 뿐이다. 다만 군수의 경우는 두 사람의 양반매매사건을 알고 목민관의 입장에서 문권을 작성하지만, 그의 역할 또한 어디까지나 천부의 성격을 드러내기 위한 부수적인 인물일 뿐이다.

〈양반전〉의 작품의 발단은 천부가 자신의 신분적 불평등을 인식하고 환곡을 갚지 못해 구금될 처지에 있는 가난한 양반에게서 양반을 산 사건이며, 작품의 종말은 천부가 양반은 도둑이라고 규정하고 양반되기를 포기하는 장면이다. 천부가 양반이 되기 위해서 갚은 환곡은 정선 천부만 구해준 것만 아니라 난처한 지경에 빠졌던 군수를 또한 구해 주었다. 따라서 군수는 이 사건과 무관한 목민관(牧民官)으로서의 단순한 조정자 이상의 인물인 것이다. 왜냐하면 그는 환곡 출납을 책임지고 있는 관리로서 이 사건에 직접적으로 관련이 있는 인물이기 때문이다. 그렇기 때문에 군수의 문권 작성은 객관적 위치에서 양반매매문서를 작성하였다기보다는 정선 양반 더 나아가서 양반계층의 대변자로서 천부와 대립 갈등하면서 매매문서를 작성하였다고 보는 것이 올바르다. 이 작품은 인간답게 살기 위해 양반이 되려고 했던 천부와 양반세계를 대변하는 군수가 양반매매문서를 놓고 대립 갈등하는 과정에서 양반사회의 비생산적인 형식주의, 부도덕한 향락과 무단적 행위가 자연스럽게 드러나게 된 것이다.

이렇게 연암은 경제력을 바탕으로 새롭게 등장하기 시작한 천부를 통하여 당시 양반사회의 부도덕한 모습을 고발함으로써 궁극적으로는 양반사회의 각성을 촉구한 것이다. 그러나 그 과정에서 독자에게 깊은 감명을 준 것은 천부의 성격 변화였다. 천부는 양반이 아니기 때문에 받아야만 하는 굴욕적인 삶에서 벗어나 인간답게 살기 위해 신분 상승을 시도하였지만, 그 과정에서 양반세계의 부정적인 모습을 알게 되고는 양반되기를 포기하고 원래의 자신의 모습으로 돌아가는 것으로 작품은 끝난다. 연암이 이 작품을 저술한 동기가 양반답지 못한 세태를 비판하고 참다운 양반상(兩班像)을 촉구하기 위한 것이었다고 할지라도 그 서사전개 과정에서 천부는 상대적으로 양반보다 더 긍정적 인물로 부각되기에 이른 것이다. 〈양반전〉은 정선 양반과 천부, 군수와 천부의 대립과 갈등을 통하여 양반사회의 실상을 드러내고는 모두 자신의 위치로 돌아갔을 뿐이다. 연암의 작품들은 대체로 이렇게 끝난다.

 〈광문자전〉의 저술배경과 주제

1. 머리말

『과정록』에 의하면 〈광문자전(廣文者傳)〉은 당시 〈예덕선생전〉, 〈양반전〉 등과 함께 널리 읽혀졌던 작품이었다.[1] 지금까지 연암의 한문단편에 대한 개별 작품론은 주로 〈허생전〉, 〈호질〉, 〈양반전〉에 대해 집중적으로 이루어졌으며, 그 외의 작품에 대해서는 연구가 많지 않다. 〈광문자전〉의 경우도 연암문학 일반론에서 여타 작품들과 함께 다루어지는 것이 일반적이다.[2]

〈광문자전〉이 수록되어 있는 「방경각외전」의 한문단편들은 대부분 굳건하던 조선 봉건사회가 변화를 모색하던 18세기 중반 서울 시정(市井)의 서민들의 삶의 모습을 배경으로 하고 있다.[3] 그리고 그 작품의 주인공들은 근대 시민사회로 한 발자국 다가선 역사의 전환기에, 서울 뒷골목의 도시

---

1) 缺其末二傳 只存七篇 其中穢德廣文兩班三傳 盛行於世 其體裁尤屬游戲(『過庭錄』 卷1).

2) 〈광문자전〉에 대한 작품론으로는 李家源의 『燕巖小說硏究』(乙酉文化社, 1965)의 「廣文者傳硏究」, 朴晙遠의 「廣文者傳 分析－廣文의 實體와 形象」(『韓國漢文學硏究』 8집, 1985), 杜鋹球의 「燕巖小說의 敍事構造硏究」(世宗大 博士學位論文, 1991) 등을 들 수 있다.

3) 「放璚閣外傳」에는 아홉 편의 한문단편 작품이 수록되어 있었으나, 〈易學大盜傳〉과 〈鳳山學者傳〉은 원문이 소실되어 현재 7편만 남아 있다. 이 중에서 〈양반전〉을 제외하면 대부분의 작품들은 18세기 중반 서울의 도시적 분위기를 배경으로 서민들의 삶의 모습을 그려 놓았다.

적 분위기 속에서 독특한 삶의 자취를 남겼던 서민들이 대부분이다. 연암은 그들에게 남다른 애정과 관심을 가지고 관련 일화를 수집하여 하나의 작품으로 완성하였던 것이다.

연암은 〈광문자전〉의 저술동기에 대해 「방경각외전」 〈자서〉에, "광문은 궁한 거지였다. 명성이 사실보다 지나쳤던 감이 없지 않았지만 이름을 좋아하는 사람이 아니었는데, 오히려 형벌을 면치 못했다. 하물며 명성을 훔쳐 거짓을 가지고 다투려 할 것인가. 이에 광문의 전을 쓴다"[4]라고 했다. 그런데 이 〈자서〉는 〈광문자전〉의 내용만을 대상으로 한 것이 아니라 십여 년 후에 쓴 〈서광문전후(書廣文傳後)〉의 내용을 포함하고 있다. 따라서 〈광문자전〉의 내용을 고찰하려면 마땅히 〈서광문전후〉의 내용을 포함하여야 할 것이다.

〈서광문전후〉 서두에서 연암이 기술한 바와 같이 연암이 살았던 18세기 후반에 광문이라는 인물이 실제로 존재했으며, 또 그에 관한 여러 가지 일화가 민간에 널리 퍼져 있었던 것 같다.[5] 이러한 근거는 〈광문자전〉의 주인공 광문의 또 다른 이름인 달문(達文)에 관한 설화가 이옥(李鈺, 1760－1813)의 〈장복선(張福先)〉과 조수삼(趙秀三, 1762－1849)의 「추재기이(秋齋記異)」에 〈달문(達文)〉이라는 단편적인 이야기로 전하고 있음에서도 알 수 있다.[6] 이 설화의 내용은 연암의 〈광문자전〉 중 약방 주인의 '돈 분실 사건' 일화와 유사하다.

〈광문자전〉에서 "당시 우리나라 아이들이 서로 헐뜯고 업신여기는 말에 '네 형이 달문이다'라는 말이 있는데, 달문 또한 그의 이름이다."[7]라는 구

---

4) 廣文窮丐 聲聞過情 非好名者 猶不免刑 矧復盜竊 要假以爭 於是述廣文(「放璚閣外傳」〈自序〉).

5) 광문[달문]은 연암이 살았던 18세기 중반을 전후하여 실제로 존재했던 인물이다. 이러한 사실은 『推案及鞫案』 卷22, 671-696쪽과 『朝鮮王朝實錄』 卷44, 영조 40年 10월조에 달문이 연루되었던 역모사건에 관련 기록이 있다.

6) 〈張福先〉은 金鑢의 『藫庭叢書』에 수록되어 있는 李鈺의 「桃花流水館小藁」에 실려 있는 작품이고, 〈達文〉은 趙秀三의 『秋齋集』 卷7, 「秋齋記異」에 실려 있는 작품이다.

7) 三韓兒 相訾傲 稱爾兄達文 達文又其名也(〈廣文者傳〉).

절이 있는 것을 보면 광문의 또 다른 이름이 달문이었으며 달문이라는 이름이 더 보편적이었던 것 같다. 당시 광문은 점잖고 정직하고 의리가 있는 인물로서 부자 상인들, 종실(宗室)의 빈객(賓客)과 공경(公卿) 문하(門下)의 측근들의 화제에 올랐던 인물이었지만, 어린애들에게 광문은 단지 거리를 떠돌아다니는 비렁뱅이 광대에 불과한 인물로 비쳐졌던 것 같다. 연암은 이와 같은 광문에 대한 이러저러한 일화를 수집하여 한 편의 문장으로 완성한 것이다. 그것은 단순히 흥밋거리를 제공하기 위한 것만은 아닌 것 같다. 연암은 나름대로의 저술의도를 지니고 광문의 일화 중에서 작품의 소재가 될 만한 것을 수집하고 보완하여 한 편의 작품으로 만든 것이다. 이 과정에 작가의식이 개입하였음은 물론이다. 「방경각외전」 〈자서〉에서 연암은 이 작품은 당대 사회의 부도덕한 풍조를 비판하기 위한 것임을 분명히 밝혀 놓고 있다. 『과정록』에서 연암의 아들 박종채는 "아 만약 작품을 지은 의미를 궁구(窮究)하지 않고 다만 배우의 해학(諧謔)과 같은 글로 읽어 버린다면 이 어찌 선군(先君)[연암]을 안다고 하겠는가?"[8]라고 하며, 아버지의 글이 제대로 읽혀지지 못함을 안타까워했는데, 이 또한 연암 문학을 이해하는 데 시사(示唆)하는 바가 크다.

이 글은 〈광문자전〉에서 연암이 말하고자 한 바를 추출하기 위해 작품 자체의 분석은 물론이고, 〈서광문전후〉, 〈장복선〉, 「추재기이」의 〈달문〉, 『동야휘집』의 〈운기가광문관무(雲妓家廣文觀舞)〉 등 관련 자료들을 함께 분석 고찰하기로 한다.

2. 〈광문자전〉과 〈서광문전후〉의 관계

「옥갑야화」의 〈허생전〉 후지(後識)나 「관내정사」의 〈호질〉 후지는 주인

---

8) 嗚呼 若不究所以作之意 但以俳諧文字讀之 則此豈知吾先君者哉(『過庭錄』 卷1).

공 또는 소재 제보자에 대한 추적, 또는 작품에 대한 논평을 그 내용으로 하는 데 비해, 〈서광문전후(書廣文傳後)〉는 전편(前篇) 〈광문자전〉에 대한 후편(後篇)과 같은 것으로 주인공 광문의 후일담(後日譚)을 그 내용으로 하고 있다. 지금까지 〈광문자전〉을 고찰함에 있어서 〈서광문전후〉는 대체로 거론하지 않거나 간략히 언급하는 것이 통례였다. 그러나 〈서광문전후〉의 서술방식과 내용이 〈광문자전〉과 차이가 있다고는 하더라도, 주인공 광문이 서울을 떠나 영·호남으로 떠돌아다니다가 역모(逆謀)사건에 연루되었다가 풀려난 후, 주먹 잘 쓰던 옛 친구 표철주(表鐵柱)라는 인물을 만나 그 옛날 서울 뒷골목 유흥가를 무대로 노닐 때를 회고하는 내용은, 〈광문자전〉의 끝부분인 서울 장안의 이름난 기생인 운심(雲心)의 기방(妓房)에서 있었던 일화와 배경을 같이 하는 이야기라는 점에서 〈광문자전〉의 속편이라고 할 수 있다. 실제로 〈광문자전〉은 〈서광문전후〉의 내용이 첨부됨으로써 내용이 더욱 풍부해졌음은 물론 생동감 있는 작품이 되었다.

더욱이 「방경각외전」 〈자서〉의 〈광문자전〉 저술동기[9]는 분명히 〈서광문전후〉를 포함하고 있다. 〈자서〉의 저술동기에서 '광문이 거지였다는 것'과 '명성이 사실보다 지나쳤다'는 내용은 〈광문자전〉과 관련될 수 있다고 하겠지만, '이름을 좋아하지 않았는데 오히려 형벌을 면치 못했다'는 내용은 〈서광문전후〉와 관련되기 때문이다. 따라서 연암이 의도한 광문에 대한 '전(傳)'은 〈서광문전후〉의 광문의 행적을 포함한 것이다.

그러면 〈서광문전후〉의 저술시기는 언제쯤일까? 〈서광문전후〉의 서두에서 연암은 다음과 같이 〈광문자전〉의 저술배경을 기술하고 있다.

> 내가 나이 18세 때 병이 심하여, 밤이면 늘 문하(門下)의 옛 겸인(傔人)들을 불러 여염(閭閻)에 떠도는 기이한 이야기를 채근해 듣곤 하였는데, 대체로 광문에 대한 이야기였다. 나도 어렸을 때 그를 본 적이 있었는데, 그 모습이 매

9) 주 4) 참조.

> 우 추하였다. 내가 바야흐로 문장공부에 주력할 때, 이 전(傳)을 지어 여러 어른들에게 보여 드렸더니, 하루아침에 고문(古文)의 작품으로 크게 칭찬받았다. 당시 광문은 남으로 전라, 경상도의 여러 고을로 다니며 놀았는데, 가는 곳마다 소문이 높았다. 다시 서울에 들르지 않은 것이 수십 년이었다.[10]

이 글에서 우리는 〈서광문전후〉는 〈광문자전〉이 저술된 후 수십 년 후에 지어진 것임을 알 수 있다. 즉 〈광문자전〉을 지은 후 광문에 대한 지속적인 관심의 소산이 〈서광문전후〉인 것이다. 따라서 「방경각외전」의 〈자서〉도 〈서광문전후〉를 저술한 뒤에 이루어진 것을 알 수 있다. 이가원 교수는 그의 「광문자전연구」에서 〈광문자전〉의 저작 시기를 연암의 나이 18세(1754) 때로 추정하고 있다.[11] 이러한 추정의 근거는 "내가 18세 때 병이 심하여 밤이면 늘 문하의 옛 겸인들을 불러 여염의 기이한 이야기들을 채근해 들었는데…"라는 「방경각외전」 〈자서〉의 구절에 의한 것이다. 그러나 이것은 작자가 〈광문자전〉의 소재를 얻게 된 과정을 기술한 것이지 그것이 곧 〈광문자전〉을 지은 시기는 아니다. 작자 연암이 〈광문자전〉을 지은 시기는 '바야흐로 문장공부에 주력할 때'이다. 그러면 연암이 문장공부에 주력한 때는 언제인가? 『과정록』에 의하면 연암이 문장공부에 주력한 때는 20세 이후로 보아야 할 것 같다. 이 시기 연암은 글벗들과 어울려 강가의 정자(亭子)나 산사(山寺)를 찾아 글을 읽었고 선배 문사(文士)들을 찾아 자신의 글을 보여 드리곤 하였다고 한다.[12] 이 시기는 연암이 〈허생전〉의 소재를 얻은 때이기도 하다. 20세(1756) 되던 해 가을 연암은 봉원사(奉元寺)에서 글을 읽고 있었는데, 이때 윤영(尹映)이라는 이인(異人)에게서 허생뿐만 아니라 염시도(廉時道), 배시황(裵是晃), 완흥군 부인(完興君

---

10) 余年十八時 嘗甚病 常夜召門下舊傔 徵問閭閻奇事 其言大抵廣文事 余亦幼時見其貌極醜 余方力爲文章 作爲此傳 傳示諸公長者 一朝以古文辭 大見推詡 蓋文時已南遊湖嶺諸郡所至有聲 不復至京師數十年(〈書廣文傳後〉).

11) 李家源, 앞의 책, 118쪽.

12) 『過庭錄』 卷1.

夫人)의 이야기를 들었다고 한다.[13] 또한 〈민옹전〉에 의하면 그가 17·8세(1753－1754) 때에 병으로 오래 시달려 식욕이 없고 잠을 못 이루어 객들을 청해 음악, 서화, 골동에 취미를 가져보기도 하고 해학, 고담(古談)을 즐겨 들었는데, 그 중에 민옹이라는 인물이 있었던 것이다. 더구나 〈민옹전〉을 저술했던 21세(1757) 가을에도 건강이 좋지 않았던 것을 보면 그가 문장공부에 주력했던 시기는 20세 이후였을 것이라고 추정할 수 있다. 따라서 〈광문자전〉의 저술은 〈민옹전〉의 저술 시기와 비슷한 20세 초반에 이루어진 것으로 추정된다.

연암의 초기 작품인 「방경각외전」의 9편의 작품이 배열된 순서는 작품의 저술 순서에 의한 것이다. 그런데 〈광문자전〉의 경우는 「방경각외전」 〈자서〉에 기술된 순서와 원전의 배열 순서가 다르게 되어 있다. 이렇게 된 이유는 〈서광문전후〉의 저술 시기가 〈광문자전〉의 저술 시기와 달랐기 때문인 것으로 추정된다.[14] 그렇다면 〈광문자전〉은 〈민옹전〉과 〈양반전〉 사이에 지어진 것이고, 〈서광문전후〉는 〈김신선전〉(1765)과 〈우상전〉(1766) 사이에 지어진 것이 된다. 이렇게 보면 〈광문자전〉과 〈서광문전후〉의 시간적 거리는 대략 10년쯤 된다.

일반적으로 연암의 한문단편들은 대체로 시정에 유전하는 설화를 소재로 하고 있다. 그러나 어떤 설화적 인물에 흥미가 있다고 해서 곧바로 작품화한 것 같지는 않다. 〈허생전〉은 연암이 봉원사에서 글을 읽고 있었던 20대 초반에 소재를 얻은 후, 수십 년 동안 계속 관심을 가지고 자료를 수집한 후에 비로소 하나의 작품으로 저술한 경우이고, 〈광문자전〉의 경우는 전편(前篇)을 쓴 다음에 다시 속편(續篇)을 쓴 경우라고 볼 수 있다. 광문에 관한 설화는 연암이 살았던 18세기 중엽을 전후하여 오랫동안 서울 장안의 화젯거리였던 모양이다. 따라서 연암이 〈광문자전〉을 저술한 후에도 광문에 대한 이야기가 사람의 입에 오르내리면서 다양한 일화를 파생

13) 『熱河日記』 一齋本 卷5, 「進德齋夜話」 〈後識〉.

14) 朴箕錫, 『朴趾源文學硏究』, 三知院, 1984, 65쪽.

시켰음이 분명하다. 때문에 〈광문자전〉의 내용만으로는 광문의 성격을 충분히 드러내지 못했다고 생각한 연암은 〈서광문전후〉를 저술하여 전편(前篇)을 보완할 필요성을 느꼈던 것이다.

〈광문자전〉은 속편이라고 할 수 있는 〈서광문전후〉가 있음으로 해서 하나의 완성된 작품이 되었던 것이다. 〈광문자전〉에서 가장 핵심이 되는 내용은 비렁뱅이 광문이 점잖고 신의 있는 행위로 서울 장안의 화젯거리가 되기까지의 이야기다. 여기에 저당(抵當) 없이 자신의 신용으로 남의 빚보증을 해 준 일화가 첨가되어 있으며, 나머지 내용은 주인공 광문의 재주와 해학적인 행동, 결혼과 집을 소유하는 것에 대한 가치관, 기생방에서 한량들과 어울려 놀고 친구가 될 것을 약속한 일화 등 서로 내용이 연결되지 않는 몇 개의 독립된 일화들이 나열되어 있다. 〈서광문전후〉에는 〈광문자전〉의 마지막 서사단락인 운심의 기방에서 있었던 일화와 비슷한 시기를 배경으로 하는 일화가 포함되어 있다. 그 내용은 광문이 서울 유흥가를 떠나 전라, 경상도를 유랑하다가 역모사건에 연루되어 서울에 압송되었다가 풀려난 후에 표철주라는 인물을 만나 과거를 회상하는 내용이다. 또한 〈서광문전후〉의 종결은 "그 후 광문이 어떻게 되었는지 알 수 없었다고 한다(文後不知所終元)"라고 되어 있다. 따라서 〈광문자전〉은 광문의 후일담을 적은 〈서광문전후〉가 저술됨으로써 비로소 한 편의 작품으로 완성된 것이다.

3. 〈광문자전〉의 유사설화

〈광문자전〉과 관련이 있는 작품에 두 가지 유형이 있다. 하나는 〈광문자전〉의 일부 내용과 유사한 설화가 개인문집에 실려 전하고 있고, 다른 하나는 〈광문자전〉과 〈서광문전후〉의 일부 내용을 생략, 첨삭하여 한 편의 작품으로 만들어 야담집에 수록된 것이 있다. 전자의 경우로는 이옥의 한문단편인 〈장복선〉에 삽입된 '달문' 일화와 조수삼의 「추재기이」의 〈달문〉 설화가 있고, 후자의 경우로는 이원명(李源命, 1807－1887)이 편찬한 『동야휘집』 권4, 성행부(性行部)의 〈운기가광문관무(雲妓家廣文觀舞)〉가 있다.[15] 〈운기가광문관무〉는 연암의 〈광문자전〉과 〈서광문자전후〉를 한 편의 작품으로 묶어 놓은 것에 불과하다.

그런데 〈장복선〉에 삽입되어 있는 '달문' 일화와 「추재기이」의 〈달문〉 설화는 〈광문자전〉에서 주인공 광문이 시정의 유명인사가 된 결정적 사건인 약방에서의 '돈 분실사건' 일화의 이본(異本)이라고 할 수 있다. 그런데 〈광문자전〉에서는 〈장복선〉과 「추재기이」의 은(銀)이나 인삼(人蔘) 분실사건과 관련된 '달문' 일화와는 달리, 주인공 광문이 거지 신분에서 약방의 점원이 되기까지, 그리고 약방에서의 돈 분실사건에 이르는 과정이 단계적으로 인과관계를 지니며 비교적 설득력 있게 전개되고 있다. 신분이 거지였던 광문이 거지 패거리의 우두머리로서 병든 거지 아이를 위해 구걸을 나갔음에도 불구하고 살인누명을 쓰고 쫓겨나는 과정과, 수표교 아래 아무렇게 던져진 거지 아이 시체를 수습하여 서교(西郊)의 공동묘지에 묻어 주었다는 일화와, 점원으로 있던 약방에서 없어진 돈 때문에 약방 주인으로부터 의심을 받던 광문은 돈을 가지고 간 인물이 약방 주인의 처조카임이 밝혀지자 혐의를 벗게 되고, 약방 주인이 광문에게 크게 사과하고는 광문이 점잖고 신의가 있는 인물임을 이웃 친지들에게 알림으로써 일약 전설적 인물처럼 명성을 얻게 되는 과정이 이옥이나 조수삼의 단편적인 글에 비해 비교적 설득력 있게 제시되어 있다. 이렇게 연암의 〈광문자전〉에서는 광문이 점잖고 신의가 있으며 정직한 인물임을 비교적 설득력 있게 제시하고 있는 반면에, 다른 두 곳에서는 광문의 일화 중에서 가장 핵심 일화라고 할 수 있는 약방에서의 돈 분실사건과 유사한 일화 하나만을 단편적으로 제시함으로써 설득력이 약하다.

15) 『韓國文獻說話全集』 3, 民族文化社, 1981, 611-616쪽.

이제 〈광문자전〉의 약방에서의 '돈 분실사건' 일화와 〈장복선〉의 '달문' 삽화, 그리고 「추재기이」의 〈달문〉 내용이 어떻게 다른가를 비교해 보기로 하겠다.

① 〈광문자전〉에서는 광문이 점원으로 있던 약방의 주인이 외출했다가 돌아와 돈이 없어진 것을 알고는 광문을 의심한다. 그러나 광문은 알지 못하는 일이므로 묵묵히 일하며 약방을 그만두지 않았다. 며칠 지나서 약방주인의 처조카 소행으로 밝혀짐으로써 광문의 결백이 밝혀진다. 약방주인은 광문에게 크게 사과하고는 친구들과 여러 부자 상인, 종실의 빈객, 여러 대감들의 측근들에게 광문은 의로운 사람이라고 널리 소문을 냈다. 이렇게 해서 광문은 시정의 화젯거리가 되었고, 몇 달 사이에 광문은 전설적 인물처럼 되었다.

② 〈장복선〉에 삽입된 '달문' 일화는 달문이 서울 장안에 협객으로 명성을 날렸는데, 그 이유는 나이 50에도 장가를 들지 않고 남루한 옷을 걸치고도 비단옷 입은 부호들과 서로 형님 동생하고 지냈기 때문이라고 하고는 달문의 일화를 제시하고 있다. 그 내용은 '어느 날 달문이 친구 집에 놀러 갔는데, 그 친구가 은(銀) 한 봉지를 잃어버리고는 달문을 의심하고 "여기 있던 은을 못 보았는가?" 하고 묻자 달문은 "그래 거기 있었지" 하고 자기가 미처 말하지 않고 가져간 것을 사과했다. 그리고 남에게 빌려서 그 은을 즉시 갚아 주었다. 얼마 후 잃어버렸던 은이 그 친구 집에서 나오자, 친구는 대단히 부끄럽게 여기고 달문에게 받은 은을 돌려주며 거듭 사과하자 달문은 웃으며, "자네는 자네 은을 찾았고 나는 나의 은을 돌려받았는데 사과할 게 무어 있나?"라고 했다. 이 사건이 있은 후 달문의 이름이 세상에 알려졌다' 하고, 작자는 "구달문(具達文)은 여항의 점잖은 사람이지 협객(俠客)은 아니다"라고 달문에 대한 여항(閭巷)의 평가를 수정하였다.

③ 「추재기이」의 〈달문〉의 경우는 성은 이(李)씨이고 40세의 노총각으로 약주릅으로 부모를 봉양하는 인물이었다. '어느 날 달문이 모(某)씨의 약방에 들렀는데, 주인이 백금(白金) 한 냥 값에 해당하는 인삼 몇 뿌리를 달문에게 보여 주고는 안으로 들어갔고, 달문은 등을 돌려 창밖을 내다보고 있었다. 잠시 후에 주인이 나와서 "달문이, 인삼이 어디 갔어?" 하고 물었다. 달문은 고

개를 돌려 인삼이 없어진 것을 보고는 웃는 얼굴로 "마침 살 사람이 있기에 제가 팔았지요. 곧 값을 치르러 올 것입니다" 했다. 이튿날 약방 주인이 쥐를 잡다가 궤 뒤에서 종이에 싼 물건이 나와서 끌러 보니 어제의 그 인삼이었다. 주인은 달문을 불러서 "왜 자네는 못 보았다고 말하지 않고 거짓말로 팔았다고 했는가?" 하니 달문은 "인삼을 본 사람은 나밖에 없는데, 갑자기 없어진 것을 만약 내가 모른다고 한다면 나를 도둑으로 보지 않겠소" 하고 대답했다. 주인은 부끄럽게 여기고 여러 번 절을 하며 사과했다고 한다.' 「추재기이」에서는 이 일화 이외에 당시 영조대왕(英祖大王)이 백성 중에서 가난해서 늦도록 장가를 못 든 사람을 딱하게 여겨 나라의 재물을 내려 주어 성례를 시킨 일이 있었는데, 달문도 그 때 비로소 결혼을 했으며, 늙어서는 영남(嶺南)으로 낙향(落鄕)하여 자식들을 모아 장사시키며 살면서, 서울 사람을 만나면 눈물을 흘리며 나라에서 혼인시켜준 성덕(聖德)을 회상했다는 달문에 대한 후일담을 첨부해 놓았다.

세 작품을 비교해 보면, 먼저 주인공 이름이 광문과 달문으로 되어 있다. 〈광문자전〉에서도 '달문은 광문의 또 다른 이름이다(達文又其名也)'라고 한 점으로 미루어 볼 때, 동일한 인물의 이칭(異稱)임에 틀림없다. 주인공에 대한 소개를 보면, 광문은 나이 마흔의 노총각으로 거지, 약방 점원, 기생들의 후견인 등 일정한 직업이 없이 거리 뒷골목을 무대로 집도 가정도 없이 떠돌아다니며 살았고, 〈장복선〉의 달문은 협객(俠客)으로 이름을 날렸다고 했지만, 성이 구(具)씨이고 50세 노총각으로서 남루한 옷을 걸치고 비단옷 입은 부호들과 형님 동생하고 지냈다고 한 것을 보면, 그도 일정한 직업이 없이 뒷골목을 무대로 살아가던 인물이었던 것 같다. 그러나 「추재기이」의 달문은 나이 40의 노총각으로 성이 이(李)씨이며 부모를 모시고 약주릅으로 생계를 꾸려 가는 인물이다. 여기서 세 작품의 공통점은 주인공이 모두 노총각이라는 점 이외에는 공통점이 없다. 〈광문자전〉의 광문은 성(姓)도 언급되어 있지 않고 부모 형제와 처자도 없다. 다만 〈장복선〉에서는 성이 구(具)로 되어 있다. 그러나 「추재기이」에서는 주인공 달문의 성이 이(李)이며 부모를 모시고 약재(藥材)를 중개하면서 먹고 살았고, 당시 영조대왕이 가난하여 늙도록 장가 못간 사람들을 나라에서 재물을 내려 주어 성례시켰을 때 결혼하였으며, 늙어서는 영남으로 낙향해서 자식들을 장사시키며 살아가면서 나라에서 혼인시켜 준 것에 대해 감사했다고 했다.

단편적이지만 「추재기이」의 이러한 몇 가지 내용은 〈광문자전〉의 광문과 근본적인 차이가 있다. 〈광문자전〉에서는 사람들이 "광문에게 장가들 것을 권하면, 이른바 미색(美色)이란 누구나 좋아한다. 그런데 남자만 그런 것이 아니고 여자 또한 그렇다. 그런고로 나는 비루하게 생겼기 때문에 장가들 수가 없다"[16] 했으며, 집을 가질 것을 권하면 "나는 부모 형제가 없는데 집은 해서 무엇하겠는가. 또한 나는 아침에는 노래 부르며 시내로 들어갔다가, 저녁이면 부귀가(富貴家) 문하(門下)에서 자면 그만인 걸. 서울은 집이 팔만 호인데 내가 매일 집을 바꾸어 가며 자도 죽을 때까지 다 다니지 못할 것이다"[17]라고 사양했다는 것을 보면, 「추재기이」에서 달문의 인생관은 〈광문자전〉의 광문의 인생관과 큰 차이가 있다. 또한 〈서광문전후〉에 의하면 광문이 늙어 영·호남을 떠돌아다니긴 했으나 결혼하지 않았으며, 따라서 처자식도 없었다. 다만 광문의 명성을 이용하여 이익을 취하려 했던 거짓 아들과 동생으로 말미암아 역모(逆謀)에 연루되어 서울로 압송되었다가 풀려 났을 뿐이다.

이렇게 볼 때, 「추재기이」의 달문은 약방에서의 인삼 분실사건에서 취한 태도를 제외하고는 광문의 행위와는 여러 가지 면에서 구별되는 인물이다. 「추재기이」에 수록된 일화들은 대체로 시정에 유전하던 설화 본래의 모습을 가장 잘 유지하고 있는 것으로 평가되고 있다. 그렇다면 〈광문자전〉의

16) 人勸之妻 則曰 夫美色衆所嗜也 然非男所獨也 唯女亦然也 故吾陋而不能自爲容也(〈廣文者傳〉).

17) 人勸之家 則辭曰 吾無父母兄弟妻子 何以家爲 且吾朝而歌呼入市中 暮而宿富貴家門下 漢陽戶八萬爾 吾逐日而易其處 不能盡吾之年壽矣(〈廣文者傳〉).

주인공 광문의 모습은 당시 민간에 떠돌던 '달문이야기'가 연암이라는 작가에 의해 소재로 채택되어 작품화되는 과정에서 본래의 모습과는 다르게 변개(變改)되어 개성적인 인물로 새롭게 창조된 것이라고 할 수 있다.

이상 세 편을 비교해 볼 때, 〈광문자전〉은 단순히 설화를 채집 수록한 것이 아니라, 작가 연암의 문학적 역량과 의식이 개입된 작품인 것이다. 사실 〈광문자전〉은 문체뿐만 아니라 문장 구성에 있어서도 다른 두 편과는 비교가 안 될 정도로 잘 다듬어졌다. 〈장복선〉의 달문 삽화의 경우는 아주 단편적인 내용일지라도 장복선이라는 협객을 이야기하기 위해 하나의 예로 제시된 것으로서 원래의 모습이 어느 정도는 변질된 것으로 보아야 할 것이다. 그러나 「추재기이」의 경우는 시정에 유전되던 설화를 그대로 옮겨 놓은 감이 없지 않다. 예를 들면 「추재기이」에서 달문의 직업이 약주릅이므로 남의 약방에 들른 것은 당연하고, 궤(櫃) 위에 놓았던 인삼이 궤 뒤로 떨어진 것도 자연스럽다. 더욱이 주인이 쥐를 잡다가 궤 뒤에 떨어진 인삼을 찾았다는 것 또한 자연스럽다. 이에 비해 〈광문자전〉에서의 '돈 분실사건'과 〈장복선〉의 '은 분실사건'은 그 상황이 매우 부자연스러워 인위적(人爲的)라는 느낌이 없지 않다. 또한 「추재기이」의 달문이 살아가는 모습과 그의 인생관은 아주 평범하다. 약주릅을 하여 부모를 봉양하고 있었으며, 나라의 은택을 입어 결혼하여 가정을 이루었고, 영남으로 낙향하여서는 자식들을 모아 장사시키며 살면서 늘 임금님의 은혜에 감사했다는 것은, 〈광문자전〉의 광문과 〈장복선〉의 달문이 부모 형제도 없고 늙도록 총각으로 자유분방하게 살아간 것과는 대조적이다. 이렇게 「추재기이」의 〈달문〉은 당시 시정에 떠돌던 설화와 가장 가까운 모습이라고 할 수 있다. 이렇게 볼 때 〈광문자전〉의 내용은 설화의 채록 수준을 크게 벗어난 것으로서 작가 연암의 달문 설화에 대한 지속적인 관심과 수집, 그리고 문학적 역량에 의해 이루어진 작품인 것이다.

다음 〈광문자전〉의 이본(異本)으로 『동야휘집』에 수록되어 있는 〈운기가광문관무(雲妓家廣文觀舞)〉를 들 수 있다. 이 작품은 연암의 〈광문자전〉

과 〈서광문자전〉을 묶어 한 편의 작품으로 만든 것이다. 편찬자가 한 편의 작품으로 묶는 과정에서 제목이 바뀌었고, 일부 내용이 생략되거나 변개되었고 어휘와 글자가 첨삭되기도 하였으나, 기본적으로는 연암의 〈광문자전〉과 〈서광문전후〉의 기본 서사구조는 바뀌지 않았다. 생략된 내용으로는 광문이 남을 위해 빚보증을 서 주었다는 일화가 빠져 있고, 운심의 기방에서 함께 놀았던 우림아(羽林兒), 각 전(殿)의 별감(別監), 부마도위(駙馬都尉)의 청지기 대신에 '소년(少年)들'로 대치하였고, 〈서광문전후〉의 앞부분을 생략하고 〈광문자전〉에 붙여 하나의 작품으로 만들었다. 이 〈서광문전후〉의 앞부분 내용은 연암이 광문의 일화를 취득한 시기와 광문을 어렸을 때 보았다는 사실, 그리고 〈광문자전〉을 지어 칭찬받았다는 연암의 일인칭 진술이다. 이러한 내용이 빠진 것은 『동야휘집』에 그대로 수록하기에는 적절치 않았기 때문에 편찬자가 인위적으로 변개시킨 것일 수도 있고, 연암의 작품이 전사(轉寫)되는 동안 야담 형태로 점차 변개되는 과정에서 빠진 것일 수도 있다. 어떻든 연암의 〈광문자전〉과 〈서광문전후〉가 『동야휘집』에 수록되는 과정에서 다른 문헌설화들과 균형을 맞추기 위해서 다듬어진 것만은 확실하다.

이 밖에 〈광문자전〉의 주인공 광문과 관련시켜 볼 수 있는 인물로 허균(許筠)의 〈장생전(蔣生傳)〉류(類)의 작품에 등장하는 주인공을 들 수 있겠는데, 이것은 형식이나 사상에 있어서 간접적 영향관계는 생각해 볼 수는 있겠으나, 직접적인 영향관계는 없는 것으로 파악된다.[18]

4. 〈광문자전〉의 구조와 주제

4.1. 〈광문자전〉은 주인공 광문에 관한 여러 가지 일화 중에서 광문이

18) 이 문제에 대해서는 李家源, 『燕巖小說研究』(乙酉文化社, 1965), 199-201쪽에 자세히 고찰되어 있음.

의리가 있고 정직한 인물로 칭송받게 된 일화와, 그러한 신의를 바탕으로 남을 위해 보증을 서 준 이야기, 광대 같은 재주와 해학적인 행동, 자신의 분수를 알고 세속적인 욕망을 초탈한 듯한 삶의 자세, 당시 서울 뒷골목 유흥가를 배경으로 살아가면서 겪었던 일화 등을 묶어 하나의 작품으로 저술한 것이다.

〈광문자전〉은 ① 비렁뱅이 광문이 명성을 얻게 된 사건과 ② 광문의 특이한 삶의 모습을 보여 준 일화들로 이루어져 있다.

①에 속하는 서사단락은 (가) 거지패의 두목이었을 때의 사건, (나) 살인 누명을 쓰고 거지들에게 쫓겨 동네로 피신했을 때의 사건, (다) 약방 점원으로 있을 때의 사건, (라) 담보도 없이 남을 위해 빚보증을 서 준 내용 등이고, ②에 속하는 서사단락은 (마) 광문의 우스꽝스런 외모와 재주 및 해학적인 행동, (바) 결혼과 가정에 대한 인생관, (사) 운심의 기방에서 한량들과 친구가 된 이야기 등이다.

①의 (가), (나), (다) 서사단락에서는 거지 광문이 명성을 얻게 된 과정을 단계적으로 설명해 주고 있다. 발단은 (가) 거지패 두목이었던 광문이 병든 거지 아이를 죽인 것으로 의심받고 거지소굴에서 쫓겨난 사건이다. (나) 광문은 거지들에게 쫓겨나 밤에 동네 어느 집으로 들어갔다가 도둑으로 몰린다. 그러나 그의 순박한 언행을 본 집주인은 광문이 도둑이 아님을 알고 새벽에 놓아 준다. 광문은 집주인에게 헌 거적을 얻어서 수표교 아래로 가 버려진 거지 아이의 시체를 거적으로 싸 가지고 서문 밖 공동묘지에 잘 묻어 준다. 이러한 행동을 목격한 동네 집주인은 광문을 의롭게 여기고 약방 점원으로 추천한다. (다) 어느 날 약방 주인은 자신이 외출한 사이 돈이 축난 것을 알고는 광문의 소행이라고 의심한다. 그러나 광문은 실로 모르는 일이었기에 묵묵히 일을 할 뿐, 그렇다고 약방을 그만두고 나가지도 않았다. 광문이 약방 주인에게 자신의 결백을 주장한다거나, 그만두고 나가지 못한 것은 그럴수록 더욱 의심받을 것이 뻔하였기 때문이었다. 광문은 의심을 받으면서도 진실이 밝혀질 때까지 기다릴 수밖에 없는

몸이었다. 왜냐하면 그는 일정한 거처가 없는 거지였으므로 마땅히 갈 곳도 없었을 뿐만 아니라, 그가 자신의 결백함을 주장할지라도 믿어 주지 않을 것임을 잘 알았기 때문이었다. 얼마 후 약방 주인의 처조카의 소행임이 밝혀짐으로써 광문은 혐의를 벗게 되었고, 약방 주인은 광문에게 크게 사과하고 친구들과 주위의 부자 상인들에게 광문이 의인(義人)임을 널리 칭찬하게 된다. 약방 주인은 또한 모든 종실(宗室)의 빈객(賓客)들과 공경(公卿) 문하(門下)의 측근들에게도 광문이를 점잖고 신의 있는 인물이라고 더욱 칭찬하고 널리 선전함으로써 광문은 서울 장안에 화젯거리가 되었고 일약 전설적인 인물이 되었던 것이다. (라)는 당시 서울장안의 돈놀이꾼은 패물이나 집문서 등을 전당 잡아야 돈을 빌려 주었지만, 광문이 보증을 서면 담보 없이도 천 냥의 돈을 빌려 줄 정도로 광문의 신의와 인기가 높았음을 예시한 일화이다. 그러나 이 일화는 앞의 (가), (나), (다)의 내용에 첨가된 일화로서 『동야휘집』의 〈운기가광문관무〉에는 생략되어 있다.

②의 서사단락은 (마) 광문의 누추(陋醜)하게 생긴 외모, 만석희(曼碩戲)와 철괴무(鐵拐舞)를 잘하는 재주, 해학적인 행동으로 싸우던 사람들까지 웃게 만든 이야기, (바) 나이가 마흔 살이 넘었지만 총각이었으며, 남들이 장가들라고 하면 자신은 못생겼기 때문에 남의 마음을 끌 수 없어 안가겠다고 하였고, 또 집을 갖기를 권하자 부모 형제 처자도 없는데 집은 해서 무엇 하느냐 하면서, 날이 저물면 부잣집 문하(門下)에서 잠자면 된다고 하며 거절한 이야기, (사) 서울 장안의 명기(名妓) 운심의 집에서 우림아(羽林兒), 각전(各殿)의 별감(別監), 부마도위(駙馬都尉)의 청지기 등 장안의 한량들 앞에서 운심의 마음을 움직여 춤을 추게 함으로써 그들과 친구를 맺고 헤어진 이야기 등 서로 인과관계가 없는 독립된 내용의 일화가 나열되어 있다.

①의 (가), (나), (다)는 〈광문자전〉의 핵심이 되는 내용으로서 거지 신분의 광문이 어떻게 해서 장안의 유명인사가 되었는가와 사람들이 그를 어떻게 대우하였는가에 대한 내용이다. ②의 내용은 광문의 추한 외모와 재

주, 해학적인 행위, 세속적인 욕망을 초탈한 성품, 기방(妓房)을 무대로 장안의 한량들과 어울리며 자유스럽고 낙천적으로 살아가는 자유인(自由人) 광문의 모습을 제시해 놓았다.

그런데 이 작품에는 〈서광문전후〉라는 속편이 있어 작품을 짓게 된 사연과 주인공 광문이라는 인물의 후일담(後日談)을 적어 놓고 있다. 즉 〈광문자전〉의 주인공 광문이 서울을 떠나 영·호남으로 떠돌아다니다가 역모사건에 연루되어 서울로 압송되었지만 혐의가 없어 풀려난 후, 젊었을 때 주먹을 잘 휘둘렀던 표철주라는 인물을 만나 그와의 대화를 통해 당시 서울 유흥가를 배경으로 기방에 얽힌 일화와 서민들의 삶의 모습을 생동감 있게 그려 놓았다.

〈서광문전후〉의 서사단락은 다음과 같다.

① 작가 연암이 작품 속에 개입하여 〈광문자전〉의 저술배경과, 광문이 서울을 떠나 전라도, 경상도를 떠돌아다닌 지가 수십 년이 되었음을 말함.
② 서울을 떠나 남쪽 지방을 떠돌던 광문이 역모사건에 연루되었던 사건 전말을 제시함.
③ 광문이 옛날 친구 표철주를 만나 과거를 회상하고 인생무상을 피력함.
④ 광문이 다시 종적을 감춤.

①의 내용은 연암 자신이 어렸을 때 실제로 광문을 보았던 사실과, 〈광문자전〉을 지어 여러 어른들에게 보여 칭찬을 받은 사실, 그리고 〈광문자전〉을 지을 당시에 광문은 이미 전라도와 경상도를 떠돌아다니고 있었음을 말하면서, 〈광문자전〉 이후의 광문의 행적을 보충 서술해야 할 필요성을 제기하였다. ②의 내용은 광문이 서울을 떠나 영·호남을 떠돌아다닐 때에도 그의 명성이 높았다. 이때 요망한 자들이 광문의 명성을 이용하여 자신의 이익을 취하기도 하였는데, 어떤 자는 광문의 아들이라고 속여 절에 붙어서 잘 얻어먹고 살았고, 어떤 자는 광문의 동생이라고 하며 역모

(逆謀)를 꾸미는데 광문의 명성을 이용하려 하였다. 역모가 발각되자 광문은 역모사건에 연루되어 서울로 잡혀 와서 심문을 받은 다음 혐의가 없어 풀려난다. ③은 광문이 그 옛날 서울 뒷골목을 무대로 사람 잘 때리던 표철주라는 인물을 만나 그가 서울을 떠나기 전에 알고 지냈던 인물들의 근황을 물으며 옛날을 회상하고 인생이 무상함을 깨닫는다. ④는 작품의 종결 부분으로서 광문이 다시 어디론가 종적을 감추는 것으로 끝을 맺는다.

여기서 ①은 서두 부분이고, ②와 ③은 〈광문자전〉 이후의 광문의 행적이다. 그리고 ④는 종결 부분이다. 그런데 이것은 〈서광문전후〉의 종결이면서 아울러 〈광문자전〉 이후 〈서광문전후〉까지 광문의 모든 행적을 기술한 '광문의 전(傳)'의 종결 부분이라고 할 수 있다. 따라서 〈광문자전〉은 〈서광문전후〉가 있음으로써 비로소 연암이 의도한 한 편의 '전(傳)'이 완성된 것이다.

그러나 〈서광문전후〉는 〈광문자전〉의 서술태도와 현실감각에서 차이가 있다. 즉 〈광문자전〉에서는 정치현실과는 무관한 내용으로 일관했음에 비해, 이 글에서는 당시 정치·사회적으로 아주 민감한 역모사건을 아주 자연스럽게 포함하고 있다.

〈서광문전후〉에서 광문이 연루되었던 역모사건은 실제로 있었던 역사적 사건이다. 연암은 이 사건을 작품 속에 아주 자연스럽게 다루고 있다. 즉 연암은 광문이 서울을 떠나 남쪽으로 영·호남을 떠돌아다닐 때, 광문의 명성을 듣고 광문의 아들이라고 속여 절에서 중들로부터 극진한 대우를 받고 살아가던 걸인 아이(자근만(者斤萬)이라는 者=『推案及鞫案』)와 역모를 꾸미기 위해 광문의 동생 광손(廣孫)이라고 하며 민중을 선동하려 했던 이태정(李太丁)이라는 인물을 통해서 18세기 민중들의 움직임을 은연중에 보여 주고 있다. 이러한 민중의 동향은 18세기 전반기의 정치적 상황과 관계가 있다. 영조의 즉위(1724)와 더불어 노론(老論)이 다시 집권하게 되고 탕평책(蕩平策)과 신임사화(辛任士禍)의 무고(誣告)를 밝히는 과정에서 소론파(少論派) 김일경(金一鏡), 목호룡(睦虎龍)이 죽임을 당하자, 그 여당

(餘黨)들은 불평을 품고 기회를 엿보다가, 영조 3년(1727) 7월 노론 일부가 실각하는 것을 보고, 이듬해 3월 이인좌(李麟佐)가 정희량(鄭希良) 등과 몰락한 소론파와 불평분자를 규합하여 밀풍군(密豊君) 탄(坦)을 추대하고 청주(淸州)를 습격하면서 반란을 일으켰으니, 이것이 이른바 이인좌의 난이다. 난은 곧 진압되었고 반란의 주모자들은 서울로 압송되어 처형되었다. 난은 비록 평정되었지만 영조와 집권계층에 대한 반감을 가진 불만세력이 잔존하게 되었고, 그들은 기회만 있으면 현 조정(朝廷)에 대한 불만을 민중 속에 확산시키고자 하였다. 그 일당 중 하나가 광문의 동생 광손이라고 하며 광문의 명성을 이용하여 민중 속에 파고들어 세를 확대하려고 했던 것이 이태정이라는 인물의 역모사건이었다. 이와 같은 역모사건들이 영·정조 간에 끊임없이 있었음을 우리는 「추안급국안(推案及鞫案)」을 통해 살펴볼 수 있다.[19)]

연암은 이러한 사회현실을 〈광문자전〉의 주인공 광문의 후일담인 〈서광문전후〉을 통해 그려 놓음으로써 당시 민중의 동향을 은연중 드러낸 것이다. 광문이 역모사건에 연루되었다가 혐의가 없어 풀려난 일화를 통해서 그에 대한 당시 민중의 인기를 다시금 확인하였다. 또한 광문이 풀려난 후 표철주를 만나 과거를 회고하는 대화를 통해서는 광문의 세속을 초탈한 듯한 이인(異人)적인 풍모를 느끼게 했다.

4.2. 〈광문자전〉은 시정에 떠돌던 광문이라는 인물의 일화를 소재로 한 편의 작품으로 만든 것이다. 연암이 이 작품을 저술하게 된 것은 광문이라는 설화적 인물의 특이한 삶에 대한 흥미와 관심의 소산이라고 할 수 있

---

19) 〈書廣文傳後〉에 광문이 연루되어 서울로 잡혀 올라오게 된 역모사건은 1764년 4월에 일어난 실제 있었던 사건으로, 이 사건의 주모자는 광문의 동생 廣孫이라고 사칭했던 李太丁이라는 자이다. 이 사건에 대해서는 『朝鮮王朝實錄』 권44, 영조 40년 10월과 『推案及鞫案』 권22(아세아문화사, 1979)의 671쪽과 696쪽 사이에 관련 기록들이 여기저기 나타나 있다. 광문의 실체와 그가 연루되었던 역모사건에 대해서는, 박준원, 「광문자전분석」(『한국한문학연구』 8집, 1985)에서 자세히 고찰하였다.

다. 그런데 같은 소재를 가지고 저술된 〈장복선〉의 '달문' 삽화와 「추재기이」의 〈달문〉 설화는 '분실사건'에 얽힌 일화를 중심으로 이루어진 단편적인 내용이며, 그 서술방식도 설화적 성격을 크게 벗어나지 못하고 있다. 그러나 〈광문자전〉은 주인공 광문에 관한 다양한 일화들이 발단, 전개, 결말의 구성방식에 따라 비교적 인과관계를 지니도록 조직적으로 배열됨으로써 설화적 성격에서 벗어나 있다. 설화의 소설화에 있어서 소재로 채택된 설화는 그것을 수용하여 작품화하는 작가의 의도에 의해 얼마든지 변개가 가능하다. 따라서 〈광문자전〉의 광문설화도 원래의 모습이 작품화 과정에서 작가 연암에 의해 변개되었을 것은 쉽게 추측해 볼 수 있다.

「방경각외전」〈자서〉에 의하면 연암이 광문의 전을 쓰게 된 동기가 남의 명성을 몰래 이용하여 이익을 얻으려는 부도덕한 인간들을 비판하기 위한 것이었음을 알 수 있다. 광문은 바로 이러한 연암의 저술동기에 부합되는 인물인 것이다. 거지와 같은 최하층 인물 중에도 양반사회에서조차 쉽게 발견할 수 없는 점잖고 의리 있는 인물이 있음을 제시함으로써 그렇지 못한 양반사회의 각성을 촉구한 것이다. 그렇다면 광문의 어떤 모습이 그러한가?

광문은 최하층 비렁뱅이임에도 불구하고 의리를 지켰다. 즉 광문은 동료 거지를 죽였다는 누명을 쓰고 거지 소굴에서 쫓겨났음에도 불구하고 수표교 아래 버려진 거지 시체를 서교 공동묘지에 묻어 주었으며, 점원으로 있던 약방에서 도둑의 누명을 쓰고서도 구차하게 변명 한마디 하지 않고 점잖게 처신하였다. 그는 명성을 얻은 후에는 자신의 신용으로 남을 위해 담보도 없이 보증을 서주었다. 또한 광문은 분수를 아는 인물이었으며, 세속적인 욕망을 초탈한 인물이었다. 그는 마흔이 넘도록 총각으로 지냈는데 사람들이 그에게 장가들기를 권하면, 그는 "이른바 미색(美色)이란 누구나 좋아한다. 그런데 남자만 그런 것이 아니고 여자 또한 그렇다. 그런고로 나는 누추하게 생겼기 때문에 장가를 들 수가 없다" 하였으며, 집을 갖기를 권하자, "나는 부모 형제와 처자도 없는데 집은 해서 무엇하겠는가? 또한 나는 아침이면 노래 부르며 시내로 들어가고 저녁이면 부귀한 집 문간 아래서 잠자면 그만이다. 서울의 호수가 팔만이니 내가 날마다 자는 집을 바꿔도 죽을 때까지 다 못 다닐 것이다"라고 하면서 거절했다. 광문은 자신의 분수를 알았을 뿐만 아니라 물질에 대한 욕망이 없음을 말하고 있다. 그는 또한 서울 뒷골목 유흥가를 배경으로 살아가면서 서민들을 뒷바라지해 준 인물이기도 하다. 그래서 당시 서울 장안의 호기 있는 한량들인 우림아, 각전별감, 부마도위의 겸인들조차 움직이지 못한 명기(名妓) 운심이의 마음을 움직여 춤을 추게 할 수 있게 한 것이다. 그렇게 함으로써 한량들과 어울려 놀 수 있었고 친구를 삼을 수 있었던 것이다. 광문은 당시 서민사회의 영웅이었던 것이다.

〈광문자전〉의 배경은 18세기 중반 서울거리이다. 주인공 광문은 부모 형제는 물론 처자와 집도 없이 정처 없이 서울 뒷골목 유흥가를 무대로 살았던 떠돌이 인생이었다. 이 작품에는 걸인 광문과 같은 최하층 인물, 약방 주인과 같은 상인들, 종실빈객과 공경문하의 측근들, 관료, 깡패, 기생 등 각계각층의 인물들이 등장하고 있다. 그들은 어떤 가식이나 위축감, 우월감이 배제된 채 대등한 인격체로 살아 움직이고 있다. 특히 〈서광문전후〉에서 광문과 표철주의 대화에 등장하는 영성군(靈城君) 박문수(朴文秀, 1691－1744)와 풍원군(豊原君) 조현명(趙顯命, 1690－1752), 그리고 상고당(尙古堂) 김광수(金光遂) 등의 소탈한 모습에서 가식(假飾) 없는 인간미를 느낄 수 있다.

우리는 〈광문자전〉에서 명예에 초연하고 신의 있는 자세, 자신의 분수를 알고 헛된 욕망을 부리지 않는 건실한 삶의 태도, 그리고 인간의 존엄성을 인식하고 신분계층과 남녀차별을 초탈하고자 한 주인공 광문의 가치관을 살필 수 있다. 이 작품에는 18세기 중반, 서울의 도시적 분위기를 배경으로 서민들의 생동감 있는 삶의 모습이 사실적으로 잘 묘사되어 있다. 이와 같은 작품세계는 젊은 시절부터 서민사회를 긍정적으로 인식하고자 한 작가 연암의 가치관에서 비롯된 것임은 물론이다. 연암은 그가 살았던 시대를 올바로 파악하고자 노력했으며, 진실과 허위가 무엇인가를 끊임없이 문제 삼고 고민했던 선구적 지식인이었다. 이러한 젊은 시절의 의식이 작품으로 나타난 것이 〈광문자전〉인 것이다.

5. 맺음말

〈광문자전〉은 작가 연암 박지원이 살았던 조선 후기 당시에 실제로 존재했던 광문이라는 인물에 대한 일화를 소재로 한 작품이다. 그런데 광문의 또 다른 이름인 달문에 관한 이야기가 이옥의 〈장복선〉과 조수삼의 「추재기이」에도 실려 있다. 그 내용은 없어진 물건에 대해 애매하게 의심을 받은 주인공 달문이 난처한 상황을 점잖고 슬기롭게 대처함으로써 유명해졌다는 단편적인 설화이다. 이러한 내용은 〈광문자전〉의 일화 중 약방에서 있었던 '돈 분실사건'과 매우 유사하다. 그러나 〈장복선〉의 '달문' 삽화와 「추재기이」의 〈달문〉 설화의 내용은 민간에 떠돌던 달문이야기를 단순히 채록한 것에 불과하다. 반면에 〈광문자전〉은 주인공 광문에 관한 다양한 일화가 수집되었고, 반면에 소재를 가지고 작품화하는 과정에서 연암의 문학적 역량과 의식이 개입되어 설화 본래의 모습이 변개된 것이다. 한편 〈광문자전〉의 이본으로 볼 수 있는 〈운기가광문관무〉라는 제목의 작품이 조선 후기 야담집의 하나인 『동야휘집』에 수록되어 있는데, 이것은 연암의 〈광문자전〉과 〈서광문전후〉를 하나로 묶어 야담 형태로 개편한 것으로, 원래의 내용 일부가 생략되었고 어휘와 글자가 약간 바뀌었을 뿐이다.

연암을 비롯하여 이옥과 조수삼 등 당시의 재야지식인들이 달문이야기에 관심을 가지고 글로 남겨 놓은 것은 그들이 살았던 18세기 조선 후기의 역사적 상황과 무관하지 않은 것 같다. 역사적으로 볼 때, 당시는 상업자본의 발달, 수공업의 발달, 영농방법의 개선에 의한 부농의 출현, 화폐경제의 발달 등 앞 시대와는 다른 도시적 기반이 마련되면서 서민들을 중심으로 역동적인 도시적 분위기가 나타나기 시작했던 전환기적 사회였다. 당시 서울의 도시적 분위기는 상인은 물론 농사지을 땅이 없어 유랑하던 농민층, 몰락한 양반계층 등이 유입됨으로써 인구가 늘어나게 되었고, 따라서 의식주를 해결하기 위한 인간관계가 전보다 각박해질 수밖에 없었을 것이다. 이러한 각박한 사회적 분위기 속에서 거리를 떠돌던 비렁뱅이 광문의 점잖고 신의 있는 행위와 해학적이고 낙천적인 삶의 자세, 그리고 성정(性情), 귀천(貴賤) 등 기존의 관습과 질서를 벗어나 자유스럽게 살아가고자 했던 이인(異人)적 풍모는 신선한 감동을 주었을 것이다.

연암이 〈광문자전〉을 저술한 일차적 동기는 이와 같은 하층민 광문이 살아가는 모습을 통해서 남의 명성을 이용하여 자신의 이익을 추구하려고 다투는 부도덕한 인간들, 특히 일부 양반계층의 삶의 행태를 비판하고, 나아가 그들의 각성을 촉구하기 위한 것이었다. 그런데 〈서광문전후〉에서 광문이 연루된 역모사건을 배경으로 하는 일화에 당시 민중의 동향(動向)이 표출되어 있다. 광문이 연루된 역모는 실제로 있었던 역사적 사건으로서 당시의 역사적 상황, 즉 정치·사회적으로 문제가 심각했던 당쟁과 깊은 관련이 있는 사건이었다. 따라서 세속적인 욕망을 초탈한 광문의 삶의 모습을 통해 당쟁으로 영일(寧日)이 없는 양반 사대부계층의 삶의 모습을 우회적으로 비판하기 위한 것, 또한 이 작품의 저술배경으로 상정할 수 있을 것이다.

이상에서 살펴본 바와 같이 〈광문자전〉의 주인공 광문은 연암의 초기 작품인 『방경각외전』의 한문단편에 등장하는 〈마장전〉의 송욱, 조탑타, 장덕홍, 〈예덕선생전〉의 엄행수, 〈민옹전〉의 민유신, 〈김신선전〉의 김홍기 등과 함께 18세기 중반 역사적 전환기, 서울의 도시적 분위기 속에서 세속적 욕망을 초탈하고 자유스럽게 살아가고자 했던 자유인이었던 것이다.

〈김신선전〉의 저술배경과 작가의식

1. 머리말

〈김신선전(金神仙傳)〉의 저술시기는 대략 연암의 나이 29세(乙酉, 1765) 이후의 작품으로 추정된다. 「방경각외전」〈자서〉에서, 연암은 이 작품의 저술동기를, "홍기(弘基)는 대은(大隱)이라 세속에 노닐면서 자신을 감췄다. 맑은 곳 흐린 곳 어디서나 실수가 없었으며, 탐하거나 구하는 일도 없었다. 이에 김신선의 전을 쓴다"[1]라고 했다. 〈자서〉에 따르면 〈김신선전〉의 주인공은 속세와 절연된 심산유곡에서 유유자적하며 사는 신선의 모습이 아니다. 그는 속세에서 자신의 자취를 숨기고 벗들과 어울려 풍류를 즐기고 명산을 찾아 노니는 현실 도피자 내지 초탈자의 모습이다. 따라서 신선이라기보다는 이인(異人)이라고 부르는 것이 더 적절할 것 같다.

연암이 살았던 조선 후기에는 이와 같은 이인에 관련된 다양한 이야기들이 민간에 많이 퍼져 있었던 것 같다. 이인설화(異人說話)가 많이 나타났다는 것은 당시의 인재등용방식이 지닌 구조적인 모순과 무관하지 않다. 18세기 후반, 조선사회는 양반 또는 중인 출신의 지식인들이 전 시대에 비해 상당히 증가하였다. 그럼에도 불구하고 관직의 수는 크게 변화가

1) 弘基大隱 酒隱於遊 淸濁無失 不忮不求 於是述金神仙(『燕巖集』, 「放璚閣外傳」〈自序〉).

없었다. 따라서 독서인들 대부분이 추구하는 관료 진출 기회는 극히 일부에게 돌아갈 뿐이었다. 그래서 이들 중에는 일찌감치 출세를 포기하고 술과 바둑, 음악, 골동, 화초 가꾸기, 새 기르기 등의 풍류에 빠져들거나, 세속적인 삶을 벗어나 은둔자의 길로 들어선 자들이 적지 않았다. 연암의 작품에 등장하는 〈김신선전〉의 김홍기, 〈민옹전〉의 민유신, 〈우상전〉의 이언진, 〈허생전〉의 허생, 봉원사에서 연암에게 '허생이야기'를 들려주었다고 하는 윤영, '허생후지'의 두 이승(異僧) 등은 정도의 차이는 있겠지만 이들과 같은 부류에 속한다고 할 수 있을 것이다.

〈김신선전〉에 대한 연구는 개별 논문은 몇 편 없고, 연암 문학 전반을 다루면서 여타 작품과 함께 단편적으로 거론한 것들이 대부분이다. 거론된 내용 또한, '인재가 있어도 이들을 등용하지 못하는 사회제도의 모순과 이에 대한 풍자 및 신선사상의 배격'이라는 주제에서 크게 벗어나지 못하였다.[2] 이에 작품 저술과 관련된 작가적 배경과 작품 자체의 분석을 통해 연암이 〈김신선전〉에서 말하고자 한 바가 무엇인가를 고찰하고자 한다. 또한 〈김신선전〉은 〈민옹전〉[3]과 같이 우울증이라는 정신적 고통을 치료하기 위해 스스로 노력했던 과정을 작품으로 저술한 것으로서 문학을 통한 심리치료[4]라는 측면에서도 고찰이 가능할 것 같다.

---

2) 〈김신선전〉에 대해서는 김태준이 그의 조선소설사(『증보조선소설사』, 학예사, 1939, 180쪽)에서 "金弘基의 淡泊한 性格을 드러내어 神仙辟穀은 다른 게 아니라 不遇한 선비의 굶주려서 山에 노는 것을 말함"이라고 간략히 언급한 이래, 이가원은 그의 『연암소설연구』(을유문화사, 1965, 385쪽)에서, "神仙이란 別個의 人物이 아니라, 특히 그 시대에 不遇하였으므로 俗世에 厭症을 느낀 채 깊은 山 속으로 僊僊히 輕擧하는 人間들이었음을 보아서 물론 그들이 經世·致用的인 면에 더 한층 積極性을 띠지 못한 缺點도 있거니와, 특히 爲政者들이 이러한 有用的인 人才가 저 庶民階層 속에 묻혀 있어도 登用하지 못하는 그 社會制度의 矛盾性을 暗暗裡에 들래고 있는 것이었다"라고 신선의 실체와 인재등용의 모순을 언급하였다. 이와 같은 견해는 후대 연암 연구가들에 의해 대체로 수용되었다.

3) 〈민옹전〉의 문학치료적 성격을 거론한 연구로는 박기석의 「〈민옹전〉연구」(『고전문학과 교육』 제6집, 한국고전문학교육학회, 2003)가 있다.

4) 문학치료라 하면 문학을 통하여 심리적 장애를 치료하는 것이라고 할 수 있다. 그 방법으로는 심리적 장애로 고생하고 있는 사람이 스스로 그 고통을 벗어나기 위해 문학 작품을 읽거나 저술함으로써 치유되는 경우와, 문학치료 전문가가 작품을 읽히거나 쓰게 함으로써

2. 〈김신선전〉의 저술배경

〈김신선전〉의 작중 서술자는, "내 일찍이 마음이 답답하고 울적한 병이 있었다. 그때 신선의 방기(方技)가 간혹 기특한 효험이 있다는 소문을 듣고 그를 꼭 만나보고 싶었다. 윤생(尹生)과 신생(申生)으로 하여금 은밀히 한양 도성 안을 두루 찾게 했으나 열흘이 지나도록 찾지 못했다"[5]라고 하며, 김신선을 만나려고 한 것은 자신의 우울증을 치료하기 위한 것이라고 했다. 연암이 20세 초에 지은 것으로 추정되는 〈민옹전〉에서도, 작중 서술자 "'나'는 17 · 8세였던 계유(癸酉) · 갑술(甲戌)(1753－1754년, 영조 29－30년)에 병으로 오래 시달려, 음악, 서화, 골동, 기타 잡물에 다소 취미를 가지기도 하고, 객들을 청하여 해학 고담(古談)을 즐기는 등 여러 가지로 마음의 위로를 구해 보았으나 답답하고 울적한 마음이 풀리지 않았다. 그때 누군가가 민옹이라는 인물이 가곡(歌曲)에 능하고 이야기를 잘하여 듣는 이들의 기분을 능히 전환시킨다는 말을 듣고는 그를 불러오게 했다. 민옹이 방문했을 때 '나'는 식욕이 없고 불면증으로 고생하고 있었다"[6]라고 하며 자신의 우울증을 치료하기 위해 민옹이라는 이야기꾼을 불렀다고 했

치료하는 경우가 있을 수 있겠다. 연암의 경우는 스스로 작품을 쓰는 행위를 통해 우울증을 극복한 경우라고 하겠다.

5) 余嘗有幽憂之疾 盖聞神仙方技 或有奇效 益欲得之 使尹生申生 陰求之 訪漢陽中 十日不得(『燕巖集』, 「放璚閣外傳」〈金神仙傳〉).

6) 歲癸酉甲戌之間 余年十七八 病久困劣留好聲歌書畵古釰琴彝器諸雜物 益致客俳諧古譚慰心萬方 無所開其幽鬱 有言閔翁奇士 工歌曲 善譚辨 俶怪譎恢 聽者人無不爽然 意豁也 余聞甚喜 請與俱至. …(中略)… 謂翁吾特厭食 夜失睡 是爲病也(『燕巖集』, 「放璚閣外傳」〈閔翁傳〉). 〈민옹전〉에서 작중 서술자 '나[余]'는 작자 연암 박지원으로 볼 수 있다. 〈書廣文傳後〉에서, 연암은 실제로 광문을 보았으며, 광문에 관한 여러 가지 일화를 들은 것은 그가 병으로 고생하고 있을 때였다고 했다. 이때 연암은 밤이면 늘 문하의 옛 겸인들을 불러 여염의 기이한 이야기를 채근해 듣는 과정에서 〈광문자전〉의 소재를 얻었다는 것이다(余年十八時 嘗甚病 常夜召門下舊傔 徵問閭閻奇事 其言 大抵廣文事 余亦幼時 見其貌極醜 余方力爲文章 作爲此傳)(〈書廣文傳後〉). 연암이 광문이라는 인물에 대한 일화를 얻은 시기는 연암의 나이 18세 때로 연암이 〈민옹전〉의 민옹을 만났을 때와 같다. 따라서 이 때 연암이 앓고 있었던 병은 우울증으로 통칭되는 심리적인 병으로 추정된다.

다. 따라서 두 작품의 서술자 '나'는 유울(幽鬱)한 병으로 고생하고 있는 젊은이고, 그들이 앓고 있는 병은 오늘날 우울증(憂鬱症)이라고 불리는 정신적 장애 증세로 판단된다.

『과정록』에 의하면 연암은 20세 전후에 불면증이 있어서 며칠씩 잠을 자지 못하였다고 한다. 그래서 지켜보는 사람들이 위태롭게 여겼으며, 이때 적적함을 이기고 병으로부터의 고통을 잊기 위해 구전(九傳)을 지었다고 했다.[7] 이와 같은 기록으로 미루어 볼 때, 〈김신선전〉과 〈민옹전〉에 등장하는 작중 서술자 '나'는 바로 작가 연암 박지원 자신이라는 것을 우리는 쉽게 추정할 수 있다. 또한 「방경각외전」의 저술배경에 대한 중요한 단서를 얻을 수 있는데, 그것은 연암이 20대 청년기에 불면증 등으로 고생하고 있었으며, 이때에 병의 고통을 잊기 위해서 한문단편들을 저술하였다는 사실이다. 그렇다면 〈김신선전〉과 〈민옹전〉에 등장하는 서술자 '나'는 바로 연암 자신의 젊었을 때의 모습이고, 「방경각외전」에 수록되어 있는 한문단편들은 그가 우울증에서 벗어나기 위해 저술한 작품들인 것이다. 또한 여기서 우리는 과거 우리 선인들이 저술을 통해 우울증과 같은 심리적 장애를 극복하려고 시도한 사례를 살필 수 있다.

그러면 젊은 시절 연암을 괴롭혔던 우울증의 원인은 무엇이었을까. 연암의 생애를 놓고 볼 때, 먼저 생각해 볼 수 있는 것은 남달리 강했던 그의 현실에 대한 비판적 자세를 들 수 있다. 『과정록』에 의하면 연암은 어렸을 때부터 뜻과 기상이 뛰어나서 법식에 구애되지 않았고, 종종 농담과 익살을 잘 하였다고 했다. 특히 연암의 장인 이보천(李輔天, 1714－1777)이 "아무개는 재주와 기상을 보건대 절대로 평범한 사람이 아니다. 훗날 틀림없이 뛰어난 사람이 될 것이다. 다만 옳지 못한 자를 질시하고 미워하는 것이 너무 심하고 영특한 기상이 너무 드러나니 걱정스럽다"[8]라고 한

7) 芝溪公嘗言 尊公 於二十歲前後 有無寐之疾 通晝宵 不能交睫者 或至三四日 見者頗危之 九傳之作 蓋在其時 爲消寂耐病之資者云(『過庭錄』 卷1).

8) 先君自弱冠時 志氣高厲 不拘拘於繩墨 往往詼諧游戲 而處士特愛重之 誨責規切 以古人

말을 놓고 볼 때, 연암은 어려서부터 비판의식이 유달리 강했던 것 같다. 이러한 성격은 이씨 집안에 장가든 후에 처숙인 학사공(學士公) 이양천(李亮天, 1716-1755)으로부터 사마천의 『사기(史記)』 등을 배우면서 더욱 굳어진 것 같다. 연암이 평생 위선적인 인간을 보고는 참지 못해 해학과 담소로 기롱(譏弄)하고 풍자하였고, 이로 말미암아 평생 노여움과 비방을 많이 받았던 것 역시 그 원인이 불의를 보고는 참지 못하는 성격에서 비롯된 것 같다.[9] "연암이 젊었을 적부터 세상 사람들이 벗을 사귐에 있어서 오로지 권세와 이익만을 기준으로 삼아 염량취산(炎凉聚散)하는 정태(情態)가 가관인 것을 미워하여 일찍이 아홉 편의 전(傳)을 지어 기롱하였고, 왕왕 해학(諧謔)과 웃음으로 드러냈다"[10]는 기록 또한 젊은 시절에 쓴 한문단편의 저술과 무관하지 않다.

주지하는 바와 같이 연암이 젊은 시절에 지은 한문단편들은 후에 「방경각외전」이라는 제목으로 묶였다. 그런데 『과정록』을 저술할 당시에 끝 부분에 수록되어 있었던 〈역학대도전(易學大盜傳)〉과 〈봉산학자전(鳳山學者傳)〉은 그 내용이 이미 소실되어 버리고 7편만 남은 상태였다고 한다. 그 이유는 〈역학대도전〉이 당시 선비의 이름으로 세력과 이익을 꾀한 비열한 자를 꾸짖은 내용이었는데, 그 인물이 패퇴하자 더 이상 볼 것이 없다 하고 연암 스스로 〈역학대도전〉을 태워 버리는 과정에서 맨 끝에 수록되어 있던 〈봉산학자전〉도 함께 소실되었기 때문이라고 했다. 아홉 편의 전 중에서 〈예덕선생전〉, 〈광문자전〉, 〈양반전〉은 특히 세상에 널리 읽혔었는데, 그 체재가 더욱 유희에 속하여서 식견이 없는 자들은 배우의 해학쯤으로 여겨 서로 전하고, 식견이 있다는 자들 또한 병통으로 여겼다고 한다.

事業期之 嘗語學士曰 某也見其才氣 大非凡類 必爲異日偉人 但疾惡太甚 英氣太露 是可憂也(『過庭錄』 卷1).

9) 先君 自少時 言議嚴正 見世之色厲內荏 浮沉取媚者 不能容忍 輒譏諷於詼諧談笑之間 以此平生怒謗最多(『過庭錄』 卷1).

10) 先君 自少時 嫉世之交友 專視勢利 炎凉聚散 情態可見 嘗作九傳以譏之 往往以諧笑發之(『過庭錄』 卷1).

이에 대해 연암의 아들 종채(宗采)는 그 지은 바 의도를 깊이 잘 따져 보지도 않고 구전(九傳)을 배해(俳諧)의 문자(文字)로서만 읽는 것에 대해 마음 아파하였다.[11] 구전(九傳)의 저술과 관련된 『과정록』의 내용을 통해 볼 때, 연암은 당대 사회 현실, 특히 지배계층의 위선과 부정 부패한 삶의 모습에 대해 심히 분노를 느꼈으며, 그 분노를 삭이지 못하여 우울증이 유발된 것 같다.

한편 연암은 과거를 보기 위해 남들처럼 과거를 위한 공부를 했고, 과거에 응시하기도 했으나 합격 여부에는 관심이 없는 듯이 행동하였다고 한다.[12] 당시 연암은 이미 문장으로 꽤 이름이 나 있어서, 과거시험을 주관하는 자들은 그를 과거시험에 응시하도록 권유하였다고 한다. 그러나 연암은 그들의 의도를 알고는 응시하지 않았거나, 응시는 하였지만 답안지를 제출하지 않았고, 어떤 때는 답안 대신에 고송(古松)이나 노석(老石)을 그려 내기도 하였다고 한다. 이를 두고 사람들은 세상물정을 모른다고 그의 행동을 비웃기도 하였다고 한다.[13] 과장(科場)에서의 연암의 이러한 행동은 과거시험제도에 대한 불만과 반항의 표출, 나아가 출사에 대한 초연함을 나타낸 것이라 할 수 있다. 연암은 그의 나이 34세 때(庚寅, 1770)에 감시(監試)에서 장원을 하였다. 그 후 친구들의 권유에 못 이겨 회시(會試)에 응시한 적이 있었는데, 이때에도 연암은 답지를 제출하지 않고 나왔다고 한다. 이러한 사실을 전해 듣고 식견이 있는 사람들은 나아감에 구차하지 않으니 고인의 풍모가 있다고 했다고 한다.[14]

---

11) 缺其末二傳 只存七篇 而其中穢德廣文兩班三傳盛行於世 其體裁尤屬游戲 不識者 以俳諧傳道 其識者 亦或病之 …(中略)… 嗚呼 若不究所以作之意 但以俳諧文字讀之 則此豈知吾先君者哉 不肖竊爲之痛心焉(『過庭錄』 卷1).

12) 先君少時 或從人習功令業 …(中略)… 每入頖庭課試 亦必效韓杜古體 奇偉可讀 朋儕輒傳誦其奇句 而亦往往不竟篇 白卷而出 盖先君 澹然於場屋得失者 自少時已然(『過庭錄』 卷1).

13) 時先君文章之名 已喧動一世 每有科試 主試者 必欲援引 先君微知其意 或不赴 或赴而不呈卷 一日 在場屋 漫筆畵古松老石 一世 傳笑其踈迂 然 盖示其不屑之意者(『過庭錄』 卷1).

젊고 유능한 관리를 선발하기 위해 국가가 시행하는 경건하고 엄숙한 장소인 과거시험장에서 고송(古松)이나 노석(老石)을 그리는 행위, 또는 시권(試券)을 제출하지 않은 행위는 작게는 당시 과거 시험의 타락상에 대한 반발로 해석될 수 있으나, 크게는 권력의 부패와 정쟁 등 모순과 부패로 가득 찬 당시의 정치 현실에 대한 일종의 반항이었다고 할 수 있다. 그렇지만 연암이 과거시험장에 갔다는 사실은, 비록 그것이 자의에 의해서건 남의 권유에 의해서건 응시했다는 사실만으로도 현실참여인 것만은 분명하다. 젊은 시절의 연암은 이렇게 현실과 이상 속에서 갈등하고 방황했던 것이다. 따라서 젊은 시절 연암의 우울증은 부조리한 현실을 초탈하거나 도피하지 못하고, 그 속에서 살아가면서 증폭된 심리적 갈등이 그 원인이었다고 추정된다. 즉 현실에 적응하지 못함으로써 초래된 소외감이 우울증이라는 심리적 장애로 나타났던 것이다. 그리고 그러한 심적인 상태가 표출된 것이 과거시험장에서의 비정상적인 행태였던 것이다.

연암의 나이 29세(乙酉, 1765) 때에, 이와 같은 절망적이고 고립된 심리적 상태로부터 벗어나고자 그는 친우들과 함께 관동 지방으로 여행을 떠나게 된다.[15] 답답하고 암울한 속세를 벗어나 신선이 산다는 금강산을 유람한 것이다. 이렇게 연암이 현실에 적응하지 못하고 우울증으로 고생하였던 시기는 대체로 20세 전후에서 30대 초반의 과거를 폐할 때[16]까지로 추정된다. 이때 저술한 작품들이 바로 「방경각외전」에 수록된 한문단편들인 것이다.

과거를 폐한 후 연암은 심리적으로 다소 안정을 찾았던 것 같다. 그는 가족을 처가로 보내고 혼자 전의감동(典醫監洞)에 거처하게 되는데, 이때 담헌 홍대용, 석치 정철조, 강산 이서구, 무관 이덕무, 재선 박제가, 혜풍

---

14) 庚寅赴監試 俱魁初終場 …(中略)… 先君 欲不赴會圍 親友多強勸者 遂黽勉入場屋 不呈券而出 有識者聞之 皆以爲進取不苟 有古人風(『過庭錄』 卷1).

15) 乙酉秋 東遊金剛 時兪公彦鎬 申公光蘊…(『過庭錄』 卷1).

16) 연암은 신묘년(1771, 연암의 나이 35세) 이후에는 과거에 응시하지 않았다고 한다(先君自辛卯 遂不復應擧)(『過庭錄』 卷1).

유득공 등과 어울리게 된다. 특히 담헌과는 매우 친밀하고 돈독하였는데, 두 사람은 우리나라 사대부들이 대부분 이용후생(利用厚生)과 경제명물(經濟名物)의 학문에는 소홀하여 오류를 그대로 인습하고 무지하기가 너무 심함을 병통으로 여기고는 고금의 치란(治亂)과 흥망(興亡)의 까닭, 고인(古人)의 출처(出處)의 대절(大節), 제도(制度)의 연혁(沿革), 농공(農工)의 이병(移病), 화식(貨殖), 조적(糶糴), 산천(山川), 관방(關防), 역상(曆象), 악률(樂律), 초목(草木), 조수(鳥獸), 육서(六書), 산수(算數)에 이르기까지 온갖 것을 궁구(窮究)하고 이해하면서 며칠이고 함께 머물렀다고 한다.[17] 이렇게 과거에 급제하여 정치 관료로서 현실에 참여하는 것을 포기하고 뜻을 같이 하는 재야 지식인들과 어울려 실학을 탐구함으로써 연암은 정치권 밖에서의 현실참여를 하였던 것이다. 이른바 자유인으로서의 삶을 추구하였던 것이다.

앞에서 살펴본 바와 같이 『과정록』의 기록뿐만 아니라, 〈김신선전〉, 〈민옹전〉, 〈서광문전후〉 등의 내용에서, 우리는 연암이 스스로 자신의 병의 원인을 알고 병의 고통으로부터 벗어나기 위해 다각적으로 노력했다는 사실을 알 수 있었다. 즉 〈민옹전〉에서는 민옹이라는 이야기꾼과의 대화를 통해서, 〈김신선전〉에서는 신선으로 불리는 김홍기라는 인물을 추적하는 과정을 통하여, 〈서광문전후〉에서는 시정에 떠도는 민간설화를 들으면서, 연암은 정신적으로 답답하고 울적한 마음을 풀어 보고자 했던 것을 알 수 있다. 또한 이와 같은 경험을 저술함으로써 연암은 자신의 마음을 달랠 수 있었던 것 같다. 따라서 연암의 이른바 구전(九傳)의 저술은 우울증이라는

---

17) 壬辰 癸巳間 送家眷歸遺安翁石馬鄕廬 常獨處于典醫監洞寓舍 與洪湛軒大容 鄭石癡喆祚 李薑山書九 時相往還 而李懋官德懋 朴在先齊家 柳惠風得恭 常從遊焉 湛軒公 長先君六歲 學識精邃 亦廢擧閑養 與先君爲道義交 最相親篤 而言辭稱謂 相敬如初交時也 先君 常病吾東士大夫 多忽於利用厚生 經濟名物之學 類多因訛襲謬 鹵莽已甚 湛軒 平日持論 亦如此 每相盍簪 輒留連累日 上自古今治亂興亡之故 古人出處大節 制度沿革 農工利病 貨殖糶糴 與夫山川關防 曆象樂律 以至草木鳥獸 六書筭數 無不貫穿該括 皆可記而誦也(『過庭錄』 卷1). 여기서 '壬辰癸巳年間'은 1772-1773년으로서 연암의 나이 36-37세 때이다.

심리적 장애를 치료하기 위한 하나의 수단이었던 것이다. 물론 일차적으로는 민옹이라는 인물과의 대화를 통해서, 또는 김신선을 찾는 과정을 통해서 자신의 울적한 마음을 치유하고자 했지만, 궁극적으로는 자신의 경험을 글로 쓰면서 마음의 평안을 얻을 수 있었던 것이다. 이렇게 볼 때, 청년기 연암의 저술행위는 자신의 심리적 장애를 치료하기 위한 하나의 수단이었던 것이다. 문학을 통한 치료라는 관점에 볼 때, 「방경각외전」의 작품들은 청년기 연암의 현실비판 성격에서 유발된 우울증을 극복하기 위해 저술된 것이며, 중년기의 『열하일기』는 중국여행 중에 얻은 견문을 통해 병든 조선사회를 치료하고자 한 저술이었다고 할 수 있다. 또한 환로기의 〈열녀함양박씨전(烈女咸陽朴氏傳)〉은 개가 금지라는 불합리한 제도에서 비롯되어 조선사회에 만연된 잘못된 열녀관을 치료하기 위해 저술된 작품이라고 할 수 있다.

3. 〈김신선전〉의 작가의식

앞에서 살펴본 바와 같이 〈김신선전〉을 저술할 당시의 작가 연암은 능력은 있으나 자신의 뜻을 펼 수 없는 당대 현실에 대해 불만을 품고 울울(鬱鬱)하게 살아가는 청년이었다. 그는 〈김신선전〉의 김홍기와 교유했던 시정의 지식인들과 크게 다르지 않은 모습이었다. 연암은 이들 시정의 지식인들에 대해 연민의 정을 느끼면서도, 한편으로는 자유분방한 그들의 삶을 동경하고 그들의 실체를 밝혀 보고자 했던 것 같다. 그리고 그러한 과정에서 겪은 경험을 저술함으로써 답답하고 울적한 마음에서 벗어날 수 있었던 것이다.

〈김신선전〉은 일인칭 서술자 시점의 간결하며 사실적인 묘사로 이루어진 작품이다. 먼저 다음과 같이 네 단락으로 구분하여 작품 내용을 분석해 보기로 한다.

① 金神仙名弘基－遂以神仙名
② 余嘗有幽憂之疾－世癸未也
③ 明年秋余東遊海上－常有雲氣風瑟然
④ 或曰仙者－不得志者

①에서는 김홍기를 신선으로 부르게 된 유래를 설명하였다. 김신선은 열여섯에 장가들어 처를 한번 가까이 한 후에 아들을 낳고는 다시는 가까이 하지 않았다는 것. 벽곡(辟穀)을 하고 수년 동안 면벽(面壁)하였더니 몸이 가벼워져서 국내의 명산을 두루 찾아다녔는데 매양 하루에 수백 리를 갔고, 5년 만에 신을 한번 바꿔 신었으며, 험한 곳에 다다르면 걸음이 더욱 빨라진다는 것. 밥을 먹지 않기 때문에 그가 객으로 오는 것을 싫어하지 않았다는 것. 겨울에도 솜옷을 안 입고 여름에는 부채질을 하지 않았다는 것 등이 그가 신선으로 불리게 된 이유이다.

②에서는 유우지질(幽憂之疾), 즉 마음이 울적한 병으로 고생하고 있는 작중 서술자가 신선의 방기가 우울증에 효험이 있다는 소문을 듣고 윤생과 신생이라는 겸인을 시켜 김신선을 추적한 과정이 제시되어 있다. 신선에 대해 호기심을 보이는 경우는 일반적으로 당대 사회에서 용납되지 못한 사람들의 현실초탈의지의 한 표현이라고 할 수 있다. 따라서 서술자가 김신선을 만나보고자 한 것, 또한 이런 시각에서 이해할 수 있다. 신선으로 불리는 김홍기라는 인물은 처자를 사촌 집에 붙여 두고는 도성 안의 친구들을 찾아다니며 놀았는데, 술 좋아하는 체부동의 김봉사, 바둑 잘 두는 누각골의 김첨지, 김첨지 뒷집의 거문고 잘 타는 이만호, 객이 찾아오는 것을 좋아하는 삼청동의 이만호, 객과 술을 좋아하는 미원동의 서초관과 모교(毛橋)의 장첨사와 사복천변의 지승, 꽃가꾸기를 좋아하는 이문안의 조봉사, 진기한 서책과 고검을 가지고 있는 계동의 유판관 등이 그의 친구들이다. 이처럼 김홍기의 친구들은 세속사(世俗事)를 잊고 술과 함께 바둑, 악기, 꽃가꾸기, 서책과 고검 같은 골동 수집을 취미로 하며 객을 청해 담

론과 풍류를 즐기며 살아가는 여항의 지식인들이다. 홍기가 그들과 어울렸다는 것은, 그 또한 이들과 같은 부류임을 말해 주고 있다. ①에서 홍기가 장가를 간 후 한 번 처를 가까이 하여 아들을 하나 낳고는 수년간 벽곡면벽한 후 신통한 능력이 생겼다고 했는데, 이것은 표면적으로는 득선(得仙)을 위한 노력과 신통력의 수득(修得)이지만, 내면적으로는 모든 것을 희생하고 오직 독서에 몰두하는 독서인에 빗댄 것일 수도 있다. 신선의 능력은 지식인으로서의 지적 능력에 대비될 수 있다. 홍기가 자신의 신통력을 남을 위해 쓰지 못하고 술로 세월을 보냈다는 것은, 독서인이 자신의 능력을 알아 주지 않아 술로 세월을 보내는 모습이나 다를 게 없다. 홍기가 세상을 초탈한 것같이 행동하였다고 하였지만, 실은 현실에 대한 집착을 완전히 떨쳐버리지 못하고 현실을 맴돈 것일 뿐이다. 현실을 비판하면서도 현실을 떠나지 못하는 시정의 비판적 지식인의 모습과 다를 게 없다. 윤생이 도성(都城) 안 온 곳을 찾아다니다가 마지막으로 장창교의 임동지 집을 찾았을 때, 김홍기는 임동지와 밤새도록 술을 마시고 아침나절에 술이 깨지 않은 채 강릉으로 떠났다고 했다. 윤생이 그에게 김홍기의 특이성을 물어보니 그는 한낱 보통 사람이고 밥을 안 먹는 것이 이상하다고 했다. 그리고 한잔 술에도 취하고 한 말 술에도 더 이상 취하지 않으며, 남이 말할 때는 졸다가 이야기가 끝나면 웃음을 그치지 않았고, 조용한 것이 참선하는 것 같기도 하고 졸한 것이 수절하는 과부 같다고 했다.[18] 이와 같은 정황으로 보아 김홍기는 보통 사람과 크게 다르지 않음을 알 수 있다. 다만 일반 사람들과는 어긋나는 행위를 함으로써 사람들의 시선을 끈다는 것 이외에는 보통 사람들과 다른 것이 없었던 것이다. 따라서 세상 사람들이 관념적으로 말하고 있는 신선은 아니다. 그는 세상 잡사를 잊고 살려고 노력하는 인물일 따름이다. 또 어떤 사람은 홍기의 나이가 100여

18) 問曰 金有異歟 曰一凡人 特未嘗飯 狀貌何如 曰身長七尺餘 癯而髥 瞳子碧 耳長而黃 能飮幾何 曰飮一杯醉 然一斗醉不加 嘗醉臥塗 吏得之拘七日不醒 乃釋去 言談何如 曰衆人言 輒坐睡 談已輒 笑不止 持身何如 曰靜若參禪 拙如守寡(〈金神仙傳〉).

살이 되어서 따라 노는 사람들이 노인들이라고도 했고, 50남짓일 것이라고도 했다. 또 지리산에 약초를 캐러 갔다가 벼랑에 떨어져 돌아오지 않은 것이 수십 년이 되었다고 하기도 하고, 어둠 컴컴한 구멍에서 눈을 반짝이고, 때때로 하품하는 소리가 길게 들리기도 한다고 했다. 이렇게 김홍기에 대한 이야기는 입에서 입으로 옮겨지는 동안 신비스럽게 부풀려서 원래의 현실도피자의 모습은 사라지고 신통한 능력을 지닌 신비한 인물로 바뀌어 버린 것이다. 작품의 서술자 연암은 윤생과 신생이 김홍기를 찾아다니면서 들은 이야기를 종합하고는, 시정에 흘러 다니는 김홍기에 대한 신비성을 격하 부정해 버리고 만다. 즉 그들이 수집한 정보를 바탕으로 신선으로 불리는 '김홍기라는 인물은 오직 술 잘 마시는 것 이외에는 무슨 술(術)이 있는 것이 아니고, 홀로 신선의 이름을 가탁해서 떠돌아다니는 인물에 불과하다'라고 결론을 내린다.[19] 이렇게 단정하였으면서도 미련이 남았는지 연암은 복(福)이라는 하인을 시켜 다시 김홍기를 찾게 하나 실패한다.

③에서는 서술자 자신이 관동 유람 중에 금강산의 한 암자로 직접 김홍기를 찾아 나섰던 경험을 기술하고 있다. 관동 여행 중에 금강산을 구경하다가 연암은 중들에게 득도한 이승(異僧)의 존재 여부를 묻는다. 신선에 대한 호기심을 다시 일으킨 것이다. 그러나 득도한 이승은 없으나 선암이라는 곳에 벽곡하는 사람이 있는데, 그곳은 길이 워낙 험해서 가기 힘들다고 했다. 그날 밤 장안사에서 다른 중들에게 물었지만, 역시 선암의 벽곡하는 인물에 대한 이야기를 한다. 다만 그가 백 일이 되면 떠날 터인데, 이제 곧 백 일이 되어 간다고 했다. 연암은 그가 바로 김신선이 아닌가 생각하고는 밤에라도 즉시 가고 싶었다. 이튿날 아침 진주담(眞珠潭) 아래에서 같이 놀러온 친구를 기다렸으나 오지 않았고, 마침 관찰사가 지방 순시하다가 금강산에 들러서 중들이 모두 차출되어 그날 연암은 선암에 갈 수 없었다. 왜냐하면 선암(船菴)에 오르는 길은 워낙 험해서 혼자 갈 수 없

---

19) 今弘基惟善飮酒 非有術 獨假其名而行云(〈金神仙傳〉).

었기 때문이다. 비가 내려 엿새나 지체한 후에야 겨우 선암을 찾아갔다. 천 길이나 솟은 깎아지른 바위 위에 있는 선암에 오르는 길은 험한 데다가 길이 끊어져 쇠줄을 잡고 공중에 매달려 겨우 올라갔다. 그러나 신선은 어디로 가고 없고 탑상 위의 조그만 동불(銅佛)과 신발 두 짝만이 있을 뿐이었다. 실망하고는 이름 석 자를 암벽 아래 쓰고는 돌아온다. 그곳은 늘 구름 기운이 감돌고 바람이 간혹 쏴— 하고 불었다. 이렇게 연암은 끈질기게 신선을 찾아보았지만, 끝내 찾지 못하고는 신선이란 존재에 대해 나름대로의 정의를 내리고 만다.

④에서는 신선이라는 것에 대해, "어떤 사람은 '仙(선)이란 山人(산인)이다'라고 말하기도 하고, 또 '山(산)에 들어가면 仙(선)이 된다'고 말한다. 또 '僊(선)이란 것은 僊僊(선선)히 가볍게 오르는 뜻이라고도 한다. 그렇다면 벽곡하는 자라고 해서 반드시 신선이 아니고 울울(鬱鬱)히 세상에 뜻을 얻지 못한 자다"[20]라고 결론을 내리고 작품을 끝냈다.

이상에서 살펴본 바에 의하면, 단락 ①은 도입부, 단락 ②와 ③은 전개부, 단락 ④는 종결부로 구분할 수 있으며, 그 내용은 단락 ①에서는 주인공 김홍기의 신선적 행적 제시, 단락 ②와 ③에서는 우울증을 치료하기 위해 김신선을 추적하였던 전말을 기술하였고, 단락 ④에서는 벽곡(辟穀)하는 자가 반드시 신선이 아니고 '울울히 뜻을 얻지 못한 자'라고 결론을 내리고 있다. 따라서 〈김신선전〉은 김홍기의 입전이라기 보다는 김홍기의 특이한 삶의 모습을 통해서 신선이란 '鬱鬱不得志者'라는 것을 깨닫게 되는 과정을 그린 작품이라고 하겠다. 즉 신선이란 세상에서 뜻을 얻지 못해 산을 찾는 사람, 또는 세속에서 자신을 숨기고 살아가는 사람임을 말하기 위해 저술한 글이다.

이렇게 신선에 대한 정의를 내리게 된 배경에는 조선 후기에 팽배해 있던 신선사상과도 관련이 있다. 당시 민중들은 물론 유학자들조차도 신선사

20) 惑曰 仙者山人也 又曰入山爲仙也 又僊者 僊僊然輕擧之意也 辟穀者 未必仙也 其鬱鬱不得志者也(〈金神仙傳〉).

상에 심취한 인물들이 적지 않았다고 한다. 도교의 불로장생과 무병장수를 얻기 위한 양생법으로 벽곡(辟穀), 복이(服餌), 조식(調息), 도인(導引), 방중술(房中術) 등이 있는데, 〈김신선전〉의 김홍기는 이 중에서 방중술과 벽곡을 실행에 옮긴 것이라고 할 수 있겠다. 이러한 수련과정을 거치면서 그는 신통한 능력을 지닐 수 있게 된 것이다. 그가 국내의 명산을 두루 찾아다녔으며, 단숨에 수백 리를 가고, 5년에 한번 신을 바꿔 신었으며, 험한 곳을 만나면 걸음이 더욱 빨라지고, 강을 건너는데 옷을 걷거나 배를 타는 것은 더디게 할 뿐이라고 한 대목이라든가, 추운 겨울에도 솜옷을 입지 않고, 한 여름에도 부채질을 하지 않는 등 추위와 더위를 초월한 모습은 도교에서 말하는 득선자(得仙者)의 모습에 가깝다. 또한 김홍기와 교유한 인물들이 하나 같이 술, 바둑, 거문고, 화초 등에 취미를 붙이거나, 기서(奇書)나 고검(古劍) 등 골동을 수집·감상하고, 객이 찾아오는 것을 좋아하고 풍류를 즐기며 살았다는 것은 이들 또한 세속에서 신선적인 삶을 추구하며 사는 인물들이라고 할 수 있다. 그러나 김홍기의 경우는 수년간 벽곡면벽(辟穀面壁)하여 초인적인 능력을 지녔으며, 보통 사람들과는 달리 가출하여 자취를 감추고 떠돌아다닌다는 점에서 그들과 차이가 있다. 그런데 윤생에 이어 김신선을 찾아 나섰던 신생이 수집한 김홍기의 행적을 통해보면 홍기의 능력은 매우 과장된 것임이 드러났다. 그래서 연암은 김홍기는 오직 술 잘 마시는 것뿐 신선이 지녔다는 방술(方術)이 있은 것이 아니고, 단지 이름을 가탁해서 돌아다니는 인물이라고 결론지었다. 신선이라기보다는 이인(異人)쯤으로 본 것이다.[21)]

---

21) 김홍기의 행적과 비슷한 인물의 이야기가 『靑莊館全書』 권50, 〈耳目口心書〉 3과 趙熙龍(1797－?)의 「壺山外史」(1844)에 보인다. 특히 「호산외사」에는 〈金神仙〉, 〈曺神仙〉 두 편이 수록되어 있는데, 두 편 모두 연암의 〈김신선전〉에 비해 아주 간략한 내용이다. 그 내용을 살펴보면, 〈김신선〉의 김신선은 이름이 可基이다. "소년 시절에는 특이한 점이 없었으나, 혼인한 초야에 단 한번에 아들을 얻고는 종신토록 홀로 지냈고, 금강산에 세 번 들어갔으나 짚신 한 짝도 닳지 않았으며, 삼 일 동안 곡식을 먹지 않고 눈을 감고 꿇어앉기도 하였다" 등이며, 다른 것은 새벽에 냇물에 항문을 드러내고 앉아 내장을 닦아 내었고, 병 없이 죽었는데 尸解하였다고 한다. 〈조신선〉의 "조신선은 어떤 사람인지 잘 모르는데, 항

앞에서 언급한 바와 같이 연암이 〈김신선전〉을 저술한 시기는 대략 30세 전후로 추정된다.[22] 이 시기에 연암은 이미 문장으로 세상을 떠들썩하게 하였다고 한다. 그래서 과거 시험을 주관하는 자가 연암을 시험장에 끌어들이려고 하였고, 연암은 그들의 의도를 간파하고 혹은 응시하지 않거나 응시는 하였으나 합격 여부에는 관심이 없는 듯이 행동하던 때였다. 그가 시권(試券)을 제출하지 않거나, 고송(古松)이나 노석(老石)을 시권에 그렸다는 것을 미루어 볼 때,[23] 이 시기 연암의 현실에 대한 불만은 매우 심각한 수준에 이르렀던 것 같다. '유우지질(幽憂之疾)', 즉 우울증과 같은 병이 나타날 수밖에 없는 상황이었을 것이라는 것을 쉽게 추측할 수 있다. 이러한 시기에 현실을 초탈하고 산다는 신선에 대해 흥미를 가지게 된 것은 어쩌면 당연한 일인지 모른다. 그는 그러한 인물을 만나 답답하고 우울한 자신의 마음을 털어 보고 싶었을 것이다. 그래서 찾은 것이 신선으로

상 서울 안을 돌아다니며 책을 파는 것을 業으로 하여 동서남북의 尊卑貴賤의 집을 안 가는 곳 없었다. 그의 나이를 물으면 60이라고 말하나, 70세 된 어떤 사람이 말하기를 자신이 아이 때에도 曺를 보았는데 그때에도 또한 60세라고 말하였다고 한다. 이로 미루어 볼 때 백삼사십 세는 되었을 것이나 40세도 안 되어 보였다. 그를 신선이라고 일컫는 것은 병 없이 죽었다는 것뿐이고 다른 異跡은 없었다. 조희룡도 朴道亮이라는 사람의 서점에서 그를 본적이 있다고 한다." 이와 같은 내용으로 미루어 볼 때 조선 후기에는 김홍기와 유사한 삶을 산 인물들이 여럿 있었거나, 또는 한 사람의 기이한 행적이 여러 사람의 입을 오르내리면서 다양한 이야기로 퍼져 나간 것 같다. 여하튼 김신선이나 조신선이나 모두 남다른 능력을 지닌 특이한 인물로서 세속을 벗어나 살았던 것 같다.

22) 『과정록』에 의하면 연암은 을유(1765, 연암 29세) 가을에 금강산을 유람한다. 그때 유언호(兪彦鎬)와 신광온(申光蘊)과 함께 하였다(乙酉秋 東遊金剛 時兪公彦鎬 申公光蘊…)(『過庭錄』 卷1). 〈김신선전〉에서는 "그러나 나는 또 다시 나의 童子인 福을 시켜 찾아다니게 했으나 끝내 찾을 수 없었다. 그 해가 계미년(1763)이었다. 이듬해 가을 나는 동해안으로 놀러 갔다"(然 余又使童子福 往求之 終不可得 歲癸未也 明年秋 余東遊海上…)(〈金神仙傳〉). 여기서 '이듬해 가을[明年秋]'은 갑신년(1764년 가을)이 된다. 따라서 『과정록』의 내용이 잘못 되었는지, 〈김신선전〉의 내용이 잘못 되었는지 현재로서는 확인할 수 없다. 만약 『과정록』의 내용이 맞는다면 〈김신선전〉의 저술은 1765년 이후가 될 것이다. 또한 이 작품에 나타나는 겸인 윤생과 신생, 그리고 복이란 하인은 연암 주변의 실제 인물로서 〈김신선전〉은 연암의 경험을 작품화한 것으로서 작품 속의 서술자는 바로 작자 연암이다.

23) 주 13) 참조.

불리는 김홍기라는 인물의 추적이다. 연암은 김홍기를 추적하면서 얻은 자료를 바탕으로 시정에서 신선이라고 하는 부류는 현실에서 뜻을 얻지 못하고 세속과 명산을 떠도는 현실도피자에 지나지 않음을 알게 된 것이다. 김신선을 만나지 못했으나, 능력은 있으나 뜻을 얻지 못하고 불우하게 세상을 사는 여항의 지식인들의 삶의 모습을 구체적으로 알게 되었고, 또한 그러한 인물이 한 둘이 아님을 알게 되면서 연암은 답답하고 울적했던 마음에서 벗어날 수 있게 된 것이다.[24)]

4. 맺음말

이 글에서 필자는 〈김신선전〉 저술배경과 작가의식을 『과정록』과 작품 자체의 분석을 통해 고찰하였다. 먼저 작품 저술과 관련된 작가적 배경을 『과정록』을 통해 살펴보았다. 그 결과 연암은 불의와 부정한 인물을 보면 참지 못하는 성격이 어려서부터 남달리 강했음을 알 수 있었다. 연암이 살았던 18세기 후반 조선사회는 인재등용에 있어서뿐만 아니라 사회 전반에 걸쳐 많은 모순을 노정하고 있었다. 이러한 시대를 살아가면서 젊은 연암은 현실에 대한 불만으로 마음이 답답하고 우울한 병에 걸린 것이다. 이때 정신적 고통에서 벗어나기 위해 저술한 것이 9전(九傳)이라고 불리는 「방경각외전」의 한문단편들이다.

작품 내용을 분석한 결과 김홍기는 도교에서 말하는 신선이라기보다는

---

24) 연암의 생애를 놓고 볼 때, 연암 또한 30대 초반에 과거를 폐한 후 가족을 석마에 있는 유안재의 고향집으로 보내고 자신은 전의감동에서 혼자 거처하면서 벗들과 어울려 밤을 잊고 세상사를 담론하고 술을 먹기도 하고 음악을 감상했다고 했는데, 그것은 김홍기와 그의 벗들이 놀던 삶의 방식과 크게 다르지 않음을 알 수 있다. 이러한 삶의 모습은 〈민옹전〉에서의 작중 서술자 '내'가 우울한 병이 있어서 객들을 불러 놓고 음악을 감상한다든지 골동을 감상한다든지 또는 이야기판을 벌린 것과 같으며, 〈서광문전후〉에서 '내'가 객들을 불러 놓고 시정에 흘러 다니는 이야기를 채근해 들었다는 것도 〈김신선전〉에서의 김홍기가 그의 벗들과 노닐던 모습과 같음을 알 수 있다.

현실에서 자신의 능력을 인정받지 못하여 답답하고 우울한 마음을 지니고 속세와 명산(名山) 대천(大川)을 떠도는 현실 도피자임을 알 수 있었다. 연암은 이와 같은 인물이 제대로 쓰이지 못하는 당대사회를 풍자 비판한 것이다. 또한 김홍기와 교유하는 인물들에 대해서도 연암은 깊은 관심을 나타냈는데, 그들은 표면적으로는 술과 음악, 바둑, 골동에 취미를 붙이고 살아가고 있었지만, 내면적으로는 자신의 뜻을 이루지 못하여 답답한 마음이 항상 응어리져 있는 불우한 여항(閭巷)의 지식인들이라는 것을 인식한 것이다. 연암은 이들의 삶의 모습을 작품으로 저술함으로써 당시 인재등용의 모순을 자연스럽게 고발할 수 있었던 것이다.

〈김신선전〉은 신선의 방기가 우울증 치료에 도움이 될 수 있다는 소문을 듣고, 연암이 신선 김홍기를 추적했던 과정과 그 추적과정에서 얻은 김홍기에 관한 소문을 바탕으로 신선에 대한 나름대로의 정의를 내린 작품이다. 병을 치료하기 위해서는 병의 원인을 알아야 하는데, 연암의 경우는 그를 '鬱鬱不得志'하게 한 현실이 그 원인이었던 것이다. 따라서 그 병은 연암을 둘러싸고 있는 사회의 병리현상이 치유되거나, 그러한 현실에서 벗어날 수 있어야만 치유될 수 있는 병이다. 그러나 사회적 병리현상을 치유하기엔 개인의 힘은 너무나 미약하다. 그래서 그는 현실에 참여하여 사회의 병리현상을 치유하는 적극적 방법을 택하지 않고, 현실을 도피함으로써 자신의 우울증을 치료하는 소극적 방법을 택했다. 그리하여 관심을 갖게 된 것이 현실을 초탈하여 산다는 신선이다. 신선으로 불리는 김홍기라는 인물을 만나 우울증을 치료하고자 한 것이다. 그러나 그는 끝내 김홍기를 만나지 못하고 만다. 신선의 방기에 의한 우울증 치료는 김신선을 찾지 못함으로써 실패한 것이다. 연암은 다시 그를 '뜻을 얻지 못해 울적하게(鬱鬱不得志)' 하는 현실로 돌아올 수밖에 없었다. 그리고는 김신선을 탐색하는 과정에서 얻은 신선 김홍기에 관한 소문을 바탕으로 신선이란 존재는 현실에서 뜻을 얻지 못해 답답한 마음을 갖고 현실을 도피해 살아가는 인물이라는 것을 알게 된다. 신선이라는 부류 또한 연암을 우울하게 한 사회 현실에서 배태된 또 다른 모습임을 알게 된 것이다. 세속에서 갈등하며 우울증을 앓고 있는 자신이나 벽곡하며 산 속에 산다는 신선의 존재나 크게 다를 것이 없음을 확인한 것이다. 바꾸어 말하면 연암 자신이 신선일 수 있으며, 신선이라는 존재는 또 다른 우울증 환자라고 생각하게 된 것이다. 부조리한 현실에서 뜻을 얻지 못하여 하나는 세속에 머무르면서 우울하게 살고, 다른 하나는 산으로 들어가 우울하게 사는 것뿐 다를 것이 없다는 것이다. 자신의 우울증의 원인이 현실에 있음을 안 연암은 현실 속에서 자신의 우울증을 치료하고자 했다. 그 방법의 하나로 시도된 것이 현실 풍자와 비판을 담은 한문단편의 저술이었다. 「방경각외전」에 수록된 아홉 편의 한문단편들이 그것이다. 특히 〈김신선전〉은 〈민옹전〉과 함께 우울증을 극복하기 위해 시도했던 경험을 문학 작품으로 저술한 것으로서, 문학 작품 저술을 통한 우울증 치료의 한 예를 보여 주고 있다. 연암이 30대 중반 이후에는 다시는 과거에 응하지 않고, 벗들과 어울려 실학에 탐닉할 수 있었던 것도 이와 같은 젊은 날의 방황과 무관하지 않은 것이다.

〈우상전〉의 구조와 주제

1. 머리말

〈우상전(虞裳傳)〉은 연암 박지원(1737－1805)의 30대 초반 작품으로, 연암과 동시대 인물인 우상(虞裳) 이언진(李彦瑱, 1740－1766)[1]을 입전(立傳)한 것이다.

이 작품의 저술동기를, 「방경각외전」〈자서〉에서, "아름다운 저 우상, 옛 문장에 힘을 썼다네. 잃어버린 예법을 초야에서 구하게 되었으니, 생애는 짧았어도 그 이름 오래 전할 것이다. 이에 우상의 전을 쓴다"[2]라고 했고, 작품 속에 제시된 저술동기에서는, "나는 우상을 생전에 만나 보지 않은

1) 李彦瑱은 일명 湘藻라고도 하며, 자는 虞裳, 호는 曇寰, 雲我, 誕登子, 滄起, 松穆館이다. 이언진은 癸未通信使의 일원으로 일본을 여행하고 돌아왔다. 18세기 중반 일본은 불교와 유학, 그리고 서학으로서의 난학이 함께 공존하던 막부시대였다. 1760년 일본의 關白 德川家重이 그 아들 家治에게 자리를 내어 주고 이듬해에 죽자, 권력을 잡은 家治는 조선에 交隣의 舊誼를 맺자고 청해 왔다. 조선에서는 修好使節을 보냈는데, 이때 정사는 趙曮이었다. 계미통신사는 영조 39년 계미년(1763) 8월 3일 서울을 떠나 영조 40년(1964) 7월 8일에 서울에 돌아와 복명하기까지 11개월의 긴 여정이었다. 이 때 이언진의 직책은 副使의 漢學押物通事였다.

2) 孌彼虞裳 力古文章 禮失求野 亨短流長 於是述虞裳(『燕岩集』 권8, 「放璚閣外傳」 〈自序〉). 여기서 '禮失求野'라는 말은 班固의 『漢書』, 「藝文志」의 "仲尼有言 禮失而求野 方今去聖久遠 道術缺廢 無所更索 彼九家者 不猶癒於野乎"의 '禮失而求野'에서 따온 말이다. 이 구절은 연암의 〈自笑集序〉 첫머리에도 나온다.

것을 늘 후회하고 있다. 또한 그의 문장은 이미 불타 버려 남은 것이 없다고 하니, 세상에는 더욱이 그를 아는 자가 없을 것이다. 이에 상자 속에 간직했던 것들을 뒤져, 그 속에서 그가 전에 보내 왔던 두어 편 글을 겨우 찾아 내어, 그것을 모두 적어서 '우상전'을 짓는다"[3]라 했다. 〈자서〉와 작품 말미에 제시된 저술동기에 따르면 〈우상전〉은 고문(古文)에 힘을 쏟았던 여항(閭巷) 시인 우상이 일찍 세상을 마친 것을 애도하며 그를 기리기 위해 쓴 글이다. 지금까지 〈우상전〉의 주제 파악은 이와 같은 두 가지 저술동기에 기반을 두는 것이 일반적이다.

그러나 작품을 읽다 보면 또 다른 의도가 내포되어 있음을 감지할 수 있다. 기행문이 지니는 미지의 세계에 대한 호기심 같은 것, 즉 일본이라는 섬나라에 대한 작자의 강렬한 흥미와 관심이 내재해 있음을 느낄 수 있다. 그것은 당시 조선의 양반 사대부들의 일본에 대한 감정과는 상당한 거리가 있는 것이다. 작품에 삽입된 우상의 시에서 특히 그러한 느낌을 강하게 받게 된다. 그것은 양반 사대부의 굴절된 시각이 아니라 역관의 눈에 비친, 있는 그대로의 일본의 모습이기 때문이다.[4] 이언진의 요절(夭折)을 애도하는 글을 쓰기 위해 자료를 수집하면서, 연암은 조선 후기 인재등용의 문제뿐만 아니라, 일본에 대한 인식을 바꾸어야 할 필요성을 절실히 느꼈던 것 같다.

계미통신사가 일본에 갔던 18세기 중반의 일본은 장기(長崎: 나가사키)를 통해서 중국은 물론 멀리 인도, 아랍에 이르기까지 국제적으로 교류가 활발히 이루어져 물자가 풍부하고 새로운 지식이 유입되고 있을 때였다. 그러나 당시 조선의 일본에 대한 지식은 무지했다. 당시 일본의 발달한 문물은 계미통신사의 서기(書記)로 수행하여 「일동장유가(日東壯遊歌)」를 지

---

3) 余旣不見虞裳每恨之 且旣焚其文章 無留者 世益無知者 乃發篋中舊藏 得其前所示 纔數篇 於是悉著之 以爲之傳虞裳(〈虞裳傳〉).

4) 〈海覽篇〉 끝 부분에 "鄙夫陣此詩 辭俚意甚實"이라고 했다. 우상은 〈해람편〉의 내용이 일본의 모습을 있는 그대로 객관적으로 서술한 것임을 강조하고 있다.

은 조선의 전형적인 선비 김인겸(金仁謙)이 대판성(大阪城, 오사카성)으로 들어가면서 일본의 배, 가옥, 거리 풍경, 음식 등의 웅장하고 화려하며, 번화하고, 풍성한 모습을 보고는 상상을 초월한 그들의 삶의 윤택함에 놀라고 있는 것에서도 확인할 수 있다.[5] 연암은 〈우상전〉을 통해, 표면적으로는 우상이라는 역관 출신 시인의 불우한 삶에 대한 연민과 아울러 인재등용의 문제점을 제기하면서, 이면적으로는 문물이 발달한 일본의 실상을 보여 줌으로써, 조선을 둘러싸고 있는 역사적 현실을 직시하지 못하고 있는 조선의 양반 사대부들, 아직도 일본을 야만의 나라로 업신여기면서 문화적 우월감에 도취되어 오만과 편견으로 일본을 바라보는 조선의 명분론(名分論)자들의 일본관을 바로잡고자 한 것이다. 연암의 이와 같은 개방적 인식 태도는 그의 실학정신과 밀접한 관련이 있음은 물론이다.

지금까지 〈우상전〉은 연암의 여타 작품에 비해 관심이 덜 주어졌다. 혹자는 이 작품을 한문단편 소설에 포함시키지도 않는다. 특이한 것은 근래 여항 시인으로서의 이언진에 대한 연구가 비교적 활발하게 이루어지고 있다는 것이다.[6] 그러나 개별 작품으로서의 본격적인 작품연구는 극히 한산하다. 대부분은 연암의 작품을 종합적으로 거론하는 자리에서 단편적으로 언급한 것들이다. 여기에서는 작품내용을 심층적으로 분석·고찰하여 작품에서 연암이 말하고자 한 바가 무엇인지 알아보고자 한다.

2. 〈우상전〉의 구조

〈우상전〉은 연암의 한문단편 작품 중에서 비교적 전의 구조에 가까운

5) 金仁謙, 「日東壯遊歌」의 갑신년(1764) 1월 21일자 내용 참조.

6) 이언진에 대한 연구로는 이상진, 「李彦瑱의 衕衚居室考」, 『한국한문학연구』 제12집(한국한문학회, 1989). 강동엽, 「우상전에 투영된 이언진과 그의 세계인식」, 『건국어문학』 19·20(건국대 국어국문학과, 1995). 정민, 「「東槎餘談」에 실린 이언진의 필담 자료와 그 의미」, 『한국한문학연구』 제32집(한국한문학회, 2003) 등이 있다.

작품이다. 또한 연암의 여타 작품과는 달리 한시가 많이 삽입되어 있다. 삽입된 시는 이언진이 일본 여행 중에 견문한 것과 이언진이 자신의 불우한 심경을 적은 시 및 이용휴(李用休)의 만사(輓詞)이다. 일반적으로 산문에 시가 삽입되는 경우는 등장인물 간의 의사전달, 인물과 장면 또는 분위기의 형상화, 사건전개와 상황의 구성, 결말을 대신하기 위한 것이 보편적이다. 그러나 〈우상전〉에 삽입되어 있는 시들은 작자와 입전 대상자와의 거리를 일정하게 유지하면서 서술 내용을 입증하고 자신의 견해를 대신하기 위한 것들이다.

〈우상전〉의 내용을 단락으로 구분하면 다음과 같다.

① 통신사를 일본이 요청(日本關白新立－若待命策之爲者)
② 통신사 구성(朝廷極選文臣三品以下－不齎糧而適千里)
③ 통신사 일행이 견문한 일본의 문물(其所居館－不復衣冠慕之)
④ 일본에서 우상이 문장으로 이름을 떨침(虞裳以漢語通官隨行－無罷色無軟詞)
⑤ 일본의 모습을 담은 우상의 시 〈해람편〉(其海覽篇曰－豈非所謂華國之譽耶)
⑥ 임진왜란의 치욕을 우상이 붓 한 자루로 설욕함(神宗萬曆壬辰－雖謂之筆拔山河可也)
⑦ 우상의 자부심과 불우함(虞裳名湘藻－可不戒哉)
⑧ 일본에서 쓴 우상의 시 두 편(過勝本海作詩曰－及旣還過所次皆已梓印云)
⑨ 나에게 보내 온 우상의 시에 대한 나의 혹평(余與虞裳生不相識－余亦聞而悲之)
⑩ 우상의 죽음(旣而虞裳死－虞裳必以余爲不足喜也)
⑪ 이용휴의 만사(有輓之者 歌曰－聲名無窮已)
⑫ 입전동기(余旣不見虞裳每恨之－虞裳有弟亦能)

작품의 도입부는 단락 ①, ②, ③이다. 여기서는 계미년에 통신사가 일본에 가게 된 배경과 통신사의 인적 구성, 통신사가 묵었던 숙소의 화려함과 사치스러운 기물, 여행길에 본 일본인의 삶의 여유와 윤택함, 역관들의 불법적 상거래 모습 등이 기술되어 있다.

단락 ①, ②에서는 일본에 관백(關白)이 새로 들어서 문물을 정비하고 사신을 정중히 요청하자, 조선에서는 삼품(三品) 이하 문신 중에서 삼사(三使)를 잘 골라 뽑고, 그들을 보좌할 수행원들 또한 뛰어난 문장력과 해박한 식견을 갖춘 자로 선발한 것을 비롯하여 천문(天文), 지리(地理), 산수(算數)에 능한 자, 점쟁이, 의원, 관상가, 무사(武士)로부터 퉁소와 거문고 등 악기를 잘 다루는 자, 해학, 노래, 술, 장기, 바둑, 말 타기, 활쏘기 등으로 나라에서 이름 난 자들로 사절단을 구성하였다. 그 중에서 가장 중시한 것은 '사장(詞章)과 서화(書畫)', 즉 시문과 글씨, 그림이었다. 당시 일본 사람들이 가장 갖고 싶어 하는 것이 조선 사람의 사장과 서화였기 때문이다. 3단락에서는 통신사 일행이 일본 여정에서 묵었던 건물 안팎의 화려함과 식기(食器) 등의 사치스런 모습, 백정과 역부까지도 의자에 앉히고 비자통(枇子桶)에 발을 담그게 하고 어린 동자로 하여금 씻기는 모습 등 일본인들의 조선인에 대한 존경과 환대하는 모습을 서술하고 있다. 일본인들은 사장과 서화에 뛰어난 우리나라 선비들을 마음속으로부터 우러러 받들었지만, 그러나 우리 역관들이 범 가죽, 표범 가죽, 담비 가죽, 인삼 등 국외 반출이 금지된 물품을 일본에 가지고 와서 그들의 구슬이나 보검 등과 몰래 거래를 하며 이익을 추구하는 모습을 보고는 겉으로는 공경하는 척해도 더 이상 신사로 여기지 않았다.

이상에서 살펴본 바, 〈우상전〉의 도입부는 입전 인물의 가계와 가문으로 시작하는 전(傳)의 일반적인 서사구조와 다르다. 작가는 작품 첫머리에 계미통신사의 일본 파견배경과 구성요원, 그리고 통신사 일행이 겪은 일본 여행 경험과 견문을 기술하고는, 일본 사람들이 가장 소중히 여기는 것은 그 무엇보다도 조선의 '사장(詞章)과 서화(書畫)'임을 강조하고 있다. 일반적으로 전의 도입부는 생략되는 수도 있지만, 대체로 입전의 동기나 입전 인물과의 관계, 교훈적 주제의 암시, 입전 인물의 주관이나 주장, 덕의 추앙, 또는 서술자의 서술의도를 보여 주기도 하는 등, 그 내용이 매우 다양하다. 그런데 〈우상전〉의 도입부는 입전 인물인 우상에 대한 언급은 한마디도 없고, 계미통신사와 관련된 내용뿐이다. 그리고 계미통신사와 관련지어서 사장과 서화를 중요하게 언급하고 있다. 물론 작가는 계미통신사를 따라 일본에서 시문과 글씨로서 이름을 떨친 우상의 문학적 역량을 부각시키기 위해 먼저 계미년 통신사와 관련지어 일본 사람들이 가장 애호하는 사장과 서화를 언급했다고 볼 수 있다. 그러나 도입부를 읽는 독자는 언급되지도 않은 우상보다는 먼저 통신사가 여행한 일본에 대한 호기심으로 가득 찰 것이다. 그러므로 일본이라는 나라에 대한 호기심은 입전 인물인 우상의 행적과 함께 이 작품에서 독자의 중요 관심 대상인 것이다.

전개부는 단락 ④, ⑤, ⑥, ⑦, ⑧이 해당한다. 이곳에서 작가는 일본에서의 우상의 행적을 집중적으로 서술하고 있다. 문장으로 이름을 떨친 우상의 행적과 그의 기행시가 제시되어 있고, 이와 대조적으로 국내에서는 뛰어난 능력을 지녔음에도 불구하고 인정받지 못하고 불우했던 우상의 삶이 중심 내용이다.

단락 ④에서는 우상이 한어통역관으로 통신사를 수행하여 일본을 여행하면서 일본 사람들에게 시를 써 줌으로써 이름을 크게 날렸음을 말하고 있다. 원래 통신사를 편성할 때 일본에 가서 문장을 과시하는 임무를 수행하기 위해 선발된 직책은 제술관(製述官)과 3명의 서기(書記)이다.[7] 모두 당시 양반 사대부 중에서 문장이 뛰어나 선발된 인물들이었다. 그러나 우상은 일개 역관 신분이었다. 게다가 상행위에 몰두하고 있는 동료 역관들과는 달리 홀로 문장으로 이름을 날린 것이다.[8] 여기서는 조선의 사장과

7) 계미통신사의 製述官은 南玉이었고, 一房 書記는 成大中, 二房書記는 元重擧, 三房 書記는 金仁謙이었다(『海行總載』 4, 「三使一行錄」).

8) 원래 연행사신이나 일본 통신사를 수행하여 중국이나 일본을 드나들었던 역관들은 대부분 무역을 통해 부를 축적하는 것이 일반적이었다. 역관들의 상행위와 축재에 관한 일화가 『열하일기』의 「옥갑야화」에 제시되어 있다. 〈우상전〉에서도 역관들은 대부분 범이나 담비 가죽, 인삼 등 금지된 물건을 일본에 갖고 와 진주나 보검 등과 바꾸는 등 상거래를 통해

서화에 열광하는 일본인들의 모습과 우상의 문장력을 제시하였다.

단락 ⑤에서는 우상이 일본을 여행하면서 견문한 내용인 오언 장시 〈해람편(海覽篇)〉을 제시하였다. 이것은 통신사의 하급 수행원의 눈에 비친 일본의 참 모습이다. 이 시는 일본의 지리, 의복, 산물, 초목, 기후, 언어, 풍속, 도시의 번화하고 활기찬 모습 등 일본에 관한 다양한 정보를 자세히 담고 있다. 우상은 〈해람편〉 말미에 "비천한 자가 쓴 글인지라 세속적인 내용을 시시콜콜 다 담았지만 진술한 내용은 모두 사실이다. 일본과 잘 사귀어 평화롭게 지내는 것이 우리나라를 위해 이득이 된다"고 했다. 〈우상전〉에서 일본에 관한 정보를 가장 많이 제시하고 있는 부분이다.

단락 ⑥에서 연암이 우상의 시를 계기로 임진왜란의 치욕을 회고하고, 그전에 일본을 오간 통신사들의 실속 없는 행위를 비판하면서, 우상의 행위, 즉 〈해람편〉과 같은 시를 쓴 것을 칭찬한 내용이다. 연암은 임란 당시 우리를 도우러 온 명나라 군대가 중국의 최정예부대임에도 불구하고, 일본을 겨우 나라 밖으로 몰아냈을 뿐이라고 하면서, 임란 당시의 일본의 군사력을 객관적으로 높이 평가하고는, 그러나 이와 같은 무서운 힘을 지닌 일본에 그간 수차례 오가면서도 그들의 정세를 정탐하지 못한 무능력하고 위선적인 조선통신사 일행의 행태를 비판했다. 그리고는 우상이 이제 〈해람편〉이라는 시를 지어 일본의 실상을 완전히 드러냈으니 이는 붓 한 자루로 일본을 정벌한 것이나 다름없다고 극찬하였다. 이 글에서 연암은 임란의 치욕을 회고하고, 중국도 간신히 물리친 막강한 일본의 국력을 객관적으로 평가하면서, 일본의 실체를 잘 알고 미리 대처하여 다시는 임란과 같은 치욕을 당하지 말아야 하겠다는 결의를 다지고 있다.

단락 ⑦에서는 우상과 같이 훌륭한 문장가, 애국자를 국내에서는 알아주는 이가 없어 불우했다는 것이다. 연암은 우상이, "이백(李白)과 같은 시인, 이필(李泌)과 같은 선인(仙人), 철괴(鐵拐)와 같은 산인(山人)을 합한 것

이익을 취하는 데 몰두했던 것 같다. 그러나 우상은 그런 데는 관심이 없이 홀로 일본 사람들에게 시문을 써 줌으로써 이름을 날렸다는 것이다.

이 자기다"라고 하면서 스스로 자신의 능력을 자부한 글을[9] 제시하고, "대개 선비는 저를 알아주는 사람에게는 뜻을 펼 수 있으나, 저를 알아주지 못하는 사람에게는 뜻을 펴지 못하는 법이다"[10]라고 하며 형가(荊軻)와 고점리(高漸離)의 고사를 인용하고는, 그를 알아주는 사람을 못 만나 불우하게 살다 요절한 우상을 슬퍼하였다. 이어 우상이 자신의 재능을 과시한 시[11] 한 편을 더 제시하고는 『논어』, 『시경』, 『주역』 등의 재덕(才德)에 관련된 어구들을 인용한 다음에, "우상은 일개 역관이므로 나라 안에서는 명성이 동리 밖을 나가지 못하고 사대부들은 그의 얼굴을 아는 이가 없었는데, 이제 하루아침에 바다 밖 만리(萬里)나 되는 먼 나라에서 이름을 떨치고 곤, 고래, 용, 악어 집에 드나들었고, 손으로 해와 달을 목욕시키고, 기개는 무지개와 신기루를 덮을 정도였다"[12]라고 하며, 우상의 뛰어난 재주를 용납하지 못하는 당대 사회의 포용력을 비판하였다. 국내에서는 중인 출신이라 뛰어난 문장 능력이 있음에도 인정을 받지 못하였으나, 일본에서는 아무런 신분적 제약이 없었기 때문에 자신의 능력을 마음껏 발휘할 수 있었고 인정도 받았다는 것이다. 연암은 여기서 당시 신분차별로 말미암아 유능한 인재가 쓰이지 못하는 18세기 조선의 현실을 비판한 것이다. 신분이나 당파를 초월한 인재등용은 젊은 시절부터 연암의 관심사였다. 우상은 자신의 능력에 대해 대단한 자부심을 지녔으나, 그를 둘러싸고 있는 당시의 조선사회는 그를 끝내 인정하지 않았다. 우상은 병이 깊어 죽음에 임박해서는 자신의 글을 모두 끄집어내 불태우고 만다.

단락 ⑧에서는 후세에 전할 만한 시라고 하며, '승본해(勝本海)를 지나가다 지은 시'와 '치질로 배에 누워 매남노사(梅南老師)의 말씀을 생각하면서 지은 시'라는 두 편의 시를 제시하였다. 이 시들은 우상이 귀환 길에

---

9) 自題其畵象曰 供奉白 鄴侯泌 合鐵拐 爲滄起 古詩人 古仙人 古山人 皆姓李(〈虞裳傳〉).

10) 夫士伸於知己 屈於不知己(〈虞裳傳〉).

11) 鷄戴勝高似幘 牛垂胡大如袋 家常物百不奇 大驚怪橐駝背(〈虞裳傳〉).

12) 虞裳一譯官 居國中聲譽不出里閭 衣冠不識面目 一朝名震耀海外萬里之國 身傾側鯤鯨龍鼉之家 手沐日月氣薄虹蜃(〈虞裳傳〉).

그 시를 지었던 곳에 이르렀을 때에 이미 간행되었을 정도로 일본에서 높이 평가되었던 시다. 연암이 이 시를 제시한 것은 우상의 뛰어난 시의 재능을 입증하기 위한 것이지만, 그 내용은 일본의 일반 백성들의 삶의 모습과 지방 관리의 순박함과 관아 뜰의 소박한 모습을 담고 있을 뿐이다.

단락 ⑨, ⑩, ⑪, ⑫는 종결 부분이다. 단락 ⑨는 우상이 보내온 시에 대한 나의 평가와 관련된 일화이다. 연암은 생전에 우상을 만나보지 못했던 것 같다. 그러나 생전에 우상이 사람을 시켜서 수차 그의 시를 보내면서, "오직 이 사람만은 어쩌면 나를 알아줄 것이다(獨此子庶能知吾)"라고 했던 것을 보면, 우상은 연암의 문학적 역량뿐만 아니라 문학경향에 대해서도 잘 알고 있었던 것 같다. 그런데 연암과 우상은 중인과 양반이라는 신분상의 차이를 떠나 당파가 다르고 문학적 경향 또한 달랐다. 그렇지만 우상은 당시 문장으로 이름이 높았던 연암으로부터 자신의 문학적 재능을 인정받고 싶었던 것이다. 연암만은 어쩌면 자기를 인정해 주리라 생각했었던 것 같다. 그러나 연암은 심부름 온 사람에게 "이것은 오농(吳儂)의 가는 침이라, 자잘해서 보배롭다고 하기에는 부족하다(此吳儂細唾 瑣瑣不足珍也)"라고 낮게 평가하고 만 것이다. 이 말을 들은 우상은 "촌놈이 사람의 기를 돋우네(傖夫氣人)"라고 하며 성을 내었다고 한다.[13] 마지막으로 기대했던 연암에게서조차 인정을 받지 못한 우상은 탄식하며, "내가 너무 세상에 오래 살았구나" 하며 눈물을 흘리고 만다. 연암에게 인정을 받지 못한 우상은 더욱 좌절하였고, 얼마 안 되어 죽는다. 그의 나이 27살이었다. 사람들은 우상이 신선이 되어 간 것이라고도 했다. 연암은 우상의 죽음을 듣고는, "속마음은 그의 재주를 사랑하고 있었지만, 그의 기를 꺾은 것은 아직 나이가 젊으니 길을 잘 잡아 후세에 저서를 남기게 하자는 것

13) '吳儂細唾'는 매우 상징적인 말로서 연암이 이언진의 작품을, 쨍알쨍알 거려 알아듣기 힘든 중국의 오나라 사람, 즉 남방 사람의 말에 빗대어 혹평한 것이고, 이에 대해 우상이 '傖夫氣人'이라고 맞받아친 '창기'는 북방의 촌놈이라는 뜻이다. 이와 관련해서는 정민 교수의 「『東槎餘談』에 실린 李彦瑱의 필담자료와 그 의미」(『한국한문학연구』 제32집, 한국한문학회, 2003)를 참조 바람.

이었다.'고 하며, 우상의 시를 혹평한 것에 대해 변명과 후회를 하면서 우상의 죽음을 애도하였다.[14] 연암은 동시대 다른 양반 사대부 문인들과는 달리 신분과 당파가 다른 우상의 문장을 속으로는 이미 인정하고 있었던 것이다. 연암이 우상을 혹평한 것은 더욱 분발하여 훌륭한 문장가가 되길 기대했기 때문이었다는 것이다. 이덕무(李德懋, 1741－1793)의 「이목구심서(耳目口心書)」에 의하면, 우상과 가까이 지내던 성대중(成大中, 1732－1812)이 하루에 세 번씩 사람을 보내 겨우 문장 세 수를 얻었다고 한 것을 보면,[15] 우상의 자신의 문장에 대한 자부심은 대단했던 것 같다. 그런 우상이 연암에게는 사람을 시켜 자신의 문장을 보내어 평가를 구했다. 이것은 당시 문단에서의 연암의 위치를 짐작게 한다. 단락 ⑪, ⑫에는 우상의 스승인 이용휴(李用休, 1708－1882)의 만사(輓詞)와 연암이 이 작품을 저술하게 된 입전 동기가 제시되어 있다. 혹자는 단락 ⑨, ⑩은 결말부에, 단락 ⑪, ⑫는 논찬부로 구분하기도 한다. 또 단락 ⑨를 전개부에 포함시키기도 한다.[16] 그러나 이 글에서는 우상의 일본에서의 행적인 단락 ⑧까지만 전개 부분으로 보고, 그 나머지 우상의 시에 대한 연암의 평가, 우상의 죽음, 우상의 스승인 이용휴가 쓴 만사, 전을 짓게 된 동기 부분은 모두 종결부에 포함시켰다.

3. 〈우상전〉의 주제

〈우상전〉의 서두는 계미통신사가 일본에 가게 된 배경, 통신사의 인적 구성, 통신사 일행에 대한 일본 사람들의 환대 등을 내용으로 하고 있다.

---

14) 或曰虞裳仙去 嗟呼余嘗內獨愛其才 然獨挫之 以爲虞嘗年少 俛就道 可著書垂世也 乃今思之 虞嘗必以余爲不足喜也(〈虞裳傳〉).

15) 士執 嘗日三送人 索其文章 彥瑱俓秘不許 末乃書三詩于紙尾(『青莊館全書』 제51권, 「耳目口心書」 4).

16) 李東根, 『朝鮮後期 「傳」文學硏究』, 太學社, 1991, 83-88쪽.

이것은 입전 인물의 출생, 성명, 가계 등 인정기술로 시작하는 일반적인 전과 그 서술방식이 다르다. 계미통신사의 파견 배경, 인적 구성, 견문 등 계미통신사와 관련된 사항이 기술되어 있을 뿐, 정작 입전 인물인 우상에 대해서는 한 마디 언급도 없다. 이는 계미통신사의 일본 여행이 〈우상전〉의 중요한 배경이며, 작가의 중요 관심사임을 말해 주고 있는 것이다. 작품의 전개 부분은 계미통신사를 수행하여 일본에서 자신의 능력을 마음껏 발휘하고 이름을 떨친 우상의 행적이 중심내용이다. 그 중에서도 우상이 지은 〈해람편(海覽篇)〉과 〈과승본해(過勝本海)〉, 〈병치주중와연매남노사언(病痔舟中臥念梅南老師言)〉 등의 기행시가 작품의 중심에 자리 잡고 있다. 따라서 미지의 나라 일본은 입전 인물인 우상과 함께 이 작품의 중요 서술대상임을 알 수 있다.

우상은 한어통역관으로 계미통신사를 수행하여 일본에 가서 일본인들이 요구한 난제(難題)와 강운(强韻)의 수많은 시문을 마치 평소에 읽어 둔 것처럼 아무 어려움 없이 훌륭한 문장으로 지어 냄으로써, 그의 문학적 재능을 마음껏 발휘한다. 이를 본 일본의 이름 높은 승려와 귀족들이 우상을 둘도 없는 '국사(國士)'로 칭도한 것이다.[17] 역관의 신분으로 통신사를 따라 일본에 간 우상이, 조선 최고의 문장가로 선발되어 함께 일본에 간 기라성 같은 양반 사대부 문장가들을 제치고 국사라는 칭호를 받았다는 것은 아이러니가 아닐 수 없다. 여기서 연암은 인재를 제대로 평가하지 않는 조선의 인재등용의 문제를 제기한 것이다. 우상이 일본에서 자신의 능력을 마음껏 펼칠 수 있었던 것은 신분적 제약과 당파적 차별이 없었기 때문이었다. 국내에서는 역관이라는 신분 때문에 그의 이름이 마을 밖을 나가지 못했고, 그의 얼굴을 아는 사대부가 없었던 것이다.[18] 국내와는 달리 아무런 제약이나 차별이 없는 일본이라는 자유로운 공간에서의 우상의 활

17) 虞裳以漢語通官隨行 獨以文章大鳴日本中 其名釋貴人皆稱 雲我先生國士無雙也(〈虞裳傳〉).

18) 주 12) 참조.

약상을 제시함으로써, 당시 조선사회의 폐쇄적인 인재등용의 문제점을 강하게 드러낸 것이다. 연암은 우상이라는 여항시인의 요절을 계기로 신분상의 제약, 당파가 다름으로 말미암아 인재가 공평하게 평가받지 못하는 조선의 현실을 고발한 것이다. 이것은 연암이 「방경각외전」의 〈자서〉와 작품 말미에 표면적으로 드러낸 저술동기에 바탕을 둔 작품 해석으로, 당대 지배층에게 연암이 전하고 싶은 메시지였던 것이다.

그러나 작품을 읽는 독자는 겉으로 드러낸 저술동기 이면에 또 하나의 저술동기가 있음을 느낄 수 있다. 일본에 관한 정확한 지식에 근거한 인식이 그것이다. 왜냐하면 우상의 기행시에 기술된 일본인의 삶의 모습, 산천, 기후, 풍속, 산물, 도시 등은 당시 일본에 관해 무지했던 독자로 하여금 일본에 대한 호기심을 일으키기에 충분한 내용이었기 때문이다. 그것은 일본에 대한 잘못된 지식과 편견을 바꾸게 할 만한 내용들이었다. 그러나 작가 연암은 이와 같은 의도를 작품에 직접적으로 표출하지는 않았다. 하지만 연암의 성향으로 볼 때, 이 작품에서 우상이라는 인물을 애도하는 것으로 그친 것 같지는 않다. 주지하는바 연암은 젊어서부터 해외에 대한 관심이 많았다. 그것은 이용후생의 삶에 대한 관심이며 발달된 물질문명에 대한 관심이다. 그의 중국에 대한 관심이 열하 여행과 『열하일기』로 나타났다면, 일본에 대한 관심은 〈우상전〉으로 나타난 것이다. 일본에 대한 관심은 그의 대표적 한문단편인 〈허생전〉에서도 발견할 수 있다. 〈허생전〉에서 허생은 변산 도적들을 무인도에 데리고 들어가서 농사지어 먹고 남은 쌀을 기근이 든 일본 장기(長崎)에 가져다 팔아 백만 냥을 얻었다는 내용이 그것이다.[19]

일본에 새로 들어선 관백이 문물을 정비하고 우리나라에 사신을 청했을 때, 우리나라는 우리의 문화 예술을 뽐내려고 온갖 재주꾼을 다 데리고 갔

19) 연암이 奉元寺에서 글을 읽고 있을 때(1756년, 연암의 나이 20세), 尹映이라는 인물로부터 倭語譯官으로 장안의 갑부가 된 변승업과 허생에 관한 이야기를 듣게 되는데, 이를 소재로 해서 저술한 것이 「옥갑야화」에 수록되어 있는 〈허생전〉이다.

는데, 그 중에서 가장 중시한 것은 사장(詞章)과 서화(書畵)였다. 그 이유는 일본 사람들이 조선의 시문과 서화를 무척 좋아하고 귀중하게 여겼기 때문이다. 그들은 조선 사람이 쓴 글자 하나만 있어도 노자 없이 천리를 갈 정도였다고 했다. 여기서 연암은 조선의 사장과 서화가 일본보다 우수함을 말하면서도, 한편으로는 일본 사람들이 야만인이 아니라 예술적 안목이 높음을 드러내고 있다. 또한 그가 묵었던 건물의 화려함, 금은으로 도금한 식기를 사용하는 사치스런 모습, 긴 여정 곳곳에 마련해 놓은 기기묘묘한 설치물들, 소백정이나 역부를 걸상에 앉히고 색동옷 입은 아이를 시켜 발을 씻겨 주는 모습 등을 보여 주면서 속으로는 그들의 윤택한 삶의 모습을 부러워한 것 같다.

〈우상전〉에서 일본의 모습이 가장 자세하고 풍부하게 제시되어 있는 곳은 오언 장시 〈해람편〉이다. 〈해람편〉에서 우상은 일본의 땅덩이가 매우 넓으며, 사람들이 다양한 머리모양과 의복의 형태를 하고 있으며, 귤, 유자와 같은 토산품, 기이한 모습의 물고기와 나무, 봄가을과 밤낮이 다를 정도로 광대한 영토, 높은 산, 큰 나무, 옥(玉), 단사(丹砂), 황금, 주석 등의 토산물을 나열한 다음에, 페르시아[波斯] 사람이 놀랄 정도며, 중국 절강(浙江)의 시장(市場)이 무색할 정도로 넘쳐 나는 상품과 대판(大阪: 오사카)이라는 항구 도시의 번화하고 활기찬 모습에 놀란다. 그리고 일본 사람들의 성품과 종교, 통역조차도 모르는 다양한 언어, 초목, 하천, 어류 등에 대해서도 기술하고 있다. 우상은 〈해람편〉 말미에 "천한 놈이 이 시를 진술하니, 말은 비록 속되나 뜻은 진실하오, 이웃나라와 잘 지내는 것은 나라의 큰 계책이니, 긴밀한 관계 맺어 평화를 잃지 마오"[20]라고 하며 일본과 선린관계를 계속 유지할 것을 당부하고 있다. 〈해람편〉의 내용은 중인 신분인 역관의 눈에 비친 일본의 모습이다. 그것은 선입감 없이 객관적으로 관찰한 일본의 참모습이다. 우상의 눈에 비친 일본은 야만의 나라가 아

20) 鄙夫陳此詩 辭俚意甚實 善隣有大謨 羈縻和勿失(〈虞裳傳〉).

니었다. 조선의 유학자들이 멸시하는 섬나라 오랑캐 일본은 거대한 영토와 물자가 풍부한 강대국이었다. 이와 같은 이웃 나라 일본과 좋은 관계를 계속 유지하여 화평하게 사는 것이 우리나라에게 도움이 된다고 우상은 판단한 것이다. 우상은 일본을 여행하면서 양반 사대부들과 달리 일본을 선입감 없이 객관적으로 관찰하고, 일본이라는 나라는 결코 얕볼 나라가 아님을 깨달은 것이다. 연암이 〈우상전〉에서 가장 중요시한 것이 바로 이 〈해람편〉인 것 같다. 연암은 이 시를 통해 일본에 대한 지식을 풍부히 하였고, 말미의 우상의 말에 공감하였음이 분명하다. 명분보다는 실리를 앞세운 우상의 애국적인 당부는 연암의 실학정신과 부합하는 것이기 때문이다. 연암은 이 시를 통해서 아직도 일본의 실체를 제대로 알지 못하는 조선의 양반 사대부들을 일깨우려 한 것이다. 〈해람편〉을 제시한 다음에 연암은 "우상 같은 사람이야말로 어찌 이른바 나라의 명예를 빛낸 이가 아니겠는가?"[21]라고 하며 극찬하였다.

〈해람편〉 다음에 이어지는 문장에서 연암은 임진왜란을 회고하고 있다. 연암은, "임진왜란 당시 왜군이 서울, 개성, 평양을 짓밟고, 선조는 압록강가로 피난하는 치욕을 당했을 때, 명나라가 크게 놀라 온 중국의 군대를 동원하여 우리를 구원하러 왔을 때, 구원군은 대장군 이여송(李如松)을 비롯하여 제독 진린(陳璘) 등 명나라 최고의 장수와 병졸들로 구성된 막강한 군대였다. 그러나 그들은 왜군을 겨우 국경 밖으로 몰아냈을 뿐이었다"[22]라고 하며 임란 당시 왜군의 군사력을 높이 평가하고 있다. 아직도 오만과 허세로 일본의 실체를 제대로 인식하지 못하는 조선의 양반 사대부들과는 다른 인식태도이다. 연암은 임란 이후에 사신 행차가 일본을 수차례 오갔음에도 불구하고, 사신들은 체모(體貌)를 삼가고 사신의 임무에만 정신을

21) 如虞裳者 豈非所謂華國之譽也(〈虞裳傳〉).

22) 神宗萬曆壬辰 倭秀吉潛師襲我 躪我三都 …(中略)… 昭敬大王避兵灣上 …(中略)… 天子大驚提天下之兵東援之 大將軍李如松提督陳璘 …(中略)… 然卒與倭平僅能驅之出境而已(〈虞裳傳〉).

쏟았을 뿐, 일본의 풍속(風俗), 가요(歌謠), 인물(人物), 요새(要塞)의 강약(强弱) 등 정세에 대해서는 털끝만큼의 정보도 얻지 못하고 빈손으로 오가기만 했다는 것에 대해 비판하였다. 그리고는 정사(正使), 부사(副使), 종사관(從事官) 등 삼사(三使)와 제술관(製述官), 서기(書記) 등 양반 사대부들이 못한 일을 일개 역관의 몸으로 해낸 것을 칭찬하였다. 이것은 물론 〈해람편〉을 가리킨 것이다. 일본의 모습을 자세히 관찰하여 낱낱이 서술해 놓은 것은 무력으로 일본을 정복한 것과 다름없다는 것이다.[23] 연암은 임진왜란의 치욕을 우상이 붓 한 자루로 설욕했다고 추켜세우면서, 한편으로는 일본의 막강한 실체를 드러내고, 그들을 경계할 것을 말한 것이다. 실학자로서의 연암의 역사의식과 국방에 관한 견해가 피력된 곳이다.

또한 연암은 일본 사람들의 포용력을 부러워하고 있다. 우상이 일본에서 마음껏 문장을 뽐낼 수 있었던 것은 일본인의 포용력 때문이었다. 물론 처음에는 일인들이 어려운 글제[難題]와 억센 운[强韻]으로 그의 문장 능력을 시험하기도 하였다. 그러나 그들이 시험한 것은 오로지 문장이었다. 역관이라는 신분 때문에 국내에서는 자신의 능력을 인정받지 못했던 우상은 일본에서는 아무런 제약이나 차별을 받지 않음으로써 자신의 능력을 마음껏 과시할 수 있었던 것이다. 그를 외국인이라고 차별하지 않았고, 그가 역관이라고 차별하지 않았다. 그들은 문장으로 사람을 평가하였던 것이다. 여기서 연암은 사람의 능력을 개방된 자세로 평가하는 일본 사람들의 모습을 보여 줌으로써 조선의 인재등용의 폐쇄성 문제를 제기하고 있다.

연암은 후세에 남을 만한 시라고 하면서 우상이 일본에서 지은 기행시, '승본해를 지나면서 지은 시(過勝本海作詩)'와 '치질로 배에 누워 매남노사의 말씀을 생각하면서 지은 시(病痔舟中臥念梅南老師言乃作詩)'라는 두 편의 시를 제시하고는, 이 시들은 통신사 일행이 귀환 도중에 그 시를 지었던 곳에 이르렀을 때, 이미 인쇄되어 있었던 시라고 하면서 우상의 시재

---

23) 虞裳力不能勝柔毫 然吮精嘬華 使水國萬里之都 木枯川渴 雖謂之筆拔山河可也(〈虞裳傳〉).

(詩才)를 높이 평가하고 있다. 아울러 이를 통해 일본인들의 편견 없는 시문에 대한 애호와 열정을 보여 주고 있다. 이 두 시는 일본의 서민들의 삶의 모습을 사실적으로 담고 있는 시다. 앞의 시는 승본해라는 지방을 지나면서 그곳 남정네와 부녀자의 외모와 옷차림, 젖어미와 어린애, 사신 행차를 보고 모여든 군중 등 일반 백성의 모습과 관리들의 환대와 예물을 바치는 모습, 관청의 정원풍경 등 일본인의 삶의 모습을 스케치한 것이고, 뒤의 시는 불교를 숭상하며 살아가는 일본 사람들의 삶의 모습을 보고는 성현의 말씀을 가르쳐 그들을 올바른 길로 인도해야겠다는 시다. 일본의 서민들의 삶의 모습과 지방관리와 관아의 모습을 적나라하게 드러낸 이 시는 일인들에게 유쾌한 내용이라 할 수 없다. 그런데도 일인들은 이 시들을 높이 평가하고 출판까지 한 것이다.

〈우상전〉에서 작가는 뛰어난 문학적 재능을 지녔음에도 불구하고 양반이 아니기 때문에 국내에서는 인정받지 못했으나 일본에서는 국사(國士)로까지 인정받은 우상이라는 역관의 요절을 저술동기로 하여, 조선왕조의 폐쇄적인 인재등용의 구조적 문제를 제기하면서, 다른 한편으로는 발달된 일본의 문물과 그들의 윤택한 삶의 모습을 보여 주었다. 즉 당대 사회가 안고 있는 문제, 즉 신분차별과 당파로 말미암아 인재가 제대로 발탁되지 못하는 인재등용의 구조적 모순과 중화주의(中華主義)에 기대어 일본을 오랑캐로 멸시하면서 그 실체를 알려고 노력하지 않는 조선의 양반 지배층의 오만과 무능을 고발하고, 한편으로는 우리 강토를 짓밟은 섬나라 오랑캐 원수 일본을 선입감 없이 객관적 시각에서 바라보고는 일본은 야만의 왜소한 나라가 아니라 문물이 발달한 강대국임을 보여 주었다. 그리고는 일본과 선린 관계를 견고하게 맺어 화평하게 살 것을 위정자들에게 권고했다. 이와 같은 조선왕조의 인재등용의 폐쇄성 고발과 올바른 일본 인식의 필요성 제기는 실학정신에 입각한 연암의 개방적 인식태도에서 비롯된 것임은 물론이다.

4. 맺음말

연암은 〈우상전〉을 통해 우상이 계미통신사를 수행하여 일본에 가서 문장으로 이름을 떨친 사실과 국내에서의 불우했던 모습을 대비시켜 18세기 조선의 인재등용의 문제점을 고발하면서, 한편으로는 통신사의 여행 견문과 기행시를 통해 물질문명이 발달한 일본의 모습을 보여 주고 있다.

그 서사구조는 일반적인 전의 형식에 따라 도입부, 전개부, 종결부로 나눌 수 있다. 도입부에서는 계미통신사에 관련된 것을 기술하였고, 전개부에서는 일본에서의 우상의 행적과 기행(紀行)시 및 불우한 생애를, 종결부에서는 작가 연암과 우상과의 관계 및 우상의 죽음, 그리고 만사(輓詞)와 저술동기를 기술하였다. 서술방식은 먼저 계미통신사의 일본 여행을 작품의 배경으로 제시하고, 통신사 일행의 일본 여행 견문과 우상의 기행시를 적절히 제시함으로써 자신의 견해를 간접적으로 드러냈다. 일본의 모습은 견문을 통해 얻은 지식에 바탕을 둔 서술과 우상의 기행시를 통해 드러냈다. 또한 우상의 일본에서의 행적과 국내에서의 불우했던 모습을 대비하여 우상의 문장력을 부각시켰고, 문학적 재능이 있음에도 불구하고 신분이나, 당파의 다름으로 말미암아 인정받지 못하는 당시 시대상을 비판하였다.

〈우상전〉은 두 가지 면에서 그 주제를 파악할 수 있다. 그 하나는 신분과 당파로 말미암아 인재가 사장되는 조선 후기의 부조리한 세태 고발이고, 다른 하나는 문물이 발달한 일본에 대한 올바른 인식이다. 〈우상전〉은 일차적으로 우상을 통해서 신분과 당파가 다르다는 이유로 인재를 포용하지 못하는 조선왕조의 구조적 문제에 대한 비판과 그러한 사회 분위기 속에서의 자신의 행위에 대한 반성과 고백, 나아가 해명을 곁들여서 우상이라는 인물을 입전한 것이다. 그러나 그것은 표면에 내세운 것이고, 〈우상전〉을 통해서 연암이 말하고자 한 또 하나의 주제는 정확한 지식에 바탕을 둔 일본 인식에 있다. 이것은 『열하일기』에서 청나라를 편견 없이 객관적으로 바라보고자 한 실학자 연암의 개방적 인식태도와 궤를 같이 하는 것이다. 이러한 연암의 인식태도는 일본의 실체를 정확히 알려고 하지 않고, 체면만 중시하며 교만한 자세로 실속 없이 일본을 오갔던 조선통신사 일행에 대한 신랄한 비판에서 알 수 있다. 당시 조선의 일본에 대한 문화적 우월감은 중국에 기대어 주변 민족을 오랑캐라고 업신여기던 소중화주의자들의 교만과 허세에서 비롯된 것이다. 이러한 일본에 대한 자세가 임진란을 초래했던 것이며, 또다시 일제강점의 치욕을 당하게 된 것이다.

연암의 대청의식(對淸意識)과 〈호질〉의 주제

1. 머리말

〈호질(虎叱)〉은 『열하일기』에 수록되어 있는 소설이다. 〈허생전〉과 더불어 장년기 연암의 의식세계를 파악하는 데 매우 중요한 작품이다. 이 작품에 대해서는 지금까지 많은 연구가 수행되었다. 그럼에도 불구하고 작품에 내재해 있는 작가의식과 작품의 주제에 대해서 좀 더 다각적이고 심층적인 고찰이 요구된다.

정조(正祖) 4년(1780) 7월 28일, 연암은 사행을 따라 산해관을 지나 북경으로 가는 도중 옥전현(玉田縣)이라는 곳에서 하룻밤을 머물게 된다. 이 날 연암은 거리를 구경하다가 우연히 들른 한 점포에서 벽에 걸려 있는 절세기문(絶世奇文)을 발견하고 동행한 정 진사라는 사람과 함께 베껴 왔는데, 그 글이 바로 〈호질〉인 것이다. 따라서 7월 28일자 일기에 기술되어 있는 연암의 기록을 문면(文面) 그대로 믿는다면, 〈호질〉의 작자는 이름이 밝혀지지 않은 중국인이다. 그러나 논자에 따라서는 『열하일기』 7월 28일자에 기술된 작품의 취득과정을 실제로 있었던 사실이 아닌 허구적 장치로 보고, 〈호질〉을 연암이 창작한 것으로 단정하는 학자도 적지 않다.[1)]

1) 〈호질〉의 作者是非는 지금도 계속되고 있는 중요한 쟁점 중 하나이다. 〈호질〉을 연암이 창작하여 중국인에게 가탁한 것인가? 아니면 중국인 원작자가 있고 연암이 가필 수정한 것

그런데 〈호질〉은 당시의 정치·사회적으로 매우 민감한 시대적 상황을 문제 삼은 내용이므로, 중국인이든 연암이든 작자의 이름을 구체적으로 밝혀 놓는 것은 매우 위험한 일이 아닐 수 없었을 것이다. 그래서 연암은 〈호질〉을 수록하기에 앞서서 장황하게 글의 출처를 기술함으로써 작자 문제를 모호하게 처리한 것이다. 이와 같은 취득과정의 제시만으로는 〈호질〉이라는 작품과 연암 자신과의 관계를 밝혀 놓는 데 만족스럽지 않았는지, 연암은 '후지(後識)'를 써서 〈호질〉이 자신의 글이 아님을 거듭 밝혀 놓았다. 그리고 〈호질〉의 작자를 '근세(近世)에 화인(華人)이 비분(悲憤)하여 지은 글'이라고 추정해 놓기도 하였다.[2] 여기서 '근세(近世)'는 만주족이 중원(中原)을 정복하고 청나라를 세운 이후부터 연암이 사행을 따라 중국 여행을 했던 시기를 가리키는 것이고, '화인(華人)'은 만주족에 대해 한족(漢族)을 지칭하는 것 같다. 그렇다면 〈호질〉은 만주족 청나라의 지배하에 살아가는 한족 지식인의 슬프고 분한 마음이 담긴 글인 것이다.

연암이 족형(族兄)인 박명원의 진하별사(進賀別使)를 따라 중국을 여행한 때(1780)는 명나라가 멸망(1644)하고 청이 중원(中原)의 주인으로 자리잡은 지, 한 세기도 훨씬 지난 18세기 후반이다. 이때 청조는 표면적으로는 그 어느 때보다도 태평성대를 구가하고 있었다. 그러나 내면적으로는 철저한 고압적 정책이 실시되고 있었다. 소수민족으로 거대한 중국을 효과적으로 지배하기 위해서는 정치, 군사, 법률 등에 의한 강력한 통치가 필요하였기 때문이었다. 특히 지식인에 대해서는 문자옥(文字獄), 금서(禁書) 등을 통하여 그 어느 계층보다 더 심한 탄압을 가하였다. 이처럼 청조

인가? 하는 작자시비에 대한 학자들의 논의에 대해서, 박기석, 「虎叱의 작자」, 『한국문학사의 쟁점』(집문당, 1986)에 잘 정리되어 있다. 〈호질〉의 작자를 연암으로 보자는 주장은 한말 김택영부터이나, 이재선, 『한국단편소설연구』(일조각, 1975), 109-117쪽. 이종주, 「열하일기의 서술원리」(한국정신문화연구원 석사학위논문, 1982). 성현경, 「호질연구」, 『한국고전소설연구』(새문사, 1983). 조동일, 『문학사와 철학사의 관련 양상』(한샘, 1992), 241-259쪽 등에서 다각도로 고찰되었다.

2) 燕巖氏曰 篇雖無作者姓名 而盖近世華人悲憤之作也(『熱河日記』, 「關內程史」, 〈虎叱後識〉).

가 철저한 탄압정책에 의해 중국을 지배하고 있었기 때문에 당시 지식인들은 대부분 팔고문(八股文)을 공부하여 과거시험으로 부귀공명을 추구하거나, 고고(考古)·훈고(訓詁)에 몰두하는 등 현실에 안주할 뿐이었다.

한편 이 당시 대부분 조선 유학자들의 사상적 기반은 『춘추(春秋)』에 기반을 둔 화이론(華夷論)에서 크게 벗어나지 못하고, 스스로를 소중화(小中華)라 칭하면서 청나라를 오랑캐라고 멸시하고 있었다. 그러나 『열하일기』의 문면에서 살필 수 있는 연암의 대청의식(對淸意識)[3]은 분명 화이론을 극복한 모습이다. 연암은 당시 청나라 문화는 곧 화(華)의 문화를 계승한 것이므로, 그것은 배워야 할 대상이지 버릴 대상이 아님을 『열하일기』 도처에서 누누이 강조했다. 연암이 화(華)와 이(夷)를 구별하지 않고 대등한 것으로 보고자 한 것은 인(人)과 물(物)을 같은 것으로 보려는 인물성동론(人物性同論)이라는 철학사상과 밀접한 관련을 갖고 있음은 물론이다. 조선의 화이론자들은 조선을 소중화라 칭하면서 자신을 한족(漢族)과 함께 화(華) 곧 인(人)의 위치에 놓고, 청은 이적(夷狄)이라고 하며 물(物)로 격하시킴으로써 문화우월주의에 빠져 있었다. 이러한 시대적 상황 아래에서 실학자 연암은 중국을 여행하면서 보고 느낀 바를 다양한 필치로 그려 놓음으로써 조선 유학자들의 사상적 허구성을 드러냈던 것이다. 〈호질〉은 바로 이와 같은 연암의 중국 인식의 소산인 것이다. 따라서 이 글에서는 〈호질〉에 나타난 작가 의식을 연암과 관련하여 작품을 분석하고자 한다.

3) 『열하일기』에 나타난 연암의 對淸意識을 언급한 중요 논저로는 강동엽, 『열하일기연구』(일지사, 1988)와 김명호, 『열하일기연구』(창작과비평사, 1990)를 들 수 있다.

2. 『열하일기』에 나타난 연암의 대청의식

1) 화이론과 춘추의리론에 대한 인식

주지하는 바와 같이 『열하일기』는 1780년(정조 4년) 청나라 건륭(乾隆) 황제의 칠순을 축하하기 위한 진하별사(進賀別使)를 따라 같은 해 5월 25일부터 10월 27일까지 약 5개월간 북경을 거쳐 열하까지 다녀온 연암 박지원(1737-1805)의 중국 여행기이다. 그러나 『열하일기』는 위의 여행 일정 중에서 6월 24일 압록강을 건너 8월 1일 북경에 도착했다가, 다시 열하에 있는 피서궁(避暑宮)에서의 건륭제의 칠순 축하연에 참여하기 위해 8월 5일 북경을 떠나 8월 9일 열하에 도착하여 열하를 구경한 후, 8월 15일 열하를 떠나 8월 20일 북경에 다시 도착하기까지는 일기체로 기술하였고, 나머지 북경에서 약 한 달간 체류하면서 견문한 내용은 잡록으로 기록하였다. 그리고 북경을 떠나 귀국할 때까지의 일정과 견문에 대해서는 기록하지 않았다.

이와 같은 『열하일기』의 내용은 크게 두 부분으로 구분해 볼 수 있다. 하나는 압록강을 건너 청나라에 입국한 후 성경(盛京)을 거쳐 산해관을 지나 북경에 도착하기까지, 말로만 듣던 청나라의 발전된 문물과 제도를 실제로 접하면서 매우 흥분되었던 감회를 기록한 「도강록(渡江錄)」을 비롯하여, 「성경잡지(盛京雜識)」「일신수필(馹汛隨筆)」「관내정사(關內程史)」 등의 글과, 다른 하나는 북경에 잠깐 체류한 뒤 열하까지 갔다가 오면서 견문하고 관찰한 청조의 정치 외교의 실상을 기록한 「막북행정록(漠北行程錄)」「태학유관록(太學留館錄)」「환연도중록(還燕道中錄)」 등의 열하 여행의 일정과 견문을 기록한 글이다.

주지하는 바와 같이 『열하일기』에는 두 편의 소설 작품이 수록되어 있다. 「관내정사」에 수록되어 있는 〈호질〉과 「옥갑야화」에 수록되어 있는 〈허생전〉이 바로 그것이다. 「관내정사」는 산해관에서 북경까지의 여행기록이다. 〈호질〉은 북경에 도착(8월 1일)하기 3일 전인 7월 28일자 일기에 수록되어 있다. 이때 연암은 여행의 최종 목적지(나중에 열하(熱河)에 갔지만)인 북경 도착을 며칠 앞둔 시점에 있었다. 연암은 압록강을 건너 약 한 달가량, 청조의 원래 본거지인 만주 지방을 여행하면서 보고 느낀 청나라에 대한 인식을 한 편의 글로 나타내고 싶었는지 모른다. 그러다가 우연히 옥전현의 한 점포에서 절세기문을 보게 되었고, 그 글에 자신의 뜻을 개입시켜 한 편의 해학적인 글을 저술한 것 같다. 연암은 〈호질〉을 『열하일기』에 수록하게 된 유래를 기록한 글 끝에, 이 글을 읽은 조선의 유학자들은 글의 내용이 하도 우스워서 '입안의 밥알이 벌처럼 날아가고 갓끈이 썩은 새끼 부스러질 듯'할 것이라고 말했다. 그러면 도대체 〈호질〉의 어떤 내용이 그렇게 웃음을 자아낼 만한 것인가?

압록강을 건너면서부터 연암은 말로만 듣던 청인들의 삶의 모습을 직접 눈으로 보면서 큰 충격을 받았다. 그리고는 그들의 발달한 문물제도를 부러운 마음을 가지고 세심히 관찰하였다. 연암은 중국의 문물제도를 배워와서 우리나라 백성들의 삶을 윤택하게 하는 데 도움이 되고 싶었다. 그러나 그것은 쉬운 일이 아니었다. 왜냐하면 당시 조선사회는 춘추대의(春秋大義)라는 시대착오적인 명분론에 사로잡힌 고루한 유학자들이 지배하고 있는 사회였기 때문이었다. 그들은 조선이 처한 역사적 상황을 외면하고 명분론에만 집착하고 있었다. 그들은 청조가 지배하는 중국은 이제는 오랑캐의 나라이므로 그들에게서 배울 것은 아무것도 없다고 하며 존명배청사상(尊明排淸思想)을 공고히 하고 있었다. 그리하여 연암은 현실적으로 백성들의 삶에 아무런 도움이 되지 않는 춘추의리론(春秋義理論)의 허상을 『열하일기』 도처에서 언급함으로써 그들의 시대착오적인 자세를 간접적으로 풍자 비판하고, 한편으로는 그들이 대청인식을 새롭게 하길 기대했던 것이다.

연암은 중국을 여행하면서 명승고적의 비문, 주련(柱聯), 서화, 연극 등 그들의 문화 예술을 깊은 관심을 가지고 관찰하였으며, 경우에 따라서는 좋은 글귀나 문장을 채록하거나 발췌하기도 하였다. 그는 또한 끝없이 펼쳐진 요동벌을 지나면서는 지금은 중국이 지배하는 이곳이 원래는 우리의 옛 고구려 땅이었음을 말하기도 하는 등 우리의 역사에 대해서도 깊은 관심을 드러냈다. 그러나 그 무엇보다 연암의 지속적이고 중요한 관심의 대상은 청나라의 정치·경제·사회 등 문물제도와 이에 따른 이용후생에 대한 것이었다.

청나라에 대한 연암의 의식은 「일신수필(馹汛隨筆)」[4] 7월 15일자 일기를 통해 살펴볼 수 있다. 7월 15일 연암은 구광녕(舊廣寧)[5]을 지나면서 중국 여행 중 '천하장관(天下壯觀)'을 화제로 삼아 우리나라 선비들의 시대착오적인 화이론과 춘추의리론을 간접적으로 비판하고 그들의 이용후생하는 삶의 자세를 배워야 함을 역설하였다. 이 글에서 연암은 우리나라 사람들이 연경에 갔다가 돌아오는 이를 만나면 반드시 중국 여행 중에서 가장 장관이었던 것이 무엇이냐고 물어보게 되는데, 이때 사람들은 넓은 들판, 구요동의 백탑, 연로에 들어선 가게들, 산해관, 유리창, 통주의 선박, 천주당, 상방(象房), 동악묘, 북진묘가 장관이라고 말하나, 학덕이 높은 선비[上士]는 씁쓸한 기색을 지으며, "도무지 볼 만한 것이 없었습니다" 한다. "어째서 도무지 볼 만한 것이 없다는 것입니까?" 하고 물으면, 황제를 비롯하여, 장상(將相), 대신과 모든 관원, 그리고 선비와 서민들도 모두 머리를 깎았으니, 비록 공덕이 은(殷)나라 주(周)나라와 같고 부강이 진(秦)나라 한(漢)나라에 지난다 하더라도 백성이 생긴 이래 아직 머리 깎은 천자는 없었으니, 비록 뛰어난 학문과 문장과 박식을 지녔다고 하더라도 "한번 머리를 깎으면 곧 오랑캐요, 오랑캐면 개돼지이니, 우리가 그 개돼지에게 무엇이 볼 것이 있겠습니까"[6] 하며, 학덕이 중간 정도인 선비[中士]는, "신성

---

4) 「일신수필」은 7월 15일부터 7월 23일까지 신광녕에서 산해관 안 홍화포까지 9일간의 일기이다. 광녕성에서 산해관까지에는 명과 청의 싸움터가 있던 곳이다. 이곳을 지나며 연암은 춘추대의론에 대해 깊이 생각했던 것 같다.

5) 명나라 天啓(1621-1627) 때 王化貞이 李永芳에게 속아서 그의 驍將 孫得功이 적군을 성안으로 맞아들여 광녕성이 함락됨으로써 대세가 기울어졌다.

한 나라가 어지러워지고 산천이 비린내 나는 고장으로 변했으며, 성인의 업적이 묻혀 버려 말이 오랑캐의 것으로 변하였으니 볼 만한 것이 무엇이 있겠습니까? 진실로 10만의 군사를 얻을 수 있다면 산해관 안으로 달려 들어가 중원을 깨끗이 소탕한 뒤에야 장관을 이야기 할 수 있을 것입니다"[7]라고 한다면서, 이러한 사람은 『춘추』를 잘 읽은 사람이라고 했다. 왜냐하면 『춘추』란 중국을 높이고 이적을 배척한 글이기 때문이다. 연암은 이어 "우리나라가 200여 년 동안 명나라를 섬겨 충성이 한결 같아서 비록 속국이라 일컬었지만, 한 나라와 다름이 없어 임진년과 병자년에 명나라가 우리를 구하려고 하였으나, 마침내 사해(四海)가 무너지는 비운을 당하여 천하의 백성이 머리를 깎아 모조리 되놈이 되어 버렸다. 우리는 그러한 수모는 면하였으나, 중국을 위해 원수를 갚아서 치욕을 씻으려는 마음이야 어찌 하루 이틀에 잊혀질 것인가. 우리나라 사대부로 춘추의 존화(尊華) 양이(攘夷)의 이론을 내세우는 사람이 백년을 하루같이 이어져 오니 참으로 장한 일이다. 그러나 존주(尊周)는 존주이고, 이적(夷狄)은 이적이다. 중국의 성곽, 궁실, 백성은 예전과 다름없고 정덕, 이용, 후생의 기물과, 최(崔)씨, 노(盧)씨, 왕(王)씨, 사(謝)씨 등의 명문가와 주돈이(周敦頤), 장재(張載), 정호(程顥)와 정이(程頤), 주희(朱熹)의 학문, 하·은·주 삼대(三代) 이래 성제(聖帝) 명왕(明王)과 한(漢)·당(唐)·송(宋)·명(明)의 좋은 법과 아름다운 제도도 예전과 다르지 않다. 저들이 이적(夷狄)일망정 참으로 중국의 모든 문물제도가 이로워서 오래 누릴 만한 것임을 알고 빼앗아 차지한 것을 마치 자기네가 본래부터 가지고 있었던 것처럼 여기고 있다. 천하를 위하는 자는 진실로 백성에게 이롭고 나라에 보탬이 되는 일이라면 비록 그 법이 이적에게서 나온 것이라 하더라도 이를 취하여 본받아야 할 것이다. 하물며 삼대 이래 성스럽고 현명한 제왕과 한·당·송·

6) 一薙髮則胡虜也 胡虜則犬羊也 吾於犬羊也 何觀焉(『熱河日記』, 「馹汛隨筆」, 7월 15일).
7) 神州陸沈則山川變 作腥羶之鄉 聖緒湮晦則言語化爲侏儒之俗 何足觀也 誠得十萬之衆 長驅入關 掃淸函夏然後 壯觀可論(『熱河日記』, 「馹汛隨筆」).

명이 본래부터 있어 온 것이랴. 성인이 지은 『춘추』는 진실로 중국을 높이고 오랑캐[夷狄]를 물리칠 것을 말하였지만, 그렇다고 오랑캐가 중국을 어지럽힌 것을 분하게 여겨 중국이 존중할 만한 것까지 물리친다는 말을 듣지 못하였다. 그러므로 지금 사람들이 참으로 오랑캐를 물리치려고 한다면 중국이 끼쳐 놓은 법을 모두 배워서 먼저 우리의 유치하고 어리석은 습속을 고쳐서 농사짓고 누에치고, 질그릇 굽고, 쇠 녹이는 대장장이 일에서부터 공업에 능통하고 상업에 밝도록 모든 것을 배워야 한다"라고 장황하게 청나라의 발전된 문물과 제도를 배워야 할 것을 말하고는, 자신은 학덕이 낮은 선비(下士)이므로 "장관은 기와조각에 있고 장관은 똥덩이에 있다고 말하겠다"라고 하며, 집 주변에 널려 있는 똥덩이와 기와조각과 같은 보잘것 없는 물건을 잘 이용하여 삶을 윤택하게 하는 것을 부러워하였다. 연암은 중국을 여행하면서 가장 관심을 두었던 것이 무엇이었는가를 이렇게 분명히 말하였다.

여기서 연암은 '천하의 장관'을 화제로 해서 춘추대의론과 화이론에 매몰되어서 역사 현실을 올바로 인식하지 못하는 조선 유학자들의 현실감각을 간접적으로 꼬집음으로써 시대착오적인 북벌론(北伐論)을 하루빨리 극복하고 청나라의 선진 문물제도를 배워 백성의 삶을 윤택하게 할 것을 주장한 것이다. 이러한 사고는 명분보다는 실리를 추구하고자 한 18세기 후반 연암학파의 일관된 주장이었으며, 인물성동론(人物性同論)을 주장하는 낙론(洛論)의 사상체계와 일정한 관계를 지닌다.[8)]

---

8) 洛論에 속하는 인물들은 서울 및 서울 주변의 경기도에 거주하면서 시대상황에 기민하게 반응하고, 집권층에 위치하여 燕行 등에 의해 일찍부터 淸문화에 접촉할 기회가 많아 그에 대해 현실적 인식을 하고 있던 부류들이었다. 그들은 실제로 정치를 해 나가는 데 있어서 대청관계의 수정, 즉 화이론의 극복이 절실히 필요함을 느끼고 자신들의 입장을 뒷받침하기 위한 이론적 기초로서 '인물성동론'을 배태하기에 이른 것이다. 이러한 이론은 이후 홍대용, 박지원 등에 이르러 하나의 사상적 틀을 형성하여 북학론으로 발전하게 된 것이다. 이에 대해 湖論 계통의 학자들은 湖西지방에 살면서 '人物性異論'을 주장하였다. 그들은 시대의 진전과 주변상황의 변화에도 불구하고 華夷論을 고수하는 등 같은 畿湖學派면서도 낙론과는 그 사상적 성향을 달리하였다(정옥자, 『조선후기문학사상사』, 서울대출판부, 1990,

7월 23일 연암은 청의 원래 근거지였던 만주 지방을 벗어나 한족의 땅 산해관 안으로 들어선다. 산해관은 장성(長城)과 바다가 만나는 곳에 명나라가 오랑캐[胡]를 방비하기 위해 만들어 놓은 요새(要塞)로 이 관문을 지나면 한족(漢族)의 땅, 즉 화(華)의 땅이다. 연암은 이 관문을 지나면서 100여 년 전 이 관문을 빼앗기고 멸망한 명나라를 생각하며 잠시 감회에 젖었다. 그러나 이제는 화(華)가 짐승으로 여기던 이(夷)가 이 관문을 지나 중원을 지배한 지 100여 년이 지났다. 그 역사의 현장에서 연암은 춘추의리론에 매몰되어 엄연한 역사현실을 제대로 인식하지 못하고 있는 조선 유학자들의 의식전환을 기대하면서 〈호질〉이라는 글을 지어 「관내정사」에 수록한 것이다.

춘추의리론에 대한 연암의 비판적 태도는 옥전현의 심유붕의 점포에서 〈호질〉을 베낀 사건이 있기 하루 전 일기에서도 살펴볼 수 있다.[9] 「관내정사」 7월 27일자 일기는 서두에 다른 날의 일기와 마찬가지로 그날의 날씨와 일정을 간단하게 기록한 다음, 하루 전(7월 26일)에 백이(伯夷)와 숙제(叔齊)를 모신 사당[夷齊廟]에서 점심으로 고사리 닭찜을 먹고 체했던 사건을 연상의 실마리로 하여 존명배청사상의 이론적 배경인 춘추의리론을 몇 개의 삽화를 통해 해학적으로 그려 놓았다. 그 내용을 요약하면,

① 이제묘에서 먹은 고사리 닭찜이 소화가 안 되어 고생하다.

② 어떤 사람이 말하길, 사신 일행은 사철 이제묘에서 고사리 점심을 먹는데, 10년 전 고사리를 준비하지 못한 건량관이 서장관에게 곤장을 맞고는 강가로 나가 통곡하면서, "'백이숙제여, 백이숙제여, 나와 무슨 원수를 졌는가? 나와 무슨 원수를 졌는가?' 하였다고 말하고는, 백이숙제가 고사리를 뜯어먹고 굶어 죽었다고 하니 고사리는 참으로 사람 죽이는 독극물인가 보다"라고

64-66쪽; 최완기, 『한국성리학의 맥』, 느티나무, 1989, 190-195쪽).

9) 「관내정사」 7월 25일자에도 撫寧縣의 進士 徐鶴年에게 칠언절구 한 수를 써 준 조선의 명필 尹淳이 귀국하자 오랑캐에게 재주를 팔았다고 지탄한 춘추론자들의 이야기가 쓰여 있다.

하였다.

③ 태휘라는 마두가 설익은 대추를 먹고 설사가 심했는데, 고사리가 사람 죽인다는 말을 듣고는 '백이숙채(伯夷熟菜)가 사람 죽이네. 백이숙채가 사람 죽여'라고 했다고 한다.

④ 연암이 백문에 살 때, 명나라 의종(毅宗)이 죽은 지 2주갑(周甲) 되는 (1764, 갑신) 3월 19일 글방 선생과 마을 관동(冠童) 수십 명이 성 서쪽의 송씨네를 찾아가 우암(尤庵) 송시열의 영정에 참배하고 초구를 만져 보고 강개하고는 돌아오는 길에 서쪽을 향하여 주먹질을 하며 '되놈들'이라고 외쳤다. 글방 선생이 주식을 차렸는데 고사리 나물과 당시는 금주령이어서 술 대신 감주를 동이에 담아 내왔다. 그런데 담은 동이의 관지(款識)에 '대명성화년제(大明成化年製)'라 되어 있었다. 그것은 주식을 나누는 사람은 고개를 숙여 안을 들여다 보아 '춘추의 의리를 잊지 말자는 것'이었다. 이때 한 아이가 '무왕(武王)이 만약 패하여 죽었더라면/ 천년을 두고 주왕(紂王)에게는 역적이었을 것을/ 여망(呂望)은 백이를 구해 보냈는데도/ 어이하여 역적을 보호했다 하지 않는가/ 오늘날 춘추의 뜻도/ 되놈이 보기엔 되놈의 역적이리'[10]라는 시를 읊자, 자리에 있던 사람들이 모두 크게 웃었다. 글방 선생은 한동안 무연히 앉아 있다가, 아이들은 일찍부터 『춘추』를 읽게 해야 한다고 하며 경치나 읊으라고 하니, 한 아이가 '고사리 아무리 캐야 배부르지 않아/ 백이는 마침내 굶어 죽었네/ 꿀물은 술보다 훨씬 달아/ 이걸 마시고 죽는다면 어찌 원통치 않으랴'[11]라고 읊어 다시 한바탕 웃었다.

이 글을 통해서 연암은 춘추의리론의 허상과 그것을 배경으로 하는 존명배청사상의 허구성을 희화화(戱畵化)함으로써 그러한 시대착오적인 사고의 틀에서 벗어나지 못하고 명분만을 내세우는 고루한 조선의 유학자들을 비판하고 있다. 고사리 닭찜이 연상의 발단이 되어 백이숙제의 의리를 희화한 서당 아이들이 지은 한시(漢詩)에서 절정을 이룬 이 글에서, 연암은

10) 武王若敗崩 千載爲紂賊 望乃扶夷去 何不爲護逆 今日春秋義 胡看爲胡賊(『燕巖集』, 「關內程史」, 7월 27일자 일기).

11) 採薇不眞飽 伯夷終餓死 蜜水甘過酒 飮此亡則寃(『燕巖集』, 「關內程史」, 7월 27일자 일기).

백이숙제, 서장관, 시골 훈장, 송우암과 건량관, 태휘, 학동들을 대조시켜 춘추의리론에 대한 계층간의 다른 시각을 아울러 보여 줌으로써, 편견과 고정관념에 사로잡힌 유학자들이 개방적인 사고 자세로의 전환이 아쉬움을 피력하였다. 이 글에서 연암은 충신과 역적은 어디까지나 상대적인 것이며, 조선이 현실적으로 취할 것은 명분보다는 실리여야 함을 암시하고 있다.

2) 청의 대외 정책과 국내 정치에 대한 인식

「황교문답(黃教問答)」에서 연암은 그가 열하에 머무르는 동안 견문한 청조의 대외 정책과 국내 정치를 바탕으로 청나라의 고민을 다음과 같이 기술하고 있다.

> ① 내가 열하에 이르러 천하의 형세를 가만히 살펴본 것이 다섯 가지가 있었다. 황제는 해마다 열하에 머무르는데 열하는 장성 밖의 황량하기 그지없는 벽지이다. 천자는 무엇이 근심스러워 이런 새외(塞外)의 거친 벽지에 와서 거처하는 것일까. 피서라는 명목으로 가는 것이지만 실상은 천자가 몸소 변방을 방비하는 것이다. 곧 몽고가 강한 것을 알 수 있다. 황제는 서번(西番)의 승왕(僧王)을 맞이하여 스승으로 삼아 황금으로 전각을 지어 살게 하는데, 천자는 무엇이 괴로워 이같이 하는가. 이는 지나치게 분수에 넘치는 사치스런 예의를 갖추는 것이 아닌가. 명목이야 스승의 대접이지만 실은 그를 황금전각 속에 가두어 두고 하루라도 세상이 무사하기를 기원하는 것이다. 이로 볼 때 서번에 대한 근심이 몽고보다 큰 것을 알 수 있다. 이 두 가지는 황제의 마음이 이미 괴롭다는 것을 보여 준다.[12)]

12) 余至熱河 有以默審天下之勢者五 皇帝年年駐蹕熱河 熱河乃長城外荒僻之地也 天子何苦而居此塞裔荒僻之地乎 名爲避暑而其實天子身自備邊 然則蒙古之强可知也 皇帝迎西番僧王爲師 建金殿以居其王 天子何苦而爲此 非常僭侈之禮乎 名爲待師而其實囚之黃金之中以祈一日之無事 然則西番之尤强於蒙古可知也 此二者 黃帝之心已苦矣(『燕巖集』, 〈黃敎

② 사람들의 문자를 보면 비록 평범한 두어 줄 편지라 할지라도 반드시 역대 황제들의 공덕을 늘어놓고 당세(當世)의 은택에 감격한다는 글은 모두 한인(漢人)들의 글이다. 대개 스스로 중국의 유민으로써 항상 걱정을 품고 혐의를 받을까 경계하는 것을 이기지 못해서, 입만 열면 칭송하고 붓만 들면 아첨하여 자신이 당세에서 벗어나 있는 것처럼 보이게 한다. 한인(漢人)들의 마음 또한 이미 괴로운 것이다. 사람과 필담을 할 때는 비록 심상한 수작을 한 것이라도 말을 마친 뒤에는 곧 불살라 버리고 쪽지 하나도 남겨 두지 않는다. 이것은 비단 한인만이 이러는 것은 아니라 만인(滿人)들은 더욱 심하다. 만인들은 그 직위가 모두 황제와 가까워서 법령의 엄하고 가혹한 것을 더욱 잘 알고 있기 때문이다. 그런즉 비단 한인들의 마음만 괴로운 것이 아니라 천하를 법으로 금하고 있는 자의 마음도 괴로울 것이다.[13]

①의 글을 통해서는 청조의 주변 민족들에 대한 외교 정책을 살펴볼 수 있다. 특히 몽고와 서번에 대한 청나라 황제의 외교 정책을 잘 관찰하였다. 연암은 「황교문답」〈후지〉에서 청조가 걱정거리로 여기고 있는 주변의 여러 종족에 대해 자세히 언급하고 있다. 몽고에 대해서 특히 깊은 관심을 보였고, 서번(西番), 회자(回子), 토사(土司), 악라사(鄂羅斯) 사람들은 사납고 날래고 추악하여 괴상한 짐승이나 기이한 귀신같았다고 했다. 그리고 만주족은 중국에 들어온 지 100여 년이 되어 이제는 수토(水土)에 길들고 풍속에 익숙해졌으므로, 한인과 다를 것이 없이 청렴하고 우아해져서 저절로 문약해졌다고 하면서, 이들이 가장 두려워하는 것은 몽고임을 거듭 말하고 있다. 그 까닭은 몽고가 강하고 사나움이 서번이나 회자만은 못하지만 제도와 문물이 중원과 대항할 만하기 때문이라고 하면서 몽

問答〉).

13) 觀人文字雖尋常數行之札 必鋪張列朝之功德 感激當世之恩澤者 皆漢人之文也 蓋自以中國之遺民 常懷疢疾之憂 不勝嫌疑之戒 所以開口稱頌 擧筆諛佞 益見其自外於當世也 漢人之爲心亦已苦矣 與人語 雖尋常酬答之事 語後卽焚不留片紙 此非但漢人如是 滿人爲尤甚 滿人皆職居近密故 益知憲令嚴苛 然則非但漢人之心苦矣 天下法禁之心苦矣(『燕巖集』, 〈黃教問答〉).

고를 청조의 가장 두려운 존재로 말하고 있다.

②에서는 한인 지식인들은 대단치 않은 글일지라도 청나라 역대 황제들의 공덕을 과장하고 황제의 은혜에 감격하고 칭송하며 아첨하는 말을 늘어놓는데, 이것은 청조에게 화를 당할까 근심하고 경계하기 위해서이며, 필담을 한 후 대수롭지 않은 글일지라도 한 조각도 남기지 않고 태워버리는 것은 한인뿐만 아니라 만인은 더욱 심한데, 이것은 만인들은 그 직위가 황제 가까이 있어 법령의 엄하고 가혹함을 더 잘 알고 있기 때문이라고 하면서, 이렇게 청조는 엄한 법으로 한인, 만인 할 것 없이 엄하게 다스림으로써 안정될 수 있었음을 연암은 간파했던 것이다.

연암은 「심세편(審勢編)」에서도 청조의 대내외(對內外) 정치를 살폈는데, 중원의 안정을 위해 강희제가 여섯 번 남방을 순수(巡狩)하여 청조에 반감을 품은 호걸들을 억제하였고, 지금 황제도 다섯 번이나 순수한 사실을 언급하고 있다. 그러나 천하의 우환은 항상 북쪽의 오랑캐에 있으므로 열하에 몽고의 대군을 주둔시켰고, 서번이 굳세고 사납지만 황교를 몹시 두려워하는지라 황제가 황교의 풍습을 좇아 몸소 그 법사를 맞아다가 집을 찬란하게 장식하여 그의 마음을 즐겁게 해 주고 여러 사람을 명색뿐인 왕으로 봉하여 그 세력을 분산시켰으니 이것은 청인이 사방을 제어하는 교묘한 술책이라고 하였다.[14] 겉으로 볼 때 청나라는 평화롭고 안정된 사회를 구가하고 있는 듯하지만, 그 내면을 들여다보면 이렇게 주변 민족의 침입에 대한 걱정, 한인과 만인의 갈등, 도덕적인 타락 등에 대해 근심이 큰 것을 연암은 간파한 것이다.

「황교문답」은 홍대용의 〈의산문답(醫山問答)〉과 비슷하게 제목을 붙였지만, 그 서술 방식은 사뭇 다르다. 〈의산문답〉이 허구적 상황을 설정하여

14) 東南開明 必先天下而有事 情喜輕浮而好議論則 康熙六巡淮浙所以陰沮豪傑之心 而今皇帝踵而五巡矣 天下之患常在北虜則 迨其賓服 自康熙時築宮於熱河 宿留蒙古之重兵 不煩中國而以胡備胡 如此則兵費省而邊防壯 今皇帝身自統禦而居守之矣 西藩强悍而甚畏黃敎則 皇帝循其俗而躬自崇奉 迎其法師 盛飾宮室以悅其心 分封名王以析其勢 此淸人所以制四方之術也(『熱河日記』, 「審勢編」).

홍대용의 사상을 전하고 있지만, 「황교문답」은 열하에서 만난 사람들이라고 하며 한인, 만인 등 당시 청조의 벼슬아치 지식인들과 필담을 하면서 주고받은 내용을 기술하는 형식을 취하여 당시 청조에 벼슬하며 살아가는 지식인 관리들의 내면의식을 드러내고자 하였다. 그러면서도 한편으로는 그들과의 필담을 통하여 당시 만주족 청나라가 한인뿐만 아니라 만인(滿人) 지식인은 물론 모든 민중들에 대해 청조에 반발하지 못하도록 엄한 통치를 하고 있음을 암암리에 드러내고 있다.[15)]

3) 〈호질〉의 〈후지〉와 대청의식

『열하일기』, 「관내정사」 7월 28일, 이날 연암 일행은 옥전현이라는 곳 도착하여 하룻밤을 머물게 된다. 옥전현에 도착한 연암은 여장을 풀고 곧바로 정 진사(鄭進士)와 함께 거리구경을 나섰다가 심유붕이라는 상인의 가게에서 우연히 가게 벽에 걸려 있는 절세기문(絶世奇文)을 발견하게 된다. 그 기문은 백로지에 아주 가는 글씨로 쓴 글로 격자(格子)로 만들어져 한쪽 벽에 꽉 차게 걸려 있었다. 연암은 주인 심씨에게 기문을 지은이가 누구인가를 물었고, 주인 심씨는 모른다고 했다. 이때 동행한 정 진사가 "이것은 요 근자에 지은 글 같은데 주인께서 지은 것이 아니냐?"고 또다시 물었지만, 심씨는 "나는 글을 모르며 지은이의 성명이 적혀 있지 않으니 언제 지어진 것인지도 모른다"고 단호히 말했다. 이때 연암은 다시 격자의 글을 구한 곳을 물었고, 심씨는 얼마 전에 계주(薊州) 시장에서 사왔

---

15) 그런데 「관내정사」의 〈호질〉과 그 전후 문맥을 허구로 보는 학자들은 「황교문답」에서 연암과 필담을 한 지정, 왕민호, 추사시 등 또한 실제 인물이 아니라 허구로 설정한 인물로 볼는지도 모른다. 왜냐하면 「황교문답」이 이루어진 상황을 허구적 상황으로 보고 등장하는 인물들을 모두 허구적 인물로 볼 수 있는 가능성을 전혀 배제할 수 없기 때문이다. 그들은 실제의 인물이 아닐 수도 있으며 그들의 성명 또한 거짓일 수 있기 때문이다. 그러나 분명한 것은 여기 기술된 내용들은 연암이 열하를 여행하고 보고 느낀 것을 바탕으로 한 것만은 분명하다.

다고 했다. 연암이 베껴가도 좋으냐고 하자 심씨는 쾌히 승락했다. 연암은 종이를 가지고 다시 오기로 약속하고 저녁을 먹은 후 정군과 함께 다시 심씨 점포에 갔다. 이때 연암은 심씨에게 "정말 선생께서 지으신 것이 아닙니까?" 하고 다시 물었고 심씨는 부처님을 걸고 맹세하길 자신의 글이 아니라고 단호히 부정했다. 연암은 동행한 정 진사에게 중간부터 베끼라고 하고 자신은 처음부터 베꼈다고 했다. 이 때 연암이 기문을 열심히 베끼는 것을 보고 가게 주인 심씨가 "선생께서는 이것을 베껴 무얼하겠느냐?"고 묻자 연암은 "돌아가서 우리나라 사람들에게 읽혀서 배를 움켜잡고 한바탕 웃게 하려는 것입니다. 하도 우스워서 입안의 밥알이 튀어나와 벌이 날아가듯 하고, 갓끈이 끊어져 썩은 새끼 부스러지듯 할 것입니다"라고 대답하였다. 그런데 글을 베껴 가지고 숙소로 돌아와 읽어 보니 정 진사가 베낀 부분에 잘못 쓴 것과 빠뜨린 자구(字句)가 수없이 많아 도무지 문맥이 통하지 않아서 연암은 자신의 뜻대로 얽어서 한 편의 글로 만들었다고 한다.

중국 여행에서 연암이 경험한 내용은 대체로 함께 간 비장이나 역관들과 함께 한 것들이었다. 특히 정진사와 같은 인물은 연암과 자주 동행했던 인물이다. 그러나 열하에서 청나라의 지식인들과 필담을 주고받을 때는 달랐다. 그때 연암은 혼자였다. 이 사실을 어떻게 이해해야 할 것인가? 그 하나의 이유는 연암과 친했던 정 진사(鄭進士)나 변 군(卞君), 노이점(盧以漸) 등이 북경에 남아 있었기 때문이라고 생각해 볼 수 있다.16) 그러나 그렇다고 해도 열하에서 연암의 행동은 다른 여행지에서와는 다소 특이한 면을 보여 주고 있다. 따라서 「황교문답」의 내용들이 모두 사실에 바탕을 둔 것인지는 의문이다.

그러나 〈호질〉의 경우는 정 진사와 함께 경험한 사실을 기술하는 형식을 취했다. 왜 이 경우는 심씨네 가게에서 절세기문을 발견할 때부터 베낄

16) 사행을 따라 열하까지 함께 갔던 裨將과 譯官은 모두 7명(비장 4명, 역관 3명)이었다. 나머지 인원은 북경에 남아 있었다.

때까지 온 과정을 정 진사와 함께 경험한 것으로 기술했는가? 「황교문답」의 경우는 청나라 지식인들과의 필담 형식을 취했고, 그 내용도 크게 시휘에 저촉되는 내용이 없을 뿐만 아니라 설령 있다고 하더라도 대부분 청조 지식인들의 말로 처리되었다. 그러나 〈호질〉의 경우는 글의 출처를 분명히 처리해 놓지 않으면 연암의 작품으로 간주될 수 있는 여지가 많다. 더욱이 그 내용이 시휘(時諱)에 저촉될 수 있는 매우 미묘한 문제들을 다루고 있기 때문에 잘못하다가는 큰 화를 입을지도 모른다. 그래서 연암은 이 글을 얻게 된 경위를 앞뒤 문맥이 맞게 치밀하게 기술하여 놓았다. 특히 정 진사라는 인물은 〈호질〉을 연암의 글이 아닌 것으로 만들기 위해 개입된 중요한 인물이다. 정 진사라는 존재는 연암과 함께 사행에 참여한 상방비장(上房裨將)인 정각(鄭珏)이라는 인물로서 그는 여행 중 연암과 자주 동행하였다. 따라서 그가 연암과 함께 심씨의 점포에서 〈호질〉을 보았고, 함께 그 글을 베꼈다면 당대 사람들은 〈호질〉이 연암의 글이 아님을 믿게 될 것이다. 정 진사는 〈호질〉이 연암의 작품이 아님을 증거하는 데 중요한 증인인 것이다. 연암은 중국 여행 중 옥전현의 심유붕의 가게에서 정진사와 함께 필사한 어떤 글을 바탕으로 하여 자신의 대청의식(對淸意識)을 〈호질〉이라는 절세기문을 통하여 표출한 것이다. 이러한 저술 방식은 문제성 있는 작품과 자신과의 거리를 일정하게 유지하기 위한 고도한 문학기교인 것이다.

그러나 연암은 이러한 추정 가능성을 염려하여 다시 〈후지(後識)〉를 써서 〈호질〉이 자신의 작품이 아님을 거듭 강조하고는, 작품에 대한 자신의 견해를 첨부하였다. 이렇게 〈호질〉을 그의 『열하일기』에 수록하게 된 경위와 과정을 장황하게 기록한 것은 〈호질〉의 내용으로 말미암아 초래될지도 모르는 화를 미연에 방지하기 위해 작품과의 거리를 일정하게 확보하기 위한 것 같다. 〈후지〉의 내용을 요약하면 다음과 같다.

① 이 작품은 비록 작자 성명이 없으나, 근세(近世)의 한인(漢人)이 비분하

여 지은 글일 것이다.

② 세운(世運)이 긴 밤처럼 어두워져 이적(夷狄)의 화(禍)가 맹수보다 심하며, 부끄러움을 모르는 선비는 경전(經典)의 장구(章句)를 얽어서 당세(當世)에 아부하니, 이는 남의 묘혈(墓穴)을 파내는 유자(儒者)로서 시랑(豺狼)도 먹기 싫어하는 자일 것이다. 이제 〈호질〉을 읽어 보니 내용이 이치에 많이 어긋난 것이 『장자(莊子)』의 「거협(胠篋)」, 「도척(盜跖)」편의 취지와 같다. 그러나 천하의 뜻 있는 선비는 어찌 하루인들 중국을 잊겠는가?

③ 이제 청이 천하의 주인이 된 지 겨우 4대째이나, 모두 문무(文武)를 잘 유지하고 평화롭고 안정된 세월을 누렸으니, 이는 한(漢)·당(唐) 때에도 못 보던 일이다. 이처럼 나라를 잘 다스리는 것을 보매, 이 또한 하늘이 보낸 명리(命吏)[하늘의 명을 받은 제왕]가 아닐 수 없다.

④ 옛날 어떤 사람이 '하늘이 간곡히 타일러 명령하신다(諄諄之天)'는 말에 의심을 품고는 성인에게 질문하였더니, 성인은 '하늘은 말로 하지 않으시고, 행동과 일로써 보여 주신다(天不言以行與事示之)'고 하였다고 하는데, 나도 [연암을 가리킴] 이 대목이 의심스러웠다. 이제 감히 묻건대, 하늘이 행동과 일로써 보여 주신다면, 오랑캐를 이용하여 중화를 바꾸어 놓은 것은 천하의 치욕이니 백성의 원통이 어떠할 것이며, 향기로운 냄새와 비린내는 그 닦은 덕에 따르는 것인데, 모든 신은 어떤 냄새에 감응할 것인가? 인간의 처지로 보면 중화와 이적이 분명하지만, 하늘의 명한 바로 보면 은(殷)나라의 우관이나 주(周)나라의 면류관도 각기 당시의 풍속에 따라 제정된 것인데, 하필 청인의 붉은 모자만 의심하겠는가? 그래서 '하늘이 정하면 사람이 모인다(天定人衆)'는 말이 그 사이에 유행하여, '사람과 하늘이 서로 함께하는(人天相與)' 이치는 한 걸음 물러서게 되고, 옛 성인의 말에 징험하여 만약 부합되지 않으면, '천지의 운수가 이런 것이다'라고 한다. 슬프다, 이 어찌 참으로 운수가 그렇겠는가?

⑤ 명나라의 왕택이 끊어진 지 오래되어, 중원의 선비들이 그 머리를 고친 지도 백년의 세월이 지났으되, 자나 깨나 가슴을 치며 명나라를 생각하는 것은 무슨 까닭인가? 그것은 차마 중국을 잊지 못하기 때문이다.

⑥ 그런데 청나라의 계책 또한 소홀하다. 그들은 과거 오랑캐로 중원을 정복한 천자의 후손들이 중화를 본받았다가 쇠망한 것을 징험하여 쇠에 비를 새

겨 전정(箭亭)에 묻어 경계하였다. 그리고는 자신들도 자신들의 옷과 모자를 부끄러워하면서도 그것을 한족(漢族)에게 강요함으로써 자신들의 강함을 나타내려 하니 그 얼마나 어리석은 짓이냐? 진정 강함을 과시하려면 북쪽과 서쪽의 오랑캐로 하여금 중국의 습속을 따르게 할 수 있은 다음에라야 천하에 홀로 강하다고 할 수 있을 것이다. 만약 자신들이 강요한 모자를 백성들이 한번 벗어 땅에 던져 버리면 청황제는 앉아서 천하를 잃을 것이기 때문이다.

⑦ 원래 제목이 없었는데 글 가운데 '호질' 두 글자를 뽑아 제목을 삼고, 중원이 맑아질 날을 기다려 본다.

①에 의하면 〈호질〉은 청이 중원을 지배한 이후 한족의 중국인, 즉 명나라 유민이 슬프고 분한 마음으로 쓴 글이다. ②에서는 '곡학아세(曲學阿世)'로 청조에 아부하며 살아가는 더럽고 비열한 유학자를 비판하였는데, 이는 〈호질〉에 등장하는 창귀나 북곽과 같은 인물을 암시한 것 같다. 그런데 연암은 〈호질〉의 내용이 이치에 어긋난 것이 『장자』의 「거협」, 「도척」편과 그 취지를 같이 한다고 하면서, 〈호질〉의 내용이 어떤 상징적 의미를 지니고 있음을 암시하고 있다. ③에서는 청조가 천하의 주인이 되어 100여 년 동안 태평성대를 누린 것을 보면, 이것은 하늘의 뜻인 것 같다. ④에서는 인간의 처지에서 보면 중화와 이적의 구별이 있겠지만, 하늘의 명한 바로 보면 은나라가 주나라로 바뀐 것이나 명이 청으로 바뀐 것이나 다 하늘의 뜻인 것이다. ⑤에서는 명나라가 멸망한지 오래고, 또 한족 선비들이 변발을 한 지 백년의 세월이 흘렀으나 자나 깨나 명을 생각하는 것은 중화를 잊을 수 없기 때문인 것이다. ⑥에서는 청조가 그들의 의관을 강요하는 등 중화 문화에 동화되지 않으려고 해도 그것은 부질없는 것으로 그들도 언젠가는 과거 이민족(異民族)으로 중원을 정복했던 오랑캐와 마찬가지로 쇠망할 것을 암시하였다.

〈후지〉 서두에서 연암은 이 글의 작자를 한인(漢人) 지식인으로 추정하고는, 주제는 '곡학아세(曲學阿世)로 청조에 아부하고 살아가는 비열한 유학자에 대한 비판'으로 이해하고 있다. 그리고는 이적(夷狄)으로서 중원을 정복하고 100여 년간 중국을 훌륭히 다스리고 있는 청조의 실체를 인정하고 있다. 그러나 명이 멸망하고 변발을 한 지 100여 년이 지났음에도 불구하고 아직도 자나 깨나 명나라를 생각하는 중국 인사들이 있음에 대해 연암은 연민의 정을 느끼고 있다. 그들은 엄연한 역사 현실을 애써 외면하고 낡아 빠진 춘추의리와 화이론에 매달려 있는 한족 지식인들이다. 이러한 한족 지식인들을 보면서 연암은 소중화를 내세우면서 존명배청사상에 함몰되어 있는 조선의 고루한 유학자들을 연상했는지도 모른다. 그러나 무엇보다도 이 글에서 연암이 매우 조심스럽게 다루고 있는 문제는 청조의 한족 지배와 관련된 미묘한 문제이다. 즉 청조가 그들의 의관을 한족에게 강요함으로써 그들이 중화문화에 동화되지 않았음을 과시하려고 하는 어리석음을 연암은 안타깝게 여긴 것이다.

3. 〈호질〉의 주제

〈호질〉은 범의 세계와 인간의 세계라는 이원적 세계로 설정되어 있다. 절대자 범이 사는 세계는 정의롭지만 북곽 선생이 사는 인간의 세계는 부정적이다. 작품에서 절대자로 등장한 범은 시종일관 인간의 문화와 역사를 일방적으로 매도하고 있다. 그런데 북곽 선생을 앞에 놓고 인간을 꾸짖는 범의 논리는 『장자』의 「거협」과 「도척」편의 논리와 같이 역설적이다. 범이 인간을 꾸짖는 말 속에는 인간에 대한 오래된 반감이 깔려 있다.

〈호질〉은 두 개의 큰 서사단락 속에 몇 개의 작은 서사단락을 포함하고 있다. 첫째 서사단락은 '범의 세계'이다. 이 단락은 두 개의 작은 단락을 포함하고 있는데, 하나는 문무를 겸비한 절대적 존재인 범에 대한 묘사와 그러한 범을 위협하는 맹수에 대한 이야기, 그리고 범은 무서워하되 맹수는 무서워하지 않는 인간에 대한 이야기이고, 다른 하나는 범에게 잡혀 먹힌 인간이 창귀가 되어 범에 붙어 다니면서 사냥꾼의 행동을 살피거나 골짜기의 함정이나 화살촉을 제거하고 자신의 동족인 인간을 먹이로 천거하는 등 범에게 아첨하는 모습과, 창귀가 천거한 '덕이 높은 선비[碩德之儒]'를 범이 큰 관심을 보이면서 음양오행설(陰陽五行說)에 대해 비판하는 이야기가 그것이다.

둘째 서사단락은 '인간의 세계'이다. 이 단락은 세 개의 작은 서사단락으로 이루어져 있다. 하나는 나이 마흔에 손수 교정한 책이 만 권이고, 육경의 뜻을 부연해 저술한 책이 일만 오천 권이나 되는 덕이 높은 유학자인 북곽 선생이 나라에서 열녀로 추앙하는 동리자의 방에서 한밤중에 시를 주고받고 놀다가, 동리자의 성(姓)이 다른 다섯 아들들에게 들켜 달아나다 들판의 똥구덩이에 빠진다는 내용이다. 다른 하나는 똥구덩이에서 기어 나온 북곽 선생이 앞에 버티고 있는 범에게 아첨의 말을 늘어놓자, 범은 "전에 내 들으니 유(儒)는 유(諛)라더니 과연 그렇구나. 너는 평소에 천하의 못된 이름이란 이름은 다 모아다가 망녕되게 내게 붙이더니, 이제 다급해지니까 면전에서 아첨하니 누가 네 말을 믿는단 말이냐? 천하의 이치는 오직 하나다. 범의 성품이 진실로 악하다면 사람의 성품도 악할 것이요, 사람의 성품이 착하다면 범의 성품도 착할 것이다"[17]라고 하고는, "인간사회의 부도덕성과 잔혹성을 열거한 끝에 무기(武器) 중에서 가장 잔혹한 무기는 붓과 먹물로서 이것이 한번 움직이면 온갖 귀신이 밤중에 우는데, 인간들은 이것으로 서로 잡아 먹기를 끊임없이 하니 인간보다 더 잔혹한 것이 누구란 말인가?"라고 하며 말을 마쳤다는 이야기, 그리고 마지막 단락은 북곽 선생이 머리를 조아리고 범에게 아첨의 말을 늘어놓고 기다리다가 범의 기척이 없어 고개를 쳐들어 보니 동쪽이 이미 밝았고 범은 간 곳이 없었고, 마침 밭을 갈러 나온 농부가 북곽 선생에게 "무슨 일로

17) 虎叱曰 毋近前 囊也吾聞之 儒者諛也果然 汝平居集天下之惡名 妄加諸我 今也急而面諛 將誰信之耶 夫天下之理一也 虎誠惡也 人性亦惡也 人性善則虎之性亦善也(「關內程史」〈虎叱〉).

이렇게 일찍 나와 들에 절을 하십니까?" 하자, 북곽 선생은 "내 들으니 하늘이 높지마는 감히 머리를 숙이지 않을 수 없고, 땅이 두터우나 감히 무릎을 꿇지 않을 수 없다고 했다기에 그러는 걸세" 하였다는 이야기이다.

〈호질〉의 사건이 전개되는 장소는 ① 범과 창귀(倀鬼)가 사는 산, ②북곽 선생과 동리자가 사는 마을, ③ 범과 북곽 선생, 북곽 선생과 농부가 만나는 들판에서 이루어진다. 시간적으로 범과 창귀가 저녁거리를 놓고 인육론(人肉論)을 전개한 때는 황혼 무렵이고, 북곽이 동리자의 방안에서 밀회하는 시간은 깊은 밤이며, 북곽 선생이 성이 다른 동리자의 다섯 아들들에게 쫓겨서 동리자의 방에서 도망 나오다가 들판의 똥구덩이에 빠진 것은 밤에서 새벽으로 진행하는 시간이다. 마지막으로 범이 사라지고 밭 갈러 나온 농부가 나타나 북곽 선생과 대화한 때는 동녘이 이미 밝은 새벽이다. 이렇게 보면 〈호질〉의 작품배경은 인간이 사는 마을을 중심으로 산과 들에서 저녁부터 새벽까지에 일어난 사건인 것이다.

이 작품에서 언급되는 인물은 지엄한 황제로부터 제후, 선비, 열녀, 농부, 어린아이 등 다양한 계층의 인물들이다. 그러나 이 작품의 주도적인 인물은 범으로 상징화된 절대적 존재이며, 북곽은 인간세계의 부도덕한 모습을 범으로부터 비판받기 위해 선택된 부정적인 존재이다. 범은 인간을 그것도 인간사회에서 가장 추앙받는 대유학자인 북곽 선생을 앞에 놓고 인간세계의 부조리에 대해 꾸짖는다. 따라서 이 작품을 이해하기 위해서는 먼저 범과 북곽 선생으로 상징되는 것이 무엇인가를 해석하는 것이 중요하다.

이 작품의 중요 서사단락은 똥을 뒤집어쓴 북곽 선생을 앞에 놓고 범이 인간세계에 대해 신랄한 비판을 가하는 부분이다. 여기서 인간세계는 곧 한족(漢族)의 세계이며, 한족이 살아온 역사를 상징한다. 이것은 곧 『춘추』로 대변되는 역사이다. 이러한 인간세계에 대한 비판은 우리 조선 유학자들이 절대적으로 여기던 존화양이(尊華攘夷)론에 대한 비판이요 부정이다. 연암은 심유붕이 "이 글을 베껴서 무얼 하려고 하는가?" 하고 물었을 때, 연암은 "이 글을 베껴 가지고 조선에 돌아가 사람들에게 읽히면 배를 움켜잡고 한바탕 웃게 하려는 것입니다"라고 했다. 그렇다면 이 글에서 연암이 웃음을 유발할 것이라고 생각한 내용은 무엇인가? 그것은 똥물을 뒤집어쓰고도 범 앞에서 아첨하기에 바쁜 북곽과 범의 입에서 쏟아져 나오는 인간사회의 부조리에 대한 통렬한 비판만은 아닌 것 같다.

'범의 세계'의 첫째 단락에서는 범의 절대적인 권위와 품성과 용맹, 그리고 범을 잡아먹는 수많은 맹수들을 나열한 다음에 "범은 맹용이라는 짐승을 만나면 눈을 감은 채 감히 뜨지도 못하는데 사람은 맹용을 두려워하지 않고 범을 두려워하니 범의 위풍이 당당하지 않은가?" 하고 범의 실상을 말한 다음, 둘째 단락에서는 범에게 잡아먹힌 인간이 창귀가 되어 범에게 붙어 다니면서 범을 위해 자신의 동족인 인간을 범의 먹이로 추천하는 이야기를 통해서 인간의 비굴함과 어리석음을 말하고 있다.

〈호질〉에서 범은 시종일관 절대적 권위를 지니고 인간보다 우월한 위치에서 인간세계의 부정적인 모습을 꾸짖는다. 반면에 등장하는 인간들은 비굴하거나 어리석은 모습으로 나타난다. 그러면 범의 세계에서 범과 범을 잡아먹는 맹수, 그리고 인간과 창귀는 무엇을 상징한 것들인가? 범은 만주족 청나라 또는 그 황제를 상징하고 범을 위협하는 맹수들은 중국 주변의 몽고, 서번, 회자, 악라사 등 강성한 제 민족을 상징하며, 인간들은 한족(漢族)을 상징한다고 볼 수 있다. 또한 범과 맹수들과의 관계는 이민족간의 갈등, 즉 청나라의 대외 정책의 어려움을 간접적으로 시사(示唆)한 것이며, 범과 인간의 관계는 청나라의 한족에 대한 통치를 나타낸 것으로 볼 수 있다. 한족을 통치하기 위해 청조는 강력한 법의 집행과 아울러 문화정책을 폈다. 그러므로 한족 지식인들 중 일부는 청조에 적극적으로 참여하면서 일신의 안녕을 꾀하였는데, 창귀들은 바로 그와 같은 부류를 상징한다고 할 수 있다. 청조는 창귀와 같은 존재들을 이용하여 한족 통치를 원활히 수행하는 한편 한족 지식인들을 회유하기 위해 문치주의(文治主義)를 표방하고는 황제 스스로가 주자학을 숭배하였다. 그러한 결과 북곽 선생과 같은 위선적인 인물들이 나타난 것이다.

천하의 문화민족인 한족을 대변하는 북곽 선생은 그들이 짐승이라고 멸시하던 만주족으로 상징되는 범(현실적으로는 중원의 지배자인 청조)에 의해 신랄한 비판을 받는다. 그것은 인간, 즉 한족의 문화와 역사에 대해 짐승과 같은 오랑캐 만주족의 빈정거림이다. 만주족은 한족의 입장에서 보면 짐승과 같은 오랑캐이다. 그러나 현실적으로 한족의 지식인들은 먹고 살기 위하여 바로 그 오랑캐한테 아부하며 살아가지 않을 수 없었다. 들판의 똥구덩이에 빠져 똥물을 뒤집어쓰고 기어 나온 북곽은 앞에 버티고 앉아 있는 범 앞에서 살기 위해 부끄러움을 참고 아첨하기에 바쁘다. 이와 같은 모습은 바로 청조의 비위를 맞추며 살아갈 수밖에 없는 멸망한 명나라, 곧 한족 지식인의 현실적 모습인 것이다. 이러한 북곽 선생의 모습을 통해서 연암은 춘추의리론에 매몰되어 중국의 현실적 상황을 인식하지 못하는 조선의 고루한 유학자들의 각성을 촉구한 것이다.[18]

첫 번째 단락에서 창귀가 저녁거리로 유학자를 천거했을 때, 범은 유학자를 비판한다. 둘째 단락의 북곽 선생은 바로 부정적인 유학자의 한 전형으로서 인간세계를 대변한다. 이 작품에서 작가는 범의 세계와 인간의 세계를 대립적인 것으로 설정했다. 즉 절대자의 위치에서 인간세계를 통찰할 수 있는 존재로서의 범의 세계와 부정으로 가득 찬 인간의 세계가 그것이다. 어떻든 이 작품은 다양한 해석이 가능하도록 등장인물과 배경을 모호하게 설정하였고 사건도 기상천외한 방식으로 전개하고 있다. 범의

---

18) 〈호질〉에 등장하는 범, 북곽이 무엇을 상징하는가에 대하여는 학자 간에 다양한 견해가 제시되었다. '범은 만청, 북곽은 북벌파 위학자'(작자를 연암으로 본 이가원). '범은 만주황제, 북곽은 타락해 버린 중국 일부 士人群, 동리자는 만주 정부의 유교적 풍화의 장려책의 분비물'(작자를 중국인으로 본 이우성). '범은 냉정한 이성으로 현실의 표피를 뚫고 내부의 본질을 파악하는 국외자로서 절대자적 객관을 대표, 북곽은 속물근성이 골수에 사무친 위선적 인물이며, 창귀·다섯 아들·농부·천자·제후 등은 선량하되 현실의 본질을 투시할 통찰력이 결여된 우중'(인물의 상징체계를 보편화한 황패강. 원작자는 중국인으로 봄). 범은 '巫者誣也', '醫者疑也', '儒者諛也'의 語戱에 '虎者胡也'를 유추하여 범[虎]이 청(淸)임을 밝힘(아이러니와 풍자 작품임을 전제한 성현경. 작자를 연암으로 봄).

비판 대상으로 선택된 북곽은 부정한 열녀 동리자와 밀회를 하다가 동리자의 성이 다른 다섯 아들에게 발각되어 인간이 가장 더럽게 여기는 똥을 뒤집어 쓴 채로 범 앞에 꿇어 앉아 통렬한 질책을 받게 된다. 그러나 북곽은 그렇게도 통렬한 비판을 받았으면서도 범에 대해 한마디 대꾸도 못하고 극진한 아첨의 말을 늘어놓다가 범이 사라진 새벽 들판의 농부 앞에서는 다시 본래의 위선적인 모습을 드러낸다.

첫째 단락이 청나라와 주변국과의 관계를 상징적으로 나타낸 것이라면, 둘째 단락은 청조의 국내 정치에 대한 것이다. 북곽 선생이 교정한 글이 일만 권이요, 구경(九經)의 뜻을 부연하여 저술한 책이 일만 오천 권이라고 한 것은 청조의 문치주를 빈정거린 것이며, 이러한 정책에 의해 생겨난 대표적인 인물로 북곽을 내세운 것이다. 「심세편(審勢編)」에서 연암은 당시의 청조가 한족의 지식인들을 다스리기 위해 고심한 모습을 다음과 같이 잘 간파하여 기술하였다.

"그들은 중국에 대하여 아주 무관심한 체 굴지만은, 마음으로는 천하의 무지렁이 백성들은 세금만 헐하게 받아들인다면 아무 일 없을 것이고, 도리어 저희들의 모자와 옷을 편리하게 여겨 자기네 제도를 바꾸는 것을 좋아할지도 모른다고 생각하였고, 다만 천하의 사대부들은 안정시킬 방법이 없는지라, 우선 주자(朱子)의 학문을 존중하여 한가한 선비들의 마음을 크게 위로한다면, 그들 중의 호걸은 노여워하기는 할지언정 감히 말은 하지 못할 것이고, 그들 중 야비하고 아첨 잘하는 자는 시대를 따라 일신의 이익을 꾀할 것이니, 한편으로는 은연중에 중국 선비들의 생각이 허약해질 것이고, 한편으로는 문교(文教)의 명성을 받게 한다면 진나라처럼 선비를 파묻어 죽이는 것[坑儒]과 같은 짓을 취하지 않고서도 글을 교정하는 일로 정신을 빼앗고, 진나라처럼 책을 불사르는[焚書] 짓은 하지 않고서도, 모든 책을 취진국(聚珍局: 건륭은 四庫全書의 板名을 聚珍板이라 하였음)으로 모아들일 수 있을 것이라고 생각하였던 것이다. 아 슬프다. 그 천하를 우롱한 술책이야말로 참으로 교묘하고도 의뭉하다 할 것이다. 이른바 책을 모아들이는 화(禍)가 분서(焚書)보다 심하다는 것이 바로 이것을 가리키는 말이다."[19]

둘째 단락에서 천자와 제후는 북곽과 같은 유학자를 칭송하고 동리자와 같은 열부를 추켜세움으로써 그들의 중국 통치에 이용하려고 하였다. 한편 동리자의 다섯 아들과 같은 세속적인 인물들은 눈앞에 벌어지고 있는 북곽의 부정한 행위를 보면서도 그것이 북곽이라고 믿기보다는 천년 묵은 여우라고 생각할 뿐이다. 부정한 짓을 저지르다 다섯 아들에게 발각되어 그 실체가 드러날까 두려워 귀신춤을 추며 도망가다 들판의 똥구덩이에 빠진 북곽은 범을 만난다. 이 범은 첫째 단락에서 절대자로 묘사된 범이다. 자신들만이 문화민족이고, 그를 둘러싸고 있는 주변 민족은 오랑캐라고 하며 짐승처럼 대하던 한족의 명망 있는 대유학자를 앞에 놓고, 범은 인간의 문화, 즉 한족의 삶의 부정적인 모습을 낱낱이 열거하면서 신랄하게 꾸짖는다. 특히 범은 춘추시대에 인간들이 덕을 세운다는 명분으로 17번, 원수를 갚는다는 명분으로 30번의 싸움을 하면서 흘린 피가 천리를 물들였고, 쓰러진 시체가 백만을 넘었다고 하면서 인간들의 잔혹함을 비판하였다. 이것은 『춘추』에 대한 비판인 것이다. 『춘추』는 중국을 높이고 이민족을 배척한 글이다. 중국만이 문화민족이요, 그밖에 주변 민족은 오랑캐라는 역사관에 입각한 한족의 역사서가 『춘추』다. 따라서 『춘추』에 기록된 역사를 비판하는 것은 한족의 자랑스러운 역사와 문화에 대한 비판인 것이다.

마지막 단락에서 범이 사라진 자리에 농부가 등장한다. 그러나 농부는 앞의 동리자의 다섯 아들과 마찬가지로 북곽의 실상을 알지 못하고, 북곽은 그 앞에서 위선적인 행동을 반복할 뿐이다. 그렇지만 북곽의 위선적인

---

19) 獨於中土 似若無所用心 然其心以爲天下之小民 薄其賦斂則安矣 安知不反便乎 我之帽服而不欲變我之制度乎 但天下之士大夫 顧無可安之術則 姑尊朱子之學 大慰遊士之心 其豪傑敢怒而不敢言曰其鄙佞 因時義而爲身利 一以陰弱中土之士 一以顯受文敎之名 非秦之坑殺 而乾沒於校讐之役 非秦之燔燒 而離裂於聚珍之局(乾隆以四庫全書板名之曰聚珍板) 嗚呼其愚天下之術 可謂巧且深矣 所謂購書之禍 甚於焚書者(『熱河日記』, 「審勢編」).

말과 행동은 아침 일찍 밭 갈러 나온 부지런하고 순박한 농부와 대조됨으로써 더욱 추한 모습이 될 뿐이다.

〈호질〉은 18세기 후반 청나라가 처해 있는 대외 관계와 국내 문제를 상징적으로 드러낸 작품이다. 당시 누구도 드러내 놓고 말하지 못하는 청조의 국내 정치적 상황과 대외 정책에 있어서의 고민, 이러한 청조의 지배하에서 살아가는 한족 지식인들의 어리석음과 비열함, 그리고 위선적인 모습 등을 범과 맹수, 범과 창귀, 범과 동리자의 밀회, 범과 북곽, 북곽과 농부를 통해 풍자 비판하고 있다. 연암이 이 글을 『열하일기』에 수록한 것은 청조와 한족의 관계를 청조와 조선의 관계로 바꿔 볼 수 있었기 때문이다.

4. 맺음말

지금까지 필자는 『열하일기』에 나타난 청에 대한 연암의 의식과 관련하여 〈호질〉의 주제를 해석하고자 했다. 이를 위해서 먼저 『열하일기』, 「일신수필」 7월 15일자 일기의 내용과 「관내정사」 7월 27일자 일기 내용을 중심으로 화이론과 춘추의리론에 대한 연암의 새로운 인식을, 「황교문답」과 「심세편」을 통하여는 청조의 대외 정책과 국내 정치에 대한 연암의 관찰과 인식을, 〈호질〉 〈후지〉를 분석하여 청조의 한족 지배 정책에 대한 연암의 견해를 고찰한 다음에 이러한 대청의식이 〈호질〉에 어떠한 모습으로 나타나 있는가를 살폈다.

〈호질〉은 먼저 범과 맹수의 천적(天敵) 관계, 범과 창귀의 인육론(人肉論)을 통해서 청나라와 그를 둘러싸고 있는 강성한 이민족과의 관계와 청조 지배하에서 살아가는 한족 지식인의 비굴한 모습을 상징적으로 보여준 다음, 북곽선생으로 대변되는 한족 지식인들의 비굴하고 위선적인 삶의 모습과 한문화(漢文化)의 부도덕성과 잔혹함을 풍자 비판하였다. 따라서 연암이 이 작품을 그의 『열하일기』에 수록한 일차적 의도는 춘추의리와 소중화론에 매몰되어 엄연한 역사현실을 외면하고 있는 조선의 위선적인 유학자들, 특히 북벌론자들에 대한 비판과 그들의 의식 전환을 촉구한 것으로 이해할 수 있다.

그러나 무엇보다도 〈호질〉이란 작품에서 연암이 말하고 싶었던 가장 중요한 내용은 화이론(華夷論)에 대한 새로운 해석이다. 즉 짐승세계를 대표하는 범과 인간세계를 대표하는 북곽 선생의 위치를 바꿔 놓고, 범으로 하여금 북곽 선생의 부도덕한 삶을 신랄하게 비판하고, 반면에 범의 세계의 인의로움을 말하게 한 것은 화이론에 대한 부정인 것이다. 이와 같은 화이론에 대한 새로운 자세는 화이의 구분은 절대적인 것이 아니며, 시대적 상황에 따라 변할 수 있다는 인식의 발로이다. 연암은 한족에 의해 짐승처럼 멸시되던 오랑캐 만주족이 천하의 문화민족으로 자부하는 한족을 제압하고 100여 년 이상 중원의 지배자로 군림하고 있는 엄연한 역사현실에서 화이론의 허상(虛像)을 찾은 것이다.

「옥갑야화」와 〈허생전〉

1. 머리말

「옥갑야화(玉匣夜話)」는 연암 박지원의 『열하일기』에 수록되어 있는 25편목 중 하나이다. 주지하는 바와 같이 「옥갑야화」가 수록되어 있는 『열하일기』는 연암 박지원이 1780년(정조 4년) 청나라 건륭제의 칠순을 축하하기 위해 파견한 사은겸진하별사(謝恩兼進賀別使)에 정사(正使)의 자격으로 북경으로 떠나는 족형(族兄) 박명원(朴明源)을 따라 북경을 거쳐 열하까지 여행한 기행문이다. 여기에는 일기체로 기술한 내용과 여행하면서 견문한 감회를 기록한 다양한 형식의 글들이 수록되어 있다.

지금까지 「옥갑야화」에 대해서는 전체 내용보다는 그 속에 수록되어 있는 '허생이야기'에 관심이 집중되었다. 또한 지금까지의 문학사나 소설사에서는 「옥갑야화」를 전반적으로 언급하기 보다는 그 일부 내용인 '허생이야기'를 〈허생전〉로 명명하고 연암의 대표적 소설작품으로 다루어 왔다. 「옥갑야화」 전체 내용에 대한 관심은 1970년대 초 일부 평론가들이 「옥갑야화」와 〈허생전〉의 관계에 대한 단편적인 언급으로 시작되었다. 그들은 서구의 형태론적 소설문학이론에 입각하여 「옥갑야화」 또는 「진덕재야화」라는 표제로 저술된 내용 중 '허생이야기'만을 따로 떼어 내어 「허생」 또는 「허생전」이라는 독립된 작품으로 다루는 것에 이의를 제기하고, 〈허생전〉은 마땅히 「옥갑야화」 또는 「진덕재야화」라는 표제 속에서 다루어져야 한다고 주장하였다. 이러한 견해는 1970년대 초에 김윤식의 『한국문학사논고』에서 제기되었고,[1] 이재선의 『한국단편소설연구』에서는 구체적으로 고찰되었다. 이재선은 그의 저술에서 형태론적 소설이론을 바탕으로 「옥갑야화」 전체 내용을 분석하고는 「옥갑야화」는 7개의 일화적 내부 이야기를 포함한 순환목적 유형의 액자소설로서 「데카메론」이나 「칸타베리이야기」와 같은 소설형태라고 주장하였다.[2] 그러나 이재선의 이러한 주장에 대해 이상택은 「옥갑야화」의 여타 일화들의 경우는 작품으로서의 형상화 측면에서 〈허생전〉과는 현격한 차이를 보이는 것들로서 〈허생전〉을 이 일화들과 함께 묶어 「옥갑야화」라는 명칭으로 부르는 것은 문제가 있다는 견해를 피력하기도 하였다.[3]

그 후 1980년대에 들어서서 이재선의 견해를 적극 수용한 논문들이 나타났다. 그들은 이재선의 견해에 따라 「옥갑야화」를 액자소설로 규정짓고 「옥갑야화」의 서술형태, 즉 도입액자와 내부화, 그리고 종결액자 등의 구조적 측면을 주로 고찰하였다. 그러나 그들은 「옥갑야화」의 구조를 순환목적적 액자소설 서술형태로 보고 7편의 이야기를 각각 독립된 내부화로 규정한 이재선의 견해와는 좀 달랐다. 김선아는 "行還至玉匣 與諸裨連牀夜話"라는 서두 부분을 포함한 6화까지를 도입액자, 7화 전체를 내부화, 그리고 후지를 종결액자로 파악하였고,[4] 김영준은 서두 부분을 도입액자,

1) 김윤식 교수는 그의 『한국문학사논고』의 「연암문학의 문제점」이라는 글에서 "「허생」을 '허생은 묵적골에 살고 있었다…'로 독립시켜 한 작품으로 읽는 것은 물을 것도 없이 온당하지 않다. 독립된 작품이 아니라 『열하일기』의, 적어도 「옥갑야화」는 연경 방문 중 옥갑에 돌아와 비장들과 밤들어 역대 譯官들의 이야기를 적은 것인데, 이야기의 핵심이 역관에 의해 중국과의 무역, 치부, 실패, 성공담으로 일관되어 있음에 주목할 수 있다"라고 하면서 표제는 「허생」으로 하면서 그 내용의 범위를 「옥갑야화」 전체로 확대해야 한다는 발언을 했다. 김윤식, 『한국문학사논고』, 법문사, 1973, 81쪽.

2) 이재선, 『한국단편소설연구』, 일조각, 1975, 109-114쪽.

3) 이상택, 제5회 한국 고전연구 심포지엄-『연암집』의 종합적 검토-토론 속기록, 『진단학보』 제44호, 진단학회, 1978, 169쪽.

4) 김선아, 「「옥갑야화」의 구조분석」, 『원우논총』 제1집, 숙대대학원, 1983.

1화에서 6화까지를 내부 이야기, 7화의 "余亦言 有尹映者…映之言曰" 부분을 종결적 도입액자, 그리고 '허생이야기'를 내부화, '후지'를 종결액자로 파악하고는 「옥갑야화」는 전체적으로는 종결액자가 없는 개방적 액자소설로서 폐쇄적 형태의 '허생이야기'를 내부 이야기들 중의 하나로서 포함하는 것으로 보았다.[5] 김영동은 「옥갑야화」는 전체적으로는 도입액자만 가지며, 중심삽화인 7화는 그 자체에 도입액자와 종결액자가 장치된 것으로 보았다.[6] 한편 서인석은 「옥갑야화」의 작품세계를 역관들의 세계로 규정하고 인물세계의 측면에서 「옥갑야화」의 각 일화들과 〈허생전〉의 관계를 살폈다.[7]

이상에서 살펴본 바와 같이 지금까지 「옥갑야화」 연구는 액자소설로서의 서술 형태를 고찰하는 것이 주된 관심이었다. 그러나 액자소설 이론에 의한 구조분석만으로는 「옥갑야화」가 지닌 특이한 작품적 성격을 전반적으로 고찰하는 데는 한계가 있다. 여기에서는 「옥갑야화」의 전반적인 성격을 구명하기 위하여 먼저 그 저술에 관련된 몇 가지 문제를 고찰한 다음, 작품의 서술구조와 주제, 그리고 역관 일화들과 〈허생전〉의 관계를 종합적으로 분석하여 작가 연암이 「옥갑야화」에서 궁극적으로 말하고자 한 바가 무엇이었는가를 고찰하고자 한다. 이러한 고찰 방법을 통하여 우리는 형태론적 소설이론에 입각한 지금까지의 연구 결과를 극복하고 작품이 지닌 성격을 보다 총체적으로 파악할 수 있게 될 것이다. 아울러 「옥갑야화」의 일부분으로 존재하는 '허생이야기'를 떼어 내어 〈허생전〉이라는 소설작품으로 다루어 온 지금까지의 관행이 정당한 것이었는가의 여부도 가려질 수 있을 것이다. 이 글의 기본 텍스트는 박영철본 『연암집』(1932)이며, 필요에 따라 최남선 편(조선광문회, 1911) 『열하일기』를 비롯한 여타

5) 김영준, 「「옥갑야화」 분석」, 『서강어문』 제4집, 1985.

6) 김영동, 「「옥갑야화」의 분석적 고찰」, 『한국문학연구』 제11집, 동국대 한국문학연구소, 1988.

7) 서인석, 「「옥갑야화」의 세계와 「허생전」」, 『운당 구인환 선생 화갑기념 논문집』, 1989.

이본들을 참조하였다.

2. 「옥갑야화」의 저술배경

「옥갑야화」가 수록되어 있는 『열하일기』의 체제는 크게 두 가지 형태를 띠고 있다. 하나는 압록강을 건너 성경, 산해관, 북경을 거쳐 열하를 여행하고 다시 북경으로 돌아올 때까지의 기후, 일정, 견문한 내용 등을 날짜별로 기록한 것과, 다른 하나는 일기형식으로 기술하기에는 마땅치 않은 내용을 필담, 수필, 잡록, 잡기, 야화, 소초, 시화 등 다양한 문장형식으로 기술한 것이 그것이다. 그러나 『열하일기』에 수록된 내용들은 일기체로 기술되어 있는 내용은 물론이고 독립된 편목으로 기술된 글의 경우에도 대체로 그 글이 여행 중 언제 어느 곳에서 경험했던 사실에 바탕을 둔 글인가 알 수 있도록 되어 있다. 「옥갑야화」의 경우도 서두에 "行還至玉匣與諸裨連牀夜語"라는 구절이 제시되어 있어서 이 글이 열하에서 사신 일행이 임무를 끝마치고 귀환하는 도중에 하룻밤 묵었던 옥갑(玉匣)이라는 곳에서 함께 간 비장들과 밤에 환담한 내용이 글의 배경이 되었음을 알 수 있다. 그러나 옥갑은 『열하일기』 문면 어디에도 나타나지 않는 장소이다. 그렇다면 연암이 귀환 도중에 비장들과 밤에 환담하였다는 옥갑이라는 장소는 어디일까?

박영철본(朴榮喆本) 『열하일기』에서는 「옥갑야화」라는 표제로 되어 있는 내용이 옥류산장본(玉溜山莊本) 등의 이본에서는 그 표제가 「진덕재야화(進德齋夜話)」로 되어 있고, 편차상으로는 열하에서 견문한 내용을 기록한 「진공만거기(進貢萬車記)」 다음에 위치하고 있다. 그러나 박영철본 『열하일기』에는 「옥갑야화」의 위치가 연암이 열하를 여행하면서 보고 느낀 내용을 기록한 「구외이문(口外異聞)」과 열하여행을 마치고 북경으로 되돌아와서 귀국할 날을 기다리며 북경의 여러 명소를 관광하고 견문한 내용을 기술한 「황도기략(黃圖紀略)」 사이에 끼어 있다. 『열하일기』의 편차가 연암의 여행일정에 따라 순차적으로 배열된 것이라면, 「옥갑야화」는 사신 일행이 열하에서의 임무를 끝내고 북경으로 귀환하는 도중에 하룻밤 머물렀던 옥갑이란 곳에서 있었던 비장들과의 환담에 바탕을 둔 글일 것이다. 그러나 옥갑이라는 장소는 연암이 여행한 여정 어디에도 나타나지 않고 있다. 그렇다면 옥갑은 실제로 존재하는 지명이 아니고 연암이 〈허생전〉을 저술하기 위해 설정한 가공의 장소란 말인가?

『열하일기』는 기본적으로 연암이 중국을 여행하면서 실제로 경험한 사실에 바탕을 둔 글이다. 따라서 이 글에 제시된 시간과 장소, 그리고 등장하는 인물들은 사실에 근거한 것이라고 할 수 있다. 따라서 「옥갑야화」의 첫머리의 "돌아오는 길에 옥갑에 이르러 여러 비장들과 밤에 침상을 나란히 하고 이야기를 나누었다(行還至玉匣 與諸裨連牀夜語)"라는 기술을 일단은 사실로 믿을 수밖에 없다. 그렇다면 「옥갑야화」의 배경이 된 '옥갑'은 구체적으로 어디인가? 우리는 『열하일기』의 내용을 통해 다음과 같이 몇 가지 경우를 생각해 볼 수 있을 것이다.

그 하나는 「진덕재야화」라는 이본이 존재하는 것으로 보아 열하에서 사신 일행이 6일간 머물렀던 태학관의 별재(別齋)인 진덕재(進德齋)를 가리킨 것이 아니었나 하는 것이다. 「진덕재야화」 첫머리는 "與諸裨譯夜話進德齋"로 되어 있어서 「옥갑야화」의 첫머리와 아주 다르다. 즉 여기서 야화가 있었던 진덕재라는 장소는 연암 일행이 열하에서 묵었던 태학(太學)의 명륜당(明倫堂) 오른편에 있던 행각의 이름으로서 사행의 두 주방(廚房)이 숙소로 사용하였던 태학의 별재였다. 그렇다면 진덕재의 또 다른 이름이 옥갑이란 말인가? 그렇지 않으면 연암이 진덕재라는 이름 대신 옥갑이란 이름으로 바꾸어 놓은 것인가? 만약 진덕재와 옥갑이 같은 장소를 지칭한 것이라면 「옥갑야화」의 소재가 되었던 비역들과의 환담은 연암 일행이 열하에 머물러 있을 때였을 것이다. 그러나 「태학유관록(太學留館錄)」 8월 9일부터 8월 14일까지 6일간의 일기를 살펴보면 연암이 열하에 머물러 있었던 때의 그 어느 날도 비역(裨譯)들과 밤에 어울려 환담을 나누었음직한 상황은 보이지 않는다. 더구나 「옥갑야화」에 수록된 내용은 열하에서의 화젯거리로도 적합하지 않다. 「옥갑야화」에 수록된 환담내용은 귀환도중에나 있을 수 있는 내용이라고 할 수 있다. 왜냐하면 연암 일행이 열하에 오기까지 시간에 쫓겨 너무 피곤하였고, 열하에서의 6일간은 매일 매일 겪는 새롭고 신기한 경험들로 말미암아 비장이나 역관들과 어울려 한가롭게 역관들의 상행위에 얽힌 일화들을 주고받을 만한 시간적 여유가 없었을 것이기 때문이다. 따라서 「옥갑야화」의 내용은 아무래도 열하여행을 마치고 귀환 도중의 이야기라고 함이 적합할 것 같다.[8]

다른 하나는 「옥갑야화」 서두에서 연암이 기술한 대로, 연암 일행이 열하를 떠나 북경으로 귀환하는 도중에 실제로 옥갑이라는 곳에서 머물렀으며, 그곳에서 비장들과 밤에 환담을 나누었을 것이라는 것이다. 「막북행정록(漠北行程錄)」 8월 7일자에 보면 옥갑과 유사한 석갑(石匣)이라는 지명이 보인다. 즉 8월 7일 저녁 연암 일행은 석갑성(石匣城) 밖에 이르러 저녁밥을 해먹은 후 밤잠을 자지 않고 행정을 계속한 것으로 되어 있다.[9] 연암 일행이 청 고종의 만수절에 참례하기 위해 열하를 향해 북경을 떠난 것은 8월 5일 아침이다. 그날 밤 사신 일행은 손가장(孫家庄)이라는 곳에서 숙박하고, 이튿날(8월 6일)은 밀운성(密雲城)에서 숙박한다. 그러나 8월 7일은 저녁에 석갑성 밖에 이르러 저녁밥만 지어 먹고는 밤에도 계속 걸어 고북관(古北館)을 거쳐 이튿날(8월 8일) 새벽 반간방(半間房)에 도착한다. 여기서도 아침밥만 지어 먹고 계속 길을 재촉한다. 일행은 삼간방(三間

---

8) 이가원은 그의 『연암소설연구』(을유문화사, 1965), 578쪽에서 「진덕재야화」가 이루어진 것은 연암이 열하에 머물었던 8월 13일과 14일 양 일 중일 것이라고 추정하였다. 그러나 13일 밤 연암은 조선사람으로서 庚寅年 文科에 급제하여 貴州按察使로 근무중인 奇豊額이라는 인물과 닭이 두 회째 울 때까지 이야기하다가 숙소에 돌아왔고, 14일 밤 연암은 기풍액, 왕민호, 윤형산 등과 작별을 하느라고 이별을 하고 돌아온다. 따라서 연암이 비장 역관들과 한가롭게 환담할 시간이 없었을 것이다.

9) 『열하일기』, 「막북행정록」 8월 7일자에 "夕炊石匣城外 其城西有石如匣 故以名其驛云"이라는 구절이 있다.

房), 삼도량(三道梁)에서 잠시 쉰 후, 그날 한밤중에 화유구(樺楡溝)라는 역참(驛站)에 도착하여 비로소 숙박한다. 8월 7일 아침부터 8월 8일 밤까지 꼬박 이틀 낮밤을 쉬지 않고 행정을 계속한 것이다. 8월 9일 일행은 새벽에 길을 떠나 난하(灤河)를 건너 사시(巳時)에 열하에 들어가 태학에서 여장을 풀게 된다. 이상에서 살펴본 바에 의하면 석갑에서 열하까지 걸린 시간은 7일 저녁부터 8일 아침까지, 8일 낮과 밤, 그리고 9일 이른 아침부터 열하에 도착할 때까지 계속 걸었으므로, 만약 정상적인 행정(行程)이었다면 3일 이상 걸리는 거리이다. 그런데 특이한 것은 연암은 8월 7일 사신 일행이 저녁을 해 먹으면서 잠시 머물렀던 석갑성이라는 곳에 대해 "其城西有石如匣 故以名其驛云"이라고 그 지명의 유래를 적어 놓는 특별한 관심을 보였다.[10] 이 '석갑(石匣)'이라는 역참명은 '－갑(匣)'으로 끝나는 지명으로서 「옥갑야화」의 '옥갑'이라는 지명과 유사하다. 일반적으로 고을의 이름은 한 지역을 중심으로 비슷한 경우가 종종 있다. 따라서 '석갑'이라는 지명이 있는 것으로 보아 근처 어딘가에 '옥갑'이라는 곳도 있을 것이라고 추정해 볼 수 있다. 또는 연암이 석갑이라는 지명 대신에 옥갑이라는 이름으로 바꾸어 붙였는지도 모른다. 그러나 이와 같은 추정은 연암 일행이 열하를 떠나 북경으로 돌아오는 길에 석갑이라는 곳에서 묵었을 때 성립됨은 물론이다.

「환연도중록(還燕道中錄)」에 의하면 연암 일행이 열하에서 사행의 임무를 마치고 열하를 떠난 때는 8월 15일 오전이다. 그날 일행은 난하를 건너 하둔(河屯)이라는 곳에서 숙박한다. 그리고 8월 16일은 마권자(馬圈子), 8월 18은 부마장(駙馬莊), 8월 19일은 청하(淸河)에서 묵고, 8월 20일 오후 그들은 갈 때와는 달리 하루 이상 더 걸려 북경에 도착하였고, 이날 밤에 태학관(太學館)에 여장을 푼 것으로 되어 있다. 그런데 연암은 열하를 떠나 북경으로 귀환하는 여정의 숙박지를 기록해 놓으면서 열하를 떠나 3일

10) 「漠北行程錄」 8월 9일자에도 "自石匣 逢一乘驕者 從十餘騎…"라는 구절이 있다.

째 되는 날(8월 17일)에 숙박하였던 곳의 지명은 기록해 놓지 않았다. 그러면 연암 일행이 8월 17일 숙박한 장소는 어디였을까? 그곳이 혹시 옥갑은 아니었을까? 「막북행정록」에 의하면 연암 일행이 열하로 갈 때, 8월 7일 저녁 석갑성 밖에서 저녁을 해 먹고 길을 재촉하여 8월 8일 한밤중에 열하 근처 화유구라는 역참에 도착하여 숙박할 때까지 그들은 계속 걸었으며, 이튿날(8월 9일) 새벽에 길을 다시 떠나 난하를 건너 오전에 열하에 도착한다. 그렇다면 석갑성에서 열하까지의 거리는 정상적인 사행의 행정이라면 3일 정도 걸리는 거리이다. 그런데 연암 일행이 사행의 임무를 마치고 귀환할 때, 열하를 떠난 것이 8월 15일 오전이었으므로 3일째인 8월 17일에 묵은 곳은 석갑성이나 근처 어딘가일 것이다. 그리고 만약 근처에 옥갑이라는 지명이 실제로 존재하지 않는다면, 옥갑이란 장소는 석갑일 가능성이 있다. 즉 연암이 '석갑'이라는 지명 대신에 '옥갑'이라는 운치 있는 지명으로 바꾸어 썼을 가능성도 있기 때문이다.

또 다른 가정은 북경의 조선 사행의 숙소였던 태학관을 은유적으로 지칭한 것이 아닐까 하는 것이다. 열하에서 북경에 도착한 8월 20일 저녁 연암은 저녁을 먹고 상인(商人) 역관(譯官)인 주부(主簿) 조명위(趙明渭)의 거처로 가서 진귀한 물건을 구경하고 중국인들과의 상거래에 얽힌 이러저러한 이야기를 나누었다. 그리고 연암은 조명위와의 이야기 끝에 대국의 풍속이 악착스럽지 않음에 감동하고 자신의 거처로 돌아온다. 이날 밤에 연암의 거처에는 여러 역관들이 모여들어 간단한 안주와 술을 마련하였으나 여행의 피로로 입맛을 잃었다는 이야기와, 연암의 여행 보따리를 놓고 주고받은 이야기가 간단히 제시되어 있다. 어쩌면 이날 밤 연암은 이들과 침상을 잇대어 놓고 이러저런 이야기를 나누다가 「옥갑야화」의 내용과 같은 이야기가 화제로 올랐는지도 모른다. 그렇다면 옥갑이라는 장소는 북경의 조선사신의 숙소일 가능성이 있다.[11]

11) 김영동은 이에 대해 자세히 고찰하고는 玉匣은 북경의 조선 사신의 숙소였던 西館, 또는 유리기와와 백옥 등으로 사치스럽게 치장한 건물이 즐비한 皇城을 가리키는 것으로 보았

이상에서 「옥갑야화」의 서두에서 연암이 제시한 비장들과 밤에 환담하였다는 '옥갑'이라는 장소가 구체적으로 어디였는가에 대해 몇 가지 경우를 추정해 보았다. 그러나 그 어느 것도 가능성일 뿐이다. 다만 여러 정황으로 미루어 볼 때, '옥갑'이라는 장소는 열하를 떠나 북경으로 귀환하는 도중 8월 17일 밤에 숙박하였던 곳일 가능성이 가장 크다. 이날 숙박지는 분명하게 기록되어 있지는 않지만, 추정해 보면 열하와 북경의 중간쯤인 석갑성이거나 또는 근처 어딘가였을 것이기 때문이다. 이렇게 작품의 배경이 되는 시간과 장소, 그리고 환담에 참여한 인물을 『열하일기』의 다른 글에서와 달리 모호하게 설정한 것은, 이 작품이 「진덕재야화」와 「옥갑야화」라는 두 가지 제명으로 존재하는 문제와도 무관하지 않다. '진덕재'라는 실제의 장소를 제목으로 삼았다가 다시 '옥갑'이라는 모호한 장소를 제목으로 삼은 것은 이 작품이 어떤 구체적인 시간과 장소를 배경으로 하는 경험적 사실에 바탕을 둔 것이라기보다는 열하 여행 중에 함께 갔던 역관과 비장들과의 대화를 통해 얻은 이야기들을 기반으로 하여 꾸민 것이었기 때문이라고 생각된다. 『열하일기』는 연암과 함께 중국을 여행한 정사를 비롯하여 부사 서장관 등은 물론이거니와 역관 비장들이 중요한 독자일 가능성이 있다. 그렇다면 어떻게 여정에도 없었던 가공의 상황을 설정하여 놓고 실제 있었던 사실처럼 기술할 수 있었겠는가?[12)]

「막북행정록」 8월 5일자 일기에 의하면 사은겸 진하별사를 따라 북경을 떠나 열하까지 수행한 인원은 부사, 서장관, 역관 셋, 비장 넷, 그리고 하인 등 모두 일흔 넷이었고, 그 나머지 일행은 북경에 남아 있었다. 따라서 「옥갑야화」 서두에서 밝혀 논 바와 같이 열하에서 귀환하던 연암이 비장들과 밤에 침상을 잇대어 놓고 환담을 했다면, 그 인물들은 열하까지 함께

다. 앞의 논문, 126-128쪽.

12) 이러한 논리는 「관내정사」에서 연암이 연행에 함께 참여했던 정 진사라는 인물과 옥전현이라는 곳에서 한 점포에 우연히 들렀다가 벽에 걸린 액자의 글을 발견하고 베껴 왔다는 〈호질〉의 경우에도 해당된다.

갔었던 정사의 비장인 주부(主簿) 주명신, 부사의 비장인 진사 정창후와 낭청 이서구, 그리고 서장관의 비장인 낭청 조시학 등 네 사람인 것이다. 연암이 옥갑이라는 곳에서 비장들과 밤에 환담을 하였다면 열하에 함께 갔던 네 사람의 비장들이 바로 그들이었을 것이다. 그런데 「옥갑야화」에서는 이들의 이름이 구체적으로 명시되지 않고 단지 '有言'이라고만 모호하게 처리되어 있다. 이러한 모호한 서술방식은 「옥갑야화」의 첫머리에 환담이 있었던 시간과 장소를 기술한 내용도 마찬가지이다. 그렇다면 옥갑이라는 곳에서 비장들과의 환담은 실제로 있었던 사건이라기보다는 〈허생전〉이라는 작품을 『열하일기』 속에 자연스럽게 수록하기 위해 설정한 허구적 장치는 아닐까? 물론 「옥갑야화」에 수록되어 있는 여타 상인 역관들의 상행위에 관련된 일화들은 연암이 중국 여행을 하는 동안 특히 열하에서 사행의 임무를 마치고 북경으로 귀환하는 도중에, 또는 귀국할 날을 기다리며 북경에 한 달간 머무를 때 함께 간 역관 비장들과의 환담 도중에 있었음직한 화젯거리였을 가능성은 충분히 있다. 그러면 왜 연암은 『열하일기』의 한 편목인 「옥갑야화」를 저술함에 있어 시간과 장소적 배경은 물론이고 환담에 참여한 비장 이름을 구체적으로 명시하지 않았을까? 그것은 아마도 이 글의 내용 중 일부가 중국을 드나들며 상행위를 했던 일부 역관들의 부도덕한 일면을 비판하고 있다는 점과, 일화 밑바탕에 깔려 있는 중국인에 대한 호감, 그리고 함께 수록된 〈허생전〉이 지닌 시사적 내용으로 말미암은 것 같다.

「옥갑야화」에 수록되어 있는 여러 일화들은 모두 독자적으로 존재하던 것이 연암에 의해 한자리에 모아진 것이다. 따라서 언제든지 독립적으로 존재할 수 있는 이야기들인 것이다. 실제로 「옥갑야화」에 수록된 일화 가운데 '홍순언이야기'의 경우는 조선 후기의 여러 문집에 이본들이 실려 있으며, 〈허생전〉의 경우도 유사한 내용이 조선 후기 문헌설화집에 이본들이 전하고 있다. 이러한 일화들은 열하 여행과는 직접적인 관련이 없어 보이는 〈허생전〉을 「옥갑야화」에 자연스럽게 수록하기 위해 한곳에 모아진 것인지도 모른다.

연암은 중국을 여행하면서 비장, 역관 등과의 환담을 통하여 북경과 서울을 오가며 상행위를 하였던 역관들에 관련된 많은 이야기를 들었을 것이다. 그는 그 중에서 자신이 젊었을 때부터 오랜 세월 관심을 가져 왔던 화식과 신의의 문제, 치부한 재물의 사용에 대한 문제, 그리고 현실적으로 중국 대륙의 실권자로 군림하고 있는 만주족 청나라에 대해 조선의 군주를 비롯한 사대부들이 지녀야 할 자세 등을 〈허생전〉이라는 작품을 통해 피력하기 위해 「옥갑야화」를 저술한 것이다. 따라서 북경을 오가며 상행위를 했던 조선 역관들과 관련된 일화들과 왜어 역관으로 서울 장안의 갑부가 된 변승업이라는 역관의 일화는 허생이라는 인물의 행적을 이끌어 내기 위한 도입부로서의 기능을 하고 있는 것이다. 따라서 「옥갑야화」를 하나의 작품으로 보고 전체 내용을 고찰할 수도 있겠지만, 그 중에서 '허생이야기'만 따로 떼어 내어 〈허생전〉이라는 하나의 독립적인 작품으로 다룬다고 해서 잘못된 것은 아니다.

3. 「옥갑야화」의 구조와 주제

「옥갑야화」는 중국 여행에서의 견문을 바탕으로 집필된 『열하일기』의 한 편목으로서, 그 속에는 중국을 함께 여행하면서 비장 역관들로부터 들었던 연행 역관들의 화식에 관련된 일화들과 〈허생전〉이 수록되어 있다. 그런데 「옥갑야화」의 핵심내용이라고 할 수 있는 '허생이야기', 즉 〈허생전〉은 중국 여행을 통해서 이루어진 작품이 아니고 연암이 중국을 여행하기 전부터 구상하고 있었던 작품이다.[13] 연암이 허생의 고사를 처음 들

13) 연암은 丙子년 겨울(1756, 영조 32년, 연암의 나이 20세) 봉원사에서 글을 읽고 있었는데, 이때 윤영이라는 이인에게서 허생고사를 비롯하여 염시도 배시황, 완흥군부인 등에 대한 이야기를 듣게 된다. 그 후 계사년 봄(1773, 영조 49년, 연암의 나이 37세) 평안도 지방

은 것은 그의 나이 20세 되던 해(1756, 영조 32년) 가을 봉원사에서 글을 읽고 있을 때였다고 한다. 그 후 그는 허생을 위해 전(傳)을 쓰고자 했으나 그 뜻을 이루지 못하고 있다가 중국 여행을 통하여 비로소 작품을 완성한 것으로 보인다. 그런 다음에 이 작품을 어떤 방식으로 세상에 드러낼 것인가 고심하다가, 『열하일기』에 「옥갑야화」라는 편목을 설정하여 수록한 것으로 보인다. 그러나 『열하일기』는 기본적으로 중국 여행을 바탕으로 한 기행문이다. 그러므로 「옥갑야화」는 어떠한 형태로든 기행문의 성격이 요구된다. 그래서 연암은 「옥갑야화」가 기행문의 형태를 갖추기 위해 글 서두에 비장들과 밤에 환담을 하였다는 시간과 장소 등, 저술배경을 간략하게나마 제시한 것이다. 이렇게 저술배경이 제시됨으로써 「옥갑야화」는 열하 여행 중 실제로 있었던 사실에 기반을 둔 글처럼 된 것이다. 그리고 '有言'으로 시작되는 역관 일화들은 물론 '허생이야기'까지 자신의 이야기가 아니라 윤영이라는 모호한 인물이 제보해 준 이야기임을 밝혀 놓음으로써 「옥갑야화」에 실린 글과 자신과의 거리를 일정하게 확보하고 있다. 이처럼 「옥갑야화」는 매우 치밀하게 저술된 작품인 것이다.

이제 「옥갑야화」의 일화들이 어떠한 서술방식에 의해 전개되고 있으며, 그 서술내용에서 작가가 말하고자 한 주제는 무엇인가를 고찰하기 위해 먼저 「옥갑야화」 전체 내용을 간략하게 정리해 보기로 하겠다.

서 두; 行還至玉匣 與諸裨連牀夜語.
제1화; (가) 燕京舊時風俗淳厚 — 未嘗不先自我人始也.
(나) 三十年前 有一譯空手入燕 — 吾無面目復見主顧.
제2화; 有言 李知事樞 近世名譯也 — 愷悌君子之風.
제3화; 有言 唐城君洪純彦 — 以石本義朝鮮人故也.

을 여행할 때, 한 암자에서 윤영을 다시 만나 허생에 대한 몇 가지 모순되는 일을 물었으며, 이때 윤영은 연암에게 "그대가 전에 허생을 위해 傳을 짓겠다고 했었는데, 글은 이미 완성되었겠지?(子前欲爲許生立傳 文當已就否)" 하고 물었으며, 연암은 "아직 못 썼음을 사과했다(余謝未能)"고 한다(「進德齋夜話」〈後識〉).

제4화; 有言 朝鮮商賈熟主顧鄭世泰之富 — 遊戲皇城中.

제5화; (가) 舊時買賣不開包檢驗 直以燕裝還照帳無少差謬.

(나) 有誤以白氈帽裝送者 — 不任主顧裝送云.

제6화; 有言 卞承業之病也 — 承業旣老多散之也.

제7화; 余亦言 有尹映者 嘗道卞承業之富 — 世無得而知者云 映之言曰.

(가) 許生居墨積洞 — 已空室而去矣.

(나.1) 或曰此皇明遺民也 — 兩僧似是孫之麾下士也.

(나.2) 余年二十時 讀書奉元寺 — 世固有藏名隱居 玩世不恭者
何獨於許生而疑之 平谿菊下小飮 援筆書之 燕巖識.

연암은 서두에서 간단하게 작품의 저술배경을 제시한 다음 사행을 따라 중국을 오가며 상행위를 하였던 한어(漢語) 역관들의 화식과정에서 파생된 5편의 일화를 나열하였다. 그리고 화제(話題)를 왜어(倭語) 역관 출신으로 일국의 갑부가 된 변승업이라는 인물의 화식과 관련된 이야기로 바꾸어 허생이라는 인물의 화식행위와 재화의 사용에 관한 이 이야기가 자연스럽게 끼어들 수 있는 발판을 마련하였다. 이렇게 함으로써 연암은 그 자신이 젊은 시절부터 끊임없이 관심을 가져 왔던 〈허생전〉을 입전할 수 있게 된 것이다. 그러나 연암은 「옥갑야화」의 핵심내용이라고 할 수 있는 〈허생전〉이 지닌 현실 비판적 내용으로 말미암아 혹시 초래될지도 모르는 화를 피하기 위해 '허생고사'의 제보자인 윤영이라는 이인(異人)과 작품의 주인공인 허생의 이인적 성격을 두 편의 〈후지(後識)〉를 통하여 각각 자세히 기술하여 놓는 수고를 아끼지 않았다. 이렇게 두 번에 걸쳐 〈후지〉를 쓰면서까지 연암 자신과의 거리를 일정하게 확보하기 위해 노력을 기울인 것은 혹시라도 미칠지 모르는 화를 미연에 방지하려고 한 장치임은 물론이다. 그렇다면 연암이 「옥갑야화」라는 편목을 설정하여 『열하일기』에 수록한 것은 〈허생전〉을 저술하기 위한 방편이었다고 말할 수 있을 것이다. 따라서 지금까지 「옥갑야화」라는 표제 대신에 그 일부 내용이라고 할 수 있는 〈허생전〉만을 떼어 내어 독립적으로 다루어 온 것은 어쩌면 연암의 저술의도에 부합되는 당연한 소치인지도 모른다.

「옥갑야화」의 서두는 비장들과의 환담이 있었던 시간과 장소가 간략히 제시된 후에 제1화가 이어진다. 제1화는 (가) "과거 연경(북경) 풍속은 순후해서 역관들은 비록 만금일지라도 능히 서로 빌렸으나, 지금은 저들이 속이는 것을 능사로 삼는데, 이는 아마도 먼저 우리나라 사람에게서 시작된 것 같다"라는 화제의 실마리가 제시되고, 그 예화인 악덕 조선 역관의 치부담인 (나)가 제시된다. 그리고 북경을 드나들면서 상업에 종사했던 조선 역관들에 관련된 일화인, 제2－5화가 이어진다. 그러므로 (가)는 제1화 (나) 이야기의 실마리인 동시에 제5화까지의 실마리 기능을 하고 있다.

제1화의 (나)의 내용은 다음과 같다. 빈손으로 중국사행을 따라 북경에 간 어떤 조선 역관이 순박하고 후덕한 단골 상인을 찾아가 장사 밑천으로 은(銀)을 숨겨 가지고 압록강을 건너다가 모두 몰수당하여 이제 빈손으로 돌아가게 되었다고 하며 죽는 시늉을 하여 만 냥을 얻어 많은 물건을 사가지고 돌아와 큰 부자가 된다. 그 후 그 악덕 역관은 사역원의 명부에서 자신의 이름을 삭제하고는 다시는 북경에 가지 않았다. 세월이 흐른 후 역관은 북경에 가는 친구에게 부탁하기를 북경에 가서 아무개 상인을 만나게 되면 자신을 비롯한 온 가족이 염병을 만나 몰사했다고 말해 줄 것을 부탁한다. 북경에 간 친구가 단골 상인을 만나 그대로 전하니 상인은 슬퍼하며 역관과 그 가족의 명복을 위해 재를 올려 달라고 백 냥을 준다. 그 친구가 난감해 하면서 그 돈을 받아 가지고 귀국하여 보니 그 역관과 가족 모두가 이미 전염병으로 몰사하였다. 그래서 친구는 단골 상인이 준 백 냥의 돈으로 재를 올려 주고는 다시는 북경에 가지 않았다고 한다. 이 이야기는 교활한 조선 역관이 순후(淳厚)한 중국인 주고(主顧)를 속여 큰 부자가 된 일종의 치부담(致富談)이다. 그러나 이것은 의롭지 않은 부정한 치부담이다. 이 이야기에서는 순후한 중국 상인의 모습과 은혜를 저버린 조선 역관의 배은망덕한 모습을 대조적으로 보여 주고 있다. 이 이야기는 이날 밤 화제로 제기된 중국 상인들과 조선 역관들이 서로 불신(不信)하게 된 한 예화로서, 계속해서 다음 이야기들을 이끌어 내는 기능을 한다.

제2화는 치부를 위해서는 수단과 방법을 가리지 않았던 제1화의 조선 역관과 극히 대조가 되는 이추(李樞)라는 조선 역관의 이야기가 이어진다. 이추라는 역관은 평소에 돈을 입에 올린 적이 없었을 뿐만 아니라, 40여 년간 북경에 드나들었지만 한번도 은을 지니고 북경에 들어가지 않았을 정도로 재물에 초연한 군자의 풍도를 지닌 인물이었다. 이 이야기에서는 제1화의 돈만 알고 신의를 저버린 비열한 조선 역관의 모습과는 대극적인 역관의 모습을 제시함으로써 조선 역관에 대한 부정적인 시각에 반론을 제기하고 있다.

제3화는 홍순언이라는 조선 역관이 북경의 한 청루에서 아버지를 살리기 위해 팔려 온 여인을 만나 그녀의 몸값 이천 냥을 아무런 대가를 바라지 않고 갚아 주고 헤어진다. 수년 후 홍순언이 다시 북경에 갔을 때, 병부상서의 부인이 된 그 여인은 홍순언을 은부(恩父)라고 부르면서 극진히 대접하고 귀국할 때는 '보은(報恩)'이라는 글자를 수놓아 손수 짠 비단을 비롯하여 많은 재물을 주었으며, 임진년 왜란에는 병부상서로 있던 그의 남편이 조선에 원군을 보낼 것을 적극적으로 주장하였다고 한다. 이것은 그들이 우리나라 사람을 의롭게 여겼기 때문이었다는 것이다. 이 이야기는 앞의 제1화와 비교되는 내용으로서 재물에 초연한 조선 역관의 의협(義俠)과 은혜를 잊지 않는 중국인의 순후한 성품이 함께 나타나 있다. 여기서 조선 역관인 홍순언은 제1화의 배은망덕한 조선 역관과는 전혀 대극적인 인물이다. 제2화의 이추라는 조선 역관이 재물에 대해 초연한 자세로만 일관한 소극적인 인물이었다면, 제3화의 이야기 주인공 홍순언은 재물을 가볍게 여기고 재물로 의로운 일을 행한 적극적인 인물이다. 그는 중국 단골 상인을 속이고 치부를 한 제1화의 조선 역관의 치부와는 달리 의로운 행위로 인해 예기치 않은 치부도 하게 된다. 그런데 제3화의 인물 설정과 내용은 제1화와 매우 대조적이다. 즉 제1화와 달리 은혜를 베푼 인물이 조선 역관이며, 은혜를 입은 인물이 중국 여인이다. 또한 은혜를 입은 중국 여인은 제1화의 악덕 조선 역관과는 달리 은혜를 잊지 않고 정성껏 보답한다. 제3화가 비록 홍순언이라는 조선 역관의 의로운 행위에 초점이 맞추어져 있지만, 은혜를 잊지 않고 보답한 중국 여인의 의로운 행위 또한 중요한 내용이 아닐 수 없다. 이 중국 여인의 순후한 품성은 제1화의 중국 단골 상인의 품성에 연결되는 것으로서 중국인의 순후한 마음씨가 여기서도 또다시 드러나고 있다.

제4화는 제3화에서 은혜를 잊지 않고 보답한 중국 여인의 아름다운 보은이야기에 이어 중국인의 순후하고 의리 있는 품성에 대한 예화(例話)가 하나 더 소개된 것이다. 그 내용은 "조선 상인들의 단골 상인이었던 정세태라는 북경의 갑부가 있었는데, 그가 죽자 그 집안은 몰락하게 되고 그의 손자는 희장(戲場)에 팔려 다니는 신세가 되었다. 정세태가 살아 있을 때 회계를 맡아 보던 임가(林哥)라는 인물이 이제는 거부가 되어 어느 날 희장에서 정세태의 손자를 발견하고는 속전(贖錢)하여 집으로 데리고 와서는 자신의 재산 절반을 나누어 주어 잘 살게 해 주었다"는 이야기이다. 제4화는 은혜를 저버리지 않는 순후한 마음씨가 중국인들의 보편적인 성품임을 다시 한번 강조한 이야기라고 할 수 있다.

제5화는 지금은 중국 상인들이 예전 같지 않음을 한 예화를 통해 제시하고 있다. 그 내용은, "옛날에는 북경에서 중국 상인이 포장해 준 것을 그대로 가지고 와서 장부와 대조해 보아도 조금도 착오가 없었으나, 근래에는 그렇지 않다고 전제하고는, 한번은 북경에서 포장해 준 것을 그대로 가지고 서울에 와 풀어 보니 모두 흰 모자였다. 그래서 미리 살펴보지 않은 것을 후회했다. 그러나 마침 두 번의 국상(國喪)이 있어서 도리어 큰돈을 벌게 되었다"는 이야기이다. 제5화는 제1화에서 제시한 화제를 마무리하는 부분으로서의 기능을 하고 있다.

이상에서 살펴본 바와 같이 제1화에서 제5화까지의 서술구조는, 제1화에서의 순후했던 중국인들이 속이는 것을 일삼게 된 원인이 우리에게 있다고 화제의 실마리를 제기한 다음 그 한 예화를 제시하였고, 이 제1화에 대해 제2화, 제3화, 제4화에서 조선 역관과 중국인의 품성에 대한 긍정적인 일화를 제시한 다음에, 제5화에서는 중국 상인들의 신의 없는 모습을 한 예화를 통해 제시한다. 제5화는 제1화에서 제기된 화제, 즉 조선 역관과 중국인들 간의 신의 문제를 마무리한 일화이다. 여기서는 근래 중국인들이 조선 상인들을 속여 먹는 것을 능사로 삼게 된 것이 애초에 우리에게 그 원인이 있었는지는 모르겠으나, 근래 중국인들의 상거래가 신의 없어졌음을 분명히 밝혀 놓고 있다. 제1화에서 제5화까지의 내용은 모두 사행을 따라 북경을 오가며 무역에 종사하던 조선 역관들의 화식과 축재, 그리고 재화의 의로운 사용에 관련된 일화들로서, 화식의 문제가 신의(信義)라는 문제와 결부되어 있다. 물론 이들 역관 일화에서 중요한 내용으로 제기된 신의의 문제는, 여기서는 그것이 비록 조선 역관들과 중국인, 또는 중국인과 중국인 사이의 일화로서 끝났지만, 그것은 언제 어디서나 개인과 개인, 개인과 사회, 국가와 국가 간에 있어서 가장 중요한 문제인 것은 말할 것도 없다.

제6화는 제1화에서 제5화까지와는 달리 왜어 역관 출신으로 당대 일국의 갑부였던 변승업이라는 인물의 화식과 재화에 대한 공리적 자세에 관한 일화이다. 그 내용을 요약하면 다음과 같다.

> 변승업이 병으로 눕게 되자 그 아들이 많은 돈을 출납하는 것이 번거롭고 오래 가면 축날 것이니 이만 거두어들이자고 하자 변승업은 크게 꾸짖으면서 이 돈은 도성(都城) 안 수만 호의 목숨과 같은 돈이니 어찌 하루아침에 끊을 수 있는가 하며 빨리 돌려주라고 했다. 변승업이 늙자 자손들에게 훈계하길, "내가 섬겼던 조정의 대감들 가운데는 국정(國政)을 한손에 잡아 자기 살림처럼 삼은 분이 많았지만 삼대(三代)를 내려간 경우가 드물었다. 나라 안 돈놀이 하는 사람들은 우리 집에서 돈이 나가고 들어오는 것을 보아 이자의 높고 낮음을 정하니, 이 또한 우리가 국정을 잡고 있는 것이나 같다. 흩어 버리지 않으면 장차 화가 미칠 것이다"라고 했다고 한다. 그래서 그의 자손들은 번창하면서도 대부분 가난한 것은 승업이 노년에 많이 흩어 버렸기 때문이었다고 한다.

이렇게 제6화는 개인적 차원의 신의 문제에서 사회적 신의 문제로 화제가 옮겨 갔다. 즉 축재와 재물의 사용을 공리적 차원에서 인식하고 있다. 이 또한 넓은 의미의 신의의 문제라고 하겠다. 제5화까지의 이야기 내용이 중국 상인들과 조선 역관의 신의와 치부담을 개인적 차원에서 문제 삼았다면, 제6화는 화식과 재화에 대한 자세를 사회적인 차원에서 문제 삼고 있다. 이어지는 제7화의 '허생이야기'에서는 화식과 재화의 사용을 국가적 차원에서 문제 삼고 있다.

제7화는 제6화에 이어 변승업의 부의 유래에 관련된 이야기를 연암 자신이 진술한 부분으로서, 여기에 '허생이야기', 즉 〈허생전〉이 삽입되어 있다. 그러나 연암은 변승업의 부(富)의 유래에 관련된 허생이라는 이인(異人)의 행적을 진술하기에 앞서 이 이야기는 윤영이라는 인물이 들려준 것임을 밝혀 놓고 이야기를 시작하는 서술방식을 취하고 있다. 그런데 「진덕재야화」 〈후지〉에서 연암은 열하 여행 이전, 젊은 시절에 허생에 대한 이야기를 윤영이라는 이인에게 들었고, 허생을 위한 전(傳)을 짓기 위해 오랫동안 고심하였음을 밝혀 놓고 있다. 이것으로 미루어 볼 때, 이 〈허생전〉은 윤영이 들려준 내용 그대로가 아니라 윤영이 들려준 허생이야기를 비롯하여 당시 시정에 흘러 다니던 다양한 허생 설화를 바탕으로 연암이 한 편의 작품으로 저술한 것으로 보는 것이 올바르다. 이렇게 〈허생전〉은 그 소재원(素材源)과 저술동기 및 저술수법에 있어서 「옥갑야화」의 비장들에 의해 진술된 여타 일화들과는 구별되는 이야기이다. 따라서 '허생이야기', 즉 〈허생전〉은 제7화에 삽입되어 있는 독립된 이야기로서 「진덕재야화」의 〈후지〉에서 연암이 진술한 바와 같이 허생의 기이한 행적을 입전한 것으로서 그 자체로 독자성을 지니는 작품이다.

〈옥갑야화〉는 연암의 치밀한 문장조직 방법에 의해 화식과 신의에 관련된 독립된 이야기들이 모여 이루어진 하나의 작품이라고 할 수 있다. 「옥갑야화」의 각 일화들은 서로 일정한 관련을 지니면서 궁극적으로는 '허생이야기'를 이끌어 내기 위한 하나의 단계로서의 기능을 하고 있다. 이러한 작품구조와 함께 역관 일화들에서 말하고 있는 중심내용들 또한 '허생이야기'의 내용 속에 대부분 수렴되어 나타나고 있다. 따라서 「옥갑야화」를 한 편의 작품으로 볼 경우, 〈허생전〉 앞에 제시된 각각의 역관 일화들은 제7화 속의 '허생이야기'를 이끌어 내기 위한 도입부로서의 기능을 하고 있는 것이다. 그리고 '허생이야기', 즉 〈허생전〉은 그것이 비록 제7화의 삽입이야기로 존재하고 있지만, 그 자체가 하나의 완결된 작품으로서 독자성을 지닌다. 한편 「옥갑야화」를 액자소설로 규정할 경우에는 서두를 비롯하여 제1화에서 제7화의 '허생이야기'가 시작되기 전까지는 도입액자, '허생이야기', 즉 〈허생전〉은 내부화, 그리고 '후지'는 종결액자로 볼 수 있을 것이다.

「옥갑야화」의 이야기 전개는 축재와 재화의 사용 문제가 개인적 차원에서 사회적, 국가적 차원으로 확대되어 갔다. 즉 제1화에서 제5화까지의 각 일화의 내용이 '축재(蓄財)와 배은(背恩)', '재물에 대한 초연한 자세', '의로운 재물의 사용과 보은', '옛 주인에 대한 보은', '상거래에 있어서의 신용과 예기치 않은 화식' 등 개인적 차원의 문제들임에 비해, 제6화는 화식에 있어서의 공리성을 강조한 내용으로서, 화식을 사회적 차원에서 문제 삼고 있으며, 제7화, 즉 〈허생전〉에서는 화식(貨殖)과 산재(散財), 즉 축재한 재물의 사용 문제가 사회와 국가라는 보다 넓은 차원으로 확대되어 있다. 그리고 이러한 다양한 주제들 바탕에는 '신의'라는 문제가 늘 개재해 있다. 연암에게 있어서 이 신의 문제는 「옥갑야화」에서뿐만 아니라 젊은 시절의 「방경각외전」의 작품들에서도 중요한 관심사로서, 그것은 인간의 기본적인 삶의 자세에 기초하는 것이며, 궁극적으로는 이용후생이라는 연암의 실학사상과 접맥되는 것이다.

4. 「옥갑야화」와 〈허생전〉의 관계

앞에서 고찰한 바와 같이 「옥갑야화」는 중국을 드나들며 상행위를 하였던 조선 역관들의 화식과 관련된 일화 다섯 편과, 왜어 역관 출신으로 당대 서울 장안의 갑부가 되었던 변승업의 화식에 관한 일화 두 편이 수록되어 있다. 그런데 제1화에서 제5화까지의 중국 상인과 조선 역관 사이에서 파생된 화식 일화들은 변승업의 화식과 관련된 제6화를 이끌어 내는 기능을 하고 있으며, 제6화는 변승업의 부(富)의 유래와 관련된 제7화를 이끌어 내는 기능을 하고 있다. 이 제7화는 연암이 직접 진술한 변승업의 부의 유래에 관한 이야기이다. 이렇게 「옥갑야화」의 화제의 연결고리는 역관들의 화식과 관련된 이야기로서, 그것은 궁극적으로는 허생이라는 선비의 화식행위를 이끌어 내는 데 기여하고 있다. 그런데 연암은 '허생이야기'를 윤영이라는 인물에게서 제보받은 것을 전달하는 이야기 진술방식을 취하고 있다. 제7화가 변승업의 부의 유래에 대한 이야기를 한다고 했지만, 그 내용은 대부분 허생이라는 인물의 기이한 행적에 대한 것이었다. 그렇다면 「옥갑야화」의 제1화에서 제6화까지는 제7화를 이끌어 내기 위해 존재하는 것이며, 제7화는 '허생이야기', 즉 〈허생전〉을 진술하기 위해 설정된 것이다.

이제 〈허생전〉 앞에 제시된 역관일화들과 〈허생전〉이 어떠한 관련을 지니는지 그 내용을 중심으로 살펴보기로 하겠다. 먼저 역관 일화의 중심내용을 요약하고 〈허생전〉의 내용과 관련시켜 보기로 하겠다.

제1화는 과거에는 순후했던 중국인들이 지금은 우리나라 사람에게 사기행각을 일삼는 것은 그 원인이 우리에게 있다는 화제에 이어 비열한 조선 역관이 순박하고 후덕한 중국의 단골 상인을 속여서 돈을 빌리고, 그 돈으로 크게 무역을 해서 치부를 하였지만, 본전조차 갚지 않으려고 하다가 천벌을 받았다는 이야기이다. 이 이야기는 신의의 문제를 다룬 것으로, 수단과 방법을 가리지 않고 치부한 배은망덕한 조선 역관의 치부담이다.

제2화는 제1화와 대조되는 인물로 40여 년 중국에 드나들었지만, 재물에 초연했던 이추라는 조선 역관의 선비적 자세를 보여 줌으로써, 제1화의 비열한 조선 역관의 모습이 조선 역관의 일반적인 모습이 아님을 말하고 있다.

제3화는 조선 역관 중에는 제2화와 같은 재물에 초연한 인물도 있지만, 재물을 아끼지 않고 곤경에 빠진 사람을 적극적으로 구해 주기도 하는 의로운 인물도 있음을 제시하였다. 조선의 역관들 모두가 제1화에서의 비열한 역관과 같이 수단과 방법을 가리지 않고 축재하는 것이 아님을 제2화에 이어 재차 역설한 이야기이다. 제3화에서는 조선 역관의 의로운 행위와 함께 은혜를 잊지 않고 갚는 중국 여인의 보은의 모습을 보여 주고 있다. 이것은 제1화에서의 조선 역관의 배은망덕의 행위와 대조적인 모습이다. 제3화는 재물을 아끼지 않고 위기에 처한 연인을 구한 의기와 보은에 대한 이야기이다.

제4화는 제3화에 이어 은혜를 잊지 않는 중국인의 순박하고 후덕한 성품을 중국 상인의 세계에 있었던 일화를 통해 거듭 보여 준다.

제5화는 옛날 중국인들의 상거래는 신의가 있었으나, 지금은 그렇지 않다는 것을 예화를 통해 보여 주고 있다.

이상에서 살펴본 바와 같이 제1화에서 제5화까지는 중국인들과 조선 역관들의 상행위에서 문제가 되었던 축재와 신의가 화제의 중심이다. 제1화 서두에서 제기되었던 중국인들의 순후한 성품이 바뀐 이유와 조선 역관의 상행위 과정에서 파생되었던 화제는 제5화에서 일단 끝나고, 화제는 왜어 역관으로 갑부가 된 변승업이라는 인물의 화식과 산재, 그리고 축재에 대한 이야기로 이어진다.

제6화는 변승업의 화식(貨殖)과 산재(散財) 일화이다. 변승업이 병으로 자리에 눕게 되자 이식(利殖)을 위해 사람들에게 빌려 준 돈을 합산해 보니 50만 냥이나 되었다. 그 아들이 "이렇게 많은 돈을 출납하는 것은 번거롭고 오래 가면 축날 것이니 이만 거두어들이자"고 하자, 변승업은 화를 벌컥 내며 그 돈은 한양 도성(都城) 만 호의 목숨이 달린 것이니 그냥 내버려두도록 했다고 한다. 변승업의 자손들이 번창은 하면서도 대부분 가난한 것은 변승업이 노년에 많이 흩어 버렸기 때문이었다고 한다. 이렇게 제6화에서는 변승업이라는 인물의 재물에 대한 공리적 자세를 말하고 있는데, 이 또한 신의의 문제와 결부된 것이다. 제7화는 제6화에 이어 변승업의 부의 유래에 대한 연암 자신이 진술한 이야기이다. 그런데 연암은 변승업의 축재와 관련된 이야기를 윤영이라는 이인에게서 들은 이야기를 전달해 주는 이야기 방식을 취하고 있다. 윤영의 이야기라고 하며 연암이 진술한 '허생이야기'는 그 자체로 독자성을 지닌 이야기로, 〈허생전〉이라는 독립된 작품으로도 존재할 수 있는 것이다. 연암이 『열하일기』의 한 편목(篇目)으로 「옥갑야화」를 설정하고 역관들의 화식 일화를 모아 놓은 것은 바로 이 '허생이야기', 즉 〈허생전〉을 저술하기 위한 방편이었다고 할 수 있다. 따라서 「옥갑야화」에서 연암이 말하고자 한 중심 내용은 이 〈허생전〉에 용해되어 있다고 해도 과언이 아닐 것이다.

그러면 이제 〈허생전〉 앞에 제시된 역관 일화들과 〈허생전〉의 내용이 어떤 관련을 맺고 있는가를 살펴보기로 하자.[14)]

제1화에서 조선 역관이 빈손으로 중국인 단골 상인을 찾아갔을 때, 그는 5년 후에 원금만 갚으라고 하며 선뜻 만 냥을 빌려 준다. 그리고 조선 역관은 그 돈으로 물건을 사 가지고 귀국하여 큰 부자가 된다. 그러나 조

14) 〈허생전〉의 중요 내용을 요약하면 다음과 같다. ① 10년 기약을 하고 독서만 일삼던 허생은 아내의 성화에 못 이겨 집을 나온다. ② 집을 나선 허생은 생면부지의 변씨를 찾아가 만 냥을 빌려 안성으로 내려가 과일을 매점매석하여 폭리를 취하고, 또 제주도에 가 말총을 독점하여 막대한 이익을 취한다. ③ 허생은 번 돈으로 변산의 도적을 이끌고 무인도에 들어가 농사를 지어 먹고 남은 곡식을 일본 長崎島(나가사키)에 가져다 팔아 은 백만 냥을 벌었다. ④ 허생은 도적들을 섬에 남아 살게 하고 자신은 섬을 떠나면서 나머지 배와 50만 냥을 바다에 던지고, 화근을 없앤다고 글 아는 사람을 모두 데리고 나온다. ⑤ 섬을 나온 허생은 나라 안을 두루 다니며 가난하고 의지할 곳 없는 사람을 구제하고 남은 돈 10만 냥을 가지고 변씨를 찾아가 모두 주고는 빈손으로 귀가한다. ⑥ 집에 돌아온 허생은 못 다한 공부를 계속하고 변씨는 가끔 양식과 옷을 제공한다. ⑦ 어느 날 변씨와 함께 온 이완에게 세 가지 시국책을 제시하고는 수용하기 어렵다고 하는 이완에게 호통을 친 후 종적을 감춘다.

선 역관은 중국인 단골 상인에게 빌린 돈을 갚지 않을 작정으로, 사신을 따라 북경에 가는 친구에게 북경에 가서 중국인 단골 상인을 만나거든 자신을 비롯한 온 가족이 염병에 걸려 몰사했다는 거짓말을 해 줄 것을 부탁한다. 이러한 내용은 〈허생전〉에서 굶주림에 지친 아내의 항변을 참지 못한 허생이 가출한 후 생면부지의 변씨를 찾아가 만 냥을 빌려 그 돈으로 과일과 말총 등을 매점매석하여 폭리를 취하여 큰돈을 버는 것과 관련을 지어볼 수 있다. 그러나 〈허생전〉에서 허생은 그 돈을 자신을 위해 쓰지 않고 남을 위해 썼으며, 변씨에게 빌린 돈을 10배로 갚아 주고는 빈손으로 자신의 본래 집으로 돌아온다. 따라서 제1화의 역관 일화는 〈허생전〉의 전반부 내용, 즉 '① 돈의 차용과 화식과 축재, 그리고 ② 무능한 위정자를 대신하여 축재한 재화로 헐벗고 굶주린 민중의 구제, ③ 원금에 높은 이자를 붙여 빌린 돈을 갚은 신의'와 관련시켜 볼 수 있다.

제2화에서 이추라는 역관은 40여 년을 북경에 드나들면서 평소에 돈을 입에 올린 적이 없었고, 손에 은을 한번도 쥐어 본 일이 없는 인물이다. 재물에 대한 허생의 초연한 모습은, 허생이 변씨에게 빌린 돈을 갚으러 갔을 때, 허생의 초라한 모습을 보고 놀라서, "당신 얼굴빛이 조금도 나아지지 않은 걸 보니 아무것도 얻지 못하고 만 냥만 날린 모양이군요" 하자, 허생은 웃으며 말하길 "재물로 얼굴빛을 좋게 꾸미는 것은 그대들이나 할 일이지 만 냥이 어찌 도를 살찌게 한단 말인가" 하고 수중에 한 푼도 남기지 않고 십만 냥 모두를 변씨에게 준다. 이때 변씨가 십분의 일의 이자만 받으려고 하니 허생은 크게 화를 내며, "그대는 어찌 나를 장사치로 대한단 말이냐" 하고 소매를 떨치고 가 버리는 대목과 관련시켜 볼 수 있다.

제3화는 '재물 때문에 궁지에 빠진 사람을 재물을 아까워 하지 않고 구해 주는 의기와, 은혜를 잊지 않고 보답한 행위'를 이야기하고 있다. 〈허생전〉에서 이와 같은 모습은 허생이 매점매석을 통해 번 막대한 돈을 가난 때문에 변산의 도적이 된 양민을 섬에 데리고 가서 농사지어 먹도록 하였고, 다시 먹고 남은 양식을 일본 장기도(長崎島)에 가져다가 팔아 백만 냥을 얻어 그 중 오십만 냥은 바다에 던지고 남은 돈으로 온 나라 안을 두루 돌아다니며 가난하고 하소연할 곳 없는 자를 구제한 행위와, 이완과의 대화 중 연암이 제시한 두 번째 제안, 즉 조선은 명나라의 은혜를 입었으므로 명나라가 망하여 조선으로 도망 온 명나라 유민들에게 집도 주고 장가도 보내 주어 은혜를 갚아야 한다는 대목과 관련시켜 볼 수 있을 것이다.

제4화는 제3화의 중국인의 보은(報恩) 행위와 이어지는 것으로써 중국인들 사이에 있었던 일화를 하나 더 소개함으로써 중국인들의 순후한 품성을 강조하고 있다.

제5화는 신용이 없게 된 중국 상인의 모습과 예기치 않은 사건으로 치부한 일화를 소개하고 있다. 이러한 내용을 〈허생전〉에서 찾는다면 허생이 변씨에게 돈을 빌려 과일 등과 말총을 매점매석하여 폭리를 취한 행위와 연결시켜 볼 수 있다.

제6화는 변승업이라는 역관 출신의 당대 서울 장안의 갑부가 화식과정에서 보인 공리적 자세에 대한 이야기이다. 변승업은 이식을 위해 빌려 준 돈이 수많은 사람의 목숨과 같다고 하면서 아들의 권고에도 불구하고 거두어들이지 않았기 때문에 그 자손들은 번성하였지만 대부분은 가난하다는 이야기로써, 〈허생전〉의 허생이 장사해서 번 막대한 돈을 자신을 위해서는 한 푼도 쓰지 않고, 가난하고 의지할 데 없는 민중을 구제하고, 자신은 빈손으로 본래의 자신으로 돌아와 독서하는 행위는 비록 그것이 방식은 다르지만 재물에 대한 공리적 자세, 즉 재물을 통한 민중 구제라는 점에서 서로 통하는 행위라고 할 수 있다.

제7화는 「옥갑야화」의 궁극적 목적인 〈허생전〉을 수록하기 위해 변승업의 부의 유래와 허생이라는 기이한 인물을 관련시킨 부분이다. 제7화의 서두에서 연암은 변승업이라는 역관이 일국의 갑부가 될 수 있었던 것은 허생이라는 인물이 있었기에 가능했다고 하며, 윤영이라는 인물이 제보해 주었다는 '허생이야기'를 전달하는 형식을 취하고 있다.

이렇게 북경을 드나들던 역관 일화와 왜어 역관 출신의 갑부 변승업의 '화식과 축재와 산재, 그리고 신의'에 관련된 일화들은 궁극적으로는 허생이라는 조선 후기의 비판적 지성인의 선각자적 모습을 이끌어 내는 기능을 하고 있으며, 이 역관 일화들에서 말하고자 한 중심 내용들은 대부분 〈허생전〉의 내용 속에 수렴 용해되어 있다.

5. 맺음말

지금까지 「옥갑야화」의 성격을 구명하기 위해 작품의 저술배경, 작품의 구조와 주제, 그리고 「옥갑야화」의 여타 역관 일화들과 〈허생전〉의 관계를 고찰하였다.

먼저 「옥갑야화」 첫머리에서 기술한 바를 그대로 믿고 '옥갑'이라는 장소가 구체적으로 어딘가에 대해 『열하일기』의 내용을 검토하여, ① 「진덕재야화」라는 이본이 존재한다는 것에 착안하여 열하에서 연암 일행이 6일간 머물렀던 태학의 별재(別齋)인 '진덕재(進德齋)'일 가능성과, ② 연암 일행이 사행의 임무를 마치고 북경으로 귀환 도중 3일째인 8월 17일 숙박했을 가능성이 있는 '석갑성(石匣城)' 또는 근처 어딘가에 있었음직한 '옥갑(玉匣)'이라는 장소, ③ 열하에서 북경으로 귀환한 연암 일행이 귀국을 기다리며 한 달가량 머물렀던 북경의 조선 사행의 숙소였던 태학관을 은유적으로 지칭하였을 가능성 등을 고찰하여 보았다. 이 중에서 「옥갑야화」의 '옥갑'은 아무래도 연암 일행이 열하를 떠나 북경으로 귀환하던 8월 17일에 숙박하였을 것으로 추정되는 '석갑성', 또는 그 근처 어딘가일 가능성이 가장 크다. 그러나 옥갑이라는 곳에서 비장들과 환담했다는 상황 설정 자체가 허구일 가능성 또한 배제할 수 없다.

연암은 이렇게 저술의 배경이 되었던 시간과 장소를 모호하게 처리였을 뿐만 아니라, 환담에 참여하였던 인물 또한 구체적으로 밝히지 않고 '유언

(有言)'으로 모호하게 처리하였다. 이러한 서술방식은 이 글이 지니고 있는 시사적인 내용, 특히 〈허생전〉이 지닌 현실 비판적 성격에 기인한 것으로 추정된다.

다음으로는 「옥갑야화」에 수록되어 있는 역관 일화들의 내용을 분석하여 그것들이 어떤 서술방식에 의해 구성되어 있는가를 고찰하였다. 그 결과 「옥갑야화」는 사신을 따라 북경을 드나들며 장사하던 조선 역관들의 '화식과 축재, 그리고 신의'에 관련된 역관 일화들은 왜어 역관 출신으로 당대 장안 갑부였던 변승업이라는 인물의 '화식과 재물에 대한 공리적 자세'에 대한 이야기를 이끌어 내는 기능을 하고 있다. 또한 변승업의 '화식과 산재' 일화는 조선 후기의 비판적 지성인의 한 모습이라고 할 수 있는 허생이라는 인물의 화식과 재물의 이용에 대한 이야기를 이끌어 내는 서술방식으로 구성되어 있음을 알 수 있었다. 이렇게 「옥갑야화」를 한 편의 작품으로 볼 경우, 〈허생전〉 앞에 제시된 각각의 역관 일화들은 제7화의 〈허생전〉을 이끌어 내기 위한 도입부로서의 기능을 하고 있다. 따라서 「옥갑야화」를 액자소설로 규정할 경우에는 서두를 비롯하여 제1화에서 제7화까지는 도입액자로, '허생이야기', 즉 〈허생전〉은 내부화 또는 본화로, '후지'는 종결액자로 볼 수 있다.

「옥갑야화」의 주제는 '화식(貨殖)과 축재(蓄財)', 그리고 축재한 재물의 사용, 즉 '산재(散財)'로 요약할 수 있다. 이러한 주제는 '신의(信義)'와 밀접한 관련을 맺으면서 개인적 차원에서 사회적, 국가적 차원으로 확대된다. 즉 제1화에서 제5화까지의 각 일화의 중심내용이 '축재와 배은', '재물에 대한 초연한 자세', '재물의 의로운 사용과 그에 따른 보은', '옛 주인에 대한 보은', '상거래에 있어서의 신용과 예기치 않은 치부'라는 개인적 차원의 문제를 다루고 있음에 대해, 제6화에서는 화식의 문제를 공리적 인식이라는 사회적 차원에서 문제 삼고 있다. 그리고 제7화, 즉 〈허생전〉에서는 화식과 재물의 사용을 사회와 국가라는 좀 더 넓은 공리적 차원으로 확대하여 문제 삼고 있다. 이와 같은 주제들은 한마디로 말한다면

'신의'라는 인간의 기본적인 삶의 자세에 기초하는 것으로써, 궁극적으로는 이용후생이라는 연암의 실학사상과 관련되는 것이다.

연암은 「진덕재야화」 〈후지〉에서 자신이 젊은 시절에 윤영에게서 '허생 이야기'를 들은 이후 수십 년간 허생을 위해 전(傳)을 지으려고 고심했었음을 밝혀 놓고 있다. 그렇다면 연암이 『열하일기』에 「옥갑야화」라는 편목을 설정하여 역관들의 축재와 재물의 사용에 관한 일화들을 모아 놓은 것은 그 목적이 〈허생전〉을 입전하여 수록하기 위한 것이었다고 하는 편이 훨씬 설득력이 있을 것 같다. 「옥갑야화」에 수록된 역관 일화들과 〈허생전〉의 내용을 대비 고찰해 본 결과 역관 일화들에서 말하고 있는 중심내용 대부분이 〈허생전〉에 수렴 용해되어 있음을 보아도 이러한 가설은 타당한 것 같다. 따라서 지금까지 「옥갑야화」 내용의 일부분인 '허생이야기'만을 따로 떼어 내어 〈허생전〉이라는 표재로 독립적으로 다루어 온 것은 연암의 저술의도와 작품내용 및 구조로 볼 때 지극히 당연한 소치이며 어쩌면 연암의 저술의도에 부합되는 것인지도 모른다.

〈열녀함양박씨전〉의 저술배경과 작가의식

1. 머리말

〈열녀함양박씨전(烈女咸陽朴氏傳)〉은 연암 박지원(1737－1805)이 경상도 안의(安義) 현감으로 재직하고 있을 당시(1793, 정조 17년)에 이웃 고을인 함양에서 있었던 열녀의 죽음을 듣고 느낀 바가 있어서 쓴 글이다. 따라서 그가 젊은 시절에 쓴 「방경각외전」의 작품들이나 『열하일기』 소재의 〈허생전〉, 〈호질〉에 비해 그 작품 배경이 구체적으로 잘 드러나 있다.

지금까지 〈열녀함양박씨전〉에 대한 연구의 중요 쟁점 중 하나로 이 작품을 전(傳)으로 볼 것인가, 소설로 볼 것인가, 아니면 수필 또는 복합적 성격을 지닌 것으로 볼 것인가 등 작품의 갈래 귀속 문제가 있다. 이 문제는 조선 후기 우리나라 서사문학의 문체 변천사를 놓고 볼 때 쉽게 결론이 날 수 있는 사안은 아니다. 그러나 그간 연구자들은 나름대로의 논리에 입각하여 '전이다', '소설이다', '수필이다', 또는 '전과 소설의 성격이 공존하는 작품이다'라고 하는 등 다양한 견해를 피력하였다.[1] 또 하나는 작

1) 이 작품의 갈래에 대해 김일근은 소설적인 성격과 전의 성격을 함께 지닌 것으로 파악했고(「연암소설의 근대적 성격」, 『경북대논문집』 제1집, 1956), 이가원은 소설로 다루었고(『연암소설연구』, 을유문화사, 1965), 성현경은 수필로 규정했다(「〈열녀함양박씨전〉과 〈열녀함양박씨전병서〉의 구성」, 『한국고전산문연구』, 동화문화사, 1981). 전으로 본 학자는 민병수(「한국소설발달사」, 『한국문화사대계』 5, 고대민족문화연구소, 1967), 이동근(『조선후기 '전'

품 제목의 명칭과 작품의 구조와 관련된 것이다. 작품의 명칭 문제는 현재 우리가 주로 접하게 되는 박영철(朴榮喆) 간행(1932)의 『연암집』, 「연상각선본(烟湘閣選本)」의 전체 목차의 제목은 '열녀함양박씨전(烈女咸陽朴氏傳)'으로 표기되어 있는데, 본문 앞에는 '열녀함양박씨전 병서(烈女咸陽朴氏傳 幷序)'로 표기되어 있는 것에서 야기된 것이다. 이런 이유에서 몇몇 연구자는 〈열녀함양박씨전〉의 명칭을 '열녀함양박씨전 병서'라고 쓰고 있다.[2] 이 문제도 쉽게 결론이 날 문제는 아니다. 왜냐하면 '병서(幷序)'의 글자는 '열녀함양박씨전'의 글자보다 작은 글씨로 부기(附記)되어 있고, 이 작품의 이름을 애초에 연암이 어떻게 명명하였는지 현재로서는 확인할 수 없기 때문이다. 구조의 문제로는 '병서'의 내용을 어디까지로 볼 것인가에 있다. 이것은 작품의 구조와 관련되는 문제이며, 작품 해석과도 밀접한 관련을 갖는다. 이 문제에 대해서도 논자에 따라 다양한 주장을 하고 있다. 그 중 대표적인 주장은, 작가의 열녀관이 개념적으로 피력되어 있는 단락 ①, 양반 과부의 인사부(忍死符) 일화인 단락 ②, 단락 ②에 대한 서술자의 견해인 단락 ③, 함양 박씨의 순절(殉節) 사건인 단락 ④, 순절한 함양 박씨의 죽은 이유를 추측한 단락 ⑤로 구분하여, '병서'부분을 단락 ①, ②, ③으로 보기도 하고, 단락 ①만으로 보기도 하는 것이 그것이다.[3] 이

문학연구』, 태학사, 1991), 박희병(『조선후기 '전'의 소설적 성향 연구』, 서울대 박사학위논문, 1991) 등이 있다. 박기석(『박지원문학연구』, 삼지원, 1984)은 한문단편으로 보았다.

2) 성현경이 그의 논문(「〈열녀함양박씨전〉과 〈열녀함양박씨전 병서〉의 구성」, 『한국고전산문연구』, 동화문화사, 1981)에서 〈열녀함양박씨전 병서(烈女咸陽朴氏傳 幷序)〉라고 불러야 옳을 것이라고 주장한 이래, 설성경(「〈열녀함양박씨전 병서〉의 구조」, 『연민 이가원 박사 칠질송수기념논총』, 정음사, 1987), 이종주(『북학파산문연구』, 서강대 박사학위논문, 1990), 박일용(「〈열녀함양박씨전 병서〉의 형상화 방식과 그 장르적 성격」, 『한국고전소설과 서사문학』, 양포 이상택 교수 환력기념논총간행회, 집문당, 1998) 등에서도 같은 주장을 하고 있다.

3) 작품의 구조를 본문에서와 같이 ①, ②, ③, ④, ⑤의 다섯 단락으로 나누었을 때, 이가원(앞의 논문)은 단락 ② ③을 한 단락으로 보아 전체를 네 단락으로 나누었고, 성현경(앞의 논문)은 서(序)를 단락 ① ② ③으로, 본화(本話)를 단락 ④로, 평(評)을 단락 ⑤로 보았다. 이에 대해 이동근(앞의 논문)은 단락 ①을 '서'로 규정하고 이것을 단락 ②와 단락 ③의 '양반과부 일화'와 단락 ④와 단락 ⑤의 '함양 박씨 일화'의 '병서'로 보았다. 김영동(『박지원

문제를 풀기 위해서는 아무래도 작품 내용에 대한 심층적 분석이 더 필요할 것 같다.

이 글에서는 이와 같은 문제들을 염두에 두면서 작품을 분석하여 작자 연암이 이 작품을 통하여 독자에게 전하려 한 궁극적 의도가 무엇인가를 고찰하고자 한다.

2. 〈열녀함양박씨전〉의 저술배경

1) 연암의 여성의식

연암이 평소에 지니고 있었던 여성의식을 고찰하는 한 방법으로 먼저 그의 한문단편을 살펴보기로 하겠다. 연암의 여성의식은 20·30대 젊은 시절에 쓴 「방경각외전」에 수록된 〈민옹전〉과 〈양반전〉, 그리고 〈광문자전〉에서 살필 수 있으며, 40대에 쓴 『열하일기』의 〈허생전〉과 「태학유관록」, 연암이 춘관(春官)을 대신해서 쓴 몇 편의 '열부사장(烈婦事狀)'의 글을 통해 살필 수 있을 것이다.

20·30대의 연암의 여성의식은 그의 한문단편에 등장하는 여성의 언행을 통해서 살펴볼 수 있다. 연암의 20대 초반 작품인 〈민옹전〉을 보면, 주인공 민옹은 어릴 때부터 영리하고 말 잘하기로 유명하였지만, 무신년(戊申年) 민란(民亂)에 관군을 따라 토벌에 가담하여 그 공로로 첨사(僉使)라는 벼슬을 얻은 것 말고는 일생 동안 시정(市井)의 비판적 지식인으로 살았던 인물이다. 그는 일곱 살에 '항탁(項橐)이 스승이 되었다', 열두 살에

소설연구』, 태학사, 1988), 이종주(『북학파산문연구』, 서강대 박사학위논문, 1990), 두창구(『연암소설의 서사구조연구』, 세종대 박사학위논문, 1991)는 ①, ②③, ④⑤의 세 단락으로 나눈 다음 다시 세분하였고, 설성경(앞의 논문)은 서화(序話)인 병서와 본화(本話)인 〈열녀함양박씨전〉으로 구성된 것으로 보았다. 이후 박일용(앞의 논문)은 단락 ②와 단락 ④의 연관관계를 유기적으로 밝히기 위해 형상화 방식과 내용의 양 측면에서 분석하였다.

는 '감라(甘羅)가 장수가 되었다', 열세 살에는 '외황아(外黃兒)가 유세했다' 등 해가 바뀔 때마다 자신의 나이와 같은 때에 큰 업적을 이룬 인물을 떠올리며 방안 벽면에다가 크게 먹으로 쓰면서 희망을 가지고 살았다. 일흔 살이 되는 해에, 그의 아내가 "'영감님, 올해는 까마귀를 안 그리우?' 하고 조롱하자, 민옹은 기뻐하며 '그래, 당신은 빨리 먹이나 가시구려' 하고는, 곧 '범증(范增)은 기이한 계책을 좋아했다'라고 크게 썼다. 그랬더니 처는 더욱 성을 내며 말하길 '비록 기이한 계책이 있다 한들 장차 어느 때에 쓰려우'[4] 하였다." 여기서 우리는 민옹 처의 언행을 통해서, 그녀는 이제 남편에게 무조건 순종만 하는 여인이 아니라 자신의 의견을 제시하기도 하며 남편에 대한 비판도 거리낌 없이 할 수 있는 여인으로 바뀌어 있음을 볼 수 있다. 철저한 가부장제(家父長制) 사회인 조선의 양반가문에서 남편은 절대적 권위를 가지고 있었다. 그럼에도 불구하고 이렇게 남편을 조롱하는 대화를 작품으로 나타냈다는 것은 연암의 여성에 대한 선구적 인식의 결과가 아닐 수 없다. 민옹 처의 언행을 통해서 우리는 20세 초의 연암의 여성의식을 엿볼 수 있는 것이다.

이와 같은 양반 계층 부인의 남편에 대한 비판적 언행은 〈양반전〉에도 나타나고 있다. 〈양반전〉에서는, 독서만 일삼으면서 나라의 환곡을 천 석이나 빌려 먹고는 갚지 못해 궁지에 몰린 남편에 대해 "여보 당신은 한평생 글 읽기만 좋아했지 환곡을 갚는 데는 아무런 도움이 안 되는군요. 에이구, 양반이라구, 양반은커녕 일전의 가치도 없네"[5] 하고 매도하는 양반 처의 모습을 볼 수 있다. 여기서 정선 양반의 처는 조선사회가 지향하는 여필종부(女必從夫)의 미덕에 반기를 들고 있다. 이러한 양반 처의 언행은 작가의 의도가 반영된 것은 물론이다. 〈광문자전〉에서도 연암의 여성에 대한 인식이 나타난다. 광문은 나이가 마흔이 넘어서도 장가를 가지 않은 떠돌이 총각이었다. 그래서 남들이 장가들기를 권하면 "도대체 예쁜

---

4) 其妻益恚曰 計雖奇 將幾時施乎(〈閔翁傳〉).

5) 其妻罵曰 生平子好讀書 無益縣官糴 咄兩班 兩班不置一錢(〈兩班傳〉).

아가씨는 누구든지 그리워하는 거야. 그러나 이는 사내만 그런 것이 아니오. 저 여인들도 역시 그런 거야. 그러므로 나처럼 못생긴 놈이 어떻게 장가를 들 수 있단 말이요"[6] 하며 여성과 남성을 대등한 시각에서 바라보고 있다. 이렇게 연암은 주인공 광문의 입을 통해 여성의 인격을 긍정하는 발언을 하고 있다. 그것은 인간평등사상, 남녀평등사상에 기초한 발언이 아닐 수 없다. 여성의 인간성에 대한 긍정의 발로라고 할 수 있다. 그렇지만 이 작품들에 등장하는 여인들의 남편에 대한 항변은 아직은 심각한 수준이 아니다.

그러나 40대 이후에 저술한 『열하일기』에 수록된 「옥갑야화」〈허생전〉의 허생 처의 남편에 대한 항변은 당시 정상적인 양반 가문에서는 상상할 수 없는 언행이 아닐 수 없다. 따라서 이러한 내용을 글로 나타낸 작가의 여성의식은 매우 혁신적이다. 〈허생전〉에서 허생 처는 굶주림을 참다 못해 글만 읽고 있는 남편을 향해 다음과 항변하고 있다.

> '당신은 평생 과거도 보지 않으면서 글은 읽어 무엇 하시려우?' 하니 허생이 웃으며, '내 책읽기가 아직 미숙해서 그렇소'라고 대답했다. 그러자 처는 '장인바치 노릇이 있지 않소?' 한다. 허생은 '장인바치 일은 본래 배우지 않았으니 어떻게 하겠소'라고 말했다. 처는 다시 말하길, 그러면 '장사치 노릇은 왜 못하시나요?' 했다. 허생은 '장사를 하려고 해도 밑천이 없으니 어쩌겠소' 했다. 허생 처는 성을 내고 꾸짖으며, '밤낮 책만 읽더니 단지 배운 것이 어쩌란 말이오?라는 말만 배웠구려. 공장이 노릇도 장사치 노릇도 못하겠으면, 도적질은 어때요?'라고 했다.[7]

---

6) 人勸之妻 則曰 夫美色衆所嗜也 然非男所獨也 唯女亦然也 故吾陋而不能自爲容也(〈廣文者傳〉).

7) 妻甚飢 泣曰 子平生不赴擧 讀書何爲 許生笑曰 吾讀書未熟 妻曰 不有工乎 生曰 工未素學奈何 妻曰 不有商乎 生曰 商無本錢奈何 其妻 恚且罵曰 晝夜讀書 只學奈何 不工不商何不盜賊(〈許生傳〉).

여기서 허생 처(妻)의 언행은 당시 점잖은 양반 가문의 부녀자의 언행이라 할 수 없다. 이와 같은 허생 처의 언행은 〈허생전〉과 유사한 줄거리를 가진 이른바 '허생유사설화(許生類似說話)'에서는 나타나지 않는다. 대표적인 유사설화인 〈양주염야탐기산진삼천중화(楊州廉也耽妓散盡三千重貨)〉와 〈식보기허생취동로(識寶氣許生取銅爐)〉 유형에 속하는 설화들에서 처의 항변은 볼 수 없다. 이 작품들에서 주인공이 출가하게 된 동기는 처의 굶주린 모습, 또는 머리칼을 팔아 식량을 구한 처의 삭발한 모습을 보고 집을 뛰쳐 나와 화식(貨殖)의 세계에 뛰어드는 것으로 되어 있다.[8] 따라서 연암의 〈허생전〉에 등장하는 허생 처의 언행은 당시 시대적 현상이 아니라 작가 연암 자신의 여성의식에서 비롯된 것이다.

연암의 '불경이부(不更二夫)'에 대한 의식은 「태학유관록(太學留館錄)」 8월 10일자 일기에도 피력되어 있다. 이날 연암은 아침식사 후 곡정(鵠汀) 왕민호(王民皥)와 지정(志亭) 등 중국인 선비와 대화를 하는데, 이때 '열녀불경이부'에 대하여 대화를 한다. 곡정이 연암에게 조선의 아름다운 것에 대해 묻자, 연암은 첫째로 유교를 숭상하는 것, 둘째는 물난리가 없는 것, 셋째는 어류와 소금을 다른 나라에서 빌려 오지 않는 것, 네 번째로 여자가 두 지아비를 섬기지 않는 것을 들었다.[9] 이에 대해 지정이 "여자가 지아비를 바꾸지 않는다니 온 나라가 모두 그럴 수 있겠습니까?(志亭曰 女不更夫 豈得通國盡然)"라고 의문을 제기하자, 연암은 "온 나라의 미천한 농사 백성이나 하인들까지 모두 그런 것은 아닙니다. 명색이 사족(士族)이라고 하면 비록 아무리 가난하고 또 삼종(三從)의 길이 이미 끊어졌다고 해도 평생 과부의 절개를 지켜 변하지 않으며, 이러한 기품이 비복(婢僕)과 하천(下賤)에게까지 미쳐서 저절로 풍속을 이룬 지 사백 년이 되었습니다"[10]라고 하였다. 그런데 연암이 우리나라의 미풍양속의 하나로 '열녀불

8) 朴箕錫, 『朴趾源文學研究』, 三知院, 1984, 161-167쪽.

9) 鵠汀曰 歸國佳處 願聞數事 余曰 弊邦雖僻居海陬 亦有四佳 俗尙儒敎 一佳也 地無河患 二佳也 魚鹽不藉他國 三佳也 女子不更二夫 四佳也(『熱河日記』, 「太學留館錄」).

경이부'를 예로 들자, 곡정이나 지정은 이에 대해 의아해 하였다. 그리고는 지정은 그러한 습속에 대해 나라에서 금하는 법령이 없느냐고 물었고, 연암이 법령이 없다고 하니,[11] 곡정은 중국에서는 이러한 풍속으로 말미암아 막심한 폐단이 있다고 하며 다음과 같이 말하였다.

> 중국에서도 이 풍속이 막심한 폐단을 이루어서, 어떤 이는 납채(納采)하고 초례(醮禮)를 이루지 않았다거나, 성례(成禮)만 하고 아직 첫날밤을 치르지 않았는데도 불행히 사고가 있으면 평생토록 과부의 절개를 지켜야 하는데, 이런 건 오히려 나은 편이고, 심지어는 대대로 사귀어온 정의(情誼)가 두터운 집안 사이이면 아이가 뱃속에 들었을 때 이미 언약한다거나, 또는 다박머리 때 부모끼리 말이 있었다가, 불행하면 독약을 마시거나 목을 매어서 같이 따라 합장되기를 구하니, 이는 예(禮)에 크게 어긋나는 일이므로 군자들은 그것을 시분(尸奔: 죽은 시체를 따라 바람남)이라고 기롱(譏弄)하기까지도 하고, 또는 절음(節淫, 절개를 지킨다하면서 음란한 짓을 함)이라 불렀던 것입니다. 국법(國法)으로 이를 엄격히 단속하여 그 부모에게 죄를 주기로 하였으나 마침내 습속을 이루었으니 동남 지방이 더욱 심합니다. 그러므로 유식한 집안에서는 여자가 성년이 된 뒤에 비로소 혼인을 말하니 이는 요즈음 일입니다.[12]

곡정의 이 말에 대해 연암은 어떠한 언급도 없이 효자와 관련된 다음 대화로 옮겨 갔다. 이는 곡정의 말에 묵시적으로 동조하는 태도를 보인 것이다. 곡정이 말한 '불경이부'로 말미암은 중국적 폐단은 우리나라에서도 비슷하게 일어나는 폐단이었기 때문이다. 이 글을 통해 볼 때, 연암도 '불

---

10) 余曰 非謂擧國 下賤氓隷 盡能若是 名爲士族 則雖甚貧窮 三從旣絶 而守寡終身 以至婢僕皂隷之賤 自然成俗者 四百年(『熱河日記』, 「太學留館錄」).

11) 志亭曰 有禁否 余曰 無著令(『熱河日記』, 「太學留館錄」).

12) 鵠汀曰 中國此俗 亦成痼弊 或有納采而未醮 合巹而未媾 不幸有故 終身守寡 此猶之可也 至於通家舊誼 指腹議親 或俱在髫齔 父母有言 不幸而至有飮鴆投繯 以求殉祔 非禮莫大 君子譏其尸奔 亦名節淫 國憲申嚴 父母有罪而遂以成俗 東南尤甚 故有識之家 女子及笄然後 始通媒妁 此皆叔季事也(『熱河日記』, 「太學留館錄」).

경이부'로 말미암은 조선적 폐단에 대해 이때 이미 비판적 시각을 가지고 있었던 것이 확실하다. 왜냐하면 이러한 내용의 글을 그의 여행기 속에 수록했다는 사실 자체가 이를 증명하고 있다. 연암은 자신이 말하고 싶은 '불경이부'의 폐단을 중국인 곡정의 입을 통해 말하게 함으로써 자신에게 주어질지도 모르는 비난의 화살을 피한 것이다. 또한 연암은 중국에서는 이러한 폐단을 국가에서 알고 그러한 잘못된 습속을 국법으로 막으려고 하였는데, 조선에서는 오히려 국법으로, 또는 열녀전, 교훈서 등을 번역 또는 편찬함으로써 '불경이부'를 나라에서 정책적으로 장려하는 것에 대해서도 우회적으로 비판하고 있는 것이다. 연암은 곡정, 지정이라는 중국인 선비와의 대화방식을 통해서 자신이 지니고 있었던 '불경이부'의 폐단을 간접적으로 피력한 것이다. 여기서 우리는 40대 중반『열하일기』시대의 연암의 여성의식, 특히 개가금지에 대한 생각을 살필 수 있다.

이 밖에 열부의 행적을 사실에 입각해서 기술하고 추모한 〈김유인사장(金孺人事狀)〉과 〈박열부사장(朴烈婦事狀)〉, 〈이열부사장(李烈婦事狀)〉이 있다. 열부 김씨는 부친이 군수를 지냈으며, 사계(沙溪) 선생의 후손이다. 당시 대제학 오재순(吳載純, 1727－1792)의 장자인 오윤상(吳允常)의 부인으로 남편을 따라 죽은 열녀다. 연암은 이 글 서두에서 절부(節婦)와 열녀(烈女)에 대한 자신의 견해를 드러냈는데, 그는 의(義)를 지키는 일을 일컬어 절(節)이라고 하고, 절(節)을 세우는 것을 열(烈)이라고 정의를 내린 후, '절(節)'을 드러내기 위해 스스로 신체발부를 훼손하고 스스로 목숨을 끊는 행위인 열(烈)에 대해서 매우 완곡하게 비판적 시각을 드러내고 있다.[13] 그러나 춘관(春官)을 대신해서 대구(代構)한 〈박열부사장(朴烈婦事

---

13) 嗚呼 古昔傳記所載節婦烈女 立名雖同 制義頗殊 夫守義之謂節 立節之謂烈 故節視於義 其志更苦 烈比於節 其跡尤刻 如夏侯截耳以矢其心 凝妻斷臂以潔其身 蓋其所遇不幸而有不得已者 則其義有不期刻而自酷耳 至若我東民俗 從一而終 卽其常經 雖窮閻匹庶 貧賤無依青孀守寡 皓首自了 若以古義律之 無非節婦 是環東數千里立國四百年 懷淸之臺 可以里築 守義之旌 可以戶設 故三從之訓 非所勸於民俗 靡他之矢 無可議於士族 然而創或甚於杞婦 禮有嚴於宋姬 自刻之義 過於待燭 下從之志 切於崩城 蹈水火如樂地 就鴆繯而爲慊

狀)〉이나 춘관을 대신해서 대초(代草)한 〈이열부사장(李烈婦事狀)〉에서는 담담하게 열부의 행적을 기술하고 있을 뿐이다. 〈박열부사장〉은 연암의 문하(門下)에 출입하던 박경유(朴景兪)의 누이 밀양(密陽) 박씨(朴氏)가 남편 김국보(金國輔)를 따라 절사(節死)한 것을 추모한 것이고, 〈이열부사장〉은 박경유가 죽자 그의 처인 남양(南陽) 이씨(李氏)가 절사(節死)한 일을 두고 그녀의 행적을 쓰고 기린 글이다.[14] 이 두 글의 주인공은 연암이 평소에 잘 알고 있던 집안의 인물이었고, 또한 글의 내용이 남편을 따라 죽은 사건을 춘관을 대신해서 써야 하는 글이었기 때문에, 열녀관에 대한 자신의 견해가 개입될 수 있는 글이 아니다. 그러나 비록 글의 성격상 열녀의 죽음을 기리는 글이지만, 죽은 여인의 살아생전의 모범적인 행실과 남편이 죽은 다음에 절사(節死)하는 과정을 담은 글 속에 글쓴이의 안타까운 마음이 잘 드러나 있다.

2) 조선조의 개가금지정책

조선조 개가금지정책은 유교의 삼강오륜(三綱五倫)과 일정한 관련을 맺는다. 조선은 건국 초기부터 유교를 국가의 통치이념으로 채택하고 그 실천 강령인 삼강오륜이 인간의 삶을 지배하게 되는데, 이러한 윤리도덕관과 맞물려 국가에 의해 정책적으로 시행된 것이 『경국대전(經國大典)』의 “개가하여 낳은 자손은 정직(正職)에 임명하지 않는다(改嫁子孫 勿叙正職)”이다. 원래 이 법조문은 양반 사대부 계층의 여성을 대상으로 한 것이었지만, 400여 년의 세월이 흐르면서 조선 후기에는 하나의 풍속이 되어서 계급의 귀천 없이 온 나라 여성들의 삶의 규범으로 자리 잡게 되었던

然後乃得爲盡性於所天 而始見其節義也 噫 其制行之嚴酷刻烈有如彼者 而君子猶有憾乎不傷膚髮義怡然 則豈非所謂慷慨從容 有難易之辨哉(『燕巖集』 卷1, 「烟湘閣選本」 〈金孺人事狀〉).

14) 〈烈婦李氏旌閭陰記〉에 의하면 李烈婦가 죽은 날이 “壬寅 五月十八日歿”로 기록된 것을 보면 〈李烈婦事狀〉을 쓴 시기는 1782년 연암의 나이 46세였을 때이다.

것이다. 그러나 나라에서 의도한 것은 양반 사대부가 여성의 개가금지에 따른 수과(守寡)였지, 스스로 목숨을 끊는 순절(殉節)의 열녀정책은 아니었다. 그러나 개가하지 않고 과부로 지내는 것이 일상적인 것이 되자 남편을 따라 스스로 목숨을 끊게 되었고, 이것을 나라에서는 가상히 여겨 그 동네에 정문(旌門)을 세워 기림으로써 순절하는 일이 자주 일어나게 된 것이다. 결과적으로 남편을 따라 죽는 것을 국가에서 장려한 것이 되고 말았다.

조선조의 개가(改嫁)금지와 열녀관의 형성배경을 살피기 위해서는 먼저 고려시대의 개가금지정책을 살펴볼 필요가 있을 것 같다. 고려시대에도 개가문제가 국가에 의해 주도되었는데, 그 대상은 관료 지배계층의 부녀자였다. 『고려사』 목종(穆宗) 2년(999) 10월의 기록에 의하면 "개경(開京)의 문무관(文武官) 삼품(三品) 이상의 처가 과부로 수절하면 작위(爵位)를 준다"[15]라는 기록이 보인다. 이때는 고려 건국 초기로서 개가(改嫁)를 문제 삼고는 있지만, 개가한 자에 대한 제재보다는 수절한 자에 대한 작위를 줌으로써 수과(守寡)를 장려하는 수준이었다. 고려시대에는 '자녀안(恣女案)' 등을 통해 유부녀의 훼절(毁節)에 더 많은 관심을 가지고 있었다. 그러나 고려 말에 이르면 상황은 매우 달라진다. 고려 말 공양왕 원년(1389) 9월의 기록[16]에 의하면, 개가문제는 고려 초보다 심각하게 거론되고 있음을 알 수 있다. 정삼품(正三品) 이상의 아내로서 작위를 받은 자는 재가(再嫁)를 못하게 하고, 판사 이하 6품까지는 삼년상을 마친 다음에 재가를 허락했다. 이것은 당시 세력을 얻기 시작한 유교의 영향에 의한 것 같다.

---

15) 鎬京文武三品以上妻 寡居守節者 封爵(『高麗史』 志, 第29, 選擧3).

16) 都堂에서 啓를 올리다. 散騎 이상의 처로서 작위를 받은 자는 再嫁하지 못하게 하고, 판사 이하 6품의 처에 이르기까지 남편이 죽은 지 3년 이내에는 재가를 허락하지 말고 어긴 자는 失節罪에 연좌하고 산기 이상의 처첩과 6품 이상의 처첩으로 수절을 자원하는 자에게는 대문과 마을 어귀에 깃발을 세워 표시하게 하소서. 이에 포상을 더하다(都堂啓 散騎以上妻 爲命婦者 毋使再嫁 判事以下 至六品妻 夫亡三年 不許再嫁 違者 坐以失節 散騎以上妾 及六品以上妻妾 自願守節者 旌表門閭 仍加賞賜)(『高麗史』 志, 卷第38, 刑法1).

또한 수절(守節)을 자원하는 자에게 대문과 마을 어귀에 깃발을 세우고 포상한 것, 또한 유학의 영향이라고 할 수 있다. 이어 공양왕 3년(1391)에는 "현군(縣君) 이상의 작위를 받은 부녀자로서 남편이 죽고 개가한 자는 봉했던 작위를 빼앗고, 30세 전에 과부가 되어 60세에 이르기까지 절개를 잃지 않은 자는 생사에 관계없이 정문"[17] 하는 등 개가에 대해 상벌을 엄하게 했다.

이와 같은 고려조의 영향은 조선에 그대로 이어졌다. 조선조에서 개가(改嫁) 문제가 거론된 초기 문헌으로는 태종 6년(1416) 사헌부(司憲府) 대사헌(大司憲) 허응(許應) 등이 올린 '시무칠조(時務七條)' 중 기이(其二)의 다음과 같은 기록이다.

> 부부는 인륜의 근본이므로 부인에게는 삼종의 도의는 있으나 다시 시집가는 이치는 없습니다. 지금 사대부의 정처(正妻)로서 남편이 죽은 자와 버림받은 자 중에는 혹은 부모가 수과(守寡)하려는 마음을 빼앗기도 하고, 혹은 치장하고 스스로 중매하여 두 번째, 세 번째 남편에게 이르더라도 실절(失節)을 부끄러워하지 않으니 풍속에 누(累)가 됩니다. 부디 크고 작은 양반의 정처(正妻)로 세 번째 남편에게 시집가는 자는 고려조의 법에 따라 자녀안(恣女案)에 기록함으로써 부녀자의 도리를 바로잡게 하십시오.[18]

이와 같이 조선 초의 개가에 대한 국가의 정책은 양반의 본처로 두 번 개가하는 여자에 대하여 자녀안(恣女案)에 기록하는 벌칙을 가하는 정도였다. 즉 개가한 여성 자신의 문제로 끝났다. 그러나 태종 8년(1408)에는 예조(禮曹)에 하교하길 "개가한 여인의 자손은 벼슬아치의 명부에 두지 말

---

17) 縣君已上命婦 夫亡改嫁者 追奪封爵 三十歲前守寡 至六十歲 不失節者 勿論存沒 旌門(『高麗史』志, 卷29, 選擧3).

18) 夫婦人倫之本 故婦人有三從之義 無更適之理 今士大夫正妻 夫沒者見遺者 或父母奪情 或粧束自媒 至二三其夫 失節無恥 有累風俗 乞大小兩班正妻 適三夫者 依前朝之法 錄于恣女案 以正婦道(『太宗大王實錄』卷11, 張29).

도록 하여 풍속을 바로잡게 하라"[19]고 하여 개가에 대한 제재(制裁)가 본인에게 그치지 않고 자손에게까지 미치게 된다. 개가 문제가 법전에 오른 것은 세조 12년(1466), 『경국대전』의 다음과 같은 기록이다.

> 행실이 음란한 여자와 재가한 여자의 소생은 문무반의 직책에 임용하지 마라. 증손에 이르러 허락하되 이상(議政府, 六曹, 漢城府, 開城府, 承政院, 司諫院 등 중요 부서)의 부서 외의 직책에 임용하라. 무릇 제수 후에 3품 이하의 원(員)과 녹(祿)이 없는 관리라도 예조에서는 그 내력을 구비하여 임금께 계를 올리고 의정부, 사헌부, 사간원에 글을 옮겨 진상을 규명한다.[20]

성종 16년(1485)에 반포 시행된 개찬(改撰)된 『경국대전(經國大典)』에는 재가한 여자와 행실이 음란한 여자의 자손 및 서얼 자손은 문과, 생원, 진사시에 응시조차 하지 못하게 했다.[21] 그런데 여기서는 막연히 자손(子孫)이라고 하여, 이전보다 더 강화된 감이 없지 않다. 이와 같은 엄한 법이 시행됨으로써 양반 가문에서는 수절을 안 할 수 없었다. 그러나 문제는 현실적으로 관리가 될 수 없는 서민, 천민들까지 수절을 일삼는 것이었다. 또한 연산군 때에는 30세 이전의 나이 어린 과부로서 자식이 없는 경우에는 개가를 허락하자는 상소가 있어서 이에 대한 찬반 논의가 있기도 하였으나 받아들여지지 않았다. 조선 후기로 내려오면서 개가는 양반계층의 문제로 그친 것이 아니라 일반 서민, 천민에 이르기까지 하나의 삶의 규범으로 자리 잡게 되었다.[22] 애초에 지배계층에서 비롯된 '불경이부'는 국가에

19) 『국역연려실기술』 X, 민족문화추진회, 1967, 506쪽.

20) 失行婦女及再嫁女子所生 勿叙東西班職 至曾孫方許 以上各司外用之 凡除授後三品以下員及無祿官 本曹具其來歷啓聞 移文議政府司憲府司諫院糾覈(『增補文獻備考』 卷193, 選擧考10).

21) 再嫁失行婦女之子孫 及庶孽子孫 勿許赴文科生員進士試(『增補文獻備考』 卷186, 選擧考3).

22) 私婢의 신분으로 수절한 예로 다음과 같은 사례를 들 수 있다.

丹非 安康縣私婢也 有容色年十八爲隣居士人所眄 及二十一而士人死 終不再嫁 至八十餘乃死. 方今 安康縣私婢也 少有姿色年十九而寡 終不再嫁 至七十餘乃死(「慶州邑誌」 卷5).

의해 제도적으로 강요되면서, 양반계층은 물론이고 서민계층의 생활 속에 자연스럽게 자리 잡게 된 것이다. 왜냐하면 조선왕조의 통치철학인 유교의 삼강오륜의 연장선상에서 개가문제를 이해하였기 때문이다. 즉 아내가 남편을 좇아 종신토록 개가하지 않는 것과 신하가 두 임금을 섬기지 않는 것을 같은 윤리 도덕적 차원으로 본 것이다.

조선시대에 수절을 당연히 지켜야 할 부녀의 도리로 여기게 된 것은 국가의 제도적 장치 외에, 여성의 교화를 목적으로 이루어진 언해 및 번역 편찬사업을 들 수 있다. 성종 6년(1475)에 간행된 「내훈(內訓)」, 중종(中宗) 38년(1543)에 번역 간행된 유향(劉向)의 「열녀전(列女傳)」, 영조 12년(1736)에 번역 간행된 「여사서(女四書)」 등이 그것이다. 이와 같은 여성 교육용 교훈서의 번역 및 편찬사업과 각 지방 읍지 등에 실린 열녀에 대한 사례 등은 조선조 여성의 열녀의식을 고취하고 장려하는 데 크게 영향을 끼쳤던 것이다.

이와 같은 개가금지라는 제도적 장치와 교훈서의 번역 간행으로 조선사회의 열녀의식은 조선 후기로 오면서 점점 고착화되었던 것이다. 이제 양반 사대부계층의 여성은 물론이고, 서민, 천민의 여성들에 이르기까지 개가를 범죄시하고 음란한 행위로 여기게 됨으로써 수절은 온 나라의 풍속이 되었던 것이다. 이제 수절은 기본이기 때문에 열녀로 칭송되기 위해서는 순절을 하지 않으면 이름이 나지 않게끔 된 것이다. 그래서 스스로 목숨을 끊기까지 하는 비극적 현상이 종종 나타나게 된 것이다. 젊은 시절부터 여성에 대한 긍정적 자세를 견지하고 있었던 연암은 이와 같은 여성에 대한 비인간적 사회 풍조를 바로잡기 위해서 함양 박씨의 죽음을 계기로 기존의 전통적인 열녀관 속에 자신의 열녀관을 교묘하게 얽어 넣어서 한 편의 작품을 만든 것이다.

3. 〈열녀함양박씨전〉의 서술방식과 작가의식

1) 〈열녀함양박씨전〉의 서술방식

〈열녀함양박씨전〉의 내용은 다음과 같이 다섯 단락으로 나눌 수 있다.

① 齊人有言曰 烈女不更二夫 – 烈則烈矣 豈非過歟
② 昔有昆弟名宦 – 君子聞之曰 是可謂烈女矣
③ 噫 其苦節淸修若此也 – 故微一死無以見殊節於寡婦之門
④ 余視事安義之越明年癸丑月日 – 爲朴氏撰次其節義
⑤ 始終其心豈不曰 – 竟遂其初志豈非烈也

〈열녀함양박씨전〉이라고 했으면 되었지, '병서(幷序)'는 왜 부기(附記)하여 놓았는가? '서(序)'라는 문장 형식은 대체로 어떤 저술에 대해 자신의 견해를 피력한 글이다. 자신의 글을 묶어 놓은 문집 앞에 수록해 놓은 '자서(自序)'도 있고, 남의 글을 보고 그 글에 대한 자신의 견해를 피력한 「○○○서(序)」도 있다. 연암은 '서'를 많이 썼다. 예를 들면, 「방경각외전(放璚閣外傳)」에 붙인 〈자서(自序)〉, 「공작관문고(孔雀館文稿)」에 붙인 〈문고자서(文稿自序)〉 등의 '자서(自序)'와 〈회우록서(會友錄序)〉, 〈초정집서(楚亭集序)〉, 〈북학의서(北學議序)〉 등 남의 문집에 붙인 '서(序)'가 그것이다. 이와 같은 글에서 연암은 문집 앞에 그 작품을 쓰게 된 동기나 주제 등을 〈자서〉라고 제목을 붙여 기술하기도 하고, 남의 글에 대한 자신의 견해를 밝히기도 하였다. 따라서 '서'의 중요한 기능은 수록된 글에 대한 글쓴이 자신의 견해를 피력하는 하나의 문체인 것이다. 우리는 이 '서'의 내용을 통해 글쓴이의 생각을 알 수 있다.

그런데 〈열녀함양박씨전〉에는 '열녀함양박씨전 병서(烈女咸陽朴氏傳 幷序)'와 같이 제목 다음에 작은 글씨로 '병서'라는 어구를 붙여 기록해 놓았다. 애초에 연암이 붙인 것인지, 후대에 연암의 글을 편집한 사람, 예를 들면 박영철 같은 편찬자가 『연암집(燕巖集)』을 편찬하면서 임의로 붙인 것인지 오늘날에는 확인할 수 없다. 또한 박영철본(朴榮喆本)의 전체 목차에서는 '병서'가 본전에 첨기(添記)되어 있지 않고 그저 '열녀함양박씨전'이라고만 되어 있다. 이 경우에도 편찬자가 생략하였는지 애초부터 없었는지 알 수 없다. 어떻든 우리는 이 작품에 '서'의 내용이 본문과 함께 수록되어 있다는 것만은 알 수 있다. 그런데 연암의 「방경각외전」의 〈자서〉나 「공작관문고」의 〈자서〉, 또는 〈회우록서〉, 〈초정집서〉를 보면 '서'라는 문체는 대체로 독립된 한 편의 글로 되어 있다. 그런데 연암은 〈열녀함양박씨전〉에서는 '서'를 따로 쓰지 않고, 본문 속에 포함하는 서술방식을 택한 것이다. 따라서 '병서'라는 말을 제목 밑에 붙인 것은, '〈열녀함양박씨전〉은 서(序)를 포함한 글'이라는 작품적 성격을 설명한 것으로 이해할 수 있다. 그렇다면 구태여 '병서'를 포함하여 제목으로까지 할 것은 없을 것 같다.

그러면 이 글에서의 '서(序)'는 어디까지인가? 지금까지의 연구에서는, '서' 부분을 단락 ①, ②, ③, 본문을 단락 ④, ⑤로 보는 견해가 있고, 단락 ①을 양반사대부가의 과부 일화(寡婦逸話) 단락 ②, ③과 음독자살한 함양 박씨의 순절 일화(殉節逸話) 단락 ④, ⑤의 각각의 '서'로 보는 견해, 그리고 단락 ①을 ②, ③, ④, ⑤ 전체 내용의 '서'로 보는 견해 등이 있다.

이 글에서는 단락 ①, ②, ③을 〈열녀함양박씨전〉의 '서'로 보고자 한다. 왜냐하면, '서'라는 글은 어떤 글을 대상으로 써야 하는데, 이 글에서 '서'의 대상은 단락 ④, ⑤인 〈열녀함양박씨전〉이기 때문이다. 둘째, '서'를 단락 ①의 내용과 같은 도입부만을 의미했다면, 구태여 제목 밑에 '병서'라는 문구(文句)를 부기(附記)할 것까지는 없었을 것이다. 셋째, 단락 ①, ②, ③의 내용을 다 포함해야만 하나의 완성된 '서'로 존재할 수 있기 때문이다. 결론적으로 말하면 단락 ①, ②, ③은 '열녀함양박씨전서(烈女咸陽朴氏傳序)'라는 제목으로 독립적으로 존재할 수 있는 글인데, 이 글을

〈열녀함양박씨전(烈女咸陽朴氏傳)〉과 합해서 한 편의 작품으로 만든 것이다.

연암은 젊은 시절부터 개가금지와 열녀를 기리고 장려하는 사회적 분위기에 대해 비판적 생각을 지니고 있었던 차에, 함양 아전 집안의 과부인 박씨의 순절을 직접 경험하고서 다시는 이와 같은 비극이 일어나서는 안 되겠다는 생각을 했던 것 같다. 그렇다고 당시 조선사회의 미풍양속으로 고착화되어 있는 열녀의식을 직설적으로 비판한다는 것은 당시 연암의 주변 여건상 모험이 아닐 수 없었을 것이다. 그리하여 그는 직설적 방법 대신에, 함양 박씨의 열녀전을 저술함으로써 자신의 견해를 간접적으로 피력하고자 했던 것이다. 그 방법으로 '병서'라는 서술방식을 취하여 개가금지라는 비인간적 제도와 열녀 장려를 완곡하게 비판한 것이다.

그 구체적 서술방식은 단락 ①에서는 열녀의 유래와 서술자의 열녀관을 피력한 다음에, 열녀의 한 예로, 죽고 싶은 마음을 힘겹게 참고 살아가면서 두 아들을 이름난 관리로 키운 양반가 과부의 수절 일화인 단락 ②와, 단락 ②의 양반과부의 수절에 대한 평을 가한 단락 ③을 '서'로 제시한 다음, 단락 ④, ⑤에서 중인계층의 여성으로서 삼년상을 마치고 남편을 따라 순절한 열녀 함양 박씨의 행적을 기술하였다.

단락 ① 서두에 '열녀불경이부'의 유래를 멀리 중국에서 찾아본 것은 이것이 원래 강제될 수 없는 개인의 자유의사에 의해 결정될 문제임을 말하기 위한 것 같다. 즉 '열녀불경이부'의 예(例)인 『시경(詩經)』의 백주(柏舟) 시(詩)[23]의 주인공 공강(共姜)이 어머니의 권유에도 불구하고 재가(再

23) 『시경(詩經)』, 「용풍(鄘風)」 〈백주(柏舟)〉 시의 배경은 이렇다. 위(衛)나라 세자 共伯의 아내인 共姜이 남편이 죽자 절개를 지키려고 하였다. 그러나 그녀의 부모는 그녀를 재가시키려 하였다. 이때 공강이 자신의 의지를 노래한 시가 바로 〈백주〉시다.
汎彼柏舟 在彼中河/髧彼兩髦 實維我儀/ 之死 矢靡他/母也天只 不諒人只
汎彼柏舟 在彼河側/髧彼兩髦 實維我特/ 之死 矢靡慝/母也天只 不諒人只
(둥실둥실 저 잣나무 배, 물 가운데 떠 있네/ 다팔머리 드리운 저 분, 오로지 나의 짝이네/ 죽을지언정 결코 다른 이에게 가는 일 없으리이다/ 하늘 같은 어머님은 어찌 내 마음 몰라주시나/ 둥실둥실 저 잣나무 배, 물가에 떠 있네/ 다팔머리 드리운 저 분, 오로지 나의 님

嫁)를 하지 않겠다고 한 것은 어디까지나 함께 살다가 일찍 죽은 남편에 대한 애정과 신의에서 비롯된 것이지, 그것이 사회적 규범이나 주위의 눈총 때문이 아님을 보여 준 것이다. 그러나 조선조에서는 국가가 법에 의해 제도적으로 규제하였고, 궁중을 중심으로 여성교육용 도서 등이 간행됨으로써 개가금지와 열녀의식은 윤리 도덕관과 결부되어 하나의 생활규범으로 자리 잡게 된 것이다. 본래 양반 사대부 집안의 여성들을 대상으로 했던 개가금지정책은 선초 이래 400여 년을 내려 오다 보니 서민계층까지 파급되어 온 나라 백성들의 미풍양속으로 여기게 된 것이다. 또한 열녀관은 세월이 흐르면서 개가하지 않고 수절(守節)한다는 것에서 그치지 않고, 스스로 목숨을 끊음으로써 자신의 절개를 세상에 드러내는 순절(殉節)로 바뀌었다. 이렇게 된 까닭은 과부로 일생을 사는 것은 온 나라 백성들에게 항용 있는 일이 되었기 때문이다. 그러나 연암은 양반 가문의 여성이 순절하는 것도 지나치다 할 것인데, 하물며 서민으로, 그것도 시골 농가(農家)의 나이 어린 과부, 또는 여항(閭巷)의 청상과부가 수절하는 것도 모자라서 스스로 목숨을 끊어 절개를 세상에 드러내는 것은 너무 지나친 행위가 아닐 수 없다고 생각한 것이다.

이와 같이 열녀관에 대한 자신의 견해를 피력한 연암은, 일생을 고통스럽게 수절하며 두 아들을 훌륭하게 길러 낸 양반가 부녀의 한 예를 단락 ②에서 제시하였다. 단락 ②에 제시된 과부는 양반 사대부계층의 여성으로서 두 아들을 낳은 다음 과부가 된 여성이다. 그녀는 두 아들을 기르기 위해 일생을 인고(忍苦)의 삶을 산 여성이다. 연암은 이와 같은 여성이야말로 '모진 절개와 맑은 행실[苦節淸修]'의 참다운 열녀로 본 것이다. 그러나 이제 이와 같은 여성은 이름이 인멸되어 뒷세상에 그 이름이 알려지지 않게 되었다. 그 이유는 이와 같은 수절은 온 나라의 일상적인 것이 되었기 때문이다. 이제 열녀의 이름에 오르기 위해서는 스스로 목숨을 끊지

이네/ 죽을지언정 결코 다른 이에게 가는 일 없으리이다/ 하늘 같은 어머님은 어찌 이 마음 몰라주시나)(『詩經』, 「鄘風」).

않으면 그 이름이 드러나지 않게 되었다. 그래서 과부가 있는 집안에서는 열녀가 나기 위해 스스로 목숨을 끊는 풍조가 만연된 것이다. 연암은 단락 ③에서 순절을 해야만 열녀(烈女)로 이름이 드러나는 시대풍조를 비판하였다.

단락 ④, ⑤에는 아전의 집안에 태어나 조실부모(早失父母)하고, 조부모 슬하에서 자란 후에는 아전 임술증(林述曾)에게 시집을 갔다가 남편을 따라 순절한 함양 박씨의 열녀담을 제시해 놓았다. 따라서 그녀는 법전(法典)의 '改嫁子孫 勿叙正職'과는 전혀 관련이 없는 계층의 여성이다. 그녀는 혼인 날짜를 몇 달 앞두고 약혼자 임술증이 병으로 얼마 못 살 것을 알면서도 가족의 권유에 따르지 않고 시집을 가겠다고 했다. 이때 이미 그녀는 내심 열녀가 되기를 작정하였던 것 같다. 가정환경으로 볼 때, 그는 일찍 부모를 여의고 조부모 밑에서 살아오면서 삶에 대한 애착이 크지 않았는지도 모른다. 여하튼 관아의 아전들에 의해 진술된 박씨의 행적을 보면 그녀는 양반 사대부계층의 여성과 같이 시집가기 전부터 '열녀불경이부'의 사회적 규범을 지켰다. 그리고 결혼식을 올린 다음에는 남편의 빈 옷만을 지키다가 삼년상을 마치고 죽은 것이다. 박씨는 단락 ①에서 제시된 '지나친 열(烈)'의 전형인 셈이다. 왜냐하면 첫째, 그녀가 불경이부(不更二夫)의 윤리 도덕적 생활규범을 지켰다고는 하지만, 그녀의 그런 행위는 애정보다는 신의에 입각한 행위였으며, 둘째, 그녀가 개가를 한다고 해서 자신이나 그의 자손에게 불이익이 될 것이 전혀 없는 아전계층의 여성이며, 셋째, 개가하지 않고 일생을 지내는 것만으로도 족할 텐데 남편의 삼년상을 마친 날 같은 시각에 스스로 목숨을 끊은 행위 등은 너무 지나친 행위가 아닐 수 없기 때문이다.

작가는 〈열녀함양박씨전〉에서 죽고 싶은 마음을 참아 가면서 자식을 훌륭한 관리로 만든 '고절청수'의 양반 열녀 일화인 '서(序)'와, 합근(合巹)한 이후 병든 남편의 빈 옷만 지키다가 남편이 죽은 후 삼년상을 마치고 음독자살한 아전 집안의 열녀담을 대비시켜 놓는 서술방식을 통해서 조선 후기의 잘못된 열녀 풍조의 실상에 대해 비판을 하고 있는 것이다.

2) 〈열녀함양박씨전〉의 작가의식

조선조는 유교의 윤리 도덕의 실천을 통하여 사회질서를 유지하려고 했던 사회였다. 유학이라는 실천 철학을 통치에 이용함으로써 조선왕조는 그 기반을 굳건히 유지할 수 있었던 것이다. 그 바탕이 되는 것이 삼강오륜이었다. 연암은 이 중에서 '붕우유신(朋友有信)'의 '신의(信義)'에 대해서 일생 동안 깊은 관심을 가지고 있었다. 신의에 대한 연암의 관심은 젊은 시절의 「방경각외전」의 한문단편을 비롯하여 중년 이후의 「옥갑야화」, 〈호질〉 등의 작품에서 지속적으로 나타나고 있다. 그런데 이러한 신의에 대한 관심이 만년의 이 작품에서도 나타난 것이다. 열녀는 넓은 의미에서 부부간의 신의를 지키는 것이다. 작품에서, "과부가 의를 지켜 개가하지 않는 것이 마침내 온 나라의 일상적인 법이 되었으니(寡婦之守義 乃通國之常經)"에서의 '수의(守義)', 즉 '의를 지킨다'고 했는데, 여기서 누구에 대한 의(義)를 지킨다는 것인가? 이는 과부의 남편에 대한 신의(信義)인 것이다. 연암은 열녀관을 '신의'라는 측면에서 이해하고 있는 것이다.

작품 서두에 연암이 "제나라 사람의 말에, '열녀는 두 지아비를 섬기지 않는다'고 하였으니, 『시경(詩經)』의 '백주' 시가 바로 이것이다(齊人 有言曰 烈女不更二夫 如詩之柏舟是也)"라고 제시하였는데, 이것은 제나라 사람이 말한 '열녀불경이부'라는 말의 원래 의미는 『시경』의 '백주' 시에서 공강이 남편 공백에 대해 신의(信義)를 끝까지 지키겠다고 다짐한 순수한 마음과 같은 것임을 말하고자 한 것이다. 여기에 작가 연암의 열녀관이 함축되어 있는 것이다. 그러나 우리나라의 경우는 『경국대전』에서, '개가(改嫁)한 자손(子孫)은 정직에 임명하지 않는다'는 법령으로 말미암아 제도적으로 인간의 본성을 억압하였다. 이 법조문의 본래 취지는 양반 사대부계층의 부녀자를 대상으로 한 것이었으나, 조선 후기로 오면서 점차 신분이나 집안의 현달함과 관계없이 하나의 풍습으로 자리 잡아, 이제는 수절하는 것만으로는 부족하여 스스로 목숨을 끊는 지나친 열녀 풍조로 변질된 것이다.

단락 ①에서 연암은 조선조 400년간 백성들은 이미 오랫동안 유교에 바탕을 둔 윤리 도덕관의 교화에 젖어서 귀천에 관계없이 죽을 때까지 수절하지 않는 여자가 없어 마침내 하나의 풍속이 되었으니, 옛날의 이른바 열녀라는 것이 지금은 과부에게 있다고 비꼬고는, "농촌(農村)의 어린 과부나 위항(委巷)의 청상(靑孀)들은 그들의 부모가 억지로 개가하도록 핍박하는 것도 아니고, 자손이 정직에 임명되지 못하는 부끄럼이 있는 것도 아닌데도, 수과(守寡)하는 것만으로는 부족하다고 하고는 왕왕 스스로 대낮의 밝음을 싫어하고 남편을 따라 무덤에 들어가기를 바라며, 물이나 불 속으로 뛰어들어 목숨을 끊기도 하고, 독약을 마시고 죽기도 하고, 목을 매어 죽기를 마치 낙지(樂地)을 밟듯이 하니 그 굳센 행위가 아름답기는 하지만 어찌 지나친 것이 아니겠는가?"라고 하며 잘못된 열녀의식에 대해 신랄하게 비판하고 있다. 연암은 박씨와 같은 비극적 죽음을 열녀라고 하며 국가와 사회가 추앙함으로써 과부의 순절을 방조하는 당시 시대 풍조를 우회적으로 비판한 것이다.

'병서(幷序)'에서 열녀에 대한 자신의 견해를 분명히 제시한 연암은 잘못된 열녀관에 의해 희생된 여성의 예로 함양 박씨의 열녀전을 쓴 것이다. 연암이 생각하는 열녀는 수의(守義)이며 맑은 행실과 모진 절개(淸修苦節)의 수과(守寡)로 족한 것이었다. 그런데 함양 박씨는 양반도 아니고, 자식이 있는 것도 아닌데 짐(鴆)술을 마시고 순절하였다. 그러니 그의 행위가 갸륵하기는 하지만 지나친 것이 아니냐? 하고 반문한 것이다. 그리고 한편으로는 어린 과부가 오랫동안 세상을 살아가게 되면 친척으로부터의 동정의 눈길이 부담이 되고, 동리의 이웃 사람들의 억측의 대상이 되는 것이 견디기 힘들어 박씨가 자결하였을 것이라고 그녀에 대한 연민의 정을 또한 드러내고 있다. 조선 후기의 잘못된 열녀 풍조가 조선 초 법전의 개가

금지에서 비롯된 것임을 우회적으로 비판하였던 연암은 마지막 단락에서는 박씨가 자살한 원인을 슬쩍 어린 과부가 홀로 살아갈 수 없는 사회적 분위기로 돌려 버리고 글을 끝냈다.

4. 맺음말

이 글에서는 〈열녀함양박씨전〉의 저술배경과 서술방식, 그리고 작품에 드러나는 작가의식에 대하여 고찰하였다. 작품의 저술배경을 작가적 배경과 사회적 배경으로 나누어 살펴보았다. 2장에서는, 먼저 연암의 20대의 작품인 〈민옹전〉, 〈양반전〉, 〈광문자전〉 등의 한문단편과 40대 중반에 저술된 『열하일기』의 「옥갑야화」, 「태학유관록」, 그리고 〈이열부사장(李烈婦事狀)〉, 〈박열부사장(朴烈婦事狀)〉, 〈김유인사장(金孺人事狀)〉 등에 나타나는 여성에 대한 연암의 의식을 살펴보았다. 그 결과 연암은 젊었을 때부터 여성의 인간성에 대해 긍정적 시각에서 바라보았음을 알 수 있었다. 사회적 배경으로는 『고려사』, 『조선왕조실록』, 『증보문헌비고』 등에 거론된 개가금지와 관련된 내용을 살펴보았다. '개가금지'에 대한 제도적 규제는 이미 고려시대부터 있었으나, 본래 그것은 양반 관료 지배계층의 부녀자를 대상으로 한 것이었다. 그러다가 조선 후기로 오면서 그것이 하나의 풍조가 되어 서민사회에까지 일반화된 것이다. 국가에 의한 제도적 장치와 함께 열녀의식을 공고히 하는 데 크게 기여한 것으로 궁중을 중심으로 활발하게 추진되었던 〈내훈〉, 〈열녀전〉, 〈여사서〉 등의 여성교육용 도서의 번역 및 편찬 간행을 들 수 있다. 그렇지만 무엇보다도 열녀의식이 서민사회에까지 확산하게 된 가장 큰 원인은 국가와 사회가 정려(旌閭) 등으로 열녀를 기린 열녀장려정책에 있었다.

3절에서는, 작품의 제목을 〈열녀함양박씨전〉으로 해도 별 문제가 없음을 말했다. 또한 이 작품은 〈열녀함양박씨전〉의 '서(序)'가 〈열녀함양박씨전〉 앞에 첨가되어 하나의 작품으로 이루어진 것이기 때문에 '병서(幷序)'라는 설명을 제목 밑에 붙여 놓은 것으로 보았다. 따라서 '병서'의 내용은 단락 ①, ②, ③을 모두 포함한다.

연암은 18세기 조선사회에 팽배해 있는 잘못된 열녀관(烈女觀)의 심각성을 인식하고, 열녀 함양 박씨의 죽음을 계기로 표면적으로는 전통적인 시각으로 그의 행적을 기리면서, 내면적으로는 그의 죽음이 지나쳤음을 비판한 것이다. 열녀관에 대한 자신의 비판의식을 기술적으로 나타내기 위해 연암은 '병서(幷序)'라는 특이한 형식을 사용하였다. 그는 '병서'에서 먼저 자신의 열녀관을 개념적으로 피력한 다음, '고절청수(苦節淸修)'하며 인고(忍苦)의 삶을 살아서 두 아들을 훌륭한 관리로 기른 양반 과부의 일화를 제시하고 이와 같은 여인이야말로 참다운 열녀로 본 것이다. 이어서 제시된 열녀 함양 박씨의 행적에서는 연민의 정과 비판적 시각이 교차되고 있다. 그리고는 함양박씨의 죽음의 직접적인 원인을 당시 사회 분위기 즉, 과부를 바라보는 주위 환경 탓으로 돌렸다.

연암은 미풍양속으로 장려되고 있는 열녀 풍조가 그 본래 취지인 양반 부녀자계층의 수과(守寡)에 그치지 않고, 서민에 이르기까지 스스로 목숨을 끊는 순절형의 열녀관으로 변질된 현실에 대해 비판적 시각을 가지고 〈열녀함양박씨전〉을 저술한 것이다.

찾아보기

저자: **박기석**

서울대학교 사범대학 국어교육과 졸업
서울대학교 대학원 국어국문학과 석・박사과정 수료(문학박사)
현재 서울여자대학교 인문대학 국어국문학과 교수

저서
박지원문학연구(삼지원)
한국고전문학입문(공저, 집문당)
열하일기의 재발견(공저, 월인) 등 논저 다수

연암소설의 심층적 이해 값 18,000원

2008년 8월 11일 1판 1쇄

저 자 박 기 석
발 행 인 임 경 환
발 행 처 **집 문 당**
주 소 413-756 경기도 파주시 교하읍 문발리 514-7(본사)
110-360 서울시 종로구 와룡동 95번지(서울사무소)
등 록 1971. 3. 23. 제2-304호
영 업 부 (02)743-3192~3 팩스(02)742-4657
전자우편 sale@jipmoon.co.kr
편 집 부 (02)743-3096 팩스(02)743-3097
전자우편 edit@jipmoon.co.kr
홈페이지 www.jipmoon.co.kr

ISBN 89-303-1365-5

이 도서의 국립중앙도서관 출판시도서목록(CIP)은 e-CIP 홈페이지
(http://www.nl.go.kr/ecip)에서 이용하실 수 있습니다.(CIP제어번호: CIP2008002173)